빅데이터 컴퓨팅 기술

한빛아카데미
Hanbit Academy, Inc.

지은이

- **박두순 :** 순천향대학교 컴퓨터소프트웨어공학과 교수
- **문양세 :** 강원대학교 컴퓨터학부 교수
- **박영호 :** 숙명여자대학교 멀티미디어과학과 교수
- **윤찬현 :** KAIST 전기 및 전자공학과 교수
- **정영식 :** 동국대학교 멀티미디어공학과 교수
- **장형석 :** 충북대학교 비즈니스데이터융합학과 교수

빅데이터 컴퓨팅 기술

초판발행 2014년 6월 19일
6쇄발행 2021년 3월 22일

지은이 박두순, 문양세, 박영호, 윤찬현, 정영식, 장형석 / **펴낸이** 전태호
펴낸곳 한빛아카데미(주) / **주소** 서울시 서대문구 연희로 2길 62 한빛아카데미(주) 2층
전화 02-336-7112 / **팩스** 02-336-7199
등록 2013년 1월 14일 제2017-000063호 / **ISBN** 979-11-5664-114-8 93000

책임편집 유경희 / **기획** 유경희 / **편집** 유경희 / **진행** 이재욱
디자인 표지 천승훈, 내지 김연정
영업 이윤형, 길진철, 김태진, 김성삼, 이정훈, 임현기, 이성훈, 김주성 / **영업기획** 김호철, 주희

이 책에 대한 의견이나 오탈자 및 잘못된 내용에 대한 수정 정보는 아래 이메일로 알려주십시오.
잘못된 책은 구입하신 서점에서 교환해 드립니다. 책값은 뒤표지에 표시되어 있습니다.
홈페이지 www.hanbit.co.kr / 이메일 question@hanbit.co.kr

Published by HANBIT Academy, Inc. Printed in Korea

머리말

세계적 IT 서비스 업체인 구글, 애플, 페이스북 등이 빅데이터의 성공적 활용 사례를 발표하면서, 기업의 빅데이터 활용은 선택이 아닌 필수가 되고 있다. 빅데이터에 대한 논의도 활발하고, 공공 기관이나 은행과 같은 금융 기관뿐만 아니라 통신, 자동차 등의 다양한 분야에서 빅데이터 사업을 적극적으로 추진하고 있어 앞으로도 더 많은 성과가 기대된다. 그리고 이제 빅데이터는 IT 관련 종사자뿐만 아니라 일반인도 관심을 갖는 이슈화된 주제가 되었다. 하지만 막상 빅데이터가 무엇인지 물으면 선뜻 대답하지 못하거나 언론에서 소셜 미디어를 집중적으로 보도하고 있어서인지 빅데이터를 소셜 미디어 데이터로 오인하기도 한다. 이는 빅데이터 개념 정리가 명확하지 않아 발생한 현상이다.

지금까지의 빅데이터 책은 빅데이터의 학문적인 정의나 해외의 성공적인 활용 사례만 나열하여 필요성만 강조하거나, 특정 기술만 집중적으로 다루는 내용이 대부분이었다. 그러다보니 실제 사례임에도 불구하고 국내 현실과 동떨어지게 느껴지고, 빅데이터 전문가만 적용할 수 있는 기술처럼 여겨졌다.

이 책은 독자들에게 빅데이터 관련 분야 중 특히 컴퓨팅 기술에 대한 큰 그림을 그려준다. 빅데이터에 대한 기본 개념 정의부터 시작해 빅데이터 처리 과정별 주요 기술을 소개하여 빅데이터를 위해 어떤 기술을 사용할 수 있으며 어떤 상황에 어떤 기술을 선택해야 하는지에 대한 안목을 길러준다.

이 책에서 다루는 주요 내용은 다음과 같다.

- 빅데이터의 개념과 빅데이터를 처리하는 과정에 대한 전체 그림
- 빅데이터의 수집 및 통합, 저장 및 관리, 처리, 분석, 표현 단계별 주요 기술의 종류와 개념
- 빅데이터 처리 전 과정을 통합적으로 지원하는 빅데이터 플랫폼 기술
- 빅데이터 기술 개발의 현황과 활용 사례
- 빅데이터 핵심 기술인 하둡을 이용한 추천 시스템의 실제 구현 예

이 책을 통해 IT 관련 종사자와 IT 관련 학과 학생들이 빅데이터 기술에 대한 개념을 좀 더 정리할 수 있게 되기를 바란다.

끝으로 이 책을 집필하는 데 많은 도움을 주신 한빛아카데미 사장님과 직원들에게 심심한 감사의 인사를 드린다.

저자 일동

누구를 위한 책인가

방대한 빅데이터 관련 업무에 필요한 역량을 갖추고자 하나 어떤 기술이 있고 이 중 어떤 것을 익혀야 할지 갈피를 잡지 못하는 학생들과, 그들을 지도하는 교육 종사자를 위한 책이다. 새로 등장하는 수많은 빅데이터 기술에 대한 탐색과 이해의 기회를 제공해 줄 것이다. 또한 현직에 종사하는 실무자가 새로운 기술에 휩쓸리지 않고 적절한 기술을 취사선택하거나, 기업의 의사결정권자가 빅데이터 기술을 도입하기 위해 기술 전반에 대한 그림을 그리는 데도 도움이 될 것이다.

이 책의 뼈대만 빨리 보기

1 빅데이터 개요 (1장)

빅데이터의 개념을 명확히 정리한 후 빅데이터를 처리하는 과정에 대한 전체 그림을 그려준다.

2 빅데이터 컴퓨팅 기술 (2~7장)

빅데이터 컴퓨팅 기술을 빅데이터를 처리하는 과정에 따라 '수집 및 통합 기술 → 저장 및 관리 기술 → 처리 기술 → 분석 기술 → 표현 기술'의 순으로 단계적으로 소개한다. 구체적인 예를 언급할 때는 가장 많이 사용되는 하둡을 기반으로 설명하고, 이 과정별 기술을 통합적으로 지원하는 기술인 빅데이터 플랫폼 기술도 소개한다.

3 빅데이터 기술 개발 현황과 실제 구현 예 (8~9장)

빅데이터 기술 개발의 현황과 활용 예를 소개한다. 그리고 이런 예가 뜬구름 잡기가 되지 않도록 하기 위해 하둡을 이용하여 간단한 추천 시스템을 직접 구현하는 과정을 단계별로 차근차근 설명한다.

강의 보조 자료와 예제 소스

한빛 홈페이지(http://www.hanbit.co.kr)에서 '교수회원'으로 가입하신 분은 인증 후 교수용 강의 보조 자료를 제공받으실 수 있습니다. 한빛 홈페이지 우측 상단의 〈교수회원전용〉 아이콘을 클릭해 주세요. 일반회원은 아래 주소에서 이 책의 실습에 필요한 예제 소스와 기타 관련 자료들을 내려받을 수 있습니다. 본 도서는 대학 강의용 교재로 개발되었으므로 연습문제 해답은 제공하지 않습니다.

http://www.hanbit.co.kr/exam/4114

9장 실습 참고 사이트

http://www.db21.co.kr/bigdata

- 리눅스, 아파치 웹 서버, PHP, MySQL 설치 매뉴얼
- 예제 소스와 데이터 목록 및 설명
- 버추얼박스 가상 머신 디스크 이미지

Contents

Contents

Contents

Contents

5장 빅데이터 분석 기술 · 109

Contents

3부 빅데이터 기술 개발 현황과 실제 구현 예

Contents

9장 하둡을 이용한 추천 시스템의 구현 • 273

1부
빅데이터 개요

1장 빅데이터 개념과 처리 과정

1장

빅데이터 개념과 처리 과정

1 빅데이터 등장 배경

2 빅데이터 개념과 속성

3 빅데이터 처리 과정과 기술

4 빅데이터 활용 분야와 기대 효과

5 빅데이터 시대 준비

6 연습문제

7 참고문헌

1 빅데이터 등장 배경

최근 빅데이터Big Data라는 용어가 자주 언급된다. 하지만 막상 빅데이터가 무엇인지 물으면 선뜻 대답하지 못하거나 언론에서 소셜 미디어를 집중적으로 보도하고 있어서인지 빅데이터를 소셜 미디어 데이터로 오인하기도 한다. 이는 빅데이터 개념 정리가 명확하지 않아 발생한 현상이다.

빅데이터는 새로운 개념이 아니다. 1990년 이후 인터넷이 확산되면서 정형화된 형태의 데이터와 비정형화된 형태의 데이터가 무수히 발생하면서 정보 홍수Information Overload 개념이 등장했고, 이것이 오늘날 빅데이터 개념으로 이어진 것이다. 빅데이터의 개념을 좀 더 명확히 이해하려면 그 출현 배경부터 하나씩 살펴봐야 한다.

개인화 서비스와 SNSSocial Network Service; 소셜 네트워크 서비스의 확산으로 기본 인터넷 서비스 환경이 재구성되었다. 검색과 포털 위주였던 인터넷 서비스가 통신, 게임, 음악, 검색, 쇼핑 등의 영역에서 개인화 서비스와 소셜 네트워크 서비스를 제공하는 환경으로 바뀌었다. 정보 통신 기술Information & Communication Technology; ICT 시장조사 기관인 IDCInternational Data Corporation 디지털 유니버스Digital Universe가 조사한 보고서에 따르면 전 세계 디지털 데이터양이 제타바이트(약 1조 기가바이트) 단위로 2년마다 2배씩 증가해서 2020년에는 약 40제타바이트가 될 것이라고 한다. 40제타바이트는 전 세계 해변에 있는 모래알의 양인 7억 50만 조의 57배에 해당하는 숫자이다. 특히 스마트폰의 보급으로 데이터가 매우 빠르게 축적되어 제타바이트 시대를 스마트 시대라고도 한다.

NOTE_ 디지털 데이터 단위

- 1테라바이트(TeraByte; TB)=1024GB
- 1페타바이트(PetaByte; PB)=1024TB
- 1엑사바이트(ExaByte; EB)=1024PB
- 1제타바이트(ZetaByte; ZB)=1024EB
- 1요타바이트(YottaByte; YB)=1024ZB

데이터양이 엄청나게 증가하여 기존의 데이터 저장 · 관리 · 분석 기법으로는 데이터를 처리하는 데 한계가 있어 정보 기술의 패러다임도 [표 1-1]과 같이 바뀌었다. 그리고 이는 빅데이터 용어를 등장시켰는데, 패러다임이 지능화와 개인화된 시대를 빅데이터 시대라고 한다.

표 1-1 정보 기술의 패러다임 변화 [01]

	PC 시대	인터넷 시대	모바일 시대	스마트 시대
패러다임 변화	디지털화, 전산화	온라인화, 정보화	소셜화, 모바일화	지능화, 개인화, 사물 정보화
정보 기술 이슈	PC, PC통신, 데이터베이스	초고속 인터넷, www, 웹 서버	모바일 인터넷, 스마트폰	빅데이터, 차세대 PC, 사물 네트워크Machine to Machine;M2M
핵심 분야(서비스)	PC, OS	포털, 검색 엔진, Web 2.0	스마트폰, 웹 서비스, SNS	미래 전망, 상황 인식, 개인화 서비스
대표 기업	MS, IBM	구글, 네이버, 유튜브	애플, 페이스북, 트위터	구글, 삼성, 애플, 페이스북, 트위터
정보 기술 비전	1인 1PC	클릭 e-Korea	손 안의 PC, 소통	IT everywhere, 신가치창출

빅데이터 개념이 등장하면서 데이터에 관심이 높아졌다. 그리고 정보 통신 기술이 발전하면서 데이터도 규모, 유형, 특성에 따라 변화하고 있는데, [그림 1-1]은 이런 데이터의 변화 방향을 나타낸 것이다. 특히 시스코Cisco는 2012년 글로벌 모바일 데이터 트래픽 전망 업데이트Global Mobile Data Traffic Forecast Update에서 2016년에는 세계 모바일 데이터 트래픽이 2011년 대비 18배 증가하여 10 엑사바이트를 초과할 것이라고 전망했다.

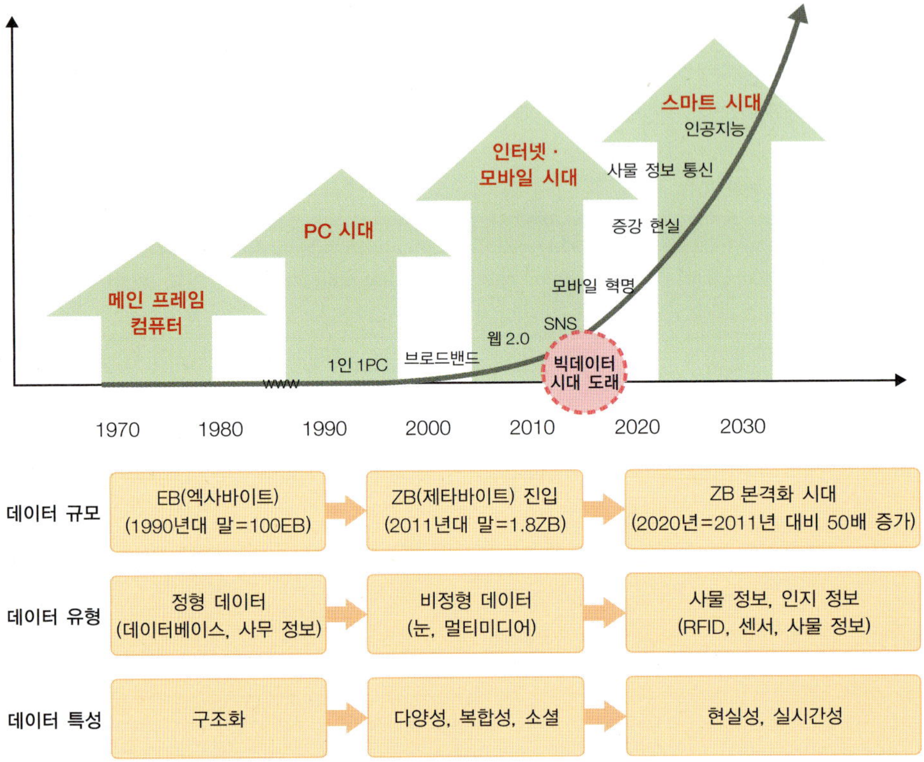

그림 1-1 정보 통신 기술 발전에 따른 데이터의 변화 방향 [01]

이제 빅데이터를 개인화 서비스 측면에서 생각해 보자. 고객의 성향이나 수입 규모, 소비 형태 등을 바탕으로 하는 개인화 서비스는 과거에도 있었다. 신상품이 들어오면 고객의 취향에 맞춰 해당 상품 정보를 팸플릿Pamphlet; 소책자이나 휴대폰 문자 메시지로 고객에게 제공하는 것이 초기 형태의 빅데이터 서비스이다. 이후 빅데이터로 스마트 기기 사용자가 본 영화, 들은 음악, 찍은 사진, 촬영한 동영상, 쇼핑한 물건, 저녁을 먹은 레스토랑 등 모든 활동이 노출되었다. 이런 수많은 비정형 데이터를 분석하여 개개인의 생각과 행동을 분석하고, 경향과 패턴을 파악할 수 있게 되었으며, 패턴 분석으로 대중의 변화를 예측하고 개인에게 최적화된 맞춤형 서비스까지 가능해졌다.

빅데이터는 계속해서 차세대 이슈로 떠오르고 있는데, 그 이유는 다음 세 가지로 요약할 수 있다.

❶ 정보 통신 기술의 주도권이 데이터로 이동

모바일, 클라우드, 소셜 네트워크 서비스 등의 등장으로 정보 통신 기술의 주도권이 인프라와 기술 등에서 데이터로 이전되고 있다. 이에 데이터의 폭발적인 증가에 대응하고 데이터를 분석하는 방법이 정보 통신 기술의 가장 중요한 이슈로 부각되어 빅데이터를 정보 통신 기술 시장과 기술 발전의 핵심 주제로 인식한다.

데이터의 저장 · 관리 · 분석의 전체 과정을 빅데이터에 적용하려면 정보화 시대와 비교해 스마트 시대에는 [표 1-2]와 같이 달라져야 한다.

표 1-2 정보화 시대와 스마트 시대의 데이터 처리 변화 [01]

구분	정보화 시대(1세대)	스마트 시대(2세대)
저장	관계형(정형) 데이터베이스, 데이터웨어하우스	비관계형(비정형) 데이터베이스, 가상화, 클라우드 서비스
관리	지식 관리 시스템Knowledge Management System; KMS, 웹 2.0Web 2.0	플랫폼, 소셜 네트워크, 집단지성
분석	경영 정보, 고객 정보, 자산 정보 분석(ERP, CRM, 데이터 마이닝 등)	빅데이터 분석 (소셜 분석, 고급 분석, 시각화)

❷ 공간, 시간, 관계, 세상 등을 담은 빅데이터

스마트 기기의 확산으로 사용자가 자발적으로 참여하고 정보를 생성하는 소셜 데이터 혁명이 발생했다. 소셜 데이터 혁명은 정보의 생성자, 규모, 파급 효과 등에서 1990년대 기업이 고객의 정보를 축적했던 정보 혁명과는 구분한다. 페이스북, 트위터 등 소셜 네트워크 서비스 이용 확산과 소통 방식의 변화는 데이터 변혁을 가져오는 가장 중요한 요인이 되었다. 소셜 네트워크 서비스로 제공되는 정보는 지식 정보와 함께 정서적인 공감에 바탕을 둔 감성적 정보가 큰 비중을 차지하고, 소셜 네트워크 서비스에서는 개인의 취향이 더욱 직접적으로 반영되며, 진실성과 진정성, 관련성이 증가되어 데이터로서 가치가 매우 높다.

❸ 빅데이터는 미래 경쟁력과 가치 창출의 원천이다

빅데이터에는 잠재적 가치와 위험이 공존하는데, 사회 · 경제적으로 성패를 좌우하는 핵심 원천이 될 것으로 평가된다. 이에 세계 각국의 정부와 기업은 빅데이터가 향후 기업의 성패를 가늠할 새로운 경제적 가치의 원천이 될 것이라 기대한다. 빅데이터에서 유용한 정보를 찾고 잠재된 정보를 활용할 수 있는 기업이 경쟁에서 시장을 선도할 것으로 예상되어 맥킨지Mckinsey, 이코노미스트Economist, 가트너Gartner 등은 빅데이터를 활용한 시장 변동 예측, 신산업 발굴 등 경제적 가치창출 사례 및 효과를 제시한다.

이와 같이 데이터가 폭발적으로 증가하면서 빅데이터가 등장했지만, 방대한 양의 데이터 중에서 의미 있는 데이터는 소수에 불과하다. 따라서 의미 있는 데이터를 찾아내려면 빅데이터를 효과적으로 처리할 수 있는 기술이 필요한데, 이것이 책에서 다루는 주요 내용이다. 빅데이터를 효과적으로 처리하려면 우선 빅데이터의 특징부터 알아야 한다.

먼저 이 장에서는 빅데이터의 특징을 알아본다. 이후 다음 장에서 빅데이터를 처리하는 기술, 빅데이터와 더불어 시너지 효과를 낼 수 있는 관련 기술을 알아본다.

2 빅데이터 개념과 속성

아직 구체적이고 정확하게 빅데이터를 정의하지는 않았지만, 전통적 개념은 구글이나 마이크로소프트 등 대기업이나 NASA의 연구 프로젝트에서 분석하는 방대한 양의 데이터를 말한다. 그래서 빅데이터를 Very Large DB, Extremely Large DB, Extreme Data, Total Data 등 다양한 용어로 부른다.

가트너의 애널리스트 더그 레이니Doug Laney는 연구 보고서에서 현재 가장 널리 사용하는 빅데이터의 속성을 3V, 즉 규모Volume, 다양성Variety, 속도Velocity 등 세 가지로 정의했다. 2012년 가트너는 기존 정의를 다음과 같이 개정했다. "빅데이터는 큰 용량, 빠른 속도, 다양성이 높은 정보 자산이다. 이것으로 의사 결정 및 통찰 발견, 프로세스 최적화를 향상시키려면 새로운 형태의 처리 방식이 필요하다." IBM은 여기에 정확성Veracity 요소를 더해 4V로 정의했고, 최근에는 가치Value를 포함하여 5V로 정의하기도 한다.

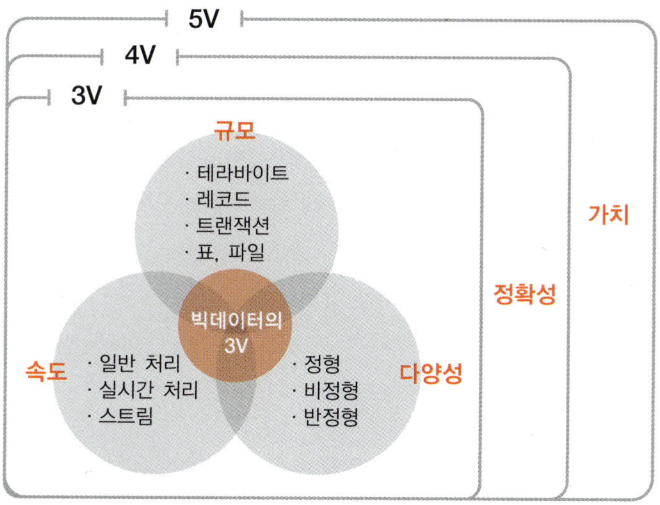

그림 1-2 빅데이터의 속성 [02]

❶ 규모

규모는 미디어나 위치 정보, 동영상 등과 같이 다루어야 할 데이터의 크기를 말하는 것이다. 물리적인 크기뿐만 아니라 현재의 기술로 처리 가능한 양인지, 불가능한 양인지에 따라 빅데이터를 판단하며, 기술의 발달에 따라 킬로바이트, 메가바이트, 기가바이트, 최근에는 테라바이트를 훌쩍 넘어 요타바이트까지를 빅데이터로 통칭한다.

❷ 다양성

다양성은 다양한 종류의 데이터를 수용하는 속성을 말한다. 빅데이터는 형식이 정해져 있는 정형 데이터뿐만 아니라, 감시 카메라에서 생성되는 동영상, 개인이 디지털 카메라로 생성하여 웹 사이트에 올리는 사진, 소셜 네트워크 서비스로 전달되는 메시지, 물건에 부착되거나 주변에 설치된 센서에서 발생하는 RFID 태그나 센서 값 등 다양한 비정형 데이터도 생성한다.

❸ 속도

속도는 대용량의 데이터를 빠르게 처리하고 분석할 수 있는 속성을 말한다. 데이터를 자동으로 생성하는 센서, 스마트폰 등 데이터 생성 및 유통 채널의 다변화로 데이터 생성 속도가 빨라진다. 이는 처리 속도의 가속화를 요구한다.

❹ 정확성

정확성은 데이터에 부여할 수 있는 신뢰 수준을 말한다. 높은 데이터 품질을 유지하는 것은 빅데이터의 중요한 요구 사항이자 어려운 과제이다. 하지만 최상의 데이터 정제Data Cleansing 기법을 사용해도 날씨나 경제, 고객의 미래 구매 결정 같은 일부 데이터의 본질적인 불확실성은 제거할 수 없다. 소셜 네트워크 같은 인간 환경에서 생산되는 데이터는 신뢰하기가 어렵고, 미래는 예측하기 어려우며, 사람과 자연, 보이지 않는 시장의 힘 등이 빅데이터의 다양한 불확실성 형태로 나타난다.

❺ 가치

가치는 빅데이터를 저장하려고 IT 인프라 구조 시스템을 구현하는 비용을 말한다. 빅데이터의 규모는 엄청나며 대부분은 비정형적인 텍스트와 이미지 등으로 구성되어 있다. 이 데이터들은 시간이 지남에 따라 빠르게 전파하면서 변하므로 그 전체를 파악하고 일정한 패턴을 발견하기가 쉽지 않아 가치의 중요성이 강조된다.

맥킨지 보고서에 따라 데이터베이스의 규모에 초점을 맞춘 정의는 다음과 같다. "일반적인 DBMS DataBase Management System로 저장 · 관리 · 분석할 수 있는 범위를 초과하는 대규모 데이터이다." 또한 노무라연구소는 가트너의 3V 특성을 협의의 빅데이터로 분류하고, [그림 1-3]과 같이 인재 · 조직, 데이터 처리 · 축적 · 분석 기술, 데이터(비정형 · 정형 데이터)까지 포함하는 광의의 빅데이터 특성을 정의한다.

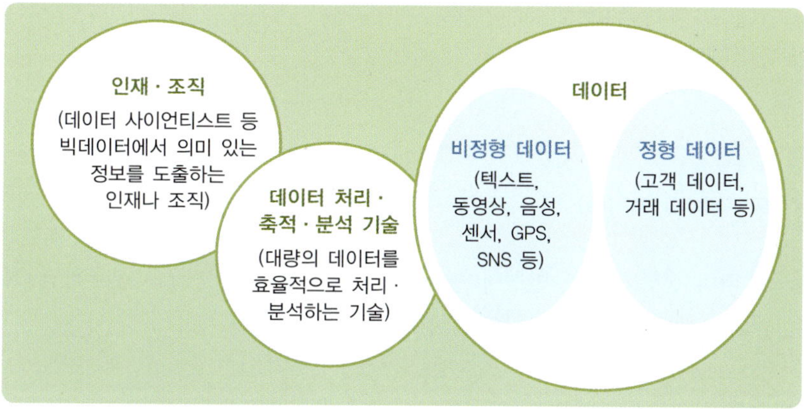

그림 1-3 광의의 빅데이터 정의 [03]

빅데이터의 속성에서도 살펴보았듯이 과거에는 형식이 정해져 있는 텍스트 위주의 데이터가 많았던 반면, 이제는 그림, 동영상, 음성 위주의 비정형 데이터가 급속히 증가한다. 과거 빅데이터는 천문 · 항공 · 우주 정보, 인간게놈 정보 등 특수 분야에 한정됐으나 정보 통신 기술의 발달로 전 분야로 확산되었다. [그림 1-4]는 빅데이터를 규모와 다양성 관점에서 기존 데이터와 비교해서 분류한 것이다.

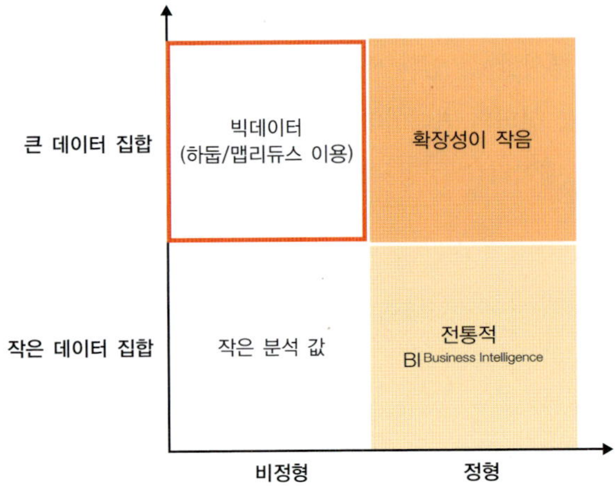

그림 1-4 규모와 다양성에 따른 빅데이터의 위치 [04]

데이터를 정형화 정도에 따라 정형Structured, 반정형Semi-Structured, 비정형Unstructured으로 분류하면 [표 1-3]과 같다. 그리고 [그림 1-5]는 정형과 비정형 데이터 유형의 변화이다.

표 1-3 빅데이터 종류 [05]

종류	설명
정형	고정된 필드에 저장된 데이터 예 관계형 데이터베이스, 스프레드시트
반정형	고정된 필드에 저장되어 있지는 않지만, 메타데이터나 스키마 등을 포함하는 데이터 예 XML, HTML 텍스트
비정형	고정된 필드에 저장되어 있지 않은 데이터 예 텍스트 분석이 가능한 텍스트 문서, 이미지 · 동영상 · 음성 데이터

- **정형 데이터**

정형 데이터는 일정한 규칙에 따라 체계적으로 정리한 데이터이다. 2012년 7월 통계청이 매년 발표하는 공식적인 통계 데이터는 총 860종으로 지정 통계 93종, 일반 통계 767종이다. 이런 데이터는 정형화된 그 자체로도 의미 해석이 가능하며, 바로 활용이 가능한 데이터를 포함한다.

- **반정형 데이터**

  반정형 데이터는 한글이나 MS 워드 등으로 작성한 데이터이다. 페이스북, 트위터, 카카오톡 등 소셜 네트워크 서비스 사용자가 생성하는 데이터들이 이에 해당한다.

- **비정형 데이터**

  비정형 데이터의 증가 속도는 누구도 예측할 수 없을 정도이다. 비교적 선형적으로 증가하던 정형 데이터조차 연간 40~60%에 이르는 증가세를 보이기 때문이다. 스마트 기기로 생성하는 소셜 데이터 외에도 이메일, 동영상 등 비정형 데이터가 향후 10년 동안 생성하는 양은 전체 데이터의 90%에 달할 것으로 전망된다.

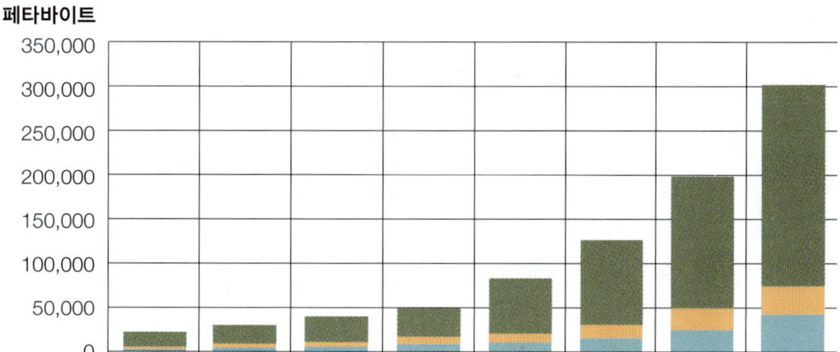

	2008	2009	2010	2011	2012	2013	2014	2015
비정형	11,430	16,737	25,127	39,237	59,600	92,536	147,885	226,716
정형(데이터베이스)	1,952	2,782	4,065	6,179	9,140	13,824	21,532	32,188
정형(이메일)	1,652	2,552	4,025	6,575	10,411	16,796	27,817	44,091

그림 1-5 정형과 비정형 데이터 유형의 변화 [06]

그러면 빅데이터는 처리 방식에서 전통적 데이터와 어떻게 다를까? 먼저 [표 1-4]에서 빅데이터의 특징을 전통 데이터와 비교해서 살펴본 후 이에 따른 빅데이터 처리의 특징을 [표 1-5]에서 알아보자.

표 1-4 전통적 데이터와 빅데이터의 특징 비교 [07]

구분	전통적 데이터	빅데이터
데이터 원천	전통적 정보 서비스	일상화된 정보 서비스
목적	업무와 효율성	사회적 소통, 자기표현, 사회 기반 서비스
생성 주체	정부 및 기업 등 조직	개인 및 시스템
데이터 유형	• 정형 데이터 • 조직 내부 데이터(고객 정보, 거래 정보 등) • 주로 비공개 데이터	• 비정형 데이터(비디오 스트림, 이미지, 오디오, 소셜 네트워크 등 사용자 데이터, 센서 데이터, 응용 프로그램 데이터 등) • 조직 외부 데이터 • 일부 공개 데이터
데이터 특징	• 데이터 증가량 관리 가능 • 신뢰성 높은 핵심 데이터	• 기하급수로 양적 증가 • 쓰레기Garbage 데이터 비중 높음 • 문맥 정보 등 다양한 데이터
데이터 보유	정부, 기업 등 대부분 조직	• 인터넷 서비스 기업(구글, 아마존 등) • 포털(네이버, 다음 등) • 이동 통신 회사(SKT, KTF 등) • 디바이스 생산 회사(애플, 삼성전자 등)
데이터 플랫폼	정형 데이터를 생산 · 저장 · 분석 · 처리할 수 있는 전통적 플랫폼 예 분산 DBMS, 다중처리기, 중앙 집중 처리	비정형 대량 데이터를 생산 · 저장 · 분석 · 처리할 수 있는 새로운 플랫폼 예 대용량 비정형 데이터 분산 병렬 처리

표 1-5 빅데이터의 처리 특징 [02]

구분	처리 특징
의사 결정 속도	빠른 의사 결정이 상대적으로 덜 요구되어 장기적 · 전략적 접근 필요
처리 복잡도Processing Complexity	다양한 데이터 소스, 복잡한 로직 처리, 대용량 데이터 처리로 처리 복잡도가 높아 분산 처리 기술 필요
데이터 규모	처리할 데이터 규모가 방대. 즉, 고객 정보 수집 및 분석을 장기간에 걸쳐 수행해야 하므로 처리해야 할 데이터양이 방대
데이터 구조	비정형 데이터의 비중이 높음. 즉, 소셜 미디어 데이터, 로그 파일, 스트림 데이터, 콜센터 로그 등 비정형 데이터 파일의 비중이 높음
분석 유연성Analysis Flexibility	처리 · 분석 유연성이 높음. 즉, 잘 정의된 데이터 모델, 상관관계, 절차 등이 없어 기존 데이터 처리 방법에 비해 처리 및 분석 유연성이 높음
처리량Throughput	동시 처리량이 낮음. 즉, 대용량 및 복잡한 처리가 가능하여 동시에 처리할 수 있는 데이터양이 적어 실시간 처리가 보장되어야 하는 데이터 분석에는 부적합

[그림 1-6]은 앞서 살펴본 빅데이터의 속성을 이런 처리 과정에서 다시 정리한 것이다.

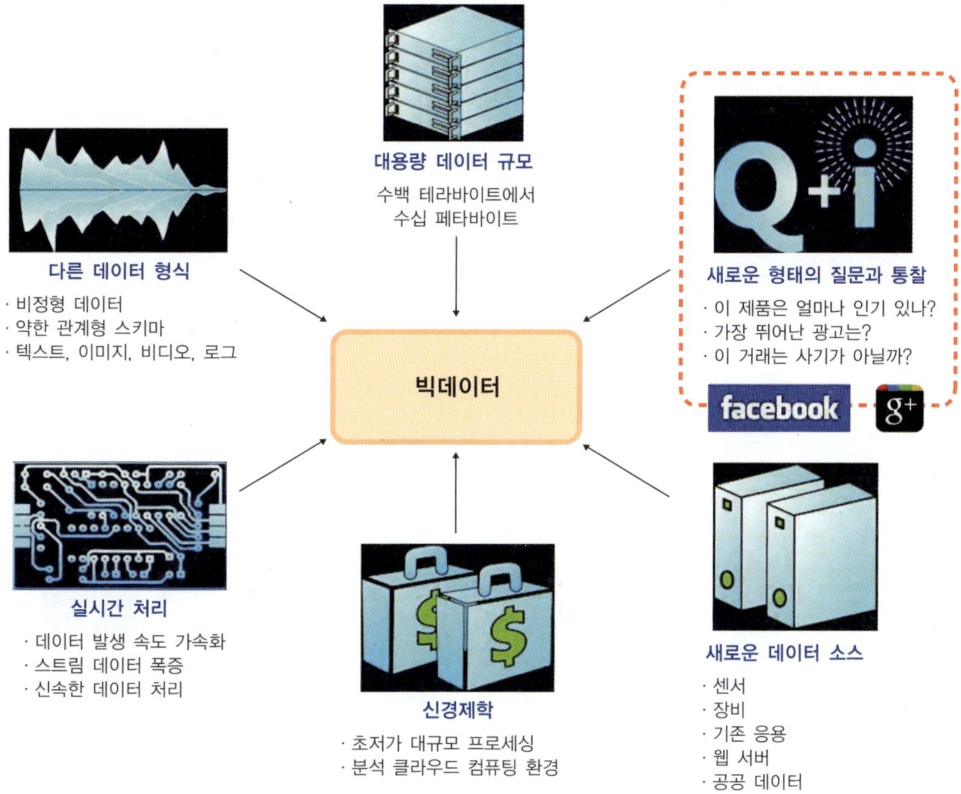

그림 1-6 빅데이터의 속성과 처리 특징 [08]

빅데이터는 하드웨어부터 소프트웨어까지, 컴퓨터 공학에서 인간 공학, 심지어 뇌 과학과 언어학까지 총망라한 기술이 모두 적용된 분야이다. 따라서 통계학, 경제학, 정보 기술, 수학 등 포괄적인 학문 이해가 필요하며, 학문적인 지식 외에 통합적 사고, 직관력 등도 요구된다.

3 빅데이터 처리 과정과 기술

앞서 언급했듯이 빅데이터는 기존의 데이터와 속성이 달라 데이터 수집 · 저장 · 처리 · 분석 · 표현하는 데 새로운 방법들이 필요하다. [그림 1-7]은 빅데이터를 처리하는 과정을 크게 데이터의 생성 · 수집 · 저장 · 처리 · 분석 · 표현의 과정으로 분류한 것이다.

그림 1-7 빅데이터 처리 과정 [09]

각 과정별로 다양한 기술이 등장했는데, 각 과정별 기술 영역을 정리하면 [표 1-6]과 같다. 이 절에서는 각 영역별 기술을 비롯하여 빅데이터 처리와 관련된 추가 기술까지 간단히 소개한 후 2부에서 본격적으로 살펴볼 것이다.

표 1-6 빅데이터 처리 과정별 기술 영역 [10]

과정	영역	개요
생성	내부 데이터	데이터베이스Database, 파일 관리 시스템File Management System
	외부 데이터	인터넷으로 연결된 파일, 멀티미디어, 스트림
수집	크롤링Crawling	검색 엔진의 로봇을 사용한 데이터 수집
	ETLExtraction, Transformation, Loading	소스 데이터의 추출 · 전송 · 변환 · 적재
저장	NoSQL 데이터베이스	비정형 데이터 관리
	스토리지Storage	빅데이터 저장
	서버Server	초경량 서버
처리	맵리듀스MapReduce	데이터 추출
	프로세싱Processing	다중 업무 처리
분석	NLPNatural Language Programming	자연어 처리
	기계 학습Machine Learning	기계 학습으로 데이터의 패턴 발견
	직렬화Serialization	데이터 간의 순서화
표현	가시화Visualization	데이터를 도표나 그래픽적으로 표현
	획득Acquisition	데이터의 획득 및 재해석

3.1 빅데이터 소스 생성과 수집 기술

데이터는 소스 위치에 따라 내부 데이터와 외부 데이터로 구분한다. 따라서 데이터 수집도 소스 위치에 따라 다음과 같이 내부 데이터 수집과 외부 데이터 수집으로 구분할 수 있다.

- **내부 데이터 수집** : 주로 자체적으로 보유한 내부 파일 시스템이나 데이터베이스 관리 시스템, 센서 등에 접근하여 정형 데이터를 수집한다.
- **외부 데이터 수집** : 인터넷으로 연결된 외부에서 비정형 데이터를 수집한다.

데이터 수집은 주로 툴, 프로그래밍으로 자동으로 진행된다. 보통은 [표 1-7]과 같은 로그 수집기, 크롤링Crawling, 센싱, RSS 리더/오픈 API, ETL 등 수집 방법을 사용한다.

표 1-7 빅데이터 자동 수집 방법 [07]

방법	설명
로그 수집기	내부에 있는 웹 서버의 로그를 수집. 즉, 웹 로그, 트랜잭션 로그, 클릭 로그, DB의 로그 데이터 등 수집
크롤링	주로 웹 로봇으로 거미줄처럼 얽혀 있는 인터넷 링크를 따라다니며 방문한 웹 사이트의 웹 페이지라든가 소셜 데이터 등 인터넷에 공개되어 있는 데이터 수집
센싱	각종 센서로 데이터 수집
RSS 리더/오픈 API	데이터의 생산 · 공유 · 참여 환경인 웹 2.0을 구현하는 기술로 필요한 데이터를 프로그래밍으로 수집
ETL Extraction, Transformation, and Loading	데이터의 추출, 변환, 적재의 약자로, 다양한 소스 데이터를 취합해 데이터를 추출하고 하나의 공통된 형식으로 변환하여 데이터웨어하우스에 적재하는 과정 지원

3.2 빅데이터 저장 기술

데이터에서 의미 있는 정보를 추출하려면 효율적으로 저장 관리하는 기술이 필요하다. 데이터 저장 관리는 추후 사용할 수 있도록 데이터를 안전하고 효율적으로 저장하는 것으로, 빅데이터는 '대용량, 비정형, 실시간성' 속성을 수용할 수 있는 저장 방식이 필요하다. 특히 대량의 데이터를 파일 형태로 저장할 수 있는 기술과 비정형 데이터를 정형화된 데이터 형태로 저장하는 기술이 중요하다. 분산 파일 시스템Distributed File System; DFS, NoSQL, 병렬 DBMS, 네트워크 구성 저장 시스템 등 대표적인 기술은 [표 1-8]과 같다.

표 1-8 대용량 데이터를 저장하는 다양한 접근 방식 [07]

접근 방식	설명	제품
분산 파일 시스템	컴퓨터 네트워크로 공유하는 여러 호스트 컴퓨터 파일에 접근할 수 있는 파일 시스템	GFSGoogle File System, HDFSHadoop Distributed File System, 아마존 S3 파일 시스템
NoSQL	데이터 모델을 단순화해서 관계형 데이터 모델과 SQL을 사용하지 않는 모든 DBMS 또는 데이터 저장 장치	Cloudata, HBase, Cassandra

병렬 DBMS	다수의 마이크로프로세서를 사용하여 여러 디스크의 질의, 갱신, 입출력 등 데이터베이스 처리를 동시에 수행하는 데이터베이스 시스템	VoltDB, SAP HANA, Vertica, Greenplum, Netezza
네트워크 구성 저장 시스템	서로 다른 종류의 데이터 저장 장치를 하나의 데이터 서버에 연결하여 총괄적으로 데이터를 저장 및 관리	SAN Storage Area Network, NAS Network Attached Storage

3.3 빅데이터 처리 기술

빅데이터는 방대한 양의 데이터와 데이터 생성 속도, 데이터 종류의 다양성을 통합적으로 고려할 수 있는 기술이 필요하다. 대표적인 빅데이터 처리 기술로 맵리듀스가 있다. 초기에는 장단점 논란을 불러일으켰지만, 현재는 오픈 소스Open Source인 하둡Hadoop의 성공으로 분산 병렬 데이터 처리 기술의 표준이 되었다.

빅데이터 처리 기술로는 정형 · 비정형 빅데이터 분석에 가장 선호되는 솔루션인 하둡, R 언어와 개발 환경으로 기본적인 통계 기법부터 모델링, 최신 데이터 마이닝 기법까지 구현 및 개선이 가능한 R, 전통적인 관계형 데이터베이스 RDBMS와는 다르게 설계된 비관계형 데이터베이스인 NoSQL No SQL; Not-only SQL 등이 있다.

특히 맵리듀스 기술은 일반 범용 서버로 구성된 군집화 시스템을 기반으로 〈키, 값〉 입력 데이터 분할 처리 및 처리 결과 통합 기술, Job 스케줄링 기술, 작업 분배 기술, 장애에 대처하는 태스크 재수행 기술 등이 통합된 분산 컴퓨팅 기술이다.

맵리듀스 기술이 확산되면서 새로운 하드웨어 시스템에 최적화된 데이터 처리 기술, 반복 · 연속 처리 지원, 유연한 데이터 흐름을 표현하는 프로그래밍 모델을 개선하는 연구가 진행되고 있다. 또한 데이터 활용 방식의 변화로 현재 발생하는 상황을 파악하고, 발생 원인을 실시간으로 분석하는 중요성이 커지면서 대규모 스트림 데이터 처리 기술 연구도 수행한다. 빅데이터 처리 기술은 [표 1-9]와 같다.

표 1-9 빅데이터 처리 기술

용어	설명
빅데이터 일괄 처리 기술	▪ 빅데이터를 여러 서버로 분산하여 각 서버에서 나누어 처리하고, 이를 다시 모아서 결과를 정리하는 분산 · 병렬 기술 방식 ▪ 구글 맵리듀스(구글에서 분산 컴퓨팅을 지원할 목적으로 제작 · 발표한 소프트웨어 프레임워크, 함수형 프로그래밍에서 일반적으로 사용되는 맵Map과 리듀스Reduce 함수를 기반으로 주로 구성), 하둡 맵리듀스, 마이크로소프트 드라이애드Dryad 등이 있음
빅데이터 실시간 처리 기술	스트림 처리 기술로 강화된 스트림 컴퓨팅을 지원하는 IBM의 InfoSphere Streams인포스피어 스트림즈, 분산 환경에서 스트리밍 데이터를 분석할 수 있게 해주는 트위터의 스톰Storm
빅데이터 처리 프로그래밍 지원 기술	분산 데이터를 처리하는 프로그래밍 언어인 구글의 소잴Sawzall과 병렬 처리를 하는 고성능 데이터-플로우 언어와 실행 프레임워크인 하둡 Pig

인프라 기술을 포함한 빅데이터와 연계된 기술들은 [표 1-10]과 같다.

표 1-10 인프라 기술을 포함한 빅데이터와 연계된 기술들 [11]

용어	설명
Cassandra카산드라	▪ 분산 시스템에서 대용량 데이터를 처리할 수 있도록 설계된 오픈 소스 데이터베이스 관리 시스템 ▪ 원래 페이스북에서 개발했으며 지금은 아파치 소프트웨어 재단에서 한 프로젝트로 관리
Hadoop하둡	▪ 분산 시스템에서 대용량 데이터 처리 분석을 지원하는 오픈 소스 소프트웨어 프레임워크 ▪ 구글이 개발한 맵리듀스를 오픈 소스로 구현한 결과물 ▪ 야후에서 최초로 개발했으며, 지금은 아파치 소프트웨어 재단에서 한 프로젝트로 관리 ▪ 주요 구성요소로는 하둡 분산 파일 시스템인 HDFS, 분산 컬럼 기반 데이터베이스인 HBase, 분산 컴퓨팅 지원 프레임워크인 맵리듀스 포함
HBaseH베이스	▪ 구글의 '빅테이블'을 참고로 개발된 오픈 소스 분산 비관계형 데이터베이스 ▪ 파워셋에서 개발했으며, 현재는 아파치 소프트웨어 재단에서 한 프로젝트로 관리
MapReduce맵리듀스	▪ 분산 시스템에서 대용량 데이터 세트를 처리하려고 구글이 제안한 소프트웨어 프레임워크 ▪ 하둡에서도 구현
NoSQL	▪ Not-only SQL 또는 No SQL을 의미 ▪ 전통적인 관계형 데이터베이스와 다르게 설계된 비관계형 데이터베이스 ▪ 대표적인 NoSQL 솔루션으로는 Cassandra, HBase, MongoDB 등이 있음

3.4 빅데이터 분석 기술

빅데이터 분석에 사용하는 기술은 대부분 통계학과 전산학, 특히 기계 학습과 데이터 마이닝 분야에서 이미 사용한 것들이다. 이 분석 기술들의 알고리즘을 대규모 데이터 처리에 맞게 개선하여 빅데이터 처리에 적용시키고 있는 것이다.

빅데이터 분석에 사용할 수 있는 대표적인 분석 기술은 [표 1-11]과 같다.

표 1-11 빅데이터 분석 기술

용어	설명
텍스트 마이닝Text Mining	자연어 처리Natural Language Processing 기술을 사용해 인간의 언어로 쓰인 비정형 텍스트에서 유용한 정보를 추출하거나 다른 데이터와의 연계성을 파악하며, 분류나 군집화 등 빅데이터에 숨겨진 의미 있는 정보를 발견하는 것
웹 마이닝Web Mining	인터넷에서 수집한 정보를 데이터 마이닝 기법으로 분석하는 것
오피니언 마이닝Opinion Mining; 평판 분석	▪ 다양한 온라인 뉴스와 소셜 미디어 코멘트, 사용자가 만든 콘텐츠에서 표현된 의견을 추출 · 분류 · 이해하고 자산화하는 컴퓨팅 기술 ▪ 텍스트 속의 감성과 감동, 여러 가지 감정 상태를 식별하려고 감성 분석 사용 ▪ 마케팅에서는 버즈Buzz; 입소문 분석이라고도 함
리얼리티 마이닝Reality Mining	▪ 휴대폰 등 기기를 사용하여 인간관계와 행동 양태 등을 추론하는 것 ▪ 통화량, 통화 위치, 통화 상태, 대상, 내용 등을 분석하여 사용자의 인간관계, 행동 특성 등 정보를 찾아냄
소셜 네트워크 분석Social Network Analysis	수학의 그래프 이론Graph Theory을 바탕으로 소셜 네트워크 서비스에서 소셜 네트워크 연결 구조와 연결 강도를 분석하여 사용자의 명성 및 영향력을 측정하는 것
분류Classification	▪ 미리 알려진 클래스들로 구분되는 훈련 데이터군Group을 학습시켜 새로 추가되는 데이터가 속할 만한 데이터군을 찾는 지도 학습Supervised Learning 방법 ▪ 가장 대표적인 방법으로 KNNK-Nearest Neighbor이 있음
군집화Clustering	▪ 특성이 비슷한 데이터를 합쳐 군Group으로 분류하는 학습 방법 ▪ 분류와 달리 훈련 데이터군을 이용하지 않기 때문에 비지도 학습Unsupervised Learning 방법 ▪ 트위터에서 주로 사진/카메라를 논의하는 사용자군과 게임에 관심 있는 사용자군 등 관심사나 취미에 따라 분류
기계 학습Machine Learning	▪ 인공지능 분야에서 인간의 학습을 모델링한 것 ▪ 컴퓨터가 학습할 수 있도록 하는 알고리즘과 기술을 개발하여 수신한 이메일의 스팸 여부를 판단할 수 있도록 훈련 ▪ 결정 트리Decision Tree 등 기호적 학습, 신경망이나 유전자 알고리즘 등 비기호적 학습, 베이지안Bayesian이나 은닉 마코프Hidden Markov 등 확률적 학습 등 다양한 기법이 있음

표 1-11 빅데이터 분석 기술(계속)

용어	설명
감성 분석Sentiment Analysis	문장의 의미를 파악하여 글의 내용에 긍정/부정, 좋음/나쁨을 분류하거나 만족/불만족 강도를 지수화. 그런 다음 이 지수를 이용하여 고객의 감성 트렌드를 시계열적으로 분석하고 고객 감성 변화에 기업의 신속한 대응 및 부정적인 의견의 확산을 방지하는 데 활용

3.5 빅데이터 표현 기술

데이터 분석 결과를 효과적으로 전달하려고 어렵고 복잡한 정보를 한눈에 쉽게 이해할 수 있도록 간단한 도표나 3D 이미지 등으로 표현하는 정보 표현 기술이 발전했다. 최근의 빅데이터 표현 기술 중 2009년 구글에서 개발한 Fusion Tables은 방대한 양의 데이터를 표현해 주는 온라인 서비스이다. [그림 1-8]은 정보 표현의 간단한 예이다.

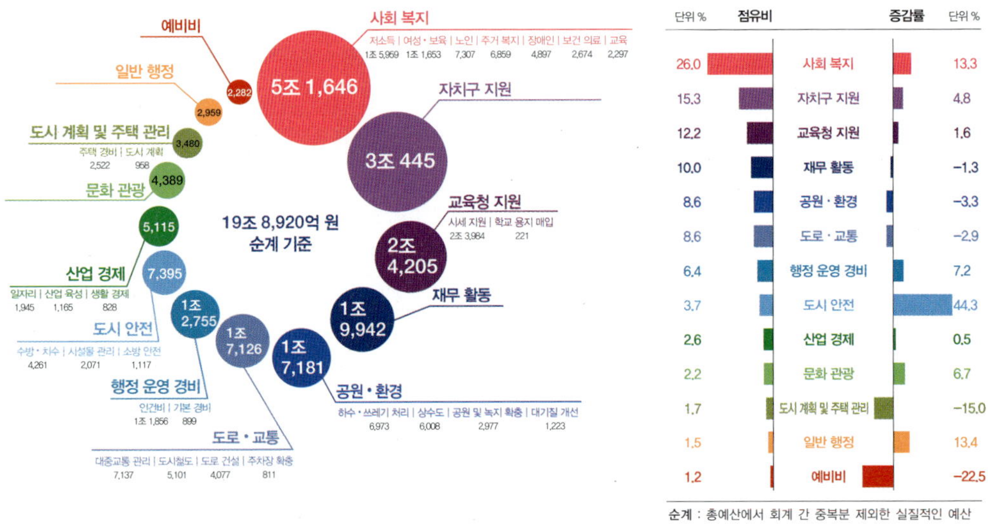

그림 1-8 정보 표현의 간단한 예 [12]

4 빅데이터 활용 분야와 기대 효과

빅데이터는 다양한 분야에서 불가능을 가능으로 전환시킬 수 있는 비전을 제시하고 있으며, 정보 기술과 빅데이터의 결합은 조직 내 연구 개발 성과 및 속도를 향상시킨다. 빅데이터는 다양한 분야에서 활용할 수 있는데, 맥킨지가 제시한 빅데이터를 활용하여 가장 큰 효과를 얻을 수 있는 분야는 [표 1-12]와 같다.

표 1-12 맥킨지에서 제시한 빅데이터 활용 분야 [13]

도메인	분석 대상 데이터	예상 효과
미국의 의료 산업	제약사 연구 개발 데이터, 환자 치료 · 임상 데이터, 의료 산업의 비용 데이터	연간 $3조로, 0.7% 생산성 향상
유럽의 공공 행정	정부의 행정 업무에서 발생하는 데이터	연간 $4.1조로, 0.5% 생산성 향상
소매업	고객의 거래 데이터, 구매 경향	▪ $1조+서비스 업자 수익 ▪ $7조 소비자 이익
제조업	고객 취향 데이터, 수요 예측 데이터, 제조 과정 데이터, 센서 활용 데이터	▪ 60% 마진 증가 ▪ 0.5~1.0% 생산성 향상
개인 위치 데이터	개인과 차량의 위치 데이터	▪ 개발 및 조립 비용 50% 감소 ▪ 운전 자본 7% 감소

빅데이터의 활용 분야를 공공, 과학, 의료, 도소매, 제조, 정보 통신 등 여섯 개로 구분하여 그 특징을 정리하면 다음과 같다.

- **공공 분야**

  공공 분야는 국가적 차원에서 방대한 양의 데이터를 바탕으로 수자원 관리, 스마트 그리드, 재난 방재 영역 등을 포괄적으로 포함한다. 기업적인 이익은 낮으나 국가적 효용 가치는 매우 높은 영역이다. 이 분야에 빅데이터를 활용하면 투명성과 개방성, 높은 수준의 분석으로 생산성 향상과 운영 효율화, 공공 분야의 경쟁력 강화로 국가 시스템 전체의 경쟁력을 향상시킬 수 있다. 대표적인 예가 싱가포르 정부가 빈번히 발생하는 테러 및 전염병 등 불확실한 미래에 대비하려고 2004년부터 추진하고 있는 국가 위험 관리 시스템이다.

- **과학 분야**

대용량 지리 · 기상 · 우주과학 분야 등에서 각 기관별로 과학 데이터를 처리하고 있으나, 체계적인 수집 및 배포 경로가 미흡하다. 또한 데이터 생산량에 비해 데이터 활용 · 재사용 · 보존도 원활하게 진행되지 않는다. 산발적으로 흩어진 과학 데이터를 국가 차원에서 수집 · 가공 · 유통 · 재활용할 수 있는 기반을 마련하여 활용하면 환경, 기후, 해양 등에서 일어나는 문제를 효율적으로 해결할 수 있다.

- **의료 분야**

의료 기록의 전자화, 병원 간 연구 데이터 공유로 빅데이터 도입과 활용이 확대되고 있는데, 이는 공공 분야와도 밀접한 연관성이 있다. 특히 미국에서는 빅데이터를 사용하여 의료 분야에서 직간접적으로 개선한 비용이 연간 약 3300억 달러에 이를 것으로 전망하고 있다. 미국 국립보건원NIH은 의약품 검색 서비스인 '필박스'로 주요 관리 질병의 분포, 연도별 증가 등 통계치를 확보해 연간 5000만 달러의 비용 절감 효과를 보고 있다. 이 밖에도 IBM과 미국 건강보험 회사 웰포인트는 인공지능 컴퓨터 시스템 왓슨Watson의 빅데이터 분석 능력을 활용하여 의사와 다른 의료진이 진단과 환자 치료에 이용할 수 있는 의료 데이터 활용도를 향상시키는 서비스를 제공 중이다.

- **도소매 분야**

도소매 분야에서는 이미 비즈니스 인텔리전스BI와 고객 관계 관리CRM 등으로 데이터를 분석하고 활용해 왔기 때문에 빅데이터를 연속성 있게 활용할 수 있는 것이 중요하다. 빅데이터 분석으로 시장의 정적 · 동적 요인을 더욱 정밀하게 분석하여 이에 따른 적시 수요 예측 및 선제적 경영 지원에 초점을 둔다.

- **제조 분야**

제조는 보유 데이터양이 많고, 불량품 개선 비용 등 적용 효과를 계량화하여 빅데이터의 유용성을 손쉽게 확인할 수 있는 분야이다. 기존에도 품질 관리 및 보증이 진행되고는 있으나, 인적 교육에 기반을 둔 현재의 방법론보다는 데이터 기반 방법론을 사용하면 안정적으로 품질 관리 및 보증이 가능하다. 자동차 업계는 빈번히 발생하는 리콜 사태를 사전에 예방하고, 자동차 결함을 제품 출시 후 단기간 내에 파악하려고 빅데이터 분석을 도입한다.

- **정보 통신 분야**

  정보 통신 분야는 이동 통신의 발전과 개인 단말기의 증가로 생성된 디지털 공간의 개인 데이터를 기반으로 목표 마케팅, 개인화 서비스를 확대하며, 다른 분야보다도 인터페이스 측면이 강조된다. 현재 개인의 위치 정보 수준에서 진행되고 있는 서비스들은 점차 사용자의 행동 패턴, 이력, 선호도, 주변 상황에 따라 적절한 지식을 제공하는 서비스 형태로 진화할 것이다. 애플의 시리Siri는 사용자의 스마트폰을 음성으로 작동시키고 대화할 수 있도록 빅데이터 분석과 편리한 사용자 인터페이스를 결합한 대표적인 서비스이다.

빅데이터 기술이 발전하면 최근의 다변화된 현대 사회를 더욱 정확하게 예측할 수 있고, 효율적으로 작동하도록 정보를 제공할 수 있다. 또한 개인화된 구성원들에게 맞춤형 정보를 제공 · 관리 · 분석할 수 있게 하며, 과거에는 불가능했던 기술까지도 발전시킬 수 있다. 대표적인 예가 다음의 이상 현상 감지, 고객 이탈을 사전에 감지한 T-Mobile, 위키리크스 데이터 분석을 이용한 효과적인 전술 정보 제공, 아마존닷컴의 추천 상품 표시와 구글 및 페이스북의 맞춤형 광고 등이다.

- **이상 현상 감지**

  이상 현상 감지는 업무에서 발생하는 다양한 이벤트를 기록하여 '정상 상태', '비정상 상태'를 표시하는 패턴을 파악하고, 이 패턴을 기초로 새로운 이벤트가 발생했을 때 이상 현상 여부를 판단하는 것이다. 예를 들어, VISA 신용카드사는 시스템 로그의 패턴을 분석하여 내부 범죄 등 부정행위를 알아내어 카드 부정 사용을 방지한다. 그리고 HP는 시큐리티, 이벤트 관리 솔루션인 ArcSight를 도입하여 출입 관리 시스템, 네트워크, 업무용 응용 프로그램, 데이터베이스 로그 등을 종합적으로 분석하여 내부 통제를 위반한 내부 부정행위를 적발한 적이 있다.

  이상 현상 감지를 부정 · 범죄 분석뿐만 아니라 마케팅 분야에도 활용할 수 있다. 제품과 서비스에 변심한 고객을 감지하여 고객 이탈 방지를 막는 데 활용하는 것이다. 콜센터의 고객 목소리를 음성 인식 소프트웨어로 텍스트화하여 분석할 수 있으며, 스팸 메일 필터링에 걸리는 특정 벡터를 '하둡'으로 추출하여 고객 마케팅에 활용할 수도 있다. 또한 의료 · 간호 분야에서도 의료인들이 감지하기 어려운 이상 현상을 신속하게 감지하는 데 활용한다. 캐나다 온타리오 공과대학은 집중치료실ICU에 있는 약 100명의 환우 아동을 대상으로 심전도, 심박수, 혈압 등 16종류의 검사 결과 수치를 수집 · 분석하여 패턴을 도출해 신생아 이상 징후의 감지에 활용하고 있다.

- **고객 이탈을 사전에 감지한 T-Mobile**

미국의 T-Mobile은 자사가 보유한 빅데이터를 분석해 고객의 통신사 전환 위험을 감지하는 시스템을 운영한다. T-Mobile에서는 3000만 명이 넘는 가입자에게서 매일 179억 건 이상의 통화 및 송수신 내역을 담은 빅데이터를 발생한다. 빅데이터 분석으로 다른 통신사로 회선을 옮긴 고객이 사전에 보인 이용 패턴을 감지하고, 이를 실시간으로 포착해 내는 시스템을 구축했다. 또한 소셜 네트워크를 분석하여 이탈 징후를 보이는 영향력이 큰 고객을 따라서 지인들이 동반 이탈하는 현상을 발견하고, 이탈 징후를 보이는 고객에게 맞춤형 추가 혜택을 제공하여 이탈을 방지했다. 이 시스템으로 고객 이탈이 절반 수준으로 떨어졌다.

- **위키리크스 데이터 분석으로 효과적인 전술 정보 제공**

드루 콘웨어(NYU 박사 과정)는 위키리크스에 저장된 테라바이트급의 핵심 데이터를 분석해 미국과 아프가니스탄 연합군의 병력 활동 동향을 알아냈다. 데이터 분석에 R 언어를 사용했고, 아프가니스탄 주요 다섯 곳을 적 · 중립 · 동맹 지역으로 나누어 정보를 분류한 후 각 지역에서 어떤 활동이 주로 일어나는지 패턴을 분석했다. 그리고 이 결과로 탈레반의 활동이 어느 지역에서 많이 일어나는지, 미국과 동맹을 맺은 지역이 어딘지 쉽게 파악할 수 있었다. 또한 시간 흐름에 따라 아프가니스탄에서 전쟁 양상이 어떻게 진행되는지도 확인할 수 있었다.

- **아마존닷컴의 추천 상품 표시, 구글 및 페이스북의 맞춤형 광고**

아마존닷컴은 모든 고객의 구매 내역을 데이터베이스에 기록하고, 이 기록을 분석해 소비자의 소비 취향과 관심사를 파악한다. 이를 바탕으로 고객별로 추천 상품을 표시한다. 고객별로 취미나 독서 성향에 맞는 상품을 메일이나 웹 사이트에서 자동으로 제시하는 것이다. 구글 및 페이스북도 사용자의 검색 조건, 나아가 사진과 동영상 같은 비정형 데이터 사용을 즉각 처리하여 사용자에게 맞춤형 광고를 제공하는 등 빅데이터의 활용을 증대시키고 있다.

5 빅데이터 시대 준비

빅데이터 시대를 맞이하여 준비할 사항들은 데이터 경제 시대를 대비하는 '연결과 협력', '창의적 인력'의 양성, 데이터 신뢰 환경의 구축 등이다.

- **첫째, 데이터 경제 시대를 대비하는 '연결과 협력'**

  기업은 다가올 데이터 경제 시대를 이해하고 정보 고립 상태를 경계해야 성공할 수 있다. 데이터는 무한한 자원이기는 하나, 활용 가능한 자원의 영역은 상호 연결과 협력으로 더욱 확장될 수 있다. 데이터 경제 시대에는 플랫폼, 오픈 소스, 초고속 컴퓨팅 파워의 영향력이 커지며, 상호 연결과 협력이 핵심 전략으로 부각된다. 단절된 정보가 제한적으로 활용되는 것을 막고, 사회 전반적 · 통합적 데이터 수집 및 활용을 위한 협의와 공동의 참여가 필요하다. 국가적으로 유용한 데이터 자원을 창출하려면 공공 부문과 민간 부문이 통합되는 데이터 수집 · 분석 플랫폼 등 기반이 조성되어야 한다. 이것은 참여자 간 신뢰, 상호 연결성, 공동 활용 방안 마련 등이 우선되어야 상호 합의로 발전 가능하다.

- **둘째, 빅데이터 핵심 역량인 '창의적 인력'의 양성**

  빅데이터는 수많은 데이터를 수집 · 축적하는 것보다 무엇을 분석할 것인지 분명한 목적의식과 통합적 사고력 · 해석력이 중요하다. 빅데이터 시대를 맞이하여 미국에서는 2018년이 되면 14~19만 명의 분석전문가와 150만 명 정도의 데이터 관리자 등 분석 인력이 부족해질 것으로 전망된다. 향후 5년 동안 데이터 과학자의 수요가 공급을 뛰어넘어 인재 부족은 더욱 심화될 것이다.

  우리나라 역시 빅데이터 시대에 대응하려면 시스템 엔지니어, 데이터 과학자, 가시화 아티스트 등 주요 전문 인력 양성이 시급하다.

  빅데이터 처리 인프라를 개발하고 빅데이터 분석 플랫폼을 구축하는 '시스템 엔지니어', 무엇을 분석할 것인지 분명한 목적의식과 통합적 사고력 · 해석력을 갖춘 '데이터 과학자', 직관적인 통찰과 풍부한 정보를 동시에 제공하는 '가시화 아티스트' 등이 빅데이터 시대가 요구하는 핵심 인력이다.

빅데이터 전문가에게는 대규모 데이터를 분석한 결과를 시각화하여 이해하기 쉽게 전달하는 역량이 필요하다. 특히 시각화는 데이터 분석 결과를 전달하는 마지막 단계로서 데이터의 해석 작업에 해당되며, 정교한 모형 및 시각화 도구가 요구된다.

국내외적으로 빅데이터 인력의 부족을 인식하고, 유능한 인재 육성 프로그램과 교육 과정의 개설이 필요하다. 단기간에 부족한 인력을 양성하고 더욱 빠르게 기술을 발전시키려면 빅데이터를 기반으로 산학연이 협력하여 해결하는 국가적인 중대형 프로젝트가 절실히 요구된다. 글로벌 정보 기술 업체들도 데이터 과학자 확보에 심혈을 기울이며, 인재 확보와 내부 역량 강화에 노력한다. 이베이에서는 고객 데이터를 분석하고 가공하는 일을 맡은 직원만 500명에 이른다. EMC는 경제학, 통계학, 심리학 등을 전공한 박사급 인재들인 데이터 과학자로 구성된 애널리틱스 랩을 운영하며, 미국 IBM은 사내에 200명 이상의 수학자들이 분석학을 집중적으로 연구하여 500개 이상의 관련 특허를 취득하면서 미래 사업을 준비하고 있다.

- **셋째, 데이터 신뢰 환경의 구축**

소셜 미디어에 있는 메시지, 흔적이나 개인의 정보가 담긴 빅데이터 분석은 프라이버시 침해의 위험이 있다. 접속 기록, 검색 패턴, 데이터 속성이 기록된 그림자 데이터의 증가는 프라이버시 침해를 위협하고 소셜 네트워크 기술 발전은 개인의 사적 공간을 훼손하고 있다. 하지만 장기적으로는 사적 공간의 경계가 점차 모호해지면서 분쟁이 늘어날 것이다. 개인의 프라이버시를 보호하는 문제는 개인 정보 제공자나 개인 정보 활용자 모두에게 매우 중요한 문제이다. 데이터에 민감한 개인 사용자 정보의 노출 없이도 타당한 수준의 분석을 도출할 수 있는 방안을 고려해야 한다.

연습문제

01 정보 기술의 패러다임을 PC 시대, 인터넷 시대, 모바일 시대, 스마트 시대로 구분하여 패러다임 기술과 핵심 기술 이슈를 설명하시오.

02 빅데이터가 차세대 이슈로 떠오르는 이유를 세 가지만 나열하시오.

03 빅데이터를 정의하시오.

04 정형화 정도에 따른 빅데이터의 종류를 나열하시오.

05 기존 데이터와 빅데이터를 처리하는 차이점을 설명하시오.

06 빅데이터의 속성은 3V로 정의할 수 있는데, 3V를 설명하시오.

07 빅데이터 처리 과정을 설명하시오.

08 빅데이터 분석 과정을 설명하시오.

09 빅데이터 처리 과정별 기술 영역을 설명하시오.

10 빅데이터를 처리하는 구성도를 작성하시오.

11 조직 유형별 빅데이터 플랫폼의 모습을 설명하시오.

12 빅데이터 자동 수집 방법을 설명하시오.

13 빅데이터와 연계된 기술들을 설명하시오.

14 주요 국가별 빅데이터 동향을 설명하시오.

15 주요 기업별 빅데이터 현황을 설명하시오.

16 주요 글로벌 기업의 빅데이터 기술 보유 현황을 설명하시오.

17 주요 공공 분야별 빅데이터 현황을 설명하시오.

18 책에서 다루지 않은 빅데이터 활용 사례를 찾아보시오.

참고문헌

[01] 정지선, "신가치창출 엔진, 빅데이터의 새로운 가능성과 대응 전략", 『한국정보화진흥원』 IT & Future Strategy, 2011. 12, 제18호, pp. 1-29.

[02] P. Russom, "Big Data Analytics", 2011, TDWI Research.

[03] 노무라연구소, "빅데이터 시대 도래", 2012, IT 프론티어 3월호.

[04] G. Gruman, "Tapping into the Power of Big Data", *Technology Forecast*(*PwC*), 2010, issue 3, pp. 4-13.

[05] 김정숙, "빅데이터 활용과 관련기술 고찰", 『한국콘텐츠학회』, 2012. 03, 10(1) pp. 34-40.

[06] ESG Research Report, July 2010, Digital Archive Market Forecast 2010-2015.

[07] 김정미, "빅데이터 시대의 데이터 자원 확보와 품질 관리 방안", 『한국정보화진흥원』 IT & Future Strategy, 2012. 5, 제5호, pp. 1-21.

[08] 송민정, "빅데이터 이코노미시대, 소셜 데이터 폭발로 가능한 소셜분석과 큐레이션", KT경제경영연구소.

[09] 정지선, "성공적인 빅데이터 활용을 위한 3대 요소 : 자원, 기술", 『한국정보화진흥원』, IT & Future Strategy, 2012. 4, 제3호, pp. 1-32.

[10] P. Warden, "Big Data Glossary", 2011, O'Reilly Media.

[11] IDC, "빅 데이터 분석 : CIO를 위한 미래지향적 아키텍처 기술 그리고 로드맵", 2011.

[12] www.1stwebdesigner.com/inspiration/infographics-tips-resources

[13] J. Manyika, M. Chui, B. Brown, J. Bughin, R. Dobbs, C. Roxburgh, and A. H. Byers, "Big Data: The Next Frontier for Innovation, Competition, and Productivity", May 2011, McKinsey Global Institute.

[14] 윤미림, "빅데이터 비즈니스 활용과 과제", 『한국정보산업연합회』 Issue Report, 2012, pp. 10-13.

[15] 이은민, "모바일 데이터 트래픽 증가와 사업자 전략", 『정보통신정책연구원』 방송통신정책, 2011. 8, 23(14), pp. 101-109.

[16] 양창준, "미래의 창, 빅데이터", 『TTA Journal』, 2011. 3, Vol.140, pp. 16-23.

[17] 이강용 · 남궁현 · 심재철 · 조기성 · 류원, "공공분야에서의 빅데이터 활용을 위한 지식자산(knowledge base) 구축", 『한국정보과학회지』, 2012. 6, 30(6), pp. 40-46.

[18] 이미영 · 최완, "빅데이터 분석을 위한 빅데이터 처리 기술 동향", 『한국정보처리학회지』, 2012, 19(3), pp. 20–28.

[19] 강만오 · 김상락 · 박상무, "빅데이터의 분석과 활용", 『한국정보과학회지』, 2012. 6, 30(6), pp. 25–32.

[20] 이현재, "Big Data를 위한 S/W 아키텍처 설계", 『한국정보처리학회』 IT21 Global Conference, 2012. 6.

[21] 안창원 · 황승구, "빅데이터 기술과 주요 이슈", 『한국정보과학회지』, 2012, 30(6), pp. 11–17.

[22] 이각범, "빅데이터를 활용한 스마트 정부 구현(안)", 『국가정보화전략위원회보고서』, 2011. 11.

[23] 채승병 · 안신현 · 전상현, "빅데이터 : 산업 지각변동의 진원", 『삼성경제연구소 CEO Information』, 2012, 제851호, pp. 1–25.

[24] 이성춘 · 임양수 · 안민지, "ig Data, 미래를 여는 비밀 열쇠", 『KT경제경영연구소 보고서』, 2012.

[25] IBM 비즈니스 가치 연구소, "분석 : 빅데이터의 현실적인 활용", 2012, pp. 1–20.

[26] What is Big Data?, Villanova University.

[27] Brian Hopkins, and Boris Evelson, "Xpand Your Digital Horizon with Big Data", *Forrester Research Inc.*, 2011.

[28] 박원준, "빅데이터(Big Data) 활용에 대한 기대와 우려", 『전파 방송 통신 저널』, 2012. 10, 제51호, pp. 28–47.

2부
빅데이터 컴퓨팅 기술

2장

빅데이터 수집 및 통합 기술

1 개요

의미 있는 분석이 가능한 데이터는 보통 '양'에 많이 의존한다. 예를 들어, 신용카드 사용자의 사용 패턴을 수집할 때 한두 명의 데이터로는 그다지 의미가 없을 수 있다. 신문이나 뉴스에 흔히 등장하는 설문조사도 소수를 대상으로 하면 결과의 신뢰도가 높지 않다. 그러므로 의미 있는 결과를 얻으려면 방대한 양의 데이터를 수집해야 하는데, 인터넷이 활성화되기 전에는 이것이 쉽지 않았다. 설령 데이터를 많이 확보했더라도 컴퓨터 없이 사람의 힘만으로 데이터 집합의 특성이나 패턴을 분석하기도 어려웠다.

인터넷과 컴퓨터의 급속한 발전으로 이제는 많은 양의 데이터를 쉽게 수집할 수 있다. 현재 여러 기업과 연구 기관에서는 방대한 양의 데이터를 분석하는 방법을 활발히 연구 중이다. 특히 매 순간 엄청난 양의 데이터를 만들어 내는 소셜 네트워크 서비스 때문에 빅데이터라는 용어가 등장했다. 그런데 이 데이터는 텍스트, 사진, 소리, 동영상 등과 같은 비정형 데이터이기에 여기서 의미 있는 정보나 지식을 얻기는 어렵다. 또한 정형화된 데이터를 처리하는 데 더 적합한 기존 데이터 수집 기술로는 수많은 비정형 데이터를 수집하고 통합하는 것은 사실상 불가능하다. 기존 RDBMS Relational DataBase Management System; 관계형 데이터베이스로는 방대한 양의 데이터를 처리하는 데 유지보수 비용이 많이 들 뿐만 아니라, 시간을 많이 투자해 하드웨어 성능을 향상시켜서 기존 시스템의 여러 부분을 변경해야 하기 때문이다.

기존 RDBMS의 문제를 보완하고 비정형 데이터를 처리하는 어려움을 해결하려면 비정형 데이터의 특성을 파악하여 여러 시스템에서 파일을 수집 · 저장할 수 있도록 분산 처리를 중심으로 하되, 각 단계마다 서로 다른 언어와 API Application Programming Interface를 요구할 수 있다는 점을 염두에 두어야 한다. 또한 이렇게 수집된 비정형 데이터를 분석에 적합한 형태로 통합하는 발전된 융합 기술도 필요하다.

이 장에서는 방대한 양의 데이터를 효과적으로 수집하는 기술을 소개한다. 특히 구글에서 개발한 오픈 소프트웨어인 하둡은 설치와 사용이 쉽고 널리 사용하기에 하둡을 바탕으로 한 다양한 수집 기술과 비정형 데이터의 통합 기술 위주로 설명할 것이다.

2 빅데이터 주요 수집 및 통합 기술

앞서 언급했듯이 이 절에서는 방대한 양의 데이터를 효과적으로 수집하는 하둡 기반의 다양한 수집 기술과 비정형 데이터의 통합 기술을 설명한다. 여기서 살펴보는 빅데이터 주요 수집 및 통합 기술은 [표 2-1]과 같다.

표 2-1 빅데이터의 주요 수집 및 통합 기술

제품/기술	최초 개발	최초 공개	주요 기능 및 특징
Flume	Cloudera	2010년	방대한 양의 이벤트 로그 수집
Chukwa	야후	2008년	분산 시스템의 로그 수집 및 모니터링
Scribe	페이스북	2008년	분산 시스템 로그 수집 서버
SQOOP	아파치	2009년	RDBMS와 NoSQL 간의 데이터 연동
Kafka	LinkedIn	2010년	분산 시스템에서 메시지 전송 및 수집
OpenRefine	구글	2010년	대용량 데이터 정제
JSON	D. Crockford	–	XML과 비슷한 데이터 정형화 방식
BSON	–	–	JSON의 바이너리 형태 표현 방식
Thrift	페이스북	2007년	비정형 데이터의 정형화 및 관리
Protocol Buffers	구글	2008년	오픈 소스 직렬화 라이브러리
Avro	아파치	2009년	이기종 간 데이터 교환 및 RPC 기능 제공

2.1 Flume[플럼]

Flume은 Cloudera[클라우데라]에서 공개한 오픈 소스 프로그램으로 이벤트 로그 데이터를 효율적으로 수집하고 집계할 수 있는 로그 수집기이다. 그리고 수많은 서버에 분산된 대용량의 로그 데이터를 한곳으로 모을 수 있으며, 안정성과 가용성이 높다.

Flume은 Cloudera에서 아파치로 옮겨진 후 Flume-NG[Next Generation]로 명칭이 바뀌었다. 데이

터의 기본 흐름은 [그림 2-1]과 같이 각 클라이언트에 저장되는 로그를 중간 에이전트가 수집한 후 이를 최종적으로 하둡 분산 파일 시스템Hadoop Distributed File System; HDFS으로 통합하여 저장하는 구조이다.

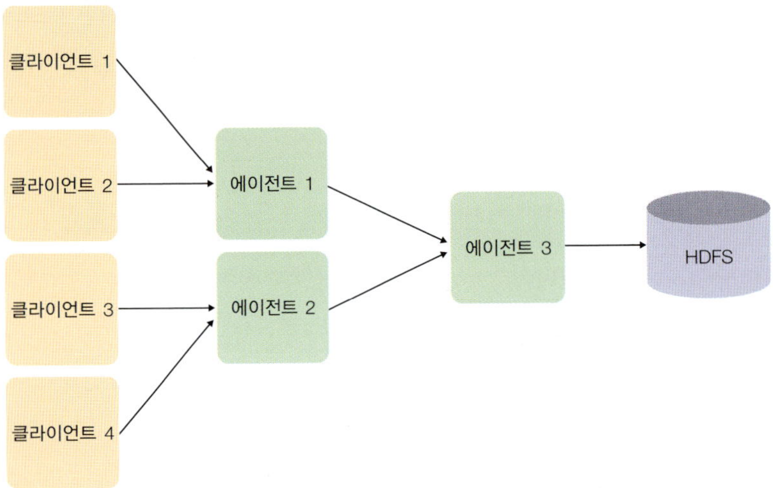

그림 2-1 Flume의 데이터(로그) 흐름도 [01]

2.2 Chukwa척와

Chukwa는 2008년 야후에서 개발한 것으로 Flume과 마찬가지로 로그 데이터 수집 및 분석·출력·모니터링하는 시스템이다. 현재는 아파치의 하둡 서브 프로젝트에 등록되어 있으며, 하둡 기반으로 동작하므로 반드시 하둡을 설치해야 한다(필수 사항). Chukwa는 응용 프로그램의 로그 저장 모듈을 수정하지 않아도 로그 수집이 가능하며, 하둡 분산 파일 시스템을 그대로 수용하고 실시간 분석이 가능하다는 장점이 있다.

[그림 2-2]는 Chukwa의 시스템 구성도이다. Flume과 구조가 비슷한데, Chukwa 에이전트, Chukwa 컬렉터를 기반으로 데이터를 수집한다. 그리고 HICCHadoop Infrastructure Care Center가 내장되어 있어 하둡 클러스터의 로그 파일과 시스템 정보를 수집·분석한 후 그 결과를 웹에서 보여준다.

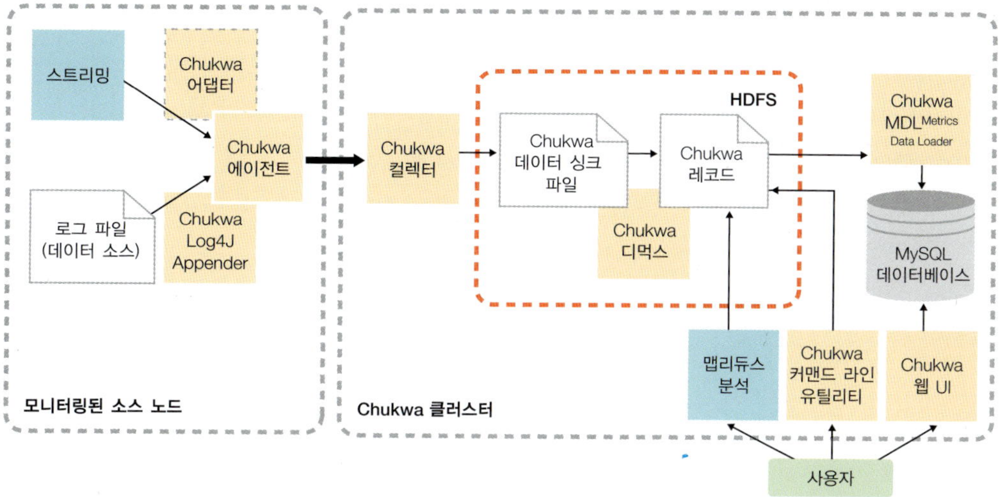

그림 2-2 Chukwa 시스템 구성도 [02]

2.3 Scribe스크라이브

Scribe는 분산형 로그 수집 서버로, 페이스북에서 자체 스케일링 작업용으로 개발한 오픈 소스 프로젝트이다(2008년부터 사용). Scribe는 앞에서 소개한 로그 수집 시스템과 마찬가지로 여러 서버에서 실시간으로 스트림Stream되는 로그 데이터를 취합한다. 하루에 메시지 수십억 개를 저장할 수 있으며, 중앙 서버 그룹과 노드당 Scribe 서버 한 대로 구성된다. 기존 클라이언트를 수정하지 않고도 로그 데이터를 수집할 수 있도록 크로스 플랫폼 클라이언트 라이브러리를 제공한다.

2.4 SQOOPSQl-to-hadOOP; 스쿱

SQOOP은 기존 RDBMS에서 하둡으로 데이터를 이전하려고 시작한 프로젝트로, 그 진행 단계는 [그림 2-3]과 같다. SQOOP은 JDBCJava DataBase Connectivity 인터페이스를 사용하므로 MySQL, PostgreSQL, 오라클Oracle 등 다양한 데이터베이스 시스템을 지원할 수 있고, 아파치 하둡 기반 프로젝트인 Hive, Pig, HBase 등과도 호환이 잘되어 RDBMS와 NoSQL 간의 데이터 연동에 많이 사용한다. 예를 들어, 오라클 데이터베이스에 적재된 방대한 양의 로그 데이터를 하둡 분산 파일 시스템으로 옮겨 분산 처리하려고 불러오거나 분석 결과나 하둡 분산 파일 시스템의 데이터를 RDBMS로 내보낼 수 있다. RDBMS에서 NoSQL로 데이터를 불러오거나 내보낼 때는 해당 데이터의 정보가 담긴 메타데이터를 사용한다. 이 메타데이터를 기반으로 각 시스템에 맞도록 데이터를 매핑Mapping시켜 수집하고, 수집된 데이터를 분산 처리한다.

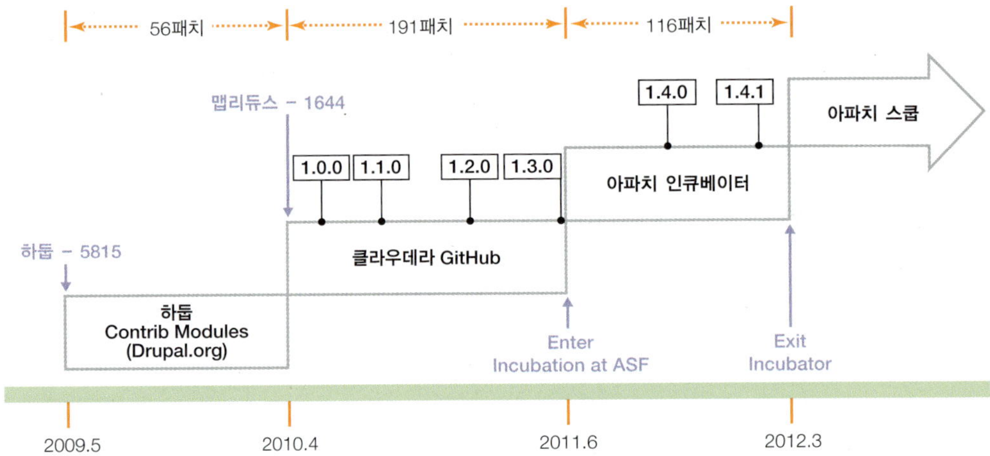

그림 2-3 SQOOP 프로젝트 타임라인 [03]

2.5 Kafka카프카

LinkedIn링크드인에서 사용 중인 아파치의 초기 프로젝트인 Kafka는 확장성이 좋고 처리량이 높은 분산 메시지 시스템으로 지속적이고 우수한 메시지 전달 성능을 보장한다. Kafka는 메시지 큐와 로그 수집기의 중간 영역에 있는 시스템으로 볼 수 있으며, 많은 이벤트를 생산자에서 소비자로 보내는 새로운 형태의 개념을 사용한다. LinkedIn의 웹 사이트를 백엔드 시스템과 연결하고 있으며, LinkedIn의 실시간 데이터나 오프라인 데이터를 처리하고 수집한다. 또한 ZooKeeper주키퍼를 사용하여 Flume과 같이 높은 처리량을 유지하면서 병렬 처리에 초점을 맞춘 구조와 다량의 클라이언트 생성이 가능한 유연성을 제공하고 분산 처리를 지원한다. [그림 2-4]는 Kafka와 LinkedIn의 토폴로지Topology 배치도이다. LinkedIn에서 하둡과 Kafka를 연동하여 구성한 데이터 전송 구조를 보여 준다.

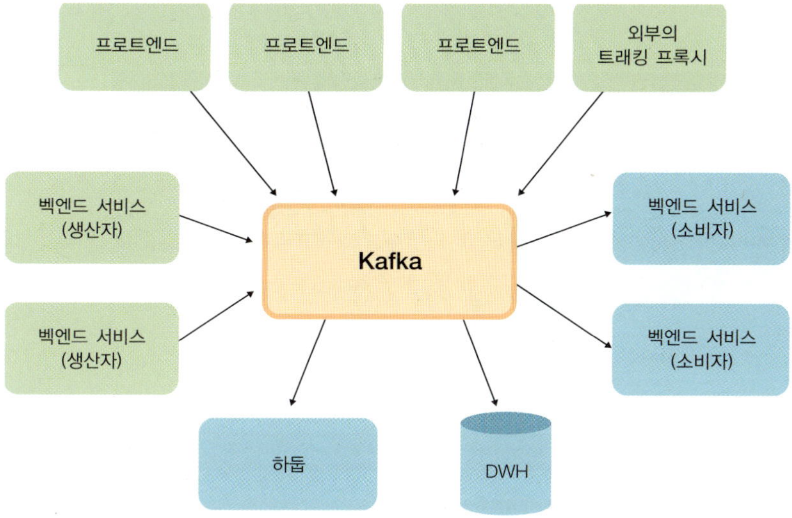

그림 2-4 Kafka-LinkedIn의 토폴로지 배치도 [04]

2.6 OpenRefine오픈리파인

OpenRefine은 학계나 관공서에서 발표하는 대규모 데이터에 정제되지 않은 상태로 있는 데이터를 깔끔하게 정리해 주는 데이터 정제 툴로, 크고 복잡한 스프레드시트를 정리할 수 있다. 구글이 2010년에 합병한 메타웹Metaweb의 Freebase Gridworks프리베이스 그리드웍스에서 유래했으며, 2012년 오픈 프로젝트로 전환한 후 명칭을 OpenRefine으로 바꿨다. OpenRefine의 기본 기능은 생성된 데이터 집합에서 흔하게 나타나는 일반적인 오류를 수정하고 방대한 양의 데이터에 포함된 불필요한 데이터를 정리하는 것이다. 텍스트 값의 오타 수정, 불일치 데이터 수정, 데이터 형식 변환 등의 기능 역시 추가되어 있다. 또한 통계 데이터를 분석하다 잘못 입력된 엔트리들 때문에 정보 파악이 힘들거나 같은 엔트리를 서로 다른 약어와 기호로 표시하는 과정에서 생기는 혼선 수정도 가능하다. 더불어 외부 소스에서 나온 데이터를 스프레드시트 내에 들어 있는 데이터와 연계시키는 API와 정형화된 추출 및 변환 워크플로우 기능도 추가로 제공한다. [그림 2-5]는 OpenRefine 프로젝트의 정보를 얻을 수 있는 웹 사이트이다.

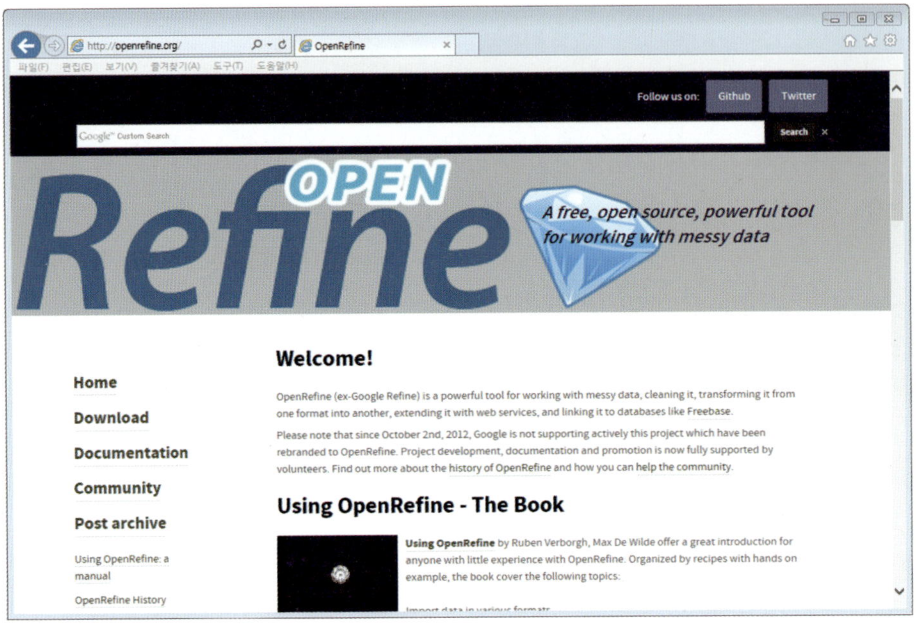

그림 2-5 OpenRefine 프로젝트 웹 사이트 [05]

2.7 JSON JavaScript Object Notation; 제이슨 [06]

JSON은 인터넷에서 데이터를 주고받을 때 그 데이터를 표현하는 방식 중 하나로, JavaScript를 만든 Douglas Crockford 더글라스 크락포드가 맨 처음 제안했다. 기존 XML과 비슷하지만 용량이 작고 변환 속도가 빠르다는 장점이 있어 더 주목을 받는다. JSON은 데이터의 종류에 제한이 없어 웹의 데이터를 정형화하는 데 많이 사용한다. JavaScript의 구문 형식을 따르지만 프로그래밍 언어나 플랫폼에 독립적이다. 따라서 C, C++, C#, Java, JavaScript, Perl, Python 등 많은 프로그래밍 언어에서도 사용할 수 있으며, RFC 4627로 규격화되어 있다. JSON은 텍스트로 되어 있어 사람과 기계 모두 읽고 쓰기 쉬우며, 프로그래밍 언어와 플랫폼에 독립적이기에 서로 다른 시스템 간에 쉽게 객체를 교환할 수 있다. JavaScript의 문법을 차용하여 JavaScript에서 eval 명령어로 곧바로 사용할 수 있다. 이런 특징은 JavaScript를 자주 사용하는 웹 환경에 유리하다. 모질라 파이어폭스 3.5 이상, 인터넷 익스플로러 8 이상, 오페라 10.5 이상, 사파리, 크롬 등 대부분의 최신 웹 브라우저는 JSON 전용 파서 기능을 내장한다. JSON은 기본적으로 value, object, array 세 가지 요소로 구성되는데, [그림 2-6]은 이 세 요소의 표현 방식이다.

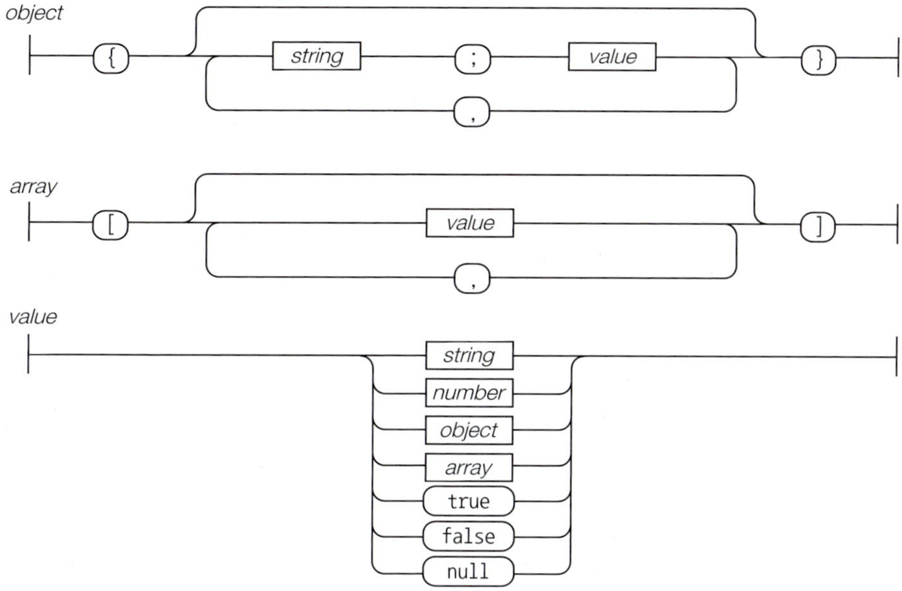

그림 2-6 JSON의 기본 표현 방식 [07]

2.8 BSON Binary javaScript Object Notation; 비슨 [08]

JSON의 이진 표현 형식인 BSON은 데이터 저장 엔진으로 활용한다. 텍스트 기반인 JSON에 비해 속도가 빠르고 크기가 작다는 특징이 있다. 그러나 데이터 타입이나 크기를 미리 지정하기 때문에 저장 공간의 활용에서 비효율적이며, 지원하는 라이브러리가 많지 않다는 단점이 있다. 반면, 변환하는 단계의 속도가 빠르고, 데이터를 텍스트 스트링으로 저장하지 않고 정수나 실수 데이터를 이진 형태로 저장함으로써 로딩과 저장할 때 파싱 시간을 절약할 수 있는 장점이 있다. 이런 BSON을 MongoDB에서 문서 Document, 실렉터 Selector 등을 표현하는 데 사용하기도 한다.

2.9 Thrift 쓰리프트 [09]

Thrift는 확장성 높은 이기종 언어 서비스를 지원하는 소프트웨어 프레임워크이다. 이 프레임워크는 2007년 페이스북이 개발하기 시작하여, 2008년 이후부터는 아파치에서 유지보수를 맡고 있다. Thrift에는 복잡한 비정형 데이터 객체의 정형화 기능, 정형화된 데이터를 취급할 수 있는 인터페이스 기능, 응용 계층과 무관한 하부 데이터 형식 지원 기능 등이 있다. 그리고 C++, Java, Python, PHP, Ruby, Erlang, Perl, Haskell, C#, Cocoa, JavaScript, Node.js, Smalltalk, OCalm 언어 등 다양한 환경을 지원한다. 그러나 라이브러리 API의 업데이트가 잦고, XML의 직렬화Serialization 및 역직렬화Deserialization 기능을 제공하지 않으며, 코드가 복잡하다는 단점이 있다. 주요 특징으로 버전닝 지원, 여러 언어 지원 및 언어별 소스 생성, 언어 간 직렬화 기능, 동기 · 비동기 API 제공, XML 설정 불필요, RPC Remote Procedure Call 지원 등이 있다.

2.10 Protocol Buffers 프로토콜 버퍼스

Protocol Buffers는 구글에서 내놓은 오픈 소스 직렬화 라이브러리이다. 구글 내에 있는 많은 시스템과 다양한 운영체제 및 언어 환경에서 서로 통신할 수 있도록 직렬화 방법으로 개발한 라이브러리를 오픈 소스화한 것이다. 데이터 구조를 C 언어의 구조체인 struct 정의와 비슷한 형태로 정의하고, 컴파일러를 사용하여 C++와 Java의 소스 코드를 자동으로 생성한다. 응용 프로그램에서는 이 코드를 사용하여 값을 설정하고 직렬화하며 조회할 수 있다. Protocol Buffers는 XML에 비해 속도가 10~100배 정도 빠르고, 데이터 크기가 3~10배 작고, 코드가 간단하며, 개발이 쉬운 점 등의 특징이 있다. 메시지(또는 구조체)를 연속된 비트로 생성하고, 이와 반대로 비트에서 원래의 메시지로 만들 수 있으며, 패킷을 전송하는 데 유용하다. 또한 Protocol Buffers는 C++, Java, Python을 지원한다. [그림 2-7]은 Protocol Buffers를 사용한 간단한 프로그램 예이다.

먼저 .proto 파일을 생성한 후 다음과 같이 작성한다.

```
message Person {
   required int32 id = 1;
   required string name = 2;
   optional string email = 3;
}
```

작성한 파일을 프로토콜 버퍼 컴파일러로 사용할 언어에 맞게 컴파일한다.
그러면 다음과 같이 호출하여 사용할 수 있다(C++로 가정).

```
Person person;
person.set_id(123);
person.set_name("Bob");
person.set_email("bob@example.com");

fstream out("person.pb", ios::out | ios::binary | ios::trunc);
person.SerializeToOstream(&out);
out.close();
```

그림 2-7 Protocol Buffers **프로그램 예** [10]

2.11 Avro에이브로

Avro는 하둡의 창시자인 Doug Cutting더그 커팅이 개발한 데이터 직렬화 시스템 중 하나로, Thrift, Protocol Buffers와 기능은 비슷하다. 아파치의 서브 프로젝트로 시작했다 현재는 메인 프로젝트로 승격되었으며, 앞의 두 시스템과는 달리 이기종 간의 통신이 아닌 직렬화에 초점을 맞췄다. Avro는 기본적으로 데이터를 활용할 수 있도록 스키마와 인터페이스 기능을 제공하고, 여기서 생성한 스키마는 데이터와 함께 전송하며, 이 스키마는 JSON 파서의 기능으로 정의한다. Avro는 스키마 기반이라 프로그램을 생성할 때 이미 알려진 데이터 타입뿐만 아니라 임의의 데이터 구조도 취급할 수 있다. 하지만 인코딩과 디코딩을 할 때 저장 공간을 많이 차지하며 성능을 저하시킨다는 단점이 있다. 지원 언어로 C, C++, Java, PHP, Python, Ruby 등이 있다.

지금까지 소개한 데이터 수집 및 통합 기술 관련 시스템, 프레임워크 이외에도 Nutch, S4, ScraperWiki, 구글 Bigstream 등 다양한 제품을 사용한다.

연습문제

01 다음 중 로그 수집용 환경이 아닌 것은?

① Flume　　② Chukwa

③ Scribe　　④ HDFS

02 아파치에서 2009년에 시작한 SQOOP 프로젝트를 설명하시오.

03 LinkedIn에서 사용하는 분산 메시지 시스템으로, 실시간 및 오프라인 데이터 처리 · 수집에 사용하며, 메시지 큐와 로그 수집기의 중간 영역에 있는 것으로 볼 수 있는 프로젝트는?

04 다음 중 OpenRefine을 설명한 것은?

① 소규모 데이터에 적합한 기술이다.

② 데이터를 정리하는 데이터 정제 기술이다.

③ 불필요한 데이터 정리는 가능하나, 데이터 집합의 오류 및 오타 수정은 불가능하다.

④ 사용자용 API나 워크플로우 등은 제공하지 않는다.

05 인터넷에서 데이터를 송수신하는 표현 방식 중 하나로, 기존 XML과 데이터 표현 형태가 비슷하며 용량이 작고 변환 속도가 빠른 기술은?

06 BSON 형식을 설명하시오.

07 다음 설명을 참/거짓으로 구분하시오.

① Thrift는 확장성 높은 이기종 언어를 지원하는 프레임워크로, 아마존에서 개발했다. (　　)

② Protocol Buffers는 직렬화 라이브러리 중 하나로, XML에 비해 빠른 속도, 작은 데이터 크기 등의 장점이 있다. (　　)

③ Avro는 직렬화가 아닌 이기종과 통신에 초점을 맞춘 프로젝트로, 하둡 창시자인 Doug Cutting이 개발했다. (　　)

참고문헌

[01] http://flume.apache.org

[02] http://socurites.com/30

[03] http://hochul.net/blog

[04] http://incubator.apache.org/kafka/design.html

[05] http://openrefine.org

[06] http://ko.wikipedia.org/wiki/JSON

[07] http://www.json.org

[08] http://en.wikipedia.org/wiki/BSON

[09] http://en.wikipedia.org/wiki/Apache_Thrift

[10] http://code.google.com/p/protobuf

3장

빅데이터 저장 및 관리 기술

1 개요
2 빅데이터 주요 저장 및 관리 기술
3 연습문제
4 참고문헌

1 개요

기존의 데이터 저장 구조는 디스크에 저장된 전체 데이터베이스에 액세스하기에 처리 속도가 늦고 관리가 어려웠다. 또한 저장할 데이터양의 증가로 읽기/쓰기에서 RDBMS의 제약이 생기고, 수평 확장에도 한계가 있었다. 더불어 웹 서비스 구조가 변화하여 저장할 데이터의 형태가 다양해졌으며, 사용자의 데이터 요구 또한 다변화했다. 특히 [그림 3-1]의 CAP[Consistency, Availability, Partition Tolerance] 이론 중 일관성[Consistency]과 가용성[Availability]을 만족시키려고 만든 RDBMS로는 해결하지 못하는 여러 문제에 부딪혔다. 따라서 새로운 저장 기술이 필요하게 되었는데, 대표적인 기술이 바로 NoSQL[No SQL; Not-only SQL]이다. [01]

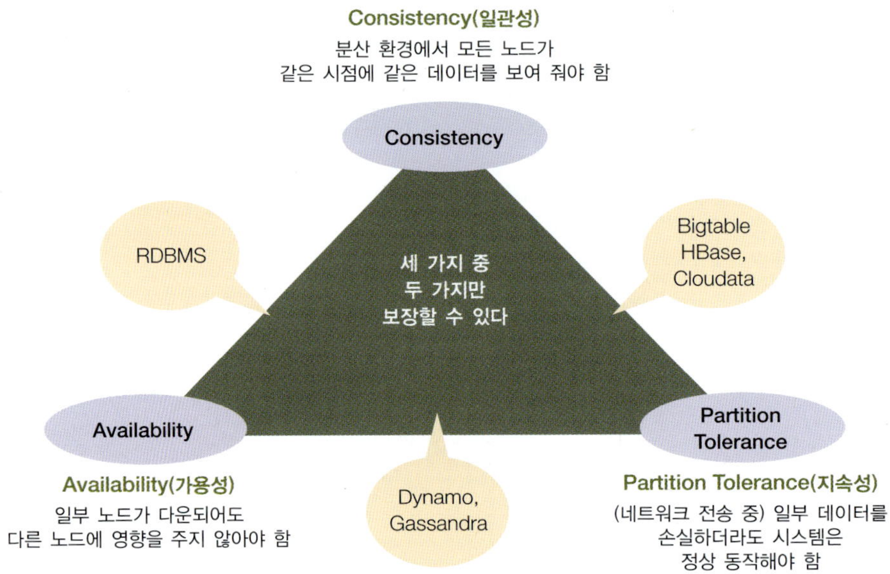

그림 3-1 CAP 이론

> **NOTE_** 2002년 버클리 대학의 Eric Brewer[에릭 브루어] 교수가 발표한 CAP 이론은 분산 컴퓨팅 환경의 특징을 Consistency, Availability, Partition Tolerance 세 가지로 정의하고 있는데, 어떤 시스템이든 이 특성 모두를 동시에 만족하기는 어려우며 최대 두 가지만 만족할 수 있다는 것이다.

NoSQL의 핵심 특징은 RDBMS의 한계를 극복하려는 데이터 저장 공간의 새로운 형태로, 수평적 확장성을 지원하는 것이다. 확장성을 지원하는 〈키, 값〉 저장 구조, 키에 Put/Get 연산 지원 등 기존의 RDBMS와 비교하여 제공하는 기능이 매우 적다. 기존 RDBMS와 NoSQL을 CAP 이론에 맞게 비교한 것은 [표 3-1]과 같고, RDBMS와 NoSQL의 장·단점 및 특성을 비교한 것은 [표 3-2]와 같다. [02]

표 3-1 CAP 이론을 기준으로 한 RDBMS와 NoSQL의 비교

구분	설명	적용 예
RDBMS	일관성(C)과 가용성(A)을 선택	트랜잭션 ACID의 보장(금융 서비스)
NoSQL	일관성(C)이나 가용성(A) 중 하나를 포기하고, 지속성(P)을 보장	▪ C+P형 : 대용량 분산 파일 시스템(성능 보장) ▪ A+P형 : 비동기식 서비스(아마존, 트위터 등)

표 3-2 RDBMS와 NoSQL의 장·단점 및 특성 비교

구분	RDBMS	NoSQL
장·단점	▪ 데이터 무결성, 정확성 보장 ▪ 정규화된 테이블과 소규모 트랜잭션이 있음 ▪ 확장성에 한계가 있음 ▪ 클라우드 분산 환경에 부적합	▪ 데이터의 무결성과 정확성을 보장하지 않음 ▪ 웹 환경의 다양한 정보를 검색·저장 가능
특성	▪ UPDATE, DELETE, JOIN 연산 가능 ▪ ACID 트랜잭션이 있음 ▪ 고정 스키마가 있음	▪ 수정·삭제를 사용하지 않음(입력으로 대체) ▪ 강한 일관성은 불필요 ▪ 노드의 추가 및 삭제, 데이터 분산에 유연

NoSQL은 제품 종류에 따라서 지원하는 기능이 다르긴 하나, 공통적으로 정렬이나 JOIN 연산, GROUP BY 연산 등은 지원하지 않아 필요할 때마다 추가로 구현하여 사용해야 한다는 단점이 있다. 그래서 이런 단점을 보완한 NoSQL 제품과 다양한 오픈 소스 제품이 등장했는데, 개발 목적에 맞는 제품을 선택하려면 각 제품의 특징부터 알아야 한다. 이런 NoSQL의 기술적 특성을 정리하면 [표 3-3]과 같다.

표 3-3 NoSQL의 기술적 특성

특성	내용
無 스키마	▪ 데이터를 모델링하는 고정된 데이터 스키마 없이 키Key 값을 이용하여 다양한 형태의 데이터 저장 및 접근 가능 ▪ 데이터 저장 방식은 크게 열Column, 값Value, 문서Document, 그래프Graph 등의 네 가지를 기반으로 구분
탄력성Elasticity	▪ 시스템 일부에 장애가 발생해도 클라이언트가 시스템에 접근 가능 ▪ 응용 시스템의 다운 타임이 없도록 하는 동시에 대용량 데이터의 생성 및 갱신 ▪ 질의에 대응할 수 있도록 시스템 규모와 성능 확장이 용이하며, 입출력의 부하를 분산시키는 데도 용이한 구조
질의Query 기능	수십 대에서 수천 대 규모로 구성된 시스템에서도 데이터의 특성에 맞게 효율적으로 데이터를 검색·처리할 수 있는 질의 언어, 관련 처리 기술, API 제공
캐싱Caching	▪ 대규모 질의에도 고성능 응답 속도를 제공할 수 있는 메모리 기반 캐싱 기술을 적용하는 것이 중요 ▪ 개발 및 운영에도 투명하고 일관되게 적용할 수 있는 구조

NoSQL은 데이터 모델에 따라 크게 세 가지로 구분된다. 첫 번째는 〈키, 값〉 저장 구조, 두 번째는 문서 저장Document Store 구조, 세 번째는 열 기반 저장Column Store 구조이다. 〈키, 값〉 저장 구조는 가장 간단한 데이터 모델이지만, 범위 질의에 약하고 응용 프로그램 모델링이 복잡해진다는 단점이 있다. 문서 저장 구조는 RDBMS의 고정된 스키마와 달리 새로운 스키마 구조이며, 레코드 간 관계를 설명할 수 있는 기존 RDBMS와 아주 비슷한 개념의 NoSQL 분류이다. 마지막으로 열 기반 저장 구조는 연관된 데이터 위주로 읽어 오는 데 유리한 구조로, 범위 질의에 적합하고 압축 효율이 높다는 장점이 있다. 이런 NoSQL의 분류를 요약하면 [표 3-4]와 같다.

표 3-4 NoSQL의 분류

데이터 모델	설명	제품 예
〈키, 값〉 저장 구조	▪ 가장 간단한 데이터 모델 ▪ 범위 질의는 사용이 어려움(DB에서 지원하면 사용 가능) ▪ 응용 프로그램 모델링이 복잡함	아마존 DynamoDB, 아마존 S3
문서 저장 구조	▪ 문서에는 다른 스키마가 있음 ▪ 레코드 간의 관계 설명이 가능 ▪ 개념적으로 RDBMS와 비슷	아마존 SimpleDB, 아파치 CouchDB, MongoDB
열 기반 저장 구조	▪ 연관된 데이터 위주로 읽는 데 유리한 구조 ▪ 하나의 레코드를 변경하려면 여러 곳을 수정해야 함 ▪ 동일 도메인의 열 값이 연속되므로 압축 효율이 좋음 ▪ 범위 질의에 유리	아파치 Cassandra

이 장에서는 주요 저장 및 관리 기술을 하나씩 살펴본다.

2 빅데이터 주요 저장 및 관리 기술

이 절에서 살펴볼 주요 저장 및 관리 기술은 [표 3-5]와 같다.

표 3-5 빅데이터 주요 저장 및 관리 기술

제품/기술	최초 개발	최초 공개	주요 기능 및 특징
S3	아마존	2006년	아마존의 인터넷 스토리지 서비스
HDFS	아파치	2008년	분산 환경에 기반한 데이터 관리
DynamoDB	아마존	2007년	SSD를 이용한 하둡 기반 데이터 분석 · 저장
MongoDB	10gen	2009년	DB의 수평 확장 및 범위 질의, 맵리듀스 연산
CouchDB	D. Katz	2005년	ACID 속성을 유지한 분산 데이터베이스
Cassandra	A. Lakshman	2008년	데이터의 저장 및 처리, 제한적 정렬
HBase	아파치	2007년	▪ 분산 클러스터 관리 및 복구 ▪ 데이터의 Get/Put/Scan/Delete 기능
Redis	VMware	2009년	정의된 데이터 타입을 이용한 구조화된 데이터 관리
Riak	Basho.com	2009년	링형 구조를 이용한 데이터 분산 저장
Hypertable	Zvents	2009년	▪ HBase와 비슷한 하둡 기반 데이터베이스 ▪ SQL과 비슷한 HQL 명령어 제공
ZooKeeper	아파치	2010년	여러 종류의 하둡 기반 시스템의 관리
Voldemort	LinkedIn	2009년	해싱을 이용한 빠른 조회, 동시 입력 데이터의 처리

2.1 S3 Simple Storage Service [03]

아마존 S3는 인터넷 스토리지 서비스로, 개발자가 더욱 쉽게 웹 기반의 컴퓨팅 작업을 수행할 수 있도록 설계했다. 그리고 웹에서 용량에 관계없이 데이터를 저장하고 검색할 수 있는 웹 서비스 인터페이스를 제공하여 개발자가 확장성과 신뢰성을 제공하면서도 비용 효율적인 인프라를 활용할 수 있다.

아마존 S3는 다음과 같은 여러 기능을 제공한다.

- 아마존 S3는 최소 1바이트에서 최대 5TB 데이터가 포함된 객체의 읽기 · 쓰기 · 삭제가 가능하며, 저장 가능한 객체 수에 제한이 없다. 각 객체는 버킷에 저장되며, 개발자가 할당한 고유한 키로 검색이 가능하다. 여기에 사용하는 버킷은 여러 지역 중 한곳에 저장할 수 있다. 그리고 지연 시간 최적화, 비용 최소화, 규정 요구 사항 준수 등 다양한 필요에 따라 지역을 선택할 수 있다.
- 아마존 S3는 현재 미국 표준, 미국 서부(오리건), 미국 서부(캘리포니아 북부), EU(아일랜드), 아시아 태평양(싱가포르), 아시아 태평양(도쿄), 남아메리카(상파울루), GovCloud(미국) 지역에서 사용할 수 있다. 미국 표준 지역은 네트워크 맵을 사용하여 요청을 자동으로 버지니아 북부나 태평양 연안 북서부로 라우팅routing 한다. 한 지역에 저장한 객체는 사용자가 다른 지역으로 옮기지 않는 한 해당 지역 밖으로 이동하지 않는다. 무단 액세스에서 데이터를 안전하게 보호할 수 있도록 인증 메커니즘도 제공한다. 객체는 공개나 비공개로 설정할 수 있고, 특정 사용자에게 권한을 부여할 수 있다.
- 아마존 S3는 데이터를 보호하려고 안전한 데이터 업로드 및 다운로드 옵션과 데이터 암호화 옵션을 제공한다. 그리고 모든 인터넷 개발 도구에서 사용할 수 있도록 표준 기반의 REST/SOAP 인터페이스를 사용하며, 프로토콜과 기능 계층을 더욱 쉽게 추가할 수 있도록 유연하게 구성되어 있다. 기본 다운로드 프로토콜은 HTTP이며, 대규모로 배포할 때 비용을 절감할 수 있도록 BitTorrent비트토렌트 프로토콜 인터페이스를 추가로 제공한다. 또한 반복 및 대용량 삭제를 수행할 수 있는 옵션도 있다. 반복 삭제는 미리 정의한 기간이 지난 후 특정 객체 집합을 제거하도록 관리자가 규칙을 정할 수 있다. 일회성 삭제는 효율적으로 수행할 수 있도록 단일 요청으로 최대 객체를 1000개까지 삭제할 수 있는 기능을 제공한다.
- 아마존 S3는 콘텐츠 저장 및 배포, 데이터 분석용, 백업 · 보관 및 복구 등의 작업에 이용할 수 있으며, 데이터 보호 및 대용량 데이터 전송 기능을 지원한다.

아마존 S3는 웹에서 실행하는 서비스이기 때문에 S3 웹 사이트로 사용 가능하다. [그림 3-2]는 아마존 S3의 브라우저 화면이다.

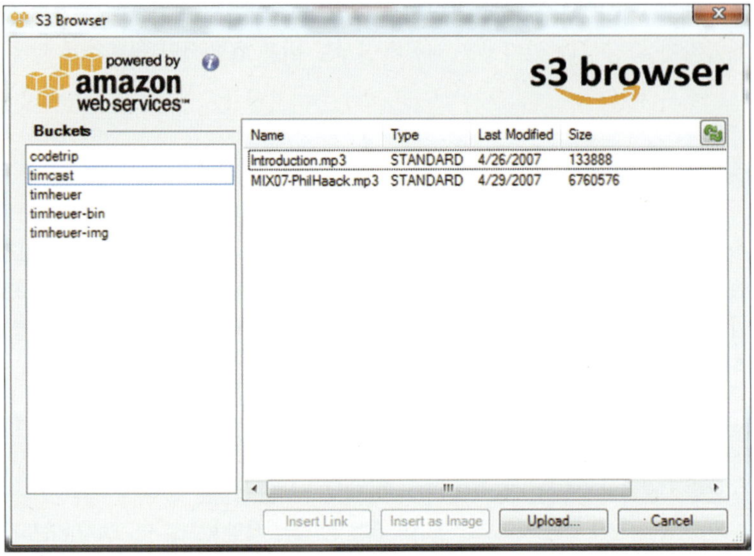

그림 3-2 S3 브라우저 실행 화면 [04]

2.2 HDFS Hadoop Distributed File System [05]

하둡은 아파치 진영에서 분산 환경 컴퓨팅을 목표로 시작한 프로젝트이다. 현재는 맵리듀스 메커니즘을 지원하며, 대표적인 예로 야후에서 사용하는 검색 클러스터가 있다. 지난 2008년 1월에는 테라바이트를 정렬하는 벤치마크에서 야후의 하둡 클러스터가 상용 분산 파일 시스템을 앞질렀는데, 이는 오픈 소스 진영에서 상용 소프트웨어를 능가한 첫 번째 사례이다. 또한 맵리듀스 메커니즘에 따라 내부적으로 분산 · 병렬 처리를 지원하고 사용자에게 모든 처리 과정을 추상화한 인터페이스를 제공한다. 파일 시스템은 분산 처리 환경에서 필수 조건으로 하둡은 HDFS를 제공한다.

하둡은 마스터Master 하나와 슬레이브Slave 여러 개로 클러스터를 구성한다. 예를 들어, 야후의 클러스터는 일반 PC급 슬레이브가 수천 개에 이른다. 실제 슬레이브 노드에서 데이터 블록을 분산 처리하며, 마스터에는 슬레이브들을 관리하는 메타데이터와 모니터링 시스템이 있다. HDFS에서는 마스터 노드를 NameNode라고 하며, 슬레이브 노드를 DataNode라고 한다. 실제로 NameNode는 DataNode 블록의 메타 정보를 관리한다. 예를 들어, 대용량 파일이 하나 있다고 하자. 이 파일을 HDFS에 저장하면 하나 이상의 블록으로 분산되어 여러 DataNode에 저장된다. 또한 이 블록들의 정보는 NameNode에 저장된다.

HDFS는 대용량 파일을 클러스터에 여러 블록으로 분산하여 저장한다. 이때 블록들은 마지막 블록을 제외하고 모두 크기가 동일하다. 기본 블록 크기는 64MB이며, 사용자가 설정 가능하도록 되어 있다. 이 방식으로 여러 블록으로 나누어 저장하면, 네트워크나 하드디스크의 문제 때문에 중간에 어떤 블록이 손상을 입으면 전체 파일에도 문제가 생긴다. 대부분의 분산 파일 시스템은 동일한 블록을 다른 노드에도 복사해 두는 복제 기법을 사용하여 이 문제를 해결한다. HDFS 역시 이 데이터 복제 기법을 지원한다.

[그림 3-3]은 지금까지 설명한 HDFS의 전체 구성도이다.

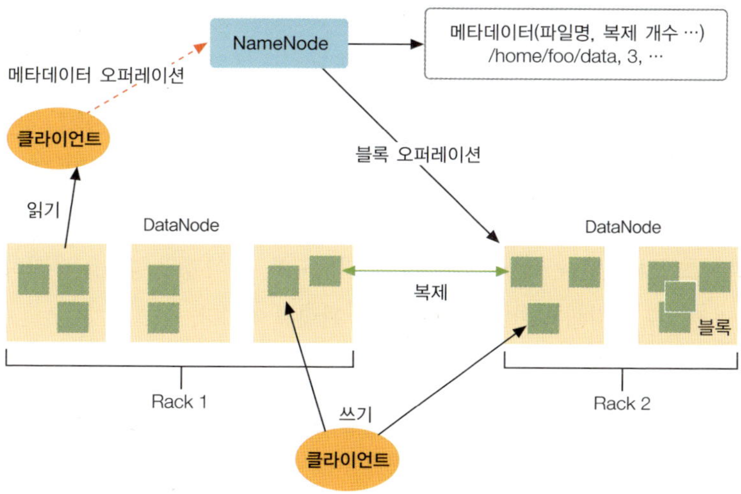

그림 3-3 HDFS의 전체 구성도

2.3 DynamoDB다이나모DB

스토리지 기반의 서비스를 제공하는 대표적인 미국 기업인 아마존은 S3를 이용하여 사용자가 키를 지정한 후 객체를 저장하고 언제 어디서나 객체를 추출할 수 있는 구조의 서비스를 시행했다. 또한 DynamoDB는 NoSQL 데이터베이스로 오픈 소스는 아니지만, 아마존 웹에서 유·무료로 서비스한다. 관리 주체가 아마존이기에 사용자의 관리 부담을 덜 수 있다는 장점이 있다. 또한 하드웨어 프로비저닝, 복제, 설정 패치, 사용하는 응용 프로그램에 따른 DB 자동 분할 기능 등을 지원하며, 사용자는 원하는 만큼 데이터베이스를 생성하거나 삭제하여 데이터를 저장할 수 있다.

DynamoDB의 모든 데이터는 SSD에 저장되며, 하둡 기반 데이터 분석 기능과 데이터 저장 서비스 역시 지원한다. DynamoDB의 기본 데이터 모델은 속성, 항목, 테이블로 구성된다. 그리고 속성은 〈이름, 값〉 쌍으로 구성된다. 이름은 문자열이어야 하며, 값은 문자열, 숫자, 바이너리, 문자열 세트, 숫자나 바이너리 집합 등의 형태일 수 있다. 다음은 DynamoDB에서 속성을 구성한 예이다.

```
"ImageID" = 1
"Title" = "flower"
"Tags" = "flower", "jasmine", "white"
"Ratings" = 3, 4, 2
```

항목은 속성의 모음을 말하며, 기본키로 구분된다. 항목의 속성은 순서를 따지지 않는 〈이름, 값〉 쌍의 모음이다. 항목 속성은 수가 적을 수 있고, 동일한 테이블에 있는 다른 항목의 속성과 관련이 없을 수 있으며, 선택적으로 제공된다(기본키 속성은 예외). 기존 데이터베이스와 달리 테이블에는 기본키 의존 외에는 스키마가 없다. 항목은 테이블에 저장되며, 테이블에 항목을 추가하려면 최소한 속성 하나를 기본키로 지정해야 한다. 다음은 이와 관련된 예이다.

> 기본키는 DynamoDB 테이블의 항목을 구분한다. [그림 3-4]는 ImageID를 기본키로 지정한 속성을 나타낸 것이다. 테이블에는 이름(myTable)이 있으나 항목에는 이름이 없고, 기본키는 항목을 정의한다(예를 들어, 기본키 "ImageID"=1인 항목). 테이블에는 항목이 있고, 개별 영역에 정보가 저장된다. 테이블의 모든 항목은 동일한 기본키 체계로, 테이블을 생성할 때 기본키에 사용할 속성 이름을 지정한다. 테이블의 각 항목에는 고유한 기본키 값이 있어야 한다.

DynamoDB에 데이터를 저장할 때는 먼저 테이블을 생성한 후 기본키와 함께 테이블 이름을 지정해야 한다. [그림 3-5]는 [그림 3-4]에서 사용한 ImageID를 기본키로 하여 항목을 구분하는 DynamoDB의 테이블 구성 예이다.

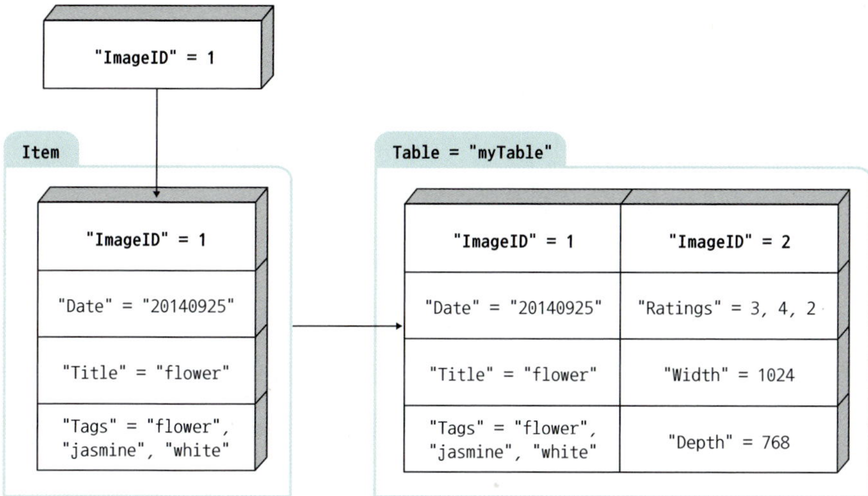

그림 3-4 DynamoDB의 기본키 구성 예 [06]

테이블 : 내 이미지							
기본키	기타 속성						
ImageID =1	ImageLocation = https://amazonaws.com/buket/img_1.jpg	Date = 1260653179	Title = flower	Tags = Flower, Jasmine	Width = 1024	Depth = 768
ImageID =2	ImageLocation = https://amazonaws.com/buket/img_2.jpg	Date = 1252617979	Rated = 3, 4, 2	Tags = Work, Seattle, Office	Width = 1024	Depth = 768
ImageID =3	ImageLocation = https://amazonaws.com/buket/img_3.jpg	Date = 1285277179	Price = 10.25	Tags = Seattle, Grocery, Store	Author = you	Camera = phone
ImageID =4	ImageLocation = https://amazonaws.com/buket/img_4.jpg	Date = 1282598779	Title = Hawaii	Author = Joe	Colors = orange, blue, yellow	Tags = beach, blanket, ball

그림 3-5 DynamoDB의 테이블 구성 예 [06]

2.4 MongoDB MONGOus DB; 몽고DB [07]

MongoDB는 신뢰성과 확장성에 기반한 문서 지향 데이터베이스이다. 방대한 양의 데이터에서 낮은 관리 비용과 사용 편의성을 목표로 하는 MongoDB는 10gen이 오픈 소스로 개발한 것으로, 상업적인 지원이 가능하다. MongoDB에서 저장의 최소 단위는 문서로, 이는 RDBMS의 행과 비슷하다. 각 문서들은 RDBMS의 테이블과 비슷한 컬렉션이라는 곳에 수집하며, 각 컬렉션은 데이터베이스에서 관리한다. MongoDB는 자동화된 샤딩Sharding으로 기능 손실이 없는 수평적 확장이 가능하고, 기존 RDBMS의 범위 질의, 보조 인덱스, 정렬 등 연산과 맵리듀스 등 집계 연산을 함께 지원한다. 데이터는 BSON 형태로 저장하며, C++로 작성한다.

MongoDB에서는 문서를 컬렉션으로 모으며, 스키마가 필요 없다. 그리고 이론적으로 컬렉션 하나에 포함된 문서는 구조가 서로 달라도 되나, 실제로는 구조가 균일하다. 예를 들어, '성적'이라는 컬렉션에는 '학번, 이름, 과목명, 점수'와 같은 필드가 있다. 그리고 MongoDB의 질의는 JavaScript로 작성하고, 문서 기반의 질의를 지원한다. 이는 셸로 실시간 접근이 가능하며, 다양한 프로그래밍 언어를 지원한다.

MongoDB는 자동-샤딩Auto-Sharding을 이용한 분산 확장이 가능하다. 샤딩은 데이터를 분할하여 다른 서버에 나누어 저장하는 과정을 말하며, 데이터를 여러 서버로 분할 저장함으로써 더 많은 데이터를 관리하고 처리할 수 있다. 그러나 대부분의 DBMS는 샤딩을 응용 프로그램 단에서 구성하기에 어려움이 있는데, MongoDB는 자동-샤딩을 제공하여 이를 해결한다. 예를 들어, 방대한 양의 데이터 때문에 시스템의 속도가 떨어질 때 자동-샤딩을 이용하면 여러 대의 MongoDB에 데이터를 분산하여 저장할 수 있다. 그리고 서버의 용량이 부족할 때 새로운 샤드Shard 노드를 추가하면 자동으로 재분산Re-Distribution을 수행한다. 이것은 사용자가 분산 구조를 고려하지 않고도 확장이 가능하도록 하는 기능이다.

[그림 3-6]은 MongoDB의 자동-샤딩을 이용한 확장 방법이다.

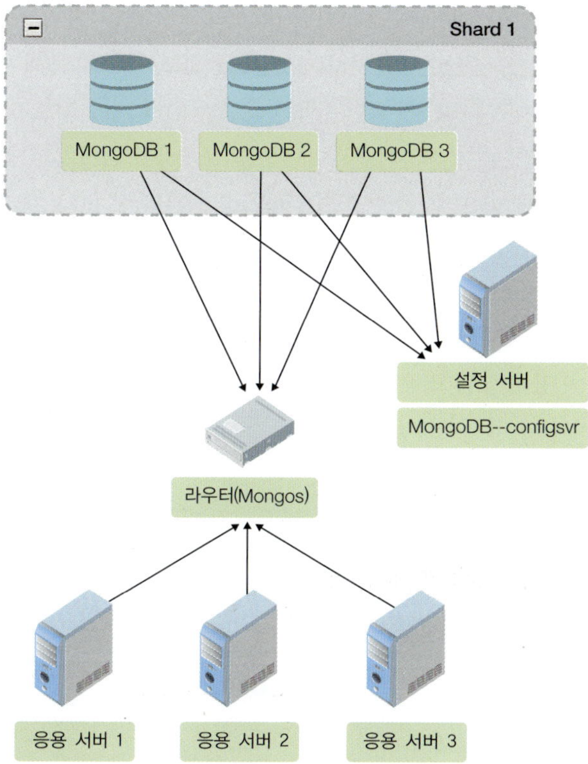

그림 3-6 MongoDB의 자동-샤딩을 이용한 확장 방법 [08]

2.5 CouchDB Cluster Of Unreliable Commodity Hardware DB; 카우치DB

인터페이스가 JavaScript로 구성된 CouchDB는 2008년 2월에 아파치 인큐베이팅 프로젝트에 편입된 문서 기반 데이터베이스이다. MongoDB와 비슷하지만 제공 질의, 확장성, 버전 관리 등에서 성능이 더 우수하다. CouchDB는 다른 데이터베이스와 속성Atomicity(원자성), Consistency(일관성), Isolation(독립성), Durability(지속성); ACID이 같아 데이터가 여러 시점에서 접근할 때 발생할 수 있는 문제점을 다중 버전 동시 동작 제어 기능으로 해결할 수 있다. 하지만 쓰기 작업 중 충돌이 발생하면 다른 기술에 비해 클라이언트의 부하가 증가한다는 단점이 있다. CouchDB는 현재 아파치 프로젝트 중 유일하게 Erlang얼랭을 언어로 사용한다. 데이터 표현 방식은 JSON 파서를 사용하며, 질의는 MongoDB와 마찬가지로 JavaScript를 사용한다.

CouchDB는 양방향 복제와 맵리듀스를 지원하기 때문에 오프라인 모드로 사용하다 추후 동기화할 수 있다. 분산 데이터베이스 시스템에서는 충돌을 탐지하고 관리하는 것도 중요한 문제이다. CouchDB에서는 충돌을 예외 상황으로 구분하지 않는다. 충돌한 문서가 여러 개라 해도 이 중 최종본은 있을 것이므로, 나머지 문서는 압축을 진행하면서 물리적으로 삭제하기 전까지는 접근이 가능하다. 그리고 충돌 문서도 복제, 보안 적용 등 일반 문서와 똑같이 취급한다. 또한 전체 텍스트 검색 API, 뷰 인덱스, 확장 가능한 보안 모델 등을 지원한다.

CouchDB는 모든 명령을 REST API 형태의 HTTP 프로토콜로 처리하기 때문에 데이터베이스 관리 화면도 별도의 서버 측 스크립트를 이용하지 않고 순수하게 HTML과 JavaScript만으로 구현한다. [그림 3-7]은 CouchDB의 관리 화면이다.

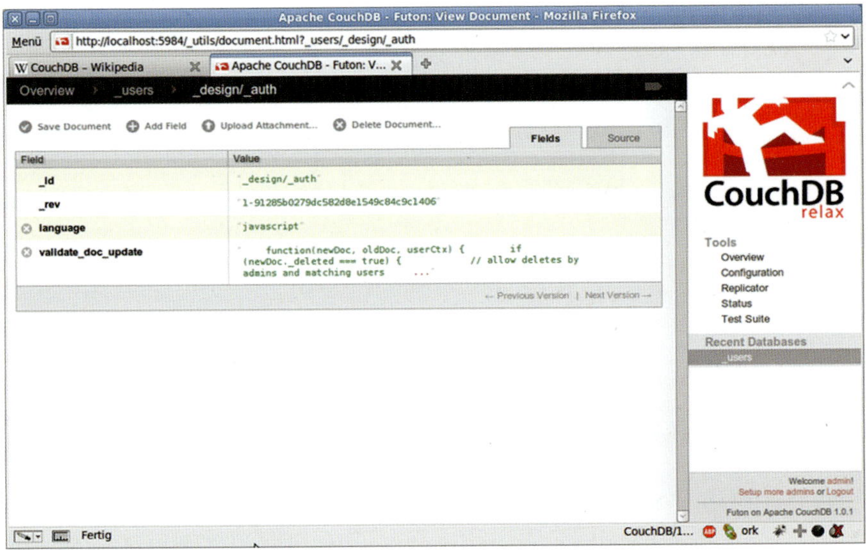

그림 3-7 CouchDB의 관리 화면 [09]

2.6 Cassandra카산드라 [10]

Cassandra는 〈키, 값〉 구조의 DBMS로, DynamoDB를 설계한 사람 중 한 명인 Avinash Lakshman아비나쉬 라쉬만과 페이스북의 Proshant Malik프라샨트 말릭이 최초로 개발했다. 페이스북에 적용하여 사용하다가 2008년 구글을 이용하여 오픈 소스로 배포했다. 많은 사용자의 요구를 반영하여 다양한 기능을 포함하는 형태로 진화했으며, 2009년 3월 아파치의 인큐베이터 프로젝트가 된 지 불과 1년 만인 2010년 2월 아파치 최상위 프로젝트로 선택되었다.

Cassandra는 아마존 DynamoDB의 해시 알고리즘을 이용한 〈키, 값〉 저장 구조와 계층적 열 구조를 논리 구조의 배경으로 한다. [그림 3-8]은 이런 Cassandra의 데이터 저장 구조이다.

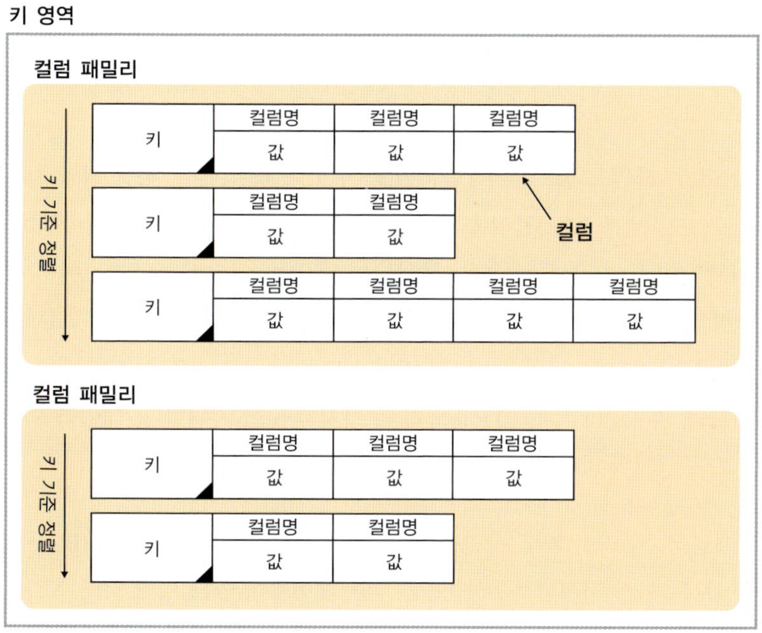

그림 3-8 Cassandra의 데이터 저장 구조

Cassandra는 페이스북의 인박스Inbox 환경 때문에 개발한 만큼 방대한 양의 데이터 저장과 처리, 정렬에 활용되는 속성 제한, 빈번한 데이터 변경(예 메일 및 쪽지의 인박스)에 사용하기 가장 좋은 환경이라고 볼 수 있는데, 주요 특징은 다음과 같다.

- 토큰링 배경의 키 구간이 설정되어 있어 서버(노드)의 추가 및 제거만으로도 전체 저장 공간의 유연한 확장 및 축소가 가능하다.
- 다른 서버(노드)에 데이터 복제본을 구성하여 특정 노드에 장애가 발생해도 서비스에 영향을 주지 않고, 데이터가 유실되지 않는다.
- 수정 · 추가 · 삭제할 때 실제 스토리지 구조에 적용하기 전에 먼저 CommitLog에 변경 사항을 기록하므로 MySQL 대비 8~15배 빠른 성능을 보인다.
- 1차 인덱스는 열 집합의 열 이름, 2차 인덱스는 열의 값을 기반으로 한다.
- 데이터 전송 프로토콜로 Thrift를 사용하며, 사실상 언어에 의존 없이 모든 환경에서 이용 가능하다.
- 물리 파일 저장 구조로 SSTable Sorted, String, Table을 사용한다. 물리 파일을 저장하는 구조 자체가 1차 정렬 조건에 맞추어 사전 정렬된 형태를 유지한다.

2.7 HBase Hadoop dataBASE; H베이스

HBase는 행, 열 그룹, 열 이름, 타임스탬프를 이용한 테이블 구조로 되어 있다. 하둡 파일 시스템 위에 설치되며, ZooKeeper 주키퍼를 노드 관리에 사용한다. 대표적인 사용 예로 웹 테이블(수집된 웹 페이지와 웹 페이지 URL을 키로 하는 속성 테이블)이 있으며, 어도비, 트위터, 야후 등에서 사용한다. 읽기와 수정은 즉시 실행되며, 맵리듀스 연산은 일괄 처리된다. 또한 각 프로세스는 자신의 레코드를 비동기적으로 업데이트할 수 있다. 영역 서버 Region Server 간의 시스템 대체 작동과 불량 클러스터 복구 기능, Get/Put/Scan/Delete의 네 가지 동작을 지원한다. 데이터 모델은 열 집합 기반의 저장소로 구성되어 있다.

[그림 3-9]는 HBase의 개념적 · 물리적 저장 공간을 비교한 것이고, [그림 3-10]은 HBase의 구성도이다. 먼저 클라이언트는 사전 정의된 루트 영역 root region 테이블이 있는 영역 서버를 관리하는 마스터 서버에 접속한다. 그런 다음 User 테이블과 영역 서버 매핑 정보가 있는 메타 영역 테이블을 관리하는 두 번째 영역 서버에 접속한다. 두 번째 서버는 키 범위와 영역 서버를 매핑하는 세 번째 서버의 종료 포인트에 응답한다. 세 번째 서버는 사용자 영역을 조회하고 클라이언트가 찾고 있는 데이터를 네 번째 영역 서버에 전달한다. 인메모리 데이터 저장을 메모리 캐시에서 구현하여 찾는 데이터가 없으면 하둡 파일 시스템에서 조회한다. 디스크의 데이터를 저장한 하둡 DataNode는 서버에 거주하는 로그를 포함하는 HDFS 파일로 구현한다.

개념적 저장 공간

로우키	타임스탬프	컬럼 *"contents:"*	컬럼 *"anchor:"*		컬럼 *"mine:"*
"com.cnn.www"	t9		"anchor.cnnsi.com"	"CNN"	
	t8		"anchor.my.look.ca"	"CNN.com"	
	t6	"<html>…"			"text/html"
	t5	"<html>…"			
	t3	"<html>…"			

물리적 저장 공간

로우키	타임스탬프	컬럼 *"contents:"*
"com.cnn.www"	t6	"<html>…"
	t5	"<html>…"
	t3	"<html>…"

로우키	타임스탬프	컬럼 *"anchor:"*	
"com.cnn.www"	t9	"anchor.cnnsi.com"	"CNN"
	t8	"anchor.my.look.ca"	"CNNcom"

로우키	타임스탬프	컬럼 *"mine:"*
"com.cnn.www"	t6	"text/html"

그림 3-9 HBase의 개념적 · 물리적 저장 공간 비교

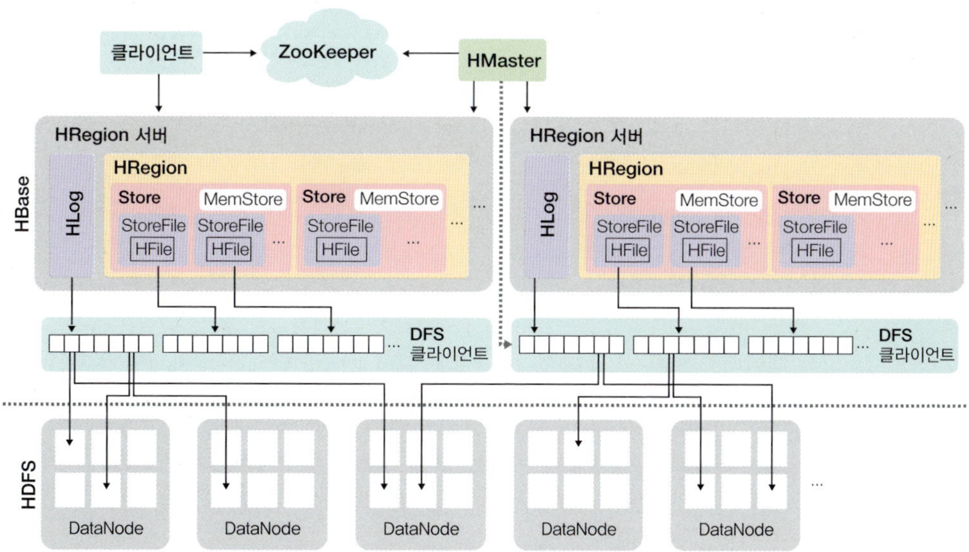

그림 3-10 HBase의 구성도 [11]

2.8 Redis^REmote DIctionary System; 레디스

Redis는 메모리 기반의 〈키, 값〉 저장 공간으로, NoSQL이나 인메모리 솔루션으로 분류하기도 한다. 다양한 데이터 구조를 지원하며, 메모리에 저장된 내용을 지속시키려고 파일로 싱크하는 기능을 제공한다.

[그림 3-11]은 Redis가 지원하는 저장 구조이다. 비록 〈키, 값〉 저장 구조이기는 하지만, 저장하는 값이 단순한 객체가 아니라 데이터 구조이기 때문에 일반적인 〈키, 값〉 저장 구조와는 큰 차이를 보인다.

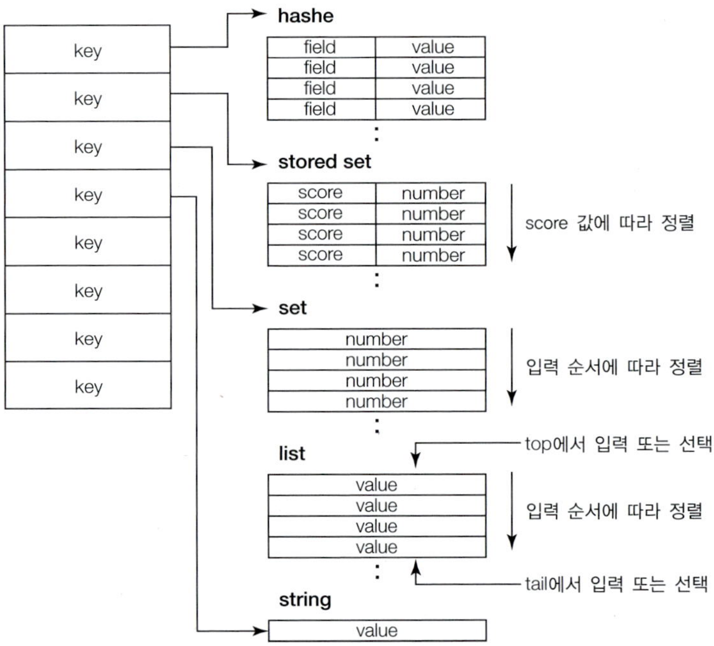

그림 3-11 Redis의 저장 구조 [12]

Redis가 지원하는 데이터 타입은 크게 다섯 가지이다. 먼저 string 타입은 일반적인 문자열로 최대 512MB까지 지원한다. 문자열뿐만 아니라 숫자와 JPEG 등 바이너리 파일도 저장 가능하다. 또한 string의 집합인 set은 여러 개의 값을 하나의 값에 넣는다고 생각하면 쉽게 이해할 수 있을 것이다. 특히 set 간의 연산을 지원하는데, 이것으로 교집합, 합집합, 차집합 등을 매우 빠른 시간에 얻을 수 있다. stored set은 일종의 가중치가 설정된 데이터 타입이다. stored set에서 데이터는 오름차순으로 내부 정렬되며, 정렬되어 있는 만큼 score 값 범위에 따른 질의, 톱 랭킹에 따른 질의 등이 가능하다. 해시는 값 내의 〈필드, 문자〉 쌍으로, RDBMS의 기본키 한 개와 문자열 필드 하나로 구성된 테이블이라고 생각하면 된다. 마지막으로 list는 문자열의 집합으로 저장되는 데이터로 형태는 set과 비슷하지만, 일종의 양방향 연결 리스트로 보면 된다. list 앞과 뒤에서 Push/Pop 연산을 이용하여 데이터를 삽입 · 삭제할 수 있고, 지정된 인덱스 값을 이용하여 지정된 위치에 데이터를 삽입 · 삭제할 수 있다.

2.9 Riak 리악

Riak은 Basho.com에서 만든 것으로, 유 · 무료 버전으로 나눠서 배포한다. NoSQL의 계보는 HBase, Hypertable 등과 아마존 Dynamo 논문에 기반한 Cassandra 등의 계열로 나누며, Riak은 DynamoDB 계열에 속한다. 데이터 모델은 〈키, 값〉 저장 형식을 취하는데, 값은 JSON 문서가 저장되는 문서 지향 데이터베이스 형식으로, 이는 MongoDB나 CouchDB와 비슷하다. 이런 특성 때문에 MongoDB에서 이주해 오는 사용자가 많은 것으로 알려져 있다.

[그림 3-12]는 Riak의 구성도이다. 이와 같이 링 형태의 데이터 분산 저장 구조로, 해시 알고리즘과 데이터 키에 따라서 적정 노드를 찾아가는 구조로 되어 있다. Riak의 클러스터링 단위는 크게 노드와 v노드로 구분할 수 있는데, 노드는 물리적인 서버를 말한다. v노드는 논리적인 서버로, 하나의 인스턴스 개념이라고 볼 수 있다. 물리 서버(노드) 하나에는 논리 서버(v노드)를 여러 개 설치할 수 있다. Riak은 이 링 구조를 실행하는 중에도 동적으로 재설정(노드의 추가 · 삭제)할 수 있다. 노드를 동적으로 재설정해야 하는 상황이 발생하면 Riak이 데이터를 변형된 링 구조에 따라 자동으로 재배포한다.

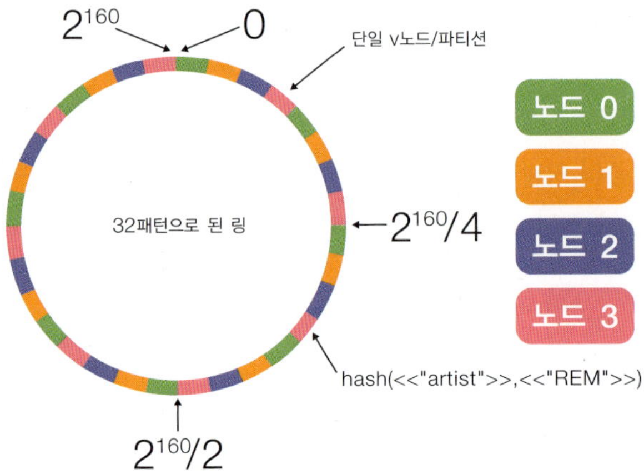

그림 3-12 Riak의 구성도 [13]

2.10 Hypertable하이퍼테이블

오픈 소스 프로젝트로 C++ 언어로 개발된 Hypertable은 열 그룹과 타임스탬프 개념을 사용한다. HBase와 비슷한 하둡 기반의 데이터베이스라 할 수 있으며, HQL이라는 SQL과 비슷한 명령어를 제공하여 RDBMS와 기능이 비슷하다. 또한 C++로 개발되어 C++ API를 완벽하게 제공하고, Java로 개발된 HBase보다 성능이 뛰어나다. 또한 Java, PHP, Python, Perl, Ruby 등 언어도 지원한다.

[그림 3-13]은 Hypertable의 구성도로, 다양한 분산 파일 시스템을 기반으로 구성할 수 있도록 설계되었다.

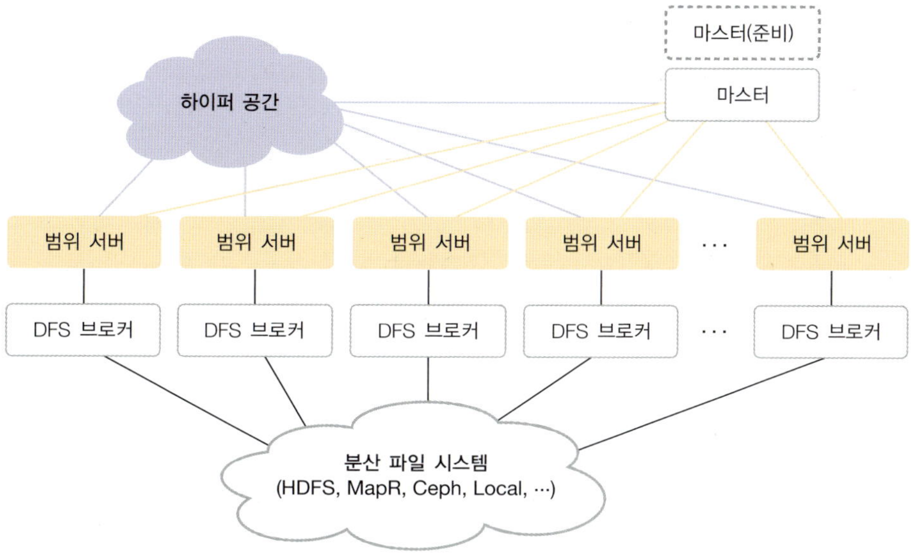

그림 3-13 Hypertable의 구성도 [14]

2.11 ZooKeeper주키퍼

ZooKeeper는 하둡의 분산 처리 시스템(Hadoop, Chukwa, Pig 등)을 관리하는 분산 처리 시스템을 일괄적으로 관리하는 시스템이다. 다중 서버 집합을 묶어 관리해 주는 시스템으로 야후의 분산 코디네이터이며, 현재 아파치 하둡 프로젝트의 서브 프로젝트로 진행 중이다.

분산 처리 환경에서는 기본적으로 서버의 수가 매우 많다. 규모가 큰 분산 처리 시스템에는 수십 대에서 수백 대의 서버가 있을 수 있다. 이런 분산 처리 시스템에서는 관리자가 예상하지 못한 오류나 예외가 많이 발생한다. 예를 들어, 네트워크 장애, 일부 서비스나 기능의 처리 불가로 발생한 서비스 중단이나 장애, 서비스 업그레이드나 서버 확장으로 발생한 문제 등이 있다. 이 문제를 좀 더 쉽게 해결하려고 개발하기 시작한 시스템이 바로 ZooKeeper이다. ZooKeeper는 네임 서비스를 이용한 부하 분산, 분산 락Lock이나 동기화 문제 해결, 장애 상황 판단 및 복구 등의 특징이 있다.

[그림 3-14]는 ZooKeeper의 기본 동작 구조이다. 그림에서 각 서버는 하둡 기반의 시스템이고, ZooKeeper는 여러 서버를 묶어 관리하는 서비스를 제공한다.

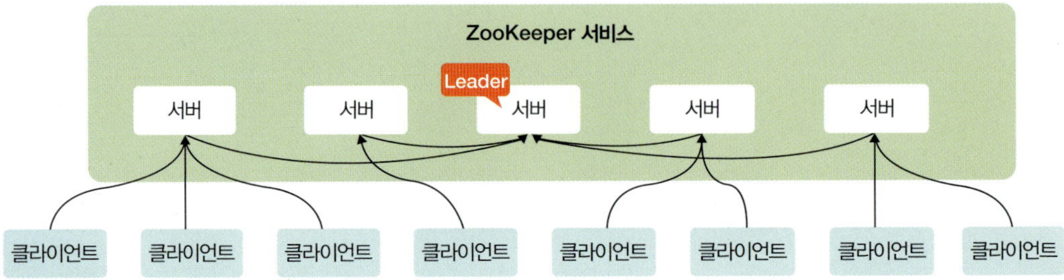

그림 3-14 ZooKeeper의 기본 동작 구조 [15]

2.12 Voldemort 볼드모트

아마존 DynamoDB의 오픈 소스 프로젝트로 LinkedIn에서 개발한 Voldemort는 Java 기반의 〈키, 값〉 저장 형식인 데이터베이스로, 일종의 해시 테이블로 볼 수 있다. Voldemort는 복잡한 구조의 벡엔드로, 분산 대형 클러스터 환경에서 동작한다. 일관성 있는 해싱을 사용하여 키와 관련된 저장 위치를 빠르게 조회할 수 있고, 버전을 제어하여 일치하지 않는 값들을 신속하게 처리할 수 있다. 여러 개의 값을 매우 비슷한 시간에 여러 클라이언트에서 기록할 때 한 번의 읽기 연산으로 거의 동시간에 기록한 값을 처리한다. 그러나 이렇게 여러 개의 값을 한 번에 처리할 때는 의미 있는 데이터를 복원해 내는 과정이 필요하다.

연습문제

01 RDBMS와 NoSQL의 차이점을 CAP 이론을 이용하여 설명하시오.

02 NoSQL의 기술적 특성 네 가지를 나열하고, 각 특성을 설명하시오.

03 NoSQL 제품들을 데이터 모델 기준으로 구분하고, 각 모델을 간략히 설명하시오.

04 다음 중 하둡 및 HDFS를 잘못 설명한 것은?

① 아파치 재단에서 분산 컴퓨팅을 목적으로 시작한 프로젝트이다.

② 하나의 대용량 파일을 여러 개의 데이터 블록으로 분산하여 저장하는 기법을 사용한다.

③ 다수의 DataNode와 이를 관리하는 다수의 NameNode로 구성된다.

④ 데이터 손실을 방지하려고 동일한 블록을 다른 DataNode에 복제하는 기법을 사용한다.

05 DynamoDB의 장점을 설명하시오.

06 10gen에서 개발한 대표적인 문서 지향 데이터베이스로 자동-샤딩 기능이 있으며, BSON 형태의 데이터로 저장되는 NoSQL 제품은?

07 JavaScript 기반의 인터페이스를 제공하며, 양방향 복제 및 맵리듀스를 지원하여 오프라인 모드로 사용하다 추후 동기화가 가능한 Erlang 기반의 데이터베이스는?

08 Cassandra의 주요 특징을 설명하시오.

09 다음 중 아마존 S3를 설명한 것은?

① 인터넷 스토리지 서비스 중 하나로, 웹에서 데이터를 저장하고 검색할 수 있는 환경을 제공한다.

② 온라인 서비스이기 때문에 데이터 암호화는 제공하지 않는다.

③ 저장한 데이터 객체는 다른 사용자에게 공개할 수 없다.

④ 인터넷 개발 도구에서는 사용이 불가능한 저장 환경이다.

10 ZooKeeper의 필요성을 서술하시오.

참고문헌

[01] http://freesearch.pe.kr/archives/1831

[02] 이상훈, "NoSQL & BIG DATA", 2012, CMI Korea.

[03] http://aws.amazon.com/ko/s3

[04] http://aws.typepad.com/aws/2008/03/amazon-s3-plugs.html

[05] http://cafe.naver.com/smartchip/2688

[06] http://aws.amazon.com/ko/dynamodb

[07] http://www.mongodb.org

[08] http://www.polyvision.org/2012/04/23/mongodb-with-auto-sharding-routers-and-a-configuration-server

[09] http://en.wikipedia.org/wiki/CouchDB

[10] http://bcho.tistory.com/440

[11] Pietro Michiardi, "HBase: Theory and Practice of a Distributed Data Store", Eurecom.

[12] http://bcho.tistory.com/654

[13] http://bcho.tistory.com/621

[14] http://dbpedias.com/wiki/NoSQL:Survey_of_Distributed_Databases

[15] https://cwiki.apache.org/confluence/display/ZOOKEEPER/ProjectDescription

4장

빅데이터 처리 기술

1 개요

인터넷, 소셜 네트워크, 스마트폰과 태블릿 PC 등 모바일 매체의 급속한 발달로 데이터 처리 기술 역시 기존과 다른 방식이 필요하게 되었다. 기존의 데이터 처리 방식이 방대한 양의 데이터를 한 번에 얼마나 빠르게 처리하는지에 초점을 맞췄다면, 현재의 데이터 처리 기술은 저장된 방대한 양의 데이터를 사용자가 원하는 부분에 맞춰 원하는 시간에 처리하는 데 초점을 맞춘다.

기존 RDBMS의 모든 프로세스는 정형화 및 최적화된 데이터 구조에 적합한 질의를 사용하여 데이터를 다양하게 가공하고 처리했다. 반면, 비정형화된 데이터에서는 분산 클러스터 환경에서 데이터 파이프라인을 이용하여 임시 파일에 읽기와 쓰기 동작을 수행하고, 중간 결과 값을 파일로 전달하는 방식을 사용하여 처리했다. 현재 방대한 양의 데이터를 다루는 대부분의 기업이나 연구소 등에서는 고사양의 컴퓨팅 시스템을 활용하는 방식보다는 여러 대 연결한 머신을 하나로 통합하여 사용하는 분산 컴퓨팅 시스템으로 데이터를 처리한다.

이 장에서는 이런 트렌드를 반영한 빅데이터 분산 처리 기술을 소개한다. 특히 최근 정부 및 기업, 연구 기관에서 주목한 아파치 하둡과 관련된 여러 기술을 설명하며, 분산 처리를 기반으로 하는 다양한 서비스 플랫폼도 함께 소개한다.

2 빅데이터 주요 처리 기술

이 절에서 살펴볼 빅데이터 주요 처리 기술은 [표 4-1]과 같다.

표 4-1 빅데이터 주요 처리 기술

제품/기술	최초 개발	최초 공개	주요 기능 및 특징
Hadoop	야후	2006년	맵리듀스 기반의 분산 처리 프레임워크
Pig	야후	2006년	고수준의 추상화로 개발 편의를 제공하는 데이터 처리 언어 프레임워크
Hive	야후	2008년	하둡 기반의 SQL 프로그램 구현 인프라
Cascading	C. Wensel	2007년	JVM에 바탕을 둔 언어 기반 데이터 처리 및 통합 API 제공
Cascalog	N. Marz	2010년	SQL보다 높은 수준의 사용자 추상화 제공
Mrjob	Yelp	2010년	Python 기반의 맵리듀스 개발 모듈
S4	야후	2010년	분산 환경 기반의 이벤트 스트림 처리 시스템
MapR	MapR Tech.	–	기업에 적합한 분산 처리 통합 솔루션
Acunu	Acunu.com	2009년	처리 속도 개선에 중점을 둔 통합 저장 플랫폼
Azkaban	LinkedIn	2009년	워크플로우를 정의하는 배치 스케줄러
Oozie	야후	2009년	하둡 기반의 워크플로우 제어 시스템
Greenplum	Greenplum	2003년	맵리듀스 처리가 가능한 MPP 구조의 데이터베이스
EC2	아마존	2006년	컴퓨팅 규모 제어가 가능한 클라우드 서비스
Heroku	Salesforce.com	2007년	Ruby 기반의 클라우드 개발 도구
R	R Development Core Team	1993년	통계적 계산과 그래픽을 처리하는 프로그래밍 언어 및 소프트웨어 환경
Pipes	야후	2007년	데이터 파이프라인을 생성하는 웹 응용 프로그램
Mechanical Turk	아마존	2005년	크라우드소싱 인터넷 마켓
Solr/Lucene	CNET Networks / D. Cutting	2010년	전체-텍스트 검색 서버 플랫폼

표 4-1 빅데이터 주요 처리 기술(계속)

제품/기술	최초 개발	최초 공개	주요 기능 및 특징
ElasticSearch	S. Banon	2004년	Lucene 기반의 오픈 소스 검색 엔진 서비스
Datameer	Datameer	2009년	방대한 양의 데이터 수집 및 분석 플랫폼
InfoSphere BigInsights	IBM	2008년	웹의 정형 · 비정형 데이터 관리 및 분석 솔루션
InfoSphere Streams	IBM	2008년	대용량 스트리밍 데이터 분석 솔루션

2.1 Hadoop하둡

하둡은 구글의 맵리듀스MapReduce 인프라스트럭처에 대한 논문이 발표된 후 이의 복제품으로 오픈 소스 프로젝트가 되었다. 하둡은 여러 컴퓨터로 구성된 클러스터를 이용하여 방대한 양의 데이터를 처리하는 분산 처리 프레임워크이다. 엔진 형태로 되어 있는 미들웨어와 소프트웨어 개발 프레임워크로 구성되어 있으며, 방대한 양의 데이터를 분산 처리할 수 있는 솔루션이다. 즉시 응답해야 하는 트랜잭션 처리보다는 데이터를 모은 후 처리하여 작업을 완료해야 응답을 주는 방식으로 설계되었다. 따라서 어느 정도의 시간이 소요되는 방대한 양의 데이터 처리에 적합하다.

하둡은 기본적으로 맵리듀스의 분산 처리 구조를 사용한다. 맵리듀스는 하나의 큰 데이터를 여러 개의 조각으로 나누어 처리하는 맵 단계와 처리된 결과를 하나로 모아서 취합한 후 결과를 도출해 내는 리듀스 단계로 구성되어 있다.

[그림 4-1]은 맵리듀스의 실행 단계이다. 이런 맵리듀스를 수행하려면 입력 데이터를 저장하고, 이 데이터를 일정 조각으로 나눠 저장하며, 조각에서 처리한 일부 결과를 저장할 공간과 일부 결과를 합쳐서 저장할 공간이 각각 필요하다. 이 저장 공간은 전체 시스템에서 모두 접근 가능하고 방대한 양의 데이터를 저장할 수 있어야 하는데, 하둡에서는 이 공간으로 HDFSHadoop Distributed File System를 사용한다. 다시 말해, 하둡은 맵리듀스 모듈과 HDFS 두 가지로 구성되어 있다.

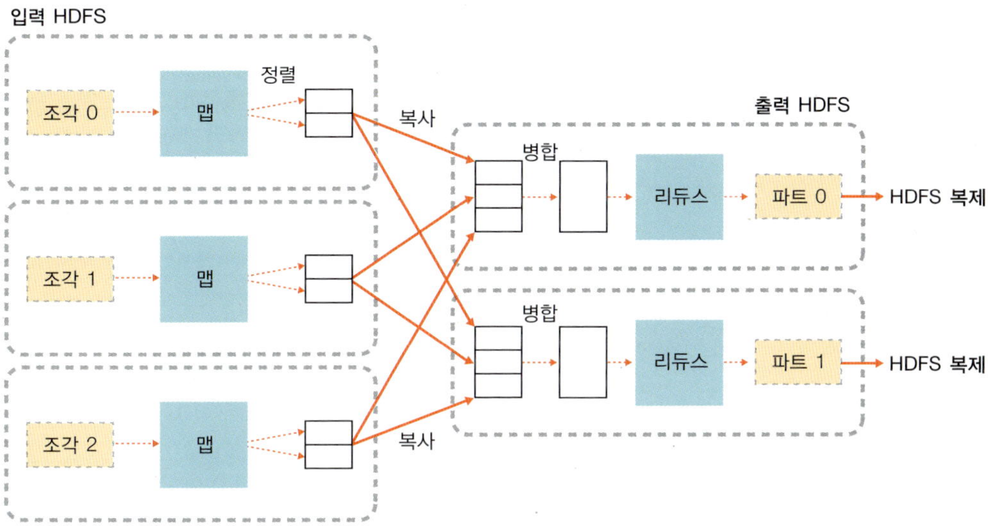

그림 4-1 맵리듀스 실행 단계 [01]

2.2 Pig 피그

맵리듀스와 같은 병렬 데이터 연산 프레임워크는 빅데이터를 처리하는 기능을 충분히 제공하지만, 경험이 많지 않은 개발자나 데이터 분석가, 데이터 마이너가 많은 노력 없이 사용하기에는 상당한 벽이 있을 수 있다. 그래서 좀 더 높은 수준의 추상화로 데이터를 쉽게 처리할 수 있는 방법이 필요하다. Pig는 아파치 하둡 세부 프로젝트 중 하나로, 절차적 데이터 처리 언어 프레임워크이다. Pig는 고수준 언어로 데이터 분석을 프로그래밍할 수 있는 방대한 양의 데이터 분석 플랫폼이며, 이를 평가할 수 있는 인프라도 함께 제공한다. 가장 큰 특징은 대규모 병렬 처리에 대응할 수 있는 구조라 대규모 데이터 처리가 용이하다는 것이다.

Pig의 언어 계층은 텍스트 기반의 언어인 Pig Latin 피그 라틴으로, 몇 가지 특징이 있다. 먼저 데이터 흐름을 명시적으로 보여 줄 수 있는 코드 작성이 가능하며, 이해하기 쉽고 유지보수가 용이하다. 또한 시스템이 코드 실행을 자동으로 최적화하므로 사용자는 효율성을 생각하지 않고 프로그래밍 내용에만 집중할 수 있다. Pig에서 제공하는 Pig Latin은 int, long, double 등 기본형 외에 릴레이션 Relation, 백 Bag, 튜플 Tuple과 같은 고수준의 구조를 제공하며, Filter, Foreach, Group,

Join, Load, Store 등 관계Relation; Table 연산도 지원한다. 그리고 사용자 지정 함수도 쉽게 정의할 수 있다. Pig Latin으로 작성한 데이터 처리 프로그램은 논리적인 실행 계획으로 변환되고, 이것은 최종적으로 맵리듀스 실행 계획으로 변환된다. [그림 4-2]는 앞서 설명한 Pig Latin으로 작성한 언어가 맵리듀스로 변환되는 과정을 보여 주는 예이다.

Pig Latin으로 작성한 언어

```
A = Load 'file1' AS (x, y, z);
B = Load 'file2' AS (t, u, v);
C = Filter A By y>0;
D = Join C BY x, B By u;
E = Group D BY z;
F = Foreach E Generate group, Count(D);
Store F Into 'output';
```

논리적인 실행 계획

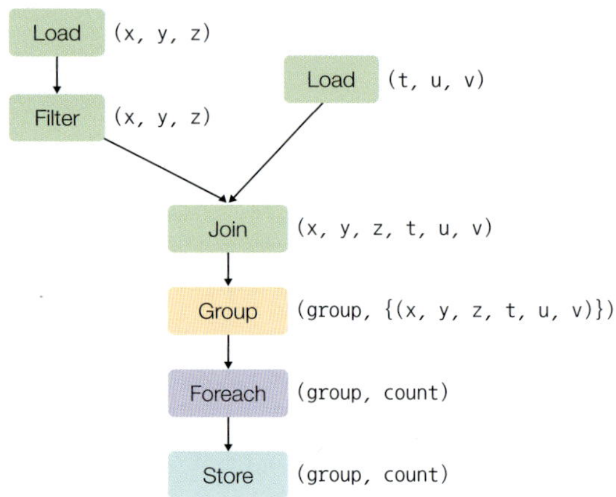

그림 4-2 Pig의 동작 과정 예 [02]

2.3 Hive하이브

Hive는 Pig와 같은 데이터 처리 기술로 아파치 하둡 프로젝트 중 하나이다. 하둡에서 동작하는 SQL 프로그램을 구현할 수 있는 Hive는 하둡 기반의 데이터웨어하우스 인프라로, 관계형 데이터베이스에 익숙한 개발자에게 훌륭한 인터페이스를 제공한다. [그림 4-3]은 Hive 구성도의 예이다. 앞서 소개한 Pig는 C, Basic, Fortran과 같은 절차적 프로그래밍 언어의 형태로, 대량의 데이터 처리 프로그램을 작성할 수 있다. 반면, Hive는 SQL과 같이 선언적으로 데이터를 처리할 수 있다. Hive는 HDFS나 HBase와 같은 빅데이터의 원본을 HiveQL 질의 언어를 이용하여 분석한다. 맵리듀스 기반의 실행 부분과 데이터가 저장된 공간의 메타데이터 정보, 사용자나 응용 프로그램에서 질의를 입력받아 실행시키는 실행 부분으로 구성되어 있다. 스칼라 값, 집합, 테이블 수준에서 사용자 정의 함수를 지정할 수 있는 기능을 제공하여 사용자 확장을 지원한다.

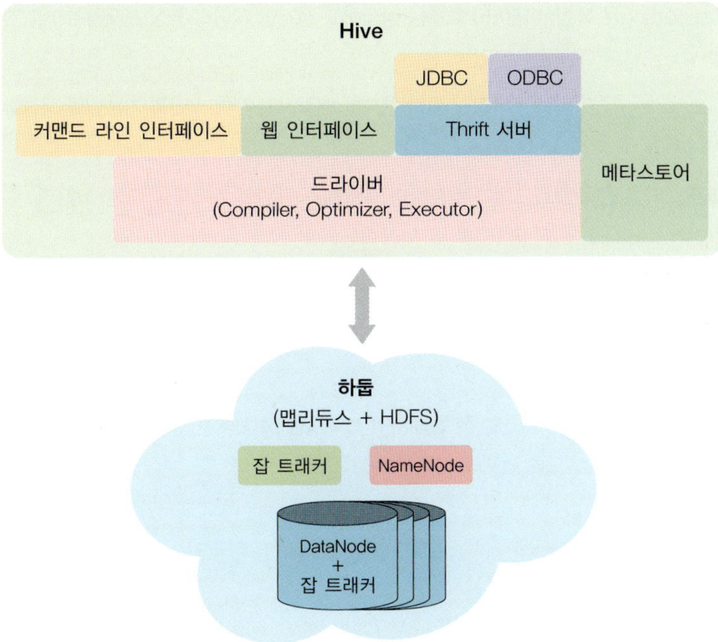

그림 4-3 Hive의 구성도 [02]

2.4 Cascading 캐스캐이딩

Cascading은 하둡용 오픈 소스 소프트웨어 추상화 계층이다. Cascading은 사용자들이 JVM Java Virtual Machine; 자바 가상 머신 기반의 언어를 활용하여 하둡 클러스터에서 데이터 프로세싱 워크플로우를 제작하고, 제작한 프로그램을 실행할 수 있도록 지원한다. Cascading의 장점은 다른 추상화 계층 기술인 Pig, Hive 등과 같이 맵리듀스 작업의 복잡성을 숨겨 준다는 것이다. Cascading의 개발자인 Chris K. Wensel 크리스 웬슬은 이를 가리켜 맵리듀스의 대안 API라고 소개한다. 이 기술은 광고 타깃팅이나 로그 파일 분석, 생물정보학, 기기 학습, 예측적 관점의 분석, 웹 콘텐츠 마이닝, ETLExtract/Transform/Load 응용 프로그램 등에 주로 사용한다. Cascading의 상용 버전은 Chris K. Wensel이 설립한 Concurrent 컨커런트에서 지원한다.

Cascading을 도입한 기업에는 트위터, 엣시 Etsy 등이 있으며, GNU 제너럴 퍼블릭 라이선스로 이용이 가능하다. [그림 4-4]는 Cascading의 기본 구성도로, Cascading의 주요 특징은 다음과 같다.

- **데이터 처리 API 제공** : Cascading은 복잡한 데이터 흐름을 정의하고 정교한 데이터 중심 프레임워크를 개발할 수 있는 API를 제공한다.
- **데이터 통합 API 제공** : Cascading을 이용하여 복잡한 통합 문제를 해결하기 전에 추가할 기능들을 생성하고, 실제 환경과 비슷하게 테스트할 수 있게 한다.
- **프로세스 스케줄러 API 제공** : 다른 응용 프로그램과 호환하여 프로세스 단위의 스케줄을 지정 · 예약할 수 있다.
- **기업 개발 지원** : 기업의 Java 개발 환경에 맞도록 설계하여 대규모 개발 및 테스트가 가능하다.
- **다양한 언어 지원** : Java 기반의 Cascading은 Scala스칼라, Clojure클로저, Ruby루비, Jython자이썬, Grooovy그루비 등 JVM 기반의 다양한 언어를 지원한다.
- **내결함성 지원** : 클러스터 중 일부 서버가 데이터 처리에 실패하면 다른 서버에 자동으로 작업을 넘겨 활성화하도록 구성되어 있다. 따라서 작업 실패 및 오류 때문에 발생한 손실을 최소화한다.

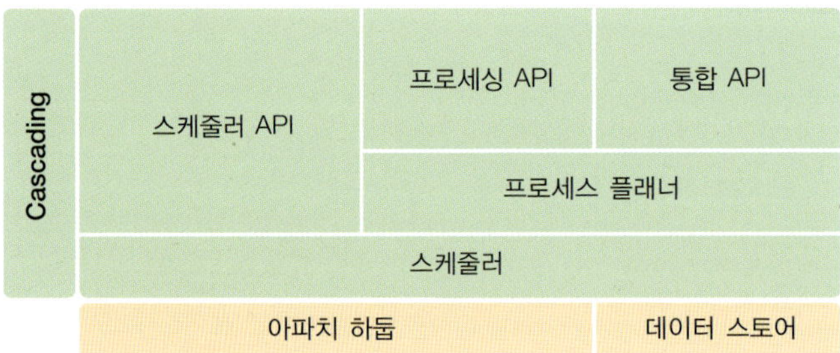

그림 4-4 Cascading의 기본 구성도 [03]

2.5 Cascalog캐스칼로그 [04]

Cascalog는 Clojure 언어로 개발되어 기능적인 데이터 처리 인터페이스를 제공한다. Cascalog는 Datalog데이터로그 언어의 영향을 받았으며, Cascading 프레임워크를 바탕으로 개발하여 아파치 Pig, Hive, Cascading 등을 대체할 수 있는 툴이다.

Cascalog는 SQL보다 훨씬 높은 수준의 사용자 추상화를 제공할 수 있으며, 이것으로 작성한 코드는 하둡에서 처리할 수 있게 연동하여 구성할 수 있다. 하둡 클러스터에서 작은 규모의 데이터를 처리하는 코드 작성에 적합하다. Cascading과 비슷한 방식으로 입력과 출력을 다루며, 데이터의 흐름을 자연스럽게 표현할 수 있다. 기능, 필터, 집계Aggregator가 모두 동일한 구문을 사용해 작성이 간편하며, 논리적으로 잘 구성되어 약간의 노력으로도 쉽게 SQL과 비슷한 작업을 수행할 수 있다. 또한 Null 값을 처리하는 핸들링 기법을 도입하여 Null 값의 오류를 최소화하고, Cascading과 호환성도 뛰어나다.

2.6 Mrjob미스터잡

하둡이 생겨난 이후로 Python을 이용하여 하둡을 쉽게 프로그래밍할 수 있게 도와주는 프레임워크가 많이 생겼다. 대표적인 것이 바로 Hadoopy하둡피, Dumbo덤보, 지금부터 소개할 Mrjob 등이다. Mrjob은 미국의 맛집 추천 사이트로 유명한 Yelp옐프에서 만든 Python 라이브러리이다. 이들은 보통 맵리듀스 모듈을 개발하기 쉽게 도와주는 도구나 하둡을 쉽게 구동하고, 구동한 후 생성한 코드들을 쉽게 추가할 수 있는 기능을 함께 제공한다.

Mrjob은 데이터를 처리하는 코드를 작성한 후 한곳에서 작동하는 엘라스틱Elastic 맵리듀스나 하둡 클러스터에서 동작하는 프레임워크를 제공한다. 추상화나 내장 연산은 지원하지 않지만, 각 단계에 디버거를 실행하여 실제 코드가 내부에서 어떻게 동작하는지 파악할 수 있다. [그림 4-5]는 Mrjob 라이브러리를 사용하여 제작한 Yelp 웹 사이트 검색 결과 화면이다.

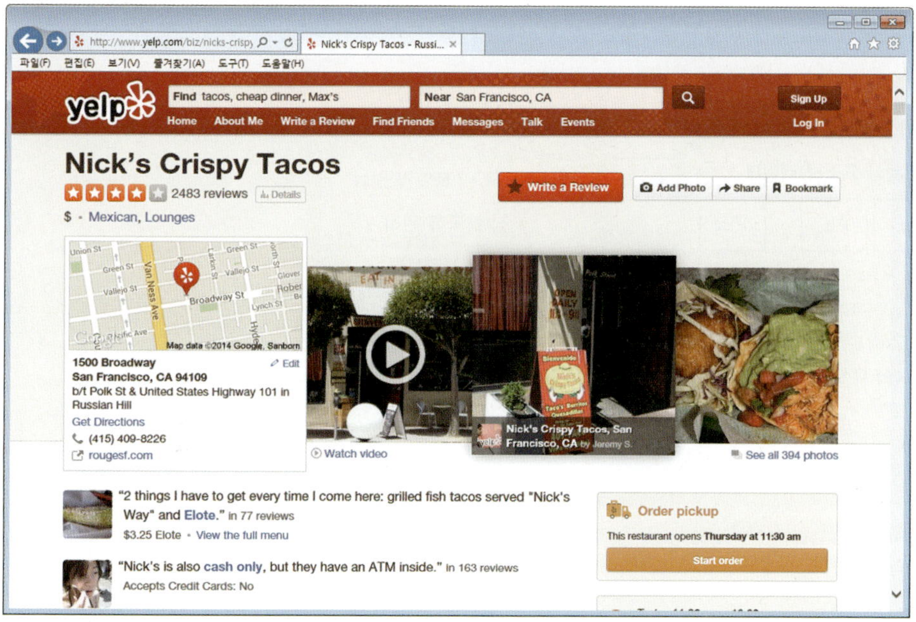

그림 4-5 Mrjob을 사용한 Yelp 웹 사이트 검색 결과 화면 [05]

2.7 S4 Simple Scalable Streaming System

S4는 야후에서 공개한 오픈 소스 기반의 분산 스트림 처리 시스템으로, 야후의 서비스 운영에 활용된다. 현재는 아파치 인큐베이터에 등록된 오픈 프로젝트이기도 하다. 실시간 개인화 검색 광고의 선택과 위치 지정, 야후의 검색 서비스 제공 등에 필요한 데이터 마이닝, 기계 학습 등을 지원하려고 개발했으나, 임의의 이벤트 스트림 처리에도 응용할 수 있는 오픈 소스이다. 또한 사용자가 제한 없는 이벤트 스트림을 처리할 수 있는 코드를 작성할 수 있도록 도와준다. S4는 ZooKeeper 프레임워크를 사용하여 클러스터들의 분산 실행을 관리한다. 사용자 수백만 명에게서 초당 수천 건의 질의 요청을 받는 웹 검색 엔진에 사용자의 검색 요구를 실시간으로 분석하는 다양한 분석 알고리즘을 쉽게 배치하고 운영할 수 있으며, 실제 현장에서 활용할 수 있도록 확장성을 제공한다.

S4는 완전히 균형적인 분산 시스템으로, [그림 4-6]은 S4의 구조이다. 각 노드에 배치된 프로세싱 노드Processing Node; PN들은 독립적으로 동작하는데, 이들은 프로세싱 요소Processing Element; PE 여러 개를 수행하는 논리적 호스트이다. PN이 담당할 PE는 키 값의 해시로 결정된다. PN은 이벤트 발생을 감지하여 입력하고, 이벤트 처리 및 통신을 이용하여 이벤트 배치와 결과 이벤트를 함께 출력하는 역할을 한다. 통신 계층Communication Layer; CL은 PN과 실제 물리적 노드의 매핑, 클러스터 관리, 장애 복구 및 통신 프로토콜 연동 등을 담당한다.

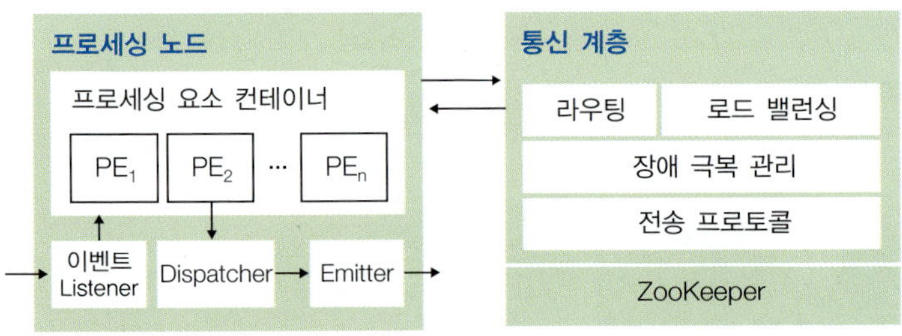

그림 4-6 S4의 시스템 구성도 [06]

2.8 MapR 맵알

MapR은 아파치 하둡의 배포판 공급 업체인 MapR Technologies 맵알 테크놀로지에서 높은 신뢰성을 요구하는 기업에 제공하는 상업용 하둡이다. HDFS를 대체할 수 있는 자체 파일 시스템으로 운영하며, 분산된 네임 노드가 있어 개선된 신뢰성을 제공한다. MapR의 새로운 파일 시스템은 성능이 더욱 개선되고, 백업이 쉬우며, 네트워크 파일 시스템 Network File System; NFS과 호환할 수 있는 등 데이터 전송의 단순화를 제공하여 맵리듀스 처리량을 향상시켰다. 또한 입출력 프로세싱 속도도 개선되었다. MapR의 프로그래밍 모델은 하둡과 같지만, 핵심 프레임워크를 둘러싼 인프라스트럭처를 개선하여 기업에 적합한 통합 솔루션이라 할 수 있다. [그림 4-7]은 MapR의 전체 프레임워크와 장점을 표현한 것이다.

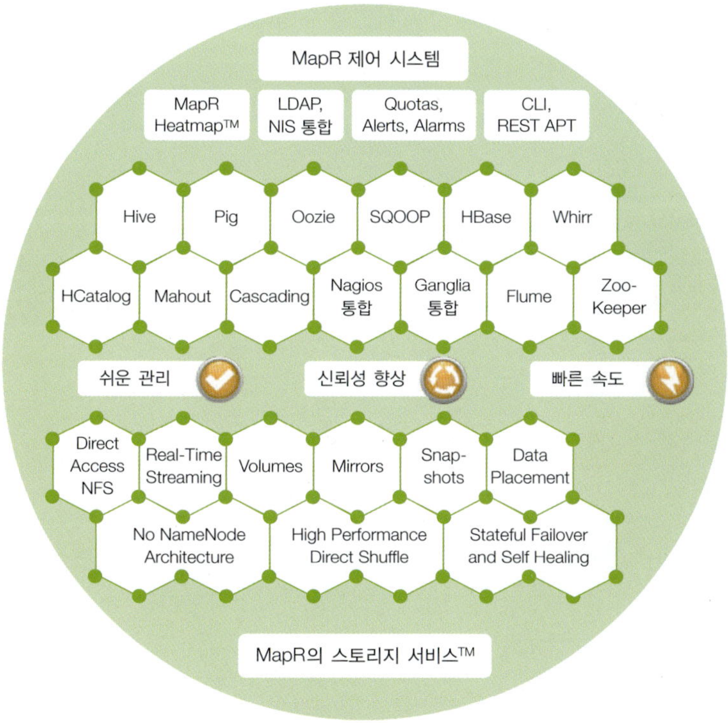

그림 4-7 MapR의 프레임워크 및 장점 [07]

2.9 Acunu아큐누

기존 파일 시스템을 대체하여 MapR과 같이 새로운 저수준의 데이터 저장 계층을 제공하는 Acunu는 하둡보다는 Cassandra를 대체하려고 개발했다. Acunu는 처리 속도를 개선하려고 빅데이터의 분석 질의, 범위 질의에 효과적인 Stratified B–Tree를 구현하여 만든 저장 플랫폼이다.

[그림 4–8]은 Acunu의 기본 구성도 및 기능이다. 오픈 소스 프로젝트로 공개된 Acunu의 Castle은 커널 레벨에서 〈키, 값〉을 저장함으로써 속도를 향상시킬 수 있고, 기존의 관계형 데이터베이스와 비슷한 자동 구성과 다양한 관리 기능을 제공한다. 아파치 Cassandra와 하둡에 포함된 표준 API를 유지하여 호환성을 높이고, Cassandra의 한계점을 분석하여 개선하려고 많이 노력한다. 소규모의 하드웨어 및 저렴한 비용으로 더 많은 작업을 수행하는 것이 목표로, 제어 및 모니터링 등이 포함된 관리 도구를 제공한다.

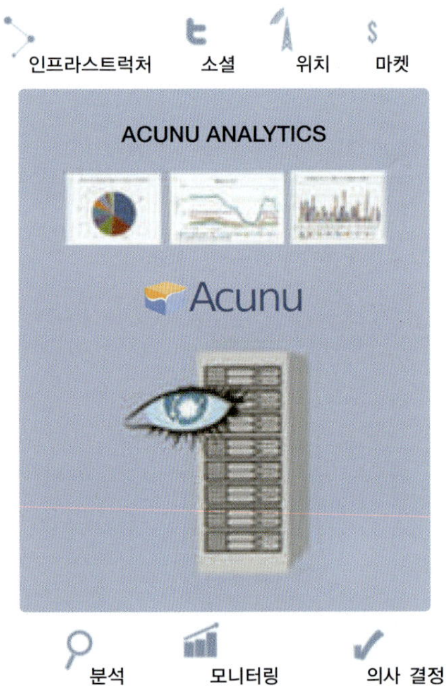

그림 4-8 Acunu의 기본 구성도 및 기능 [08]

2.10 Azkaban아즈카반 [09]

LikedIn의 오픈 소스 프로젝트인 Azkaban은 각 서비스가 여러 개의 연산들을 통합하여 비즈니스 로직으로 실행하며, 이것으로 사용자가 원하는 워크플로우를 정의할 수 있도록 개발한 배치 스케줄러이다. 일반적으로 규모가 큰 프로세스들은 50단계 이상의 세부 프로세스로 구성할 수 있다. Azkaban은 사용자가 세부 작업까지 관리하기 어려운 문제를 해결하려고, 스케줄링 기법을 이용하여 진행한 작업을 서로 관련 있는 여러 단계로 나눠 처리하기 번거로운 세부 과정들을 처리한다. 그리고 로그 기능을 제공하여 오류가 발생하면 이를 찾아 관리자에게 이메일로 상황을 알려 주며, 웹 인터페이스로 작업의 진행 상황을 파악할 수 있도록 한다. 유닉스 명령어나 Java 프로그램을 불러오는 최소한의 명령어로 된 텍스트 파일로 처리할 일을 구성하고, 복잡한 내부 구현은 각 명령어나 Java 프로그램으로 구현한다. [그림 4-9]는 Azkaban을 설치하여 실행한 화면이다.

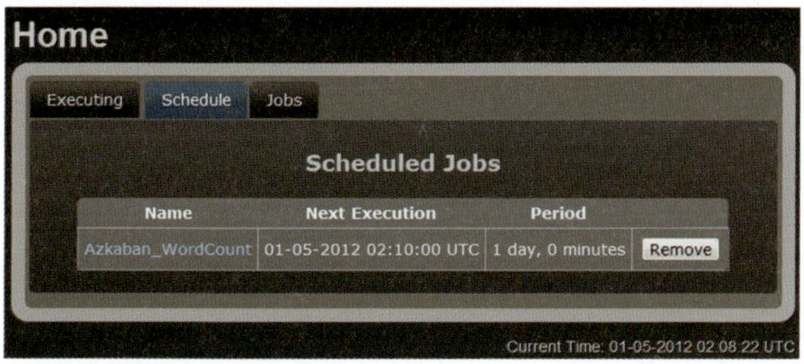

그림 4-9 Azkaban의 실행 화면 [10]

2.11 Oozie우지

Azkaban과 함께 하둡 기반의 워크플로우 제어 시스템인 Oozie는 워크플로우를 나타낼 수 있는 다양한 언어를 지원한다. 그리고 프로세스를 실행할 때 워크플로우에 관련된 결정을 특정 단계에서 내릴 수 있도록 XML 파일을 이용하여 설정할 수 있게 한다.

Oozie는 하둡의 맵리듀스와 아파치 Pig의 작업을 실행하는 기능들로 구성된 [그림 4-10]과 같은 워크플로우를 실행하는 데 특화되어 있다. 이외에도 HDFS, SSH, HTTP, 이메일, Oozie 서브 워크플로우 등도 지원한다.

Oozie는 Java 서블릿 컨테이너에서 실행하는 Java 웹 응용 프로그램으로, 사용자가 시스템의 기능을 확장할 수 있는 API도 지원한다. 하지만 Azkaban에 비해 인터페이스가 더욱 강력하고 복잡하여 사용자가 필요한 기능에 따라 작업을 선택해야 한다.

Oozie의 워크플로우 동작들은 원격 시스템에서 작업을 시작한다. 그리고 이 워크플로우는 제어 플로우 노드와 동작Action 노드를 포함한다. 제어 플로우 노드는 워크플로우의 시작과 끝(start, end, fail 노드)을 정의한다. 또한 워크플로우의 실행 경로를 제어하는 메커니즘(decision, fork, join 노드)도 제공하는데, 여기서 동작 노드는 계산 · 처리 작업을 실행시키는 원리이다.

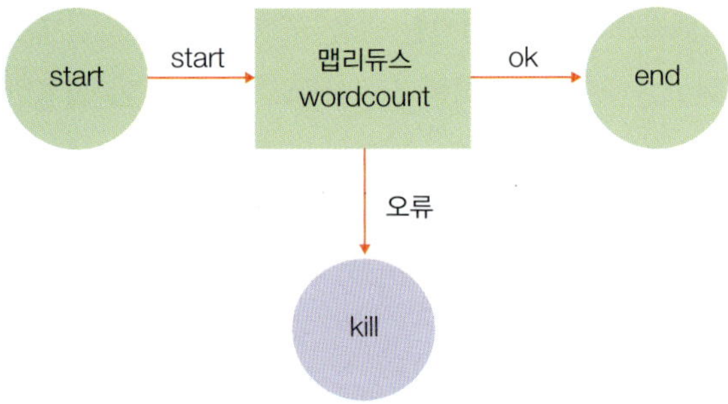

그림 4-10 Oozie의 워크플로우 [11]

2.12 Greenplum그린플럼

Greenplum은 Shared-Nothing MPPMassively Parallel Processor 구조의 데이터베이스이며, PostgreSQL포스트그레스큐엘을 기반으로 만들었다. 저장 데이터는 적용되는 연산에 따라 행Row 기반이나 열Column 기반 방식 중 하나를 선택할 수 있다. 데이터는 서버에 세그먼트 단위로 저장되며, 로그 적재Log Shipping 방식의 세그먼트 단위로 복제하여 가용성을 확보한다. PostgreSQL 기반에서 발전한 질의 엔진은 SQL 기본 연산(Hash-Join, Hash-Aggregation)이나 임의의 맵리듀스 프로그램을 수행할 수 있도록 구성되어 병렬 질의나 맵리듀스 형태의 프로그램을 효율적으로 처리할 수 있다. 각 처리 노드는 소프트웨어 기반의 데이터 스위치 컴포넌트로 연결되어 있다.

Greenplum은 Java와 R 언어로 쓰인 사용자 함수를 지원하며, 빠른 프로세서와 메모리 용량이 큰 클러스터 위에서 동작할 수 있도록 분산 구조도 지원한다. 또한 표준 SQL 인터페이스를 활용할 수 있고, 다수의 시스템에 데이터를 복제하는 RAID 기술을 활용하여 데이터 손실도 최소화한다.

[그림 4-11]은 Greenplum의 기본 구성도이다. 이와 같이 외부 데이터 소스를 분산 서버에 저장하여 관리하는 구조로 되어 있다.

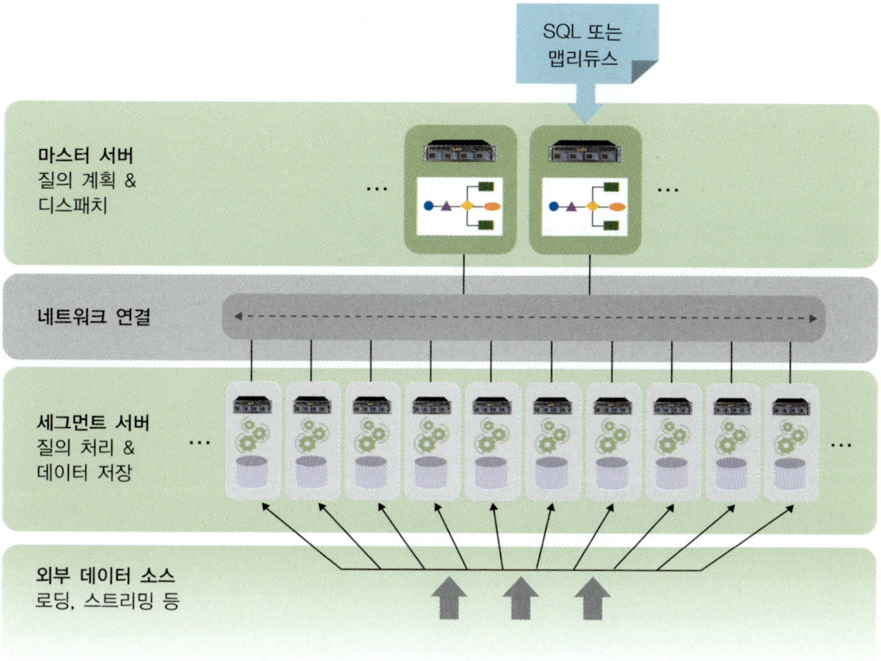

그림 4-11 Greenplum의 기본 구성도 [12]

Greenplum은 분석 및 가상 인프라스트럭처 개발 업체인 EMC가 2010년에 인수한 후 빠른 성장세를 보였는데, 기술 면에서도 많은 발전을 이뤘다. 2010년 상반기 분석 시장에서 큰 인기를 끈 EMC Greenplum UAP Unifed Analytics Platform는 관계형 데이터베이스를 하나로 합친 통합 빅데이터 분석 소프트웨어이다. 2011년 12월 출시한 이래 제조, 공공 등 여러 분야에서 주목을 받았는데, 빅데이터 분석을 지원하는 기업에서 사용 가능한 통합 분석 플랫폼이다. EMC Greenplum UAP는 정형 데이터용 EMC Greenplum 데이터베이스, 비정형 데이터를 분석 및 처리하는 엔터프라이즈 하둡 어플라이언스인 EMC Greenplum HD, 데이터 과학 분석가용 생산성 엔진 및 소셜 네트워크 기능을 담당하는 EMC Greenplum 코러스 세 가지 제품으로 구성되어 있다.

EMC Greenplum UAP의 핵심은 MPP 방식의 데이터베이스, MapR, 빅데이터 전문가이다. 정형 데이터를 분석하는 Greenplum 데이터베이스는 데이터를 분리하는 MPP 방식이다. Greenplum 아키텍처 자체가 증가하는 정형 데이터를 병렬로 처리하는 데 강하므로 속도 면에서 다른 기술보다 유리하다. 또한 데이터를 공유하지 않아 데이터베이스 간의 병목 현상이 발생하지 않고, 높은 성능을 유지할 수 있다. 필요한 부분만 읽어 들이는 열 기반의 데이터베이스도 핵심 기능 중 하나라고 할 수 있다.

[그림 4-12]는 EMC Greenplum UAP의 기술 다이어그램이다.

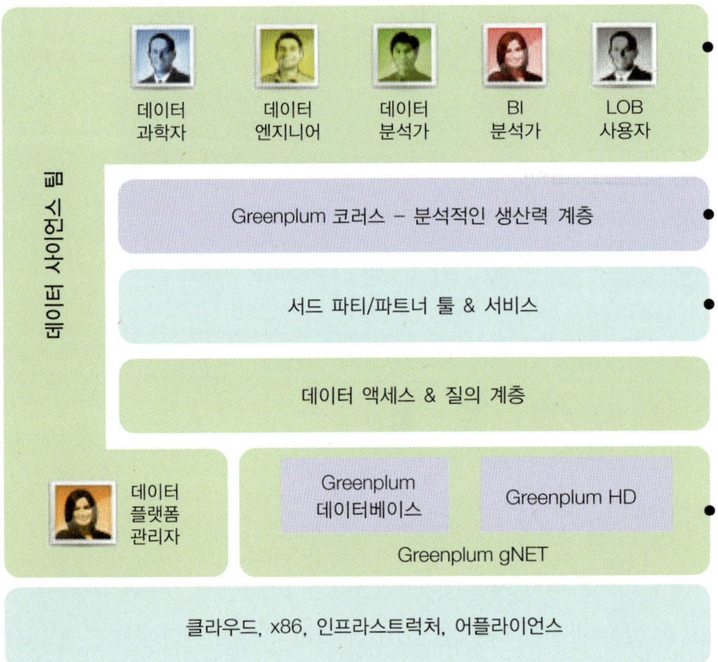

그림 4-12 EMC Greenplum UAP의 기술 다이어그램 [12]

2.13 EC2 Elastic Compute Cloud [13]

아마존 EC2는 클라우드에서 컴퓨팅의 규모를 자유롭게 변경할 수 있는 웹 서비스이다. 개발자가 웹 스케일 컴퓨팅을 쉽게 사용할 수 있도록 설계했으며, 간단한 인터페이스로 필요한 저장 공간을 간편하게 얻고 구성할 수 있다. 또한 컴퓨팅 리소스 전체를 제어할 수 있는 권한을 제공하며, 아마존의 검증된 컴퓨팅 인프라에서도 실행할 수 있다. EC2는 웹 서비스 인터페이스를 사용하여 다양한 운영체제로 인스턴스를 시작한다. 이를 사용자 지정 응용 프로그램 환경으로 로드하고, 네트워크의 액세스 권한을 관리하며, 원하는 수만큼 시스템을 사용하여 이미지를 실행할 수 있는 가상 컴퓨팅 환경을 제공한다.

EC2는 메모리 및 CPU 자원을 시간 단위로 지정하여 컴퓨터를 임대할 수 있는 웹 서비스이다. EC2는 슈퍼유저 권한으로 리눅스나 윈도우 서버 네트워크에 접근할 수 있으며, 소프트웨어 설치 및 시스템 설정이 자유롭다. 실제 서버에서 동작하는 가상 머신을 이용하여 적은 비용으로도 서비스할 수 있으며, 타사의 다양한 가상 머신도 활용할 수 있다. Elastic Block Storage엘라스틱 블록 스토리지와 S3로 기존의 파일 시스템과 동시에 활용할 수 있고, 엘라스틱Elastic 맵리듀스 서비스로 하둡 클러스터를 간단히 구성할 수 있다. 실제 미디어 장치에서 방대한 양의 데이터를 아마존의 서버에 올릴 수도 있다. 가상화 계층이 실제 하드웨어 구성 설정을 제한하기는 하지만, 네트워크 통신이나 데이터 전송 과정에서 병목 현상이 발생하면 자동으로 많은 가상 머신을 활용하므로 성능이 비교적 낮은 시스템으로도 문제를 해결할 수 있다는 장점이 있다.

2.14 Heroku히로쿠

Heroku는 다양한 프로그래밍 언어를 지원하는 클라우드 개발 도구 중 하나로, 구글 앱 엔진과 비슷한 형태로 서비스한다. 2007년 Salesforce.com에서 개발했으며, 처음에는 Ruby 언어만 지원하다 나중에는 Java, Node.js, Scala, Python 등도 지원했다. Heroku는 Ruby/Rails 기반의 웹 응용 프로그램에 빠르게 적용할 수 있는 플랫폼이다. Heroku를 사용하면 사용자가 서버 관리를 신경 쓰지 않고 응용 프로그램 개발과 관리에만 집중할 수 있다. 그리고 Heroku client gem을 이용하면 명령어 모드에서 응용 프로그램을 생성하고 관리할 수 있다. Git 모듈을 이용하여 개발한 응용 프로그램을 생성 및 배포할 수도 있다. 실행 중인 응용 프로그램은 원격 Ruby 콘솔과 Rake 명령어 모듈로 제어가 가능하다. 이와 같이 Heroku는 개발자가 간단하게 응용 프로그램을 생성하고, 즉각적으로 실행 · 제어할 수 있는 환경을 제공한다. [그림 4-13]은 Heroku의 실행 화면이다.

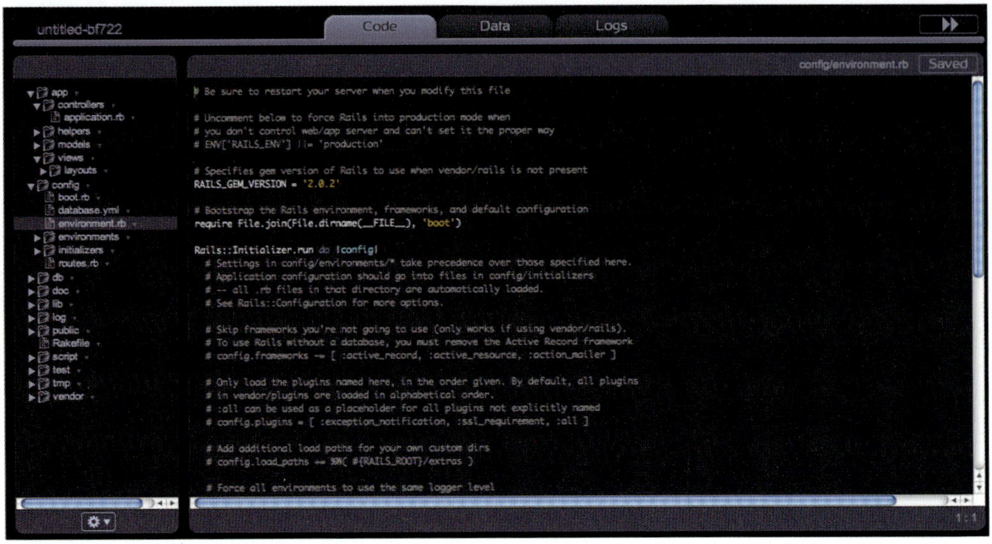

그림 4-13 Heroku의 실제 개발 화면 [14]

2.15 R 프로그래밍 언어

R 프로그래밍 언어(이하 R)는 통계적으로 계산하고 그래픽을 처리하는 프로그래밍 언어이자 소프트웨어 환경이다. 뉴질랜드 오클랜드 대학의 Ross Ihaka 로스 이하카와 Robert Gentleman 로버트 젠틀맨이 개발을 시작하여 현재는 R 코어 팀이 진행 중이다. R은 통계 소프트웨어를 개발하고 데이터를 분석하는 데 널리 사용하며, 패키지 개발이 쉬워 프로그래밍 비전공자인 통계학자 사이에서 많이 활용한다. 또한 다양한 통계 기법과 수치 해석 기법을 지원하고, 사용자가 제작한 패키지를 추가하여 기능을 확장할 수 있다.

R은 핵심 패키지와 함께 설치되며, R의 패키지 배포 환경인 CRAN the Comprehensive R Archive Network에서 다양한 패키지를 내려받을 수 있다. 또 다른 강점은 데이터 분석 결과를 시각화할 수 있는 것으로, 수학 기호가 정확히 표시되는 출판물 수준의 고화질 그래프를 제공한다. 이 밖에도 행렬을 계산하는 도구로 R을 활용할 수 있는데, 다른 수학적 분석 도구인 GNU Octave GNU 옥타브나 MATLAB 매트랩에 견줄 만한 결과를 보여 준다. [그림 4-14]는 R로 출력한 그래프의 예이다.

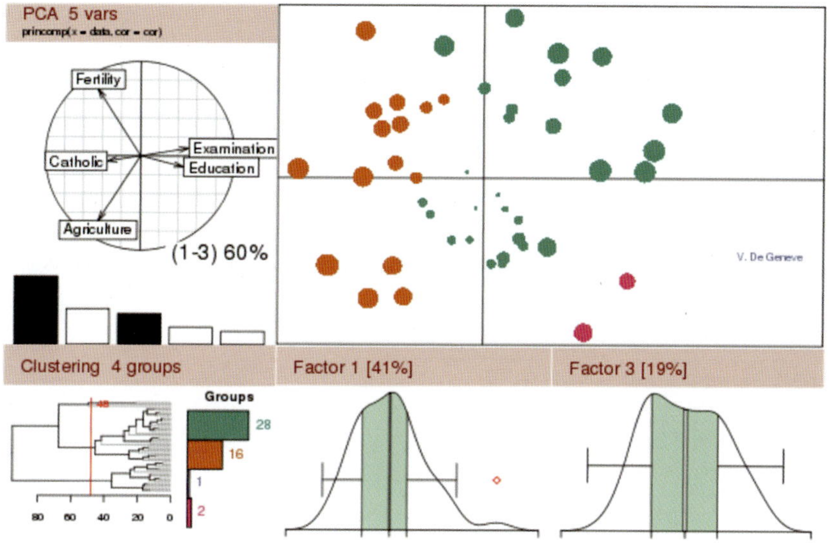

그림 4-14 R로 출력한 그래프 예 [15]

2.16 Pipes 파이프

Pipes는 야후가 제공하는 웹 응용 프로그램으로, 데이터 파이프라인을 생성한다. Pipes는 사용자가 컴포넌트를 드래그 앤 드롭하는 방식의 그래픽 인터페이스를 사용한다. 이것으로 웹 피드(RSS 피드)나 다른 서비스를 조합한 또 다른 응용 프로그램을 만들 수 있다. 또한 다양한 출처의 웹 응용 프로그램을 만들 수 있으며, 이를 배포할 수 있도록 도와준다. 사용자는 Pipes를 이용하여 출처의 정보를 끌어와 이를 어떤 규칙으로 가공할 것인지 결정한다. Pipes로 방대한 양의 데이터를 처리하기는 어려우나, 전문가용의 무료 응용 프로그램으로 다수의 소규모 프로세스를 연결시킬 수는 있다.

[그림 4-15]는 Pipes를 실행한 예이다. 사용자가 『뉴욕 타임스』의 RSS 피드를 끌어온 후 각 항목에서 추출한 키워드로 온라인 사진 공유 커뮤니티인 Flickr.com에서 사진을 수집하여 추가로 보여 준다.

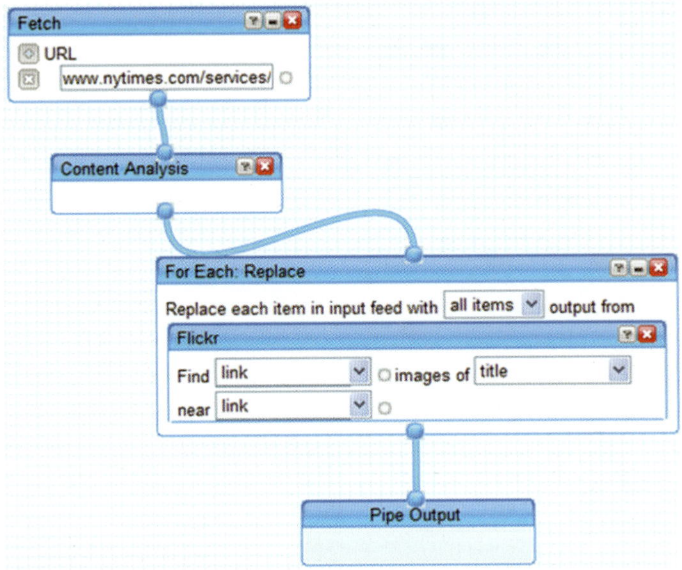

그림 4-15 Pipes의 실행 예 [16]

2.17 Mechanical Turk 미케니컬 터크; Mturk [17]

아마존에서 만든 Mechanical Turk Mturk는 컴퓨터가 수행할 수 없는 임무를 수행하게 하려고 프로그래머가 사람의 인지 능력을 사용하는 것을 도와주는 크라우드 소싱 인터넷 마켓 플레이스 Crowd Sourcing Internet Marketplace이다. 정보 검색, 컴퓨터 비전, 기계 번역 등 인공지능 분야에서는 결국 사람이 무엇이 옳은지 판단해야 할 때가 많다. 이를 HIT Human Intelligence Task라고 하는데, 아마존에서는 HIT를 제공하려고 온라인으로 사람과 컴퓨터 간의 수많은 협동 작업을 관리한다. 예를 들어, 사진 속 여자가 미인인지 아닌지, 예술 사진인지 일반 풍경 사진인지 등 판단을 컴퓨터가 하기는 어렵다. 따라서 사진을 보고 분류하는 일은 사람들의 남는 노동력을 이용하여 저렴하게 하자는 것이 Mturk의 목표이다.

Mturk에서는 비즈니스 목표를 달성하는 데 도움을 줄 수 있는 작업자의 가상 커뮤니티에 접근할 수 있다. 강력한 API와 명령 도구를 사용하면 인간의 지능이 필요한 작업을 광범위하게 분산된 요구 인력에게 프로그래밍 방식으로 배포할 수 있다. Mturk의 사용 방법은 간단하다. 먼저 원하는 구체적 결과, 결과의 형식, 작업 항목 표시 방식, 작업 완료에 지불할 금액을 HIT에 정의하고, 이를 마켓 플레이스로 로드한다. 그런 다음 일정 시간이 지나 지정한 조건에 만족하는 결과를 업로드했는지 검색할 수 있다.

2.18 Solr/Lucene 솔라/루씬

아파치 Lucene 기반의 기업 검색 플랫폼인 Solr는 Java로 작성되었으며, 아파치 톰캣Tomcat과 같은 서블릿 내에 있는 독립적인 전체-텍스트Full-Text 검색 서버로 작동한다. 강력한 전체-텍스트 검색, 다각적 검색, 동적 클러스터링, 풍부한 문서 핸들링이 가능하여 다양한 부분에서 상당히 높은 확장성을 지원한다. 2010년에 Lucene과 통합되어 현재는 Solr/Lucene 프로젝트로 명칭이 바뀌었다. Solr는 파일을 인덱스하는 검색 엔진 이상으로, XML 요청을 HTTP로 보내는 웹 서비스 API가 있는 검색 서버이다. 그러므로 Solr 검색 서버 URL을 사용하면 인터넷으로 파일 질의 및 인덱싱하는 곳에서는 응용 프로그램을 생성할 수 있다. 또한 다른 Solr 검색 서버로 캐싱과 복사가 가능하다.

[그림 4-16]은 Solr를 설치하여 실행한 관리자 화면이다.

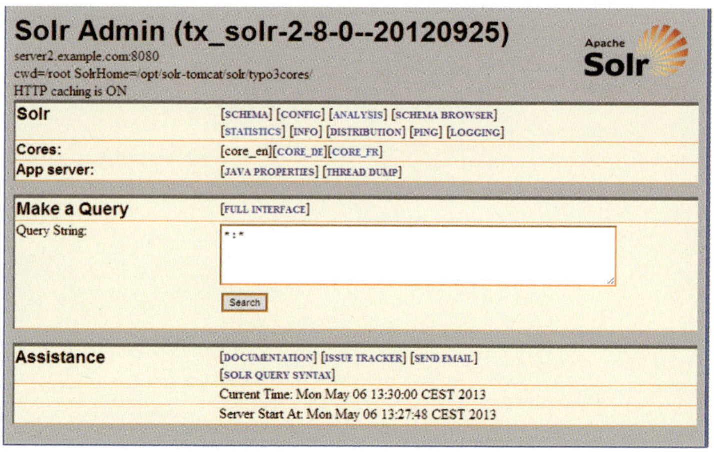

그림 4-16 Solr의 관리자 화면 [18]

2.19 ElasticSearch 엘라스틱서치

ElasticSearch는 아파치 Lucene 기반의 분산 형태인 오픈 소스 검색 엔진 서비스이다. 기업을 대상으로 하는 Solr와는 달리 웹 서비스를 이용하는 일반 사용자에게 적합한 서비스를 제공한다. 사용자는 짧은 대기 시간에 검색 및 인덱스 갱신이 가능하다. 문서 지향적이고, 장기간 지속해 주는 신뢰, 비동기 쓰기, 실시간 검색이 가능하며, 설치 및 사용이 비교적 쉽다. 또한 다양한 API 클라이언트 모듈을 지원한다.

Java로 개발한 ElasticSearch는 하나의 클러스터에 문제가 발생하면 진행 중인 작업이 복제되어 있는 다른 클러스터로 자동으로 이동하여 결과를 보여 줌으로써 단일 고장점Single Point Of Failure; SPOF을 제거한다. 다중 타입을 갖는 다중 Tenant(하나 이상의 인덱스를 지원, 인덱스마다 하나 이상의 타입을 지원, 인덱스 계층별로 제어 가능)의 특징을 보인다. 또한 JSON 파서를 사용하여 인덱스 데이터를 다루기가 쉽고, 다양한 곳에서 인덱스 구성이 가능하다.

[그림 4-17]은 ElasticSearch의 구성도이다. 그림과 같이 Lucene 저장 구조를 기반으로 ElasticSearch의 검색 기능이 구현되어 있다.

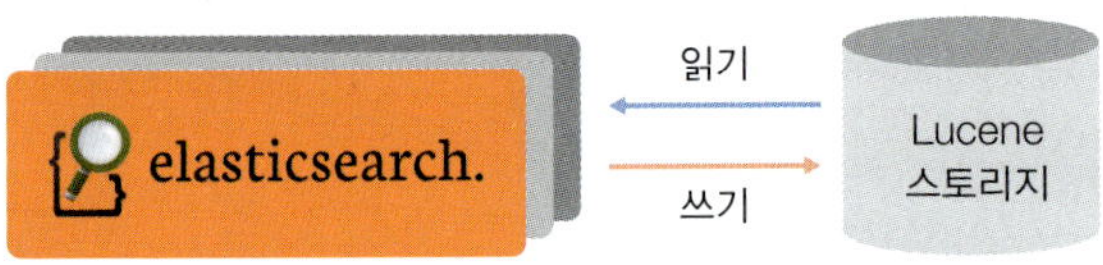

그림 4-17 ElasticSearch의 구성도 [19]

2.20 Datameer 데이터미어 [20]

방대한 양의 데이터를 처리하는 하둡 기반 비즈니스 지능형 마켓을 목표로 설계한 Datameer는 단순한 프로그래밍 환경을 제공한다. Datameer는 종류가 서로 다른 방대한 양의 데이터를 모아 읽어 들인 후 하둡 프레임워크에 수집한 데이터들을 저장하고, 분석용 도구를 사용하는 플랫폼을 공급한다. Datameer는 하둡의 복잡성을 숨긴 채 분석 도구를 제공하며, 기업이 데이터 분석용 기술을 사용하는 데 어려움을 겪기 시작하는 크기인 10TB 이상의 데이터 소스를 대상으로 한다.

Datameer는 일단 사용자가 분석하려는 타입을 명세화한 후 맵리듀스 작업으로 변환시킨다. 몇 개의 사용자 친화적인 데이터 타입 변화 도구와 시각화 기능을 제공하고, 제공되는 기능을 활용하여 인터페이스를 설계함으로써 강력한 추상화 레벨을 제공한다.

[그림 4-18]은 Datameer의 응용 예이다. 그림과 같이 기존 데이터를 HDFS 기반의 Datameer 시스템으로 분석하고, 기존 데이터베이스로 저장시키는 등 응용이 가능하다.

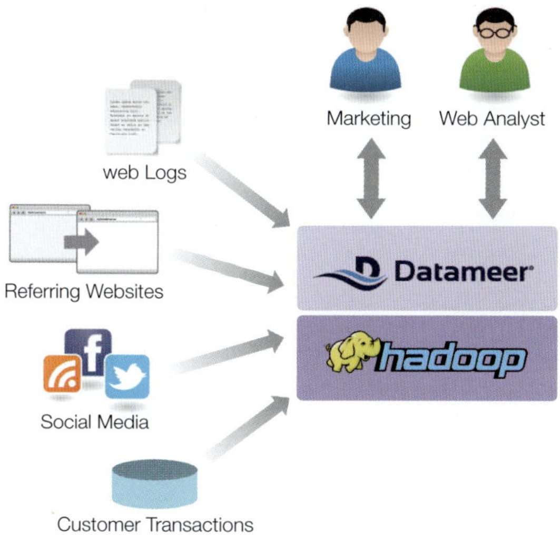

그림 4-18 Datameer의 응용 예 [21]

2.21 InfoSphere BigInsights인포스피어 빅인사이트

IBM의 InfoSphere BigInsights는 인터넷에서 정형화된 데이터 및 비정형화된 데이터를 관리하고 분석하는 IBM의 다목적 솔루션이다. 하둡을 기반으로 하며, 개인 사용자 및 기업의 요구를 해결하려고 IBM 연구 팀의 다양한 분석 기술에 관리, 워크플로우, 프로비저닝, 보안 기능을 접목시켰다. 거기에 새로운 기능 몇 가지를 추가하여 기존의 분석 기술을 더욱 향상시켰다. 그 결과 개발자 및 사용자가 더 사용하기 쉬운 통합 솔루션을 제공하며, 복잡한 대규모 분석도 쉽게 수행할 수 있도록 도와준다. 대표적인 세부 컴포넌트로 스프레드시트 기반의 분석 모듈인 BigSheets가 있다. [그림 4-19]는 IBM InfoSphere BigInsights를 이용하여 데이터를 분석한 후 시각화한 예이다.

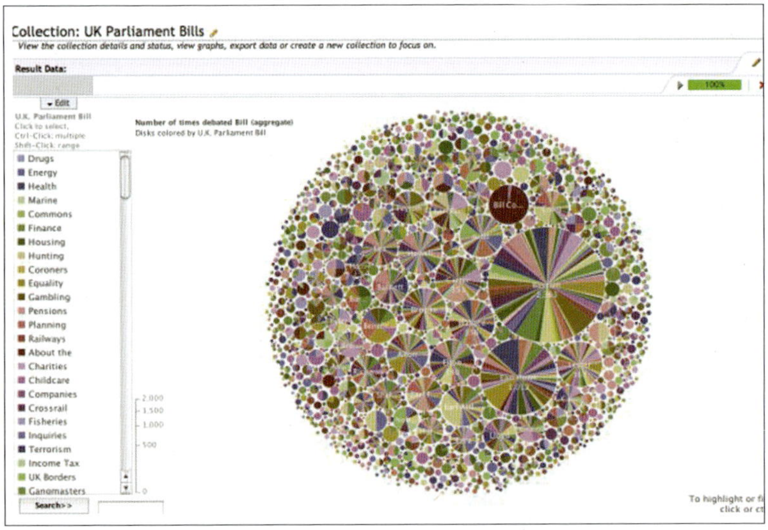

그림 4-19 IBM InfoSphere BigInsights의 시각화 컴포넌트 실행 예 [22]

2.22 InfoSphere Streams 인포스피어 스트림즈

IBM의 InfoSphere Streams는 짧은 시간 안에 방대한 양의 스트리밍 데이터를 지속적으로 분석할 수 있는 IBM의 또 다른 솔루션이다. InfoSphere Streams는 다양한 정형화 데이터 및 비정형화 데이터 유형을 모두 지원하는 강력한 확장성과 빠른 속도의 인프라를 제공한다. 이 기능은 빠른 분석으로 앞으로 다가올 상황에 적절하게 대처할 수 있게 하는데, 이는 조직과 개인의 통찰력 및 의사 결정 능력을 향상시키는 데 도움이 된다.

[그림 4-20]은 앞에서 설명한 IBM의 InfoSphere BigInsights와 InfoSphere Streams를 포함하는 IBM 솔루션의 기본 구성도이다. 그림은 다양한 IBM 솔루션을 사용하여 빅데이터를 분석하는 인프라 구조를 개념적으로 보여 준다.

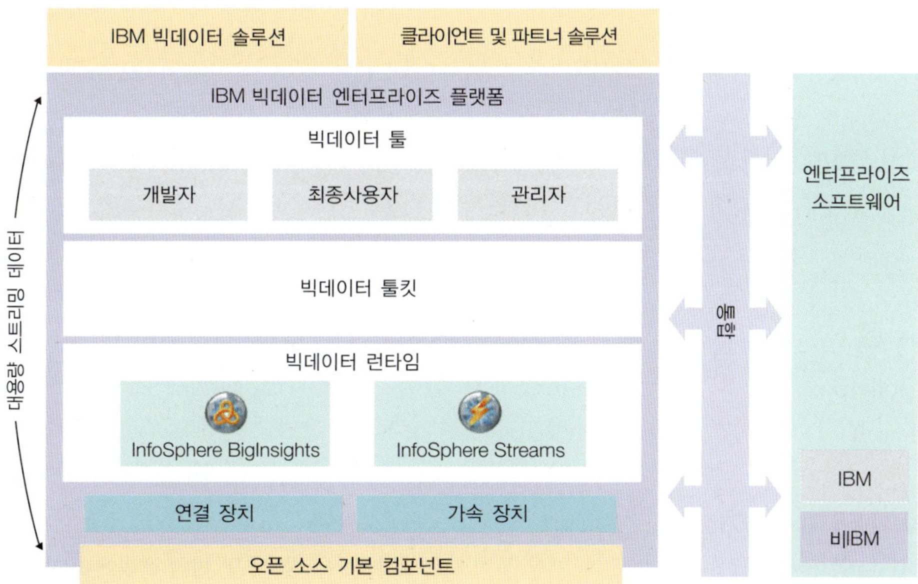

그림 4-20 IBM 빅데이터 분석 인프라 기본 구성도 [23]

연습문제

01 대표적인 빅데이터 플랫폼인 하둡은 분산 처리하는 데 (　　　)를 사용한다. 이는 하나의 큰 데이터를 여러 조각으로 나눠 처리하는 (　　　) 단계와 처리된 결과를 하나로 취합하여 최종 결과를 도출해 내는 (　　　) 단계로 구성되어 있다.

02 데이터 처리 언어 프레임워크로 하둡에서 쉽게 데이터를 분석할 수 있도록 고수준 프로그래밍 환경을 제공하는 기술을 모두 고르시오.

① EC2　② Pig　③ Chukwa
④ HDFS　⑤ Hive

03 Cascading의 주요 특징을 서술하시오.

04 아파치 인큐베이터에 등록된 오픈 프로젝트로, 실시간 개인화 광고 및 검색 서비스 등 야후 서비스 운영에 활용하는 분산 스트림 처리 시스템은?

05 다음 중 하둡에서 제공하는 HDFS가 아닌 NFS 기반의 자체 파일 시스템으로 개선된 상업용 하둡 배포판은?

① Boilerpipe　② MongoDB　③ Cassandra
④ MapR　⑤ Azkaban

06 다음 설명을 읽고 참/거짓으로 구분하시오.

① Acunu는 아파치 Cassandra를 대체할 목적으로 개발했으며, 분석 및 범위 질의에 효과적인 저장 구조 플랫폼이다. (　　　)

② 사용자의 작업 관리를 도우려고 개발한 스케줄링 및 작업 제어 프로젝트로 Azkaban, Oozie 등이 있다. (　　　)

③ 아파치 Solr/Lucene은 Python 기반의 기업 검색 플랫폼으로, 강력한 전체-텍스트 검색, 다각적 검색, 동적 클러스터링 등을 제공한다. (　　　)

07 2010년 EMC가 인수한 PostgreSQL 기반의 데이터 저장 기술로, SQL 기본 연산 및 맵리듀스 처리가 가능하며, 정형 데이터와 비정형 데이터의 통합적인 분석을 지원하는 플랫폼으로 성장한 기술은?

08 다음 중 R을 설명한 것은?

① 통계적 계산과 그래픽을 처리하는 상용 온라인 서비스이다.

② 설치 및 사용이 어려워 프로그램 전공자가 아니면 사용하기 힘들다.

③ 다양한 통계 기법과 수치 해석 기법을 지원하며, 사용자 패키지를 추가할 수 있다.

④ 결과의 시각화는 제공하지 않는다.

09 IBM에서 빅데이터를 분석해 주는 InfoSphere BigInsights와 InfoSphere Streams를 간략하게 정의하고, 차이점을 서술하시오.

참고문헌

[01] http://tedwon.com/display/dev/MapReduce+Programming

[02] http://helloworld.naver.com/helloworld/29533

[03] http://www.cascading.org

[04] http://nathanmarz.com/blog/introducing-cascalog-a-clojure-based-query-language-for-hado.html

[05] http://www.slideshare.net/devparan/h3-2011-c6-python-and-cloud

[06] http://incubator.apache.org/s4

[07] http://www.business-software.com/blog/mapr-technologies-brings-hadoop-to-the-enterprise-and-beyond

[08] http://www.acunu.com/apache-cassandra.html

[09] http://data.linkedin.com/opensource/azkaban

[10] http://www.mimul.com/pebble/default/2012/01/05/1325752204610.html

[11] http://julingks.tistory.com/146

[12] http://www.greenplum.com

[13] http://aws.amazon.com/ko/ec2/#os

[14] http://www.crunchbase.com/company/heroku

[15] http://www.r-project.org

[16] http://agile.egloos.com/m/3083815

[17] http://aws.amazon.com/ko/mturk

[18] http://www.ibm.com/developerworks/java/library/j-solr1

[19] http://www.mimul.com/pebble/default/2012/02/23/1329988075236.html

[20] http://en.wikipedia.org/wiki/Datameer

[21] http://www.datameer.com/solutions/internet-web-analytics.html

[22] http://www.ibm.com/developerworks

[23] http://www.ibm.com/developerworks/data/library/techarticle/dm-1110biginsightsintro

5장
빅데이터 분석 기술

1 개요

빅데이터는 기존 데이터와 비교하여 의사 결정 요구가 상대적으로 빠르지 않지만, 처리할 데이터 양이 방대하며 처리복잡도와 비정형 데이터의 비중이 높다. 그러므로 분석의 유연성은 높지만 동시 처리량이 적은 기존의 데이터 분석 기법으로는 빅데이터를 분석하기에 부적합하다. 빅데이터 분석 기술은 기존 데이터 처리 방식에서 중요시했던 데이터의 안정성이나 정확성보다는 속도와 비용을 더 중요시하기 때문에 일부 데이터에 손실이 발생해도 처리 결과에 영향을 받지 않는 업무에 적합하다.

최근 빅데이터 분석의 중요성에 힘입어 데이터 마이닝 기법이 새롭게 재조명되고 있다. 데이터 마이닝Data Mining은 저장된 방대한 양의 데이터 안에서 자동으로 체계적이고 통계적인 규칙이나 패턴을 찾아내는 데이터베이스 파생 기술이다. 다른 말로 KDDKnowledge-Discovery in Databases라고도 하는데, 각종 데이터베이스에 내재된 의미 있는 지식의 발견이라는 말이다. 이를 위해 데이터 마이닝은 통계학에서 패턴 인식까지 다양한 계량 기법을 사용한다. [그림 5-1]은 데이터 마이닝의 의미를 대상과 결과의 그림으로 표현한 것이다. 데이터 마이닝은 기존 데이터베이스에 마이닝 기술을 적용하여 이들 데이터 간에 숨은 의미 있는 관계성을 다양한 방법으로 발견한 후 이를 현실에 효과적으로 적용하는 방법론으로 사용한다.

데이터 마이닝 기법은 통계학 분야에서 발전한 탐색적 데이터 분석, 가설 검증, 다변량 분석, 시계열 분석, 일반선형모형 등 방법론과 데이터베이스 분야에서 발전한 OLAPOn-Line Analytic Processing; 온라인 분석 처리, 인공지능 분야에서 발전한 SOMSelf-Organizing Map; 자기조직화지도, 신경망, 전문가 시스템 등 기술적 방법론 등에 사용한다.

데이터 마이닝은 마케팅 관리 시스템, 신용 평점 시스템Credit Scoring System의 신용평가 모형 개발, 사기 탐지 시스템Fraud Detection System, 장바구니 분석Market Basket Analysis, 최적 포트폴리오 구축과 같이 다양한 산업 분야에서 광범위하게 사용한다. 하지만 데이터에 의존하여 현상을 해석하고 개선하기 때문에 데이터가 현실을 충분히 반영하지 못하면 정보를 추출한 모형을 개발할 때 잘못된 모형을 구축하는 오류를 범할 수 있다.

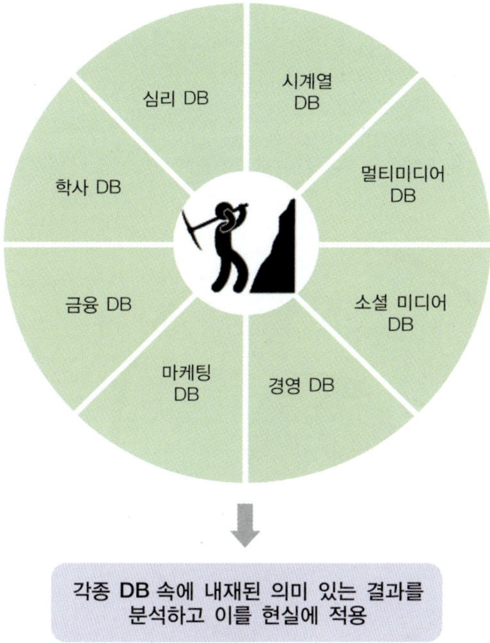

그림 5-1 데이터 마이닝의 대상과 결과

데이터 마이닝은 데이터 분석으로 다음과 같은 기술을 적용하여 의미 있는 결과를 도출할 수 있다.

- **분류** Classification : 일정한 집단에서 특정한 정의를 이용하여 분류 및 구분을 추론한다. 예를 들어, 경쟁자에게로 이탈한 고객을 분류해 내는 기술을 들 수 있다.
- **예측** Forecasting : 방대한 양의 데이터 집합의 패턴을 기반으로 미래를 예측한다. 예를 들어, 수요를 예측하는 기술을 들 수 있다.
- **시계열** Time-Series **분석** : 시간의 변화에 따라 일정한 간격으로 연속적인 통계 숫자를 저장한 시계열 데이터에 바탕을 둔 분석 방법이다. 예를 들어, 매일 주식의 값을 저장하는 시계열 데이터를 분석하는 기술을 들 수 있다.
- **회귀분석** Regression : 하나 이상의 변수 간의 영향이나 관계를 분석 및 추정하는 기술을 들 수 있다.
- **군집화** Clustering : 구체적인 특성을 공유하는 군집을 찾는다. 군집화는 미리 정의된 특성의 정보가 없다는 점에서 분류와 다르다. 예를 들어, 비슷한 행동 집단을 구분해 내는 기술을 들 수 있다. [01]
- **연관 규칙** Association Rule : 동시에 발생한 사건 간의 관계를 정의한다. 예를 들어, 장바구니 안에 동시에 들어가는 상품들의 관계를 규명하는 기술을 들 수 있다.
- **요약** Summarization : 데이터의 일반적인 특성이나 특징의 요점을 간략히 정리하는 기술을 들 수 있다.

- **연속성**Sequencing : 시간에 따라 순차적으로 나타나는 사건의 종속성을 말한다. 예를 들어, A 제품을 구입한 고객이 향후 B 제품을 구입할 확률이라든가 작년의 계절적 매출 변동 요인과 올해의 매출 등을 알아내는 기술을 들 수 있다.

[그림 5-2]는 데이터 마이닝에서 사용하는 기술을 개략적으로 도식화한 것이다.

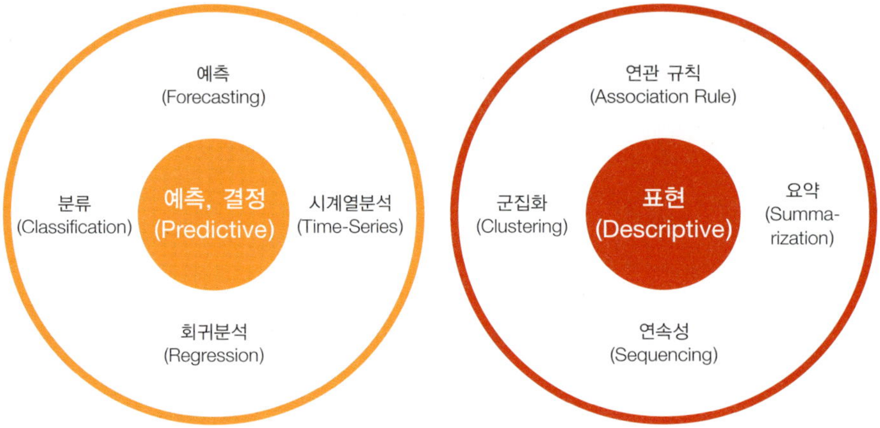

그림 5-2 데이터 마이닝 기술 구분

이 장에서는 데이터 마이닝에 뿌리를 둔 다양한 마이닝 기술과 데이터 분석 기술을 소개한다. 또한 빅데이터를 처리하는 기존 알고리즘 변형 기법과 데이터를 분석하는 주요 제품 및 기술도 함께 소개한다.

2 텍스트 마이닝 기술

텍스트 마이닝은 비 · 반정형 텍스트 데이터로 구성된 빅데이터에서 자연어 처리 기술에 기반하여 의미 있는 정보를 추출하는 기술이다. 데이터 마이닝과 비슷한 개념이지만, 데이터 마이닝과는 차이가 있다. 데이터 마이닝의 분석 대상은 관계형 데이터베이스, XML 문서와 같은 구조화된 데이터들인 반면, 텍스트 마이닝의 분석 대상은 텍스트 문서, 이메일, HTML 파일 등과 같은 비 · 반정형의 텍스트 데이터라는 차이점이 있다. 텍스트 마이닝을 텍스트 분석Text Analytics, 문서 마이닝Document Mining 등으로 부르기도 한다. [그림 5-3]은 텍스트 마이닝 과정이다. 구조화되지 않은 형태의 문서Collected Documents, Unstructured Data를 수집하면 전처리Preprocessing 과정을 거쳐서 텍스트 분석을 수월한 형태로 변환한다.

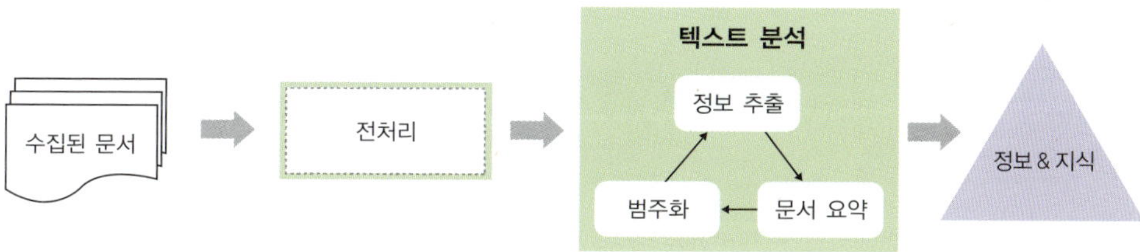

그림 5-3 텍스트 마이닝 과정 [02]

전처리 작업은 텍스트를 분석하는 알고리즘의 성능을 결정짓는 중요한 요소로, 현재 자연어 처리Natural Language Processing와 기계 학습Machine Learning 등을 응용하여 활발하게 연구하고 있는 분야이다. 전처리를 거친 텍스트 데이터는 컴퓨터가 처리할 수 있는 다양한 방식으로 표현되는데, 일반적으로 문서의 단어들을 벡터 공간Vector Space 속에서 표현한다. 전처리 과정을 거친 데이터들을 대상으로 정보 추출Information Extraction, 범주화Categorization, 문서 요약Summarization 등 다양한 방식으로 텍스트를 분석할 수 있다. 텍스트 분석 결과는 조직에 유용한 정보나 지식의 형태로 나타날 수 있다.

이런 텍스트 마이닝은 [그림 5-4]와 같이 정보 수집, 정보 처리, 정보 추출, 정보 분석의 절차를 거친다.

- **정보 수집** : 비 · 반정형의 텍스트 데이터를 수집하는 단계이다.
- **정보 처리** : 대용량의 데이터에서 특정 키워드나 일부 의미 있는 요소를 추출하려고 전처리를 하는 단계이다.
- **정보 추출** : 수학적인 모델이나 알고리즘을 이용하여 유용한 정보를 추출해 낸다. 텍스트 마이닝을 위한 정보 추출 방법에는 다양한 목적, 조건, 환경 등이 있는데, 이 정보 추출 방법은 텍스트 마이닝에서 가장 중요한 부분 중 하나이다. 특히 정보 추출 방법에는 수많은 수학적 알고리즘과 방법이 있으며, 그중 간단하면서 가장 강력한 방법인 TF-IDF Term Frequency-Inverse Document Frequency 방식을 많이 사용한다.
- **정보 분석** : 최종 키워드나 의미 있는 요소의 우선순위를 도출하는 단계이다.

[그림 5-4]는 텍스트 마이닝의 4단계 과정이다.

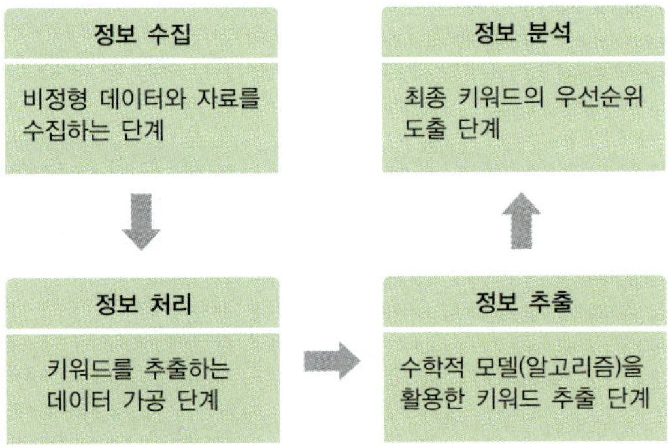

그림 5-4 텍스트 마이닝의 4단계 과정 [03]

> **NOTE_** TF-IDF는 정보 검색과 텍스트 마이닝에서 이용하는 키워드의 가중치를 구하는 방법이다. 여러 문서로 된 문서군이 있을 때 어떤 단어가 특정 문서 내에서 얼마나 중요한지 나타내는 통계적 수치이다.

최근에는 자연어 분석 기반의 텍스트 마이닝 기술을 선보였다. 텍스트 마이닝 기술이 자연어로 된 문서를 분석하여 사용자가 원하는 정보를 선별하고, 그 결과를 정제되고 가공된 형태로 제시하는 것이므로 자연어 분석 기반의 방법을 사용했다. 이 방법의 시스템은 [그림 5-5]와 같이 자동 분석 단계와 개체명 인식 단계, 관계 추출 단계로 구성되어 있다.

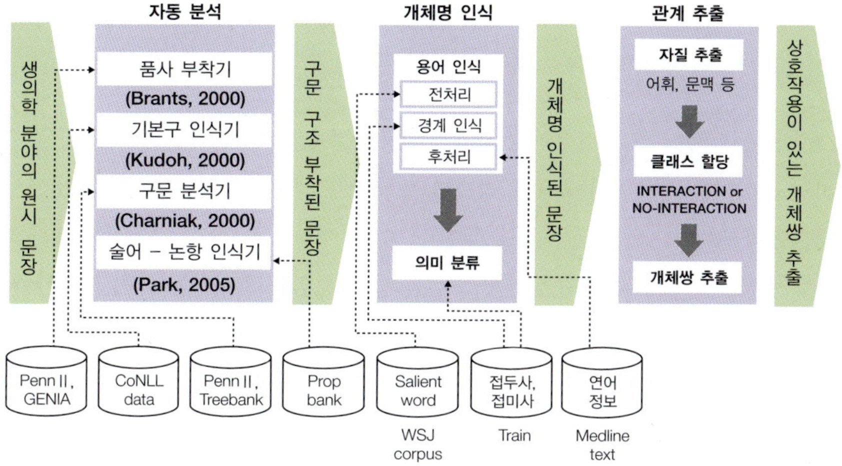

그림 5-5 자연어 분석 기반 시스템의 구성도 [04]

먼저 자동 분석 단계에서는 자연어 처리를 이용하여 분석한다. [그림 5-6]은 자연어 처리가 필요한 예이다. 그림의 예문은 두 개체명 macrosomic과 glycemic 사이의 관계를 확인하는 것으로, 중요한 단서 단어는 macrosomic이 수식하는 *reduce*와 glycemic이 수식하는 *initiated*이다. 특히 특정 치료제가 특정 질병을 치료하는 관계이기 때문에 *reduce*가 중요하다. 이 예로 주변 문맥을 고려하는 기존 방법들이 단어를 어떻게 추출하는지 살펴볼 수 있다.

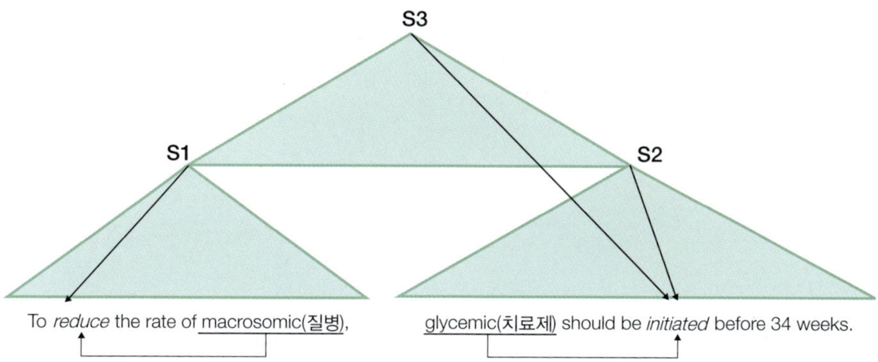

그림 5-6 자연어 분석의 예 [04]

첫 번째로 평면 표현상에서 개체명의 좌우에 위치한 단어들을 고려하는 방법이 있다. 하지만 평면 표현에서 주변 문맥을 고려하여 정보를 추출할 때 유용하지 않은 단어를 적용할 수 있다. 예를 들어, 개체명 macrosomic의 주변 문맥으로 좌우 세 단어인 the, rate, of, glycemic, should, be는 분류기를 학습할 때 적용하나, 이 단어 중 상호작용 가능성을 높여 주는 *reduce*, *initiated*와 같은 단어는 추출하지 않는다.

두 번째로 두 개체명을 포함하는 하위 트리의 중심어를 사용하는 방법이 있으나, 두 개체명을 포함하는 하위 트리의 중심어를 사용하면 중요한 정보를 포함하지 않을 수 있다. [그림 5-6]에서 S3는 루트 노드를, S1과 S2는 S3의 하위 노드를 말한다. 이때 예문과 같이 각 개체명이 별개의 절에서 발생하면 두 절을 포함하는 전체 문장에서 트리는 두 개체명을 포함하는 하위 트리가 되고, 하위 트리의 루트 노드인 S3의 중심어 *initiated*가 주변 문맥으로 사용된다. 그러나 두 개체명이 별개의 절에서 발생하고 첫 번째 개체명은 *reduce*를, 두 번째 개체명은 *initiated*를 수식할 때는 두 개체명을 포함하는 하위 트리의 중심어만으로 각 개체명이 다른 동사를 수식한다는 정보를 표현하기가 어렵다.

문장 단위의 정보 추출에서 상호작용을 하는 개체 쌍을 확인하려면 주변 문맥 정보 중 개체 간 관련성의 근거가 되는 단서 단어들을 찾는 것이 중요하다.

[그림 5-7]은 데이터 분석 방법론을 크게 4단계로 나눈 것이다.

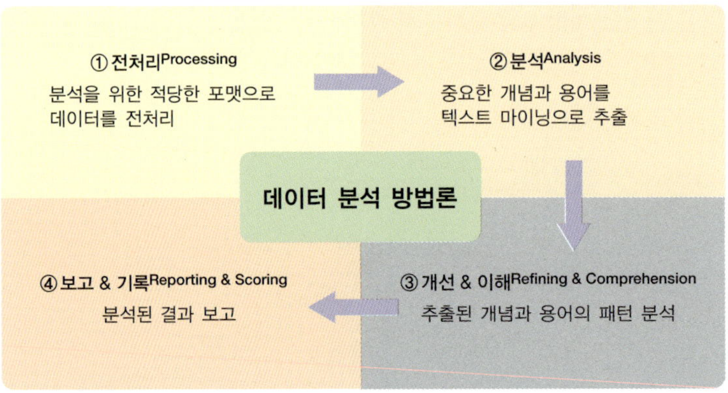

그림 5-7 데이터 분석 방법론 [05]

텍스트 마이닝의 예로 경찰의 보고서를 무기에 초점을 두어 텍스트 마이닝한 결과가 있다. 사용자가 특정 무기의 정보를 잘 알지 못하더라도 저장된 태그를 바탕으로 영어사전에 정의된 용어를 이해하고, 이를 바탕으로 텍스트 마이닝을 수행한다. 또 다른 예로는 관심 있는 특정 패턴을 기반으로 계속적으로 검색한 후 텍스트 마이닝을 한 결과가 있다.

3 오피니언 마이닝 기술

오피니언 마이닝 기술은 빅데이터에 포함된 어떤 사안이나 인물, 이슈, 이벤트에서 사람들의 의견이나 평가 등을 분석하는 것이다. 오피니언은 상품평이나 영화 감상평과 같이 특정 주제나 대상에서 보인 사람들의 주관적이고 감정적인 의견을 말한다. 오피니언 마이닝은 이런 오피니언이 포함된 빅데이터에서 사용자가 게재한 의견과 감정을 나타내는 패턴을 이용하여 특정 주제에 보인 의견이 긍정, 중립, 부정인지 찾아낸다. 불특정 다수 사용자의 오피니언으로 된 데이터에서 특정 주제, 대상과 관련된 의견이나 선호도를 빠르게 파악할 수 있어 많은 분야에서 사용한다. [06][07][08]

일반적으로 오피니언 마이닝 과정은 [그림 5-8]과 같이 특징 추출, 의견 분류, 요약 및 전달 3단계로 진행한다. 특징 추출은 데이터에서 의미 있는 요소나 정보로 판단되는 특징들을 추출하는 단계이다. 의견 분류는 특징 추출 단계에서 추출된 특징과 의견을 표현하는 단어가 데이터에서 어떠한 의미로 사용되었는지 분석하는 단계이다. 사용한 의미에 따라 분류하기도 한다. 요약 및 전달은 성향이나 선호도가 밝혀진 오피니언 정보들을 요약하여 사용자에게 전달하는 단계이다.

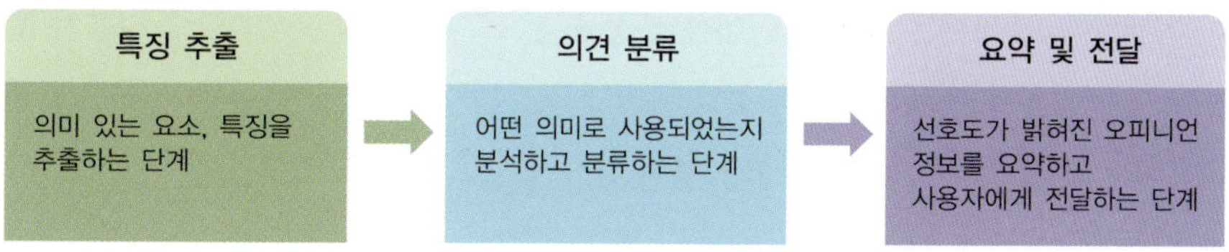

그림 5-8 오피니언 마이닝의 3단계 과정

오피니언 마이닝에서 긍정과 부정의 의견을 분류하는 과정을 좀 더 구체적으로 표현하면 다음과 같다.

❶ 긍정 및 부정을 표현하는 단어 정보 추출
❷ 세부 평가 요소와 그것이 가리키는 오피니언의 연결 관계를 포함한 문장 인식
❸ 긍정/부정 표현의 수 및 유용한 문장을 추출하여 리뷰 요약 생성

그럼 각 단계에서 사용된 방법을 좀 더 자세히 알아보자.

❶ 긍정 및 부정을 표현하는 단어 정보 추출

기존에 구축된 사전 등 리소스를 이용하거나 수작업으로 해당 도메인의 고빈도 긍정/부정을 표현하는 단어들을 확인할 수 있다. 예를 들어, 기존의 WordNet워드넷에 오피니언 정보를 추가로 부착한 SentiWordNet센티워드넷과 WordNet 효과를 활용할 수 있다. WordNet은 미국 프린스턴 대학 인지과학연구소에서 제공하는 자연어를 처리하는 어휘가 저장된 대형 데이터베이스이고, SentiWordNet은 WordNet에서 가져온 감정 어휘의 집합인 synset을 기반으로 학습하는 방법이다. 부착한 각 레이블 값의 범위는 0.0~1.0이며, synset별로 점수의 총합은 1.0이다. 이런 리소스들은 영어에 국한된 정보들로, 한국어에서는 아직 활용할 만한 리소스가 없다.

또한 학습 데이터에서 유용한 통계 정보를 활용하여 자동으로 어휘 정보를 얻을 수도 있다. 통계적인 방법을 적용하여 어휘 정보를 추출할 때 상호 정보량Mutual Information과 같은 평가 척도를 사용할 수 있다. 예를 들어, 긍정/부정 오피니언을 '주어진 단어와 excellent 사이의 상호 정보량'에서 '주어진 단어'와 'poor 사이의 상호 정보량'을 뺀 값으로 계산할 수 있다. 그러나 주어진 특정 도메인에서 긍정/부정 표현에 해당하는 단어들을 자동으로 생성하는 것은 쉽지가 않다.

한국어로 작성한 사용자 별점이 아주 높은 리뷰에서는 고빈도 단어를 긍정 표현으로, 사용자 별점이 아주 낮은 리뷰에서는 고빈도 단어를 부정 표현으로 추출할 수 있다. 즉 사용자 별점 1~2점에서 자주 발생하는 서술어는 부정을 나타내고, 사용자 별점 4~5점에서 자주 발생하는 서술어는 긍정을 나타낸다고 간주할 수 있다. 한국어 서술어 긍정/부정 감정Positive/Negative Sentiment 사전을 자동으로 구축했을 때 정확도는 약 80%로 아주 높지는 않았다. 수작업을 최소화하면서 유용한 어휘별 긍정/부정 감정 정보를 자동으로 생성하는 방법을 계속해서 연구해야 한다.

❷ 세부 평가 요소와 그것이 가리키는 오피니언의 연결 관계를 포함한 문장 인식

첫 번째 단계에서 구축된 어휘 정보를 사용하여 세부 평가 요소와 긍정/부정 표현을 찾는다. 또한 긍정적인 오피니언인지, 부정적인 오피니언인지 문장 단위로 분류하려고 여러 방법을 적용할 수 있다. 규칙 기반 방법과 통계 기반 방법을 동시에 사용할 수도 있다. 형용사를 오피니언 단어로 간주하고 긍정/부정을 결정하는 데 다양한 규칙 및 통계량을 활용한다. 또한 대량의 레이블이 부착된 학습 데이터를 생성한 후 Naive Bayes, MEMaximum Entropy 모델,

SVM Support Vector Machine과 같은 알고리즘을 적용하여 기계 학습을 수행한다.

❸ 긍정/부정 표현의 수 및 유용한 문장을 추출하여 리뷰 요약 생성

각 세부 평가 요소에서 긍정 표현과 부정 표현의 차이를 이용하여 사용자들의 선호도를 [그림 5-9]와 같이 제시할 수 있다. 또한 세부 평가 요소와 관련된 오피니언을 포함하는 문장 중 유의미한 문장들을 긍정/부정 평가별로 추출하여 중요 문장으로 구성된 리뷰 요약을 생성할 수 있다.

오피니언 마이닝의 결과는 긍정/부정 평가의 정도를 나타내거나 요약 형태로 제시할 수 있다. [그림 5-9]는 특정 맛집의 여러 평가 요소에서 긍정/부정 표현의 비율을 나타낸 것이다. 이런 오피니언 마이닝 결과를 이용하여 특정 맛집의 세부 평가 요소에서 좋아하거나 싫어하는 정도를 얻을 수 있다. [표 5-1]은 특정 맛집의 평가 요소 중 '가격'과 관련된 리뷰를 요약한 것이다. 리뷰 요약은 사용자들의 리뷰를 대표하면서 유익한 정보를 제공해 줄 수 있어야 하고, 읽기 편하고 길지 않아야 한다. 여기서 강조된 단어들은 평가 요소나 오피니언에 속하는 단서 단어들이다.

전체 평가	맛	서비스	분위기	가격
• 긍정 : 80% • 부정 : 20%	• 긍정 : 60% • 부정 : 40%	• 긍정 : 70% • 부정 : 30%	• 긍정 : 55% • 부정 : 45%	• 긍정 : 80% • 부정 : 20%

식재료	양	위생	주차	대표 메뉴
• 긍정 : 60% • 부정 : 40%	• 긍정 : 70% • 부정 : 30%	• 긍정 : 55% • 부정 : 45%	• 긍정 : 70% • 부정 : 30%	• 긍정 : 55% • 부정 : 45%

그림 5-9 맛집의 리뷰에서 평가 요소들을 요약한 예 [09]

표 5-1 맛집의 평가 요소 중 '가격'과 관련된 리뷰 요약의 예 [09]

맛집의 평가 요소 – 가격	
긍정 평가	▪ 순수함 그 자체. 육수도 서비스로 한 사발 더 주신 주인아저씨도 친절하시고 가격대비 대만족^^ ▪ 아줌마들이 모임하기에 안성맞춤이고, 가격도 적당하며 무엇보다 자극적이지 않은 음식... ▪ 분위기, 서비스, 가격 등 레스토랑으로서 손색이 없어 글을 올립니다.
부정 평가	▪ 굉장히 유명한 편인데~ 가격도 싼 편은 아닌데~ 그에 비해 맛은 쏘쏘~ 서비스는 중하 정도? ▪ 가격만 비싸지고 맛은 조미료 범벅. 어렸을 때 먹었던 그 맛이 그립네요. ▪ 가격대비 별로 먹을 것 정말 없고요.

오피니언 마이닝을 사용하는 다른 예로 맛집 리뷰에서 평가 요소와 오피니언의 연결 관계를 포함한 문장을 추출하는 것을 들 수 있다. 맛집에서 세부 평가 요소는 맛, 서비스, 분위기, 가격, 식재료, 양, 위생, 주차, 대표 메뉴 등이다. [그림 5-10]은 오피니언 마이닝을 사용하는 예제 시스템의 구성도이다.

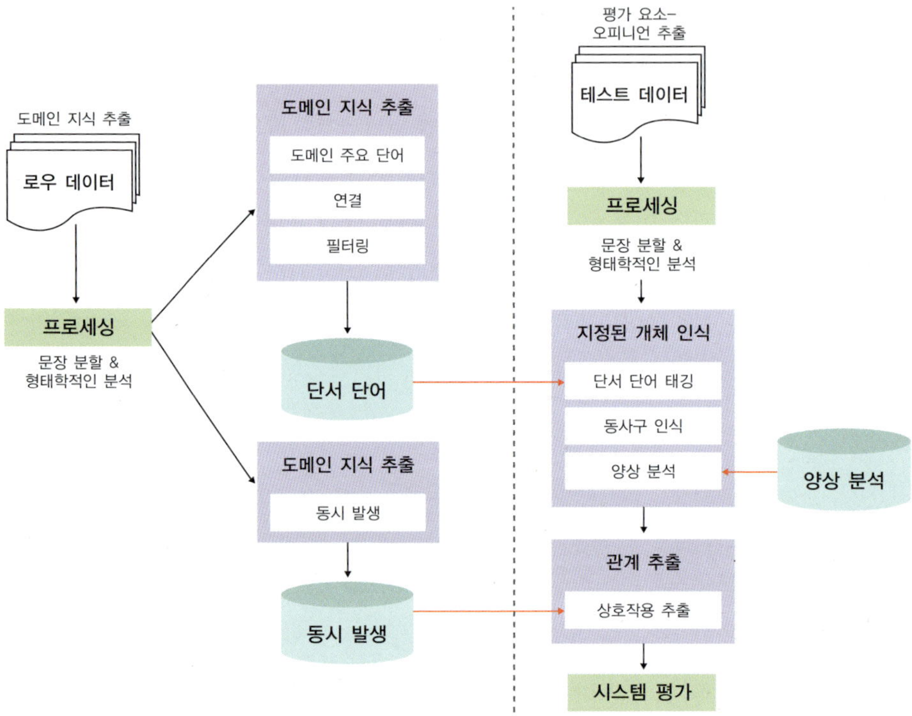

그림 5-10 오피니언 마이닝을 사용하는 예제 시스템 구성도 예 [06]

[그림 5-10]은 도메인 지식 추출과 평가 요소-오피니언 추출로 구분할 수 있다. 두 단계 모두 입력 데이터에서 문장 분리 및 형태소 분석의 전처리를 수행한다. 도메인 지식 추출은 각 도메인의 유의미한 정보를 인식하는 단계로, 여기서 추출된 정보는 평가 요소-오피니언 추출에서 활용한다. 도메인 의존적 단어는 특정 단어가 주어진 도메인에서 발생한 빈도와 일반 도메인의 신문 기사에서 발생한 빈도를 비교하여 추출한다. 연속되는 단어(연어) 정보는 우도비 Likelihood Ratio를 평가 척도로 활용하여 추출한다. 도메인 의존적 단어와 연어에서 수작업으로 필터링하여 최종적으로 평가 요소와 오피니언에 해당하는 단서 단어를 확인한다. 이 정보는 개체명 인식에서 단서 단어를 찾

는 데 활용한다. 또한 평가 요소와 오피니언 간의 공기 정보Co-occurrence Information; 동시 발생 정보를 추출하여 관계 추출에서 가장 적합한 평가 요소-오피니언 연결 관계를 찾는 데도 사용한다.

평가 요소-오피니언 추출은 개체명 인식과 관계 추출로 구성된다. 여기서 개체명 인식은 평가 요소나 오피니언에 해당하는 단어 열을 인식하는 단계이고, 관계 추출은 평가 요소-오피니언 관계 중 서로 관련성이 있는 연결 관계만을 인식하는 단계이다. 개체명 인식에서는 정의된 지식을 활용하여 근거가 되는 단어에서 태깅Tagging을 수행하여 평가 요소를 나타내는 단어 열과 오피니언을 나타내는 단어임을 확인한다. 한국어 동사구에서 복잡한 어미 활용을 보완하려고 동사구를 인식하고 본동사와 보조동사의 관계를 분석하여 형태 분석을 수행한다. 분석에 정의된 패턴을 활용하여 긍정/부정의 오피니언을 확인한다. 관계 추출에서는 가능한 평가 요소-오피니언의 연결 관계 후보 중에서 빈도에 기반하여 적합한 연결 관계를 추출한다. 시스템 평점의 결과는 평가 대상에서 긍정 표현의 수와 부정 표현의 수로 요약할 수 있다.

특정 주제, 이벤트, 대상에 보인 사람들의 의견을 분석하는 오피니언 마이닝은 기존에는 영화 감상평, 상품평 등 어떤 제품이나 대상의 리뷰 오피니언을 중심으로 진행해 왔다. 예를 들어, 포털 게시판, 블로그, 쇼핑몰과 같은 대규모 웹 문서를 기반으로 많이 사용했다. 그러나 트위터나 페이스북과 같은 소셜 네트워크 서비스가 등장하면서 소셜 네트워크 서비스에서 발생되는 데이터를 분석하는 연구를 활발히 진행 중이다. 소셜 네트워크 서비스에서는 사람들의 네트워크 관계와 대화 내용 속에 오피니언이 포함되어 있으며, 주제나 대상, 인물이 특정 부분에 국한되지 않고 다양하기 때문에 오피니언 마이닝 기술을 많이 활용한다.

최근에는 오피니언 마이닝을 이용하여 소셜 데이터의 수많은 정보에서 고객을 분석하는 기법도 연구되고 있다. 이 연구는 먼저 사용자가 작성한 소셜 데이터에서 글을 수집하여 형태소를 분석하고, 이 과정에서 기업의 이름이나 제품 이름이 포함된 문장이나 구를 추출한다. 다음으로 문장 내에서 세부 사항별 의미를 판별하는데, 이때 단어의 의미가 긍정 또는 부정인지 판단한다. [그림 5-11]은 오피니언 마이닝을 분석하는 예제 시스템의 전반적인 구조이다.

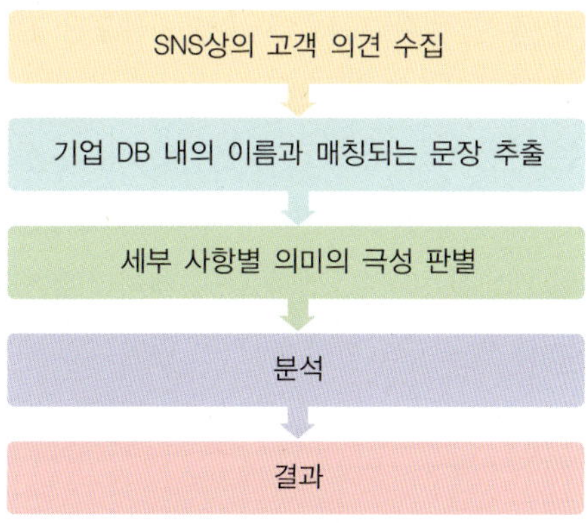

그림 5-11 오피니언 마이닝을 분석하는 예제 시스템의 전반적인 구조 [07]

4 리얼리티 마이닝 기술

리얼리티 마이닝은 데이터 마이닝 기술의 일종으로, 모바일 기기, GPS 등의 사용 형태에 기반하여 사용자의 인간관계, 행동 방식, 라이프 스타일 등을 분석한다. 리얼리티 마이닝을 '현실 마이닝'이라고도 한다. 다른 마이닝 기술과는 다르게 생체 인식으로 소비자에게 맞춤화된 마케팅이나 사용자의 감정에 따른 심리적 변화를 추적하여 제품 판매 등에 반영한다. 그리고 실제적인 정보인 빅데이터를 대상으로 한다는 점에서 다른 마이닝 기술과는 차이가 있다. 생체 인식 등을 이용한 리얼리티 마이닝은 사용자들의 행동과 상황을 종합적으로 분석할 수 있다는 장점이 있다. 리얼리티 마이닝은 2008년 MIT가 10대 미래 기술로 선정하기도 했는데, 그룹 구성원 간의 관계, 질병의 전염 경로, 개인의 건강 상태 점검 등 다양한 분야에서 활용된다. 또 다른 장점은 현실에서 실시간으로 발생하는 데이터를 활용할 수 있다는 점이다.

생체 인식은 개개인이 지닌 고유한 생체적 특성을 이용하여 사람을 식별해 내는 기술로, 사람마다 지닌 이 고유한 특성으로 그 사람이 누구인지 말해 준다. 예를 들어, 홍채 인식으로 사람을 식별할 수 있다. 스마트폰 같은 모바일 기기에는 GPS칩이 내장되어 있는데, 이 GPS칩으로 사용자의 위치, 특정 장소에 머문 시간 등을 추출할 수 있다. 사용자가 실제로 현실에서 발생한 데이터를 기반으로 하는 리얼리티 마이닝은 많은 분야에서 활발히 연구되고 있다.

스마트폰으로 생체를 인식하여 데이터 마이닝 기법을 적용하는 연구에서 리얼리티 마이닝 기술을 볼 수 있다. [그림 5-12]는 사용자 친화형 스마트폰을 기반으로 하는 생체 인식 데이터 마이닝 알고리즘의 생체 정보 데이터 마이닝 과정이다. 생체 데이터 수집 · 분석 과정으로 고객에게는 서비스를, 병원 관계자에게는 분석 정보와 피드백 정보를 제공한다. 따라서 무엇을 분석하려면 어떤 데이터를 어떤 형태로 준비할 것인지 먼저 고려한 후 구축해야 한다. 데이터 준비에서 이런 개념은 이 시스템과 같이 데이터베이스에 저장된 데이터를 분석하는 시스템을 설계 · 구현하는 데 매우 중요하다. 이것이 일반적인 데이터 분석용 응용 프로그램과 구별되는 점이다.

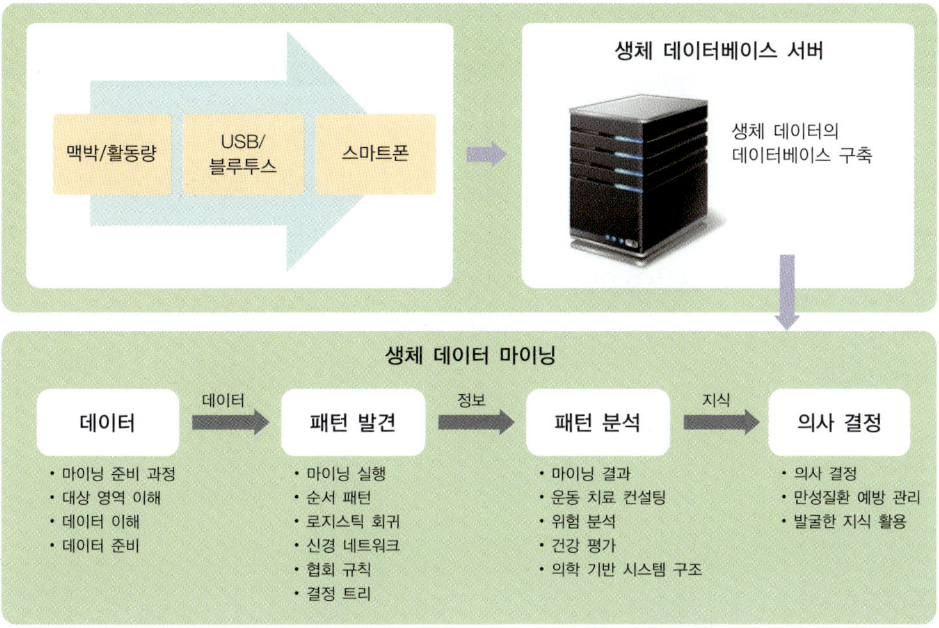

그림 5-12 생체 데이터 마이닝 수행 과정 [10]

생체 데이터 마이닝의 수행 과정은 데이터, 정보, 지식, 결정의 4단계로 구성된다. 첫 번째로 데이터는 데이터 선택과 데이터 정제를 담당한다. 두 번째로 정보는 데이터 변환을 담당한다. 즉 데이터 변환은 데이터베이스에 이미 있는 튜플에서 의미 있는 새로운 데이터로 사용할 수 있게 더 많은 정보를 포함하도록 몇 개의 튜플을 하나의 튜플로 변환하는 작업을 수행한다. 세 번째는 실제로 적용 가능한지를 평가하는 단계로, 피드백 과정을 거쳐 데이터 마이닝 과정을 반복해서 재수행한다. 마지막은 결정 단계로 서버에서는 응급 상황과 건강 정보를 구분하여 응급 상황이면 서비스 대상자의 최단 거리에 위치한 이웃 주민과 해당 기관의 복지 담당자에게 음성 호출 서비스를 시행한다. 그리고 데이터베이스에 축적된 건강 정보를 이용하여 웹 기반의 건강 관리 서비스를 수행한다.

5 군집화 기술

군집화 기술은 데이터 마이닝 기술의 한 방법으로, 주어진 빅데이터에서 데이터들의 특성을 고려하여 군집을 정의하고 군집를 대표할 수 있는 대표점을 찾는 것이다. 군집은 특성이 비슷한 데이터들로 구성한 집단을 말하므로, 데이터의 특성이 다르면 다른 군집에 속해야 한다. [그림 5-13]은 데이터에 군집화를 적용한 모습이다. 특성이 비슷한 데이터가 하나의 군집을 이루어 군집 세 개가 형성되었다.

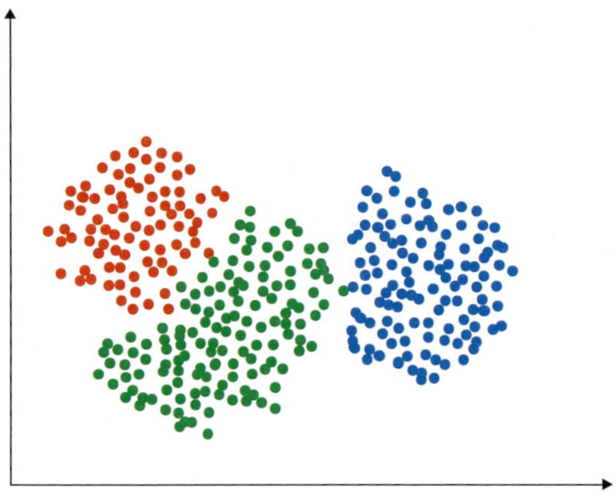

그림 5-13 군집화 기술

군집화 기술은 크게 계층적Hierarchical 군집화 기술과 분할적Partitioning 군집화 기술로 나눌 수 있다.

5.1 계층적 군집화 기술

계층적 군집화 방법은 먼저 각 데이터 점을 하나의 군집으로 설정한 후 이들 간의 거리를 기반으로 하여 분할 · 합병해 가는 방식이다. 이렇게 상향식Bottom-Up 방식으로 모든 점이 하나의 대형 군집에 속할 때까지 수행한다. 이때 군집에 속하는 히스토리 정보는 유지된다. 이것은 응집하는 계층적 군집화 기술이라고도 하는데, 가까운 데이터끼리 군집화하는 방법이다. 이 알고리즘은 우선 데이터를 n개로 가정하고, 이 n개의 데이터를 서로 다른 n개의 다른 그룹으로 가정한다. 그리고 이 그룹 간의 유사성을 계산한 후 가장 유사도가 높은 두 그룹을 병합하여 그룹 개수를 줄이는 방법이다. 이 과정을 전체 그룹의 수가 k개가 될 때까지 반복하여 k개의 그룹을 찾아낸다. [그림 5-14]는 계층적 군집화 기술의 예이다.

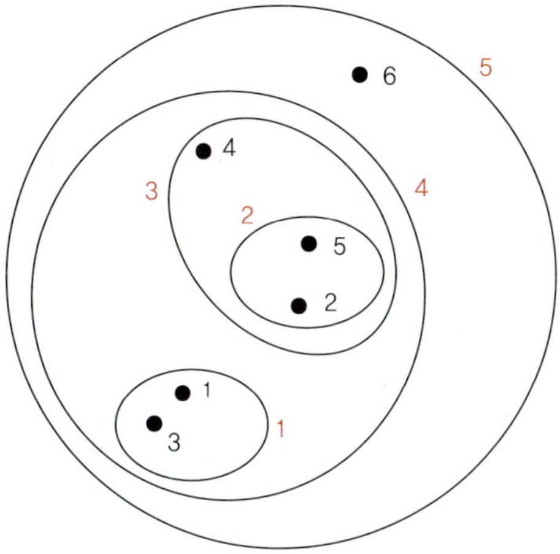

그림 5-14 계층적 군집화 기술 예

계층적 군집화 기술에서 데이터 샘플은 분할된 수열로 묶는다. m개의 군집에서 n개의 샘플로 분할된 수열을 고려하면 다음과 같이 생각할 수 있다. 임의의 한 분할에는 군집이 n개 있고, 각 군집에는 샘플이 정확히 하나씩 있다. 다음 단계에서 각 샘플은 유사도를 측정하여 n-1개의 군집으로 나뉜다. 이 과정을 군집의 수가 1이 될 때까지 반복하는데, 이 수열로 군집을 생성하는 방법을 계층적 군집화 기술이라고 한다. [그림 5-14]의 계층적 군집화 기술의 예를 [그림 5-15]와 같이 계통도Dendrogram로 표현할 수 있다.

계통도에서는 각 계층에서 군집들의 유사성을 쉽게 확인할 수 있다. 계층적 군집화는 크게 흡수Agglomerative와 분리Divisive 처리 과정으로 나눈다. 계통도에서 볼 수 있듯이 흡수 과정에서는 아래에서 위로 처리하여 군집을 흡수한다. n개의 각 군집과 수열의 형태가 연속적인 흡수 군집화 과정으로 처리된다. 분리 과정은 위에서 아래로 분류하는 과정으로, 하나의 군집에 n개의 샘플이 있으며 연속적인 분리 과정으로 수행된다. 구별 과정과 흡수 과정은 최적화 방법과 연관되어 있다. 분리 과정에서는 초기에 모든 샘플은 하나의 군집에 속해 있다고 가정한다. 초기 군집은 계층 간의 거리를 최대화하는 방법으로 두 개의 군집으로 나눈다. 이 과정으로 샘플들은 새로운 군집으로 각각 다시 할당된다. 이것은 새로운 군집을 생성하는 방법으로 반복해서 수행하며, 이 구조는 이진 트리 구조로 처리된다. 클래스 내부의 거리가 임계치 이하로 떨어지면 정지 조건으로 하여 군집을 계속 나누는 것을 방지한다.

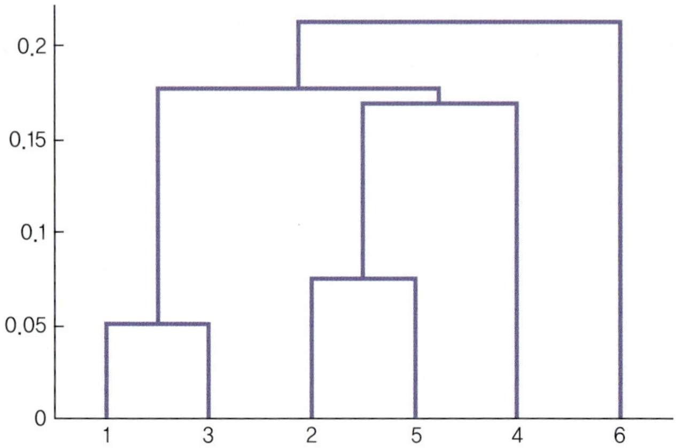

그림 5-15 계층적 군집화 기술을 계통도로 표현한 예 [11]

5.2 분할적 군집화 기술

분할적 군집화 기술은 k개의 분할 영역을 결정하는 방법으로 유클리디안 거리Euclidean Distance 계산법에 기반한다. 분할적 군집화 기술은 군집의 계층은 고려하지 않고, 군집을 평면적으로 분석하는 방법이다. 일반적으로 나눌 군집의 개수를 먼저 예상한 후 군집의 개수를 정한다. 알고리즘은 일단 k개의 평균점을 지정하고 모든 데이터를 하나씩 보면서 데이터를 가장 가까운 평균점에 해당되는 그룹에 할당한다. 그리고 다시 평균점을 조금씩 바꾸면서 데이터를 가까운 그룹에 재할당한다. 이 과정은 군집 상태를 나타내는 척도 함수가 더 이상 변하지 않을 때까지 반복되며, 더 이상 변하지 않으면 그 상태의 그룹들을 군집화의 결과로 정한다.

K-means 알고리즘은 분할적 군집화 기술 중 가장 간단하면서도 많이 사용하는 알고리즘 중 하나로, 사전에 정한 k개의 군집으로 주어진 데이터를 분류하는 방법이다. K-means 알고리즘을 수행하는 과정은 다음과 같다.

❶ 군집의 개수인 k를 결정하고 각 군집에 초깃값으로 중심 한 개씩을 할당하여 위치를 설정한다.

❷ 각 데이터를 주어진 중심점을 기준으로 가장 가까운 군집에 할당한다. 중심점과의 거리는 유클리디안 거리 계산 방법에 따른다.

❸ 할당된 데이터를 중심으로 각 군집은 새로운 중심점을 계산한다.

❹ 새로운 중심점이 기존의 중심점과 차이가 있으면 ❷로 되돌아가 반복한다. 새로운 중심점이 기존의 중심점과 차이가 없으면 알고리즘은 끝난다.

[그림 5-16]은 군집의 중심점을 계속 재형성하는 과정이다.

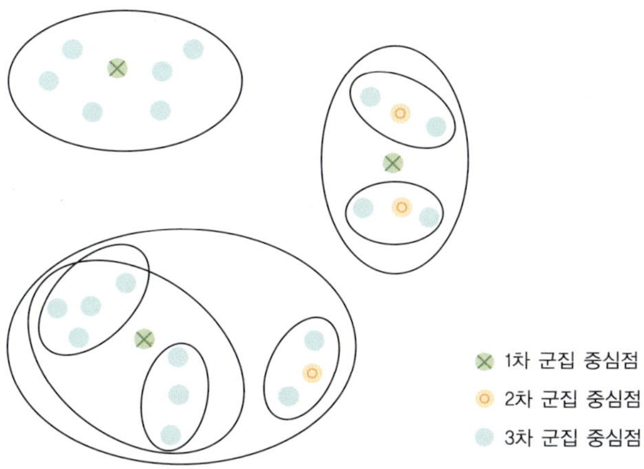

그림 5-16 분할적 군집화 기술의 군집 중심점 생성 과정 [12]

6 소셜 네트워크 분석 기술

네트워크는 사람을 연결하여 하나의 집단이나 조직을 만들고, 이들을 다시 서로 연결시키는 일종의 '관계의 묶음'으로 생각할 수 있다. 그리고 소셜 네트워크는 온라인을 중심으로 하나 이상의 상호 의존적인 관계로 구성된 개인이나 집단의 사회적 구조체로 정의할 수 있다. [그림 5-17]은 이를 표현한 것이다. 소셜 네트워크 분석Social Network Analysis은 어떤 사람들이 관계망의 효과적인 기능에 중요한 역할을 담당하고, 관계망에 어떤 하위 그룹이 있으며, 특정 관계망에 어떤 전체적인 연결 관계가 있는지 등을 분석하여 관계의 패턴과 개인 사이의 상대적인 위치를 보여 준다. 특정한 네트워크를 분석하는 데 일반적으로 사용하는 방법은 중심성과 연결성을 평가하는 것이다. 인간 관계 속에서 어떤 사람이 다른 사람에게 강한 영향을 주는지는 중심성Centrality으로, 사람과 사람의 관계가 어떻게 맺어지는지는 연결성Connectivity으로 표현한다. [13]

그림 5-17 소셜 네트워크 [14]

사회학, 통신 공학, 경제학 등에서 폭넓게 연구되는 소셜 네트워크 분석은 소셜 네트워크의 형태와 특성을 알고리즘적으로 연구하는 것이다. 크게 관계망에서 위치와 그 효과를 측정하는 위치적 접근법과 연결망의 직접적인 관계에 초점을 둔 관계적 접근법으로 분류된다. 그동안 소셜 네트워크 분석에서 전통적 연구는 인적 네트워크의 구조적 특성을 이해하는 것에 집중되어 있었다. 일반적인 접근 방법은 네트워크의 그래프 구조를 대규모 행렬로 구성하고, 고유 벡터, 고유 값 계산을 포함한 다양한 행렬 연산을 수행하는 방식으로 진행되었다. 이 방식의 장점은 수학적으로 매우 정밀한 결과를 제공한다는 것이다. 원소 〈i, j〉 사이에 관계가 있으며, 1과 0으로 나타내는 행렬을 인접 행렬Adjacency Matrix이라고 한다. 그리고 행렬의 항Cell은 i에서 j까지 관계로 표현한다. [그림 5-18]은 인접 행렬과 각 항의 관계를 표현한 네트워크이다.

	A	B	C	D	E	F	G	H	I	J	K	L	M	N	O	P
A	0	0	0	0	0	0	1	0	0	0	0	0	0	0	0	0
B	0	0	0	0	0	0	1	0	1	1	1	0	0	0	0	0
C	0	0	0	0	0	0	0	0	0	0	0	1	0	0	0	0
D	0	0	0	0	0	0	1	0	0	0	0	1	0	0	0	0
E	0	0	0	0	0	0	0	0	0	0	1	0	0	0	0	0
F	0	0	0	0	0	0	0	0	1	0	0	0	0	0	0	0
G	1	1	0	1	0	0	0	0	0	0	0	0	0	0	0	0
H	0	0	0	0	0	0	0	0	0	0	1	0	0	0	0	0
I	0	1	0	0	1	0	0	0	0	0	0	0	0	0	1	0
J	0	1	0	0	0	0	0	0	0	0	0	0	1	0	0	1
K	0	1	0	0	1	0	0	1	1	0	0	0	0	0	0	0
L	0	1	1	0	0	0	0	0	0	0	0	0	0	1	0	0
M	0	0	0	0	0	0	0	0	0	0	0	0	0	0	0	0
N	0	0	0	0	0	0	0	0	0	0	1	0	0	0	0	0
O	0	0	0	0	0	0	0	1	0	0	0	0	0	0	0	0
P	0	0	0	0	0	0	0	0	1	0	0	0	0	0	0	0

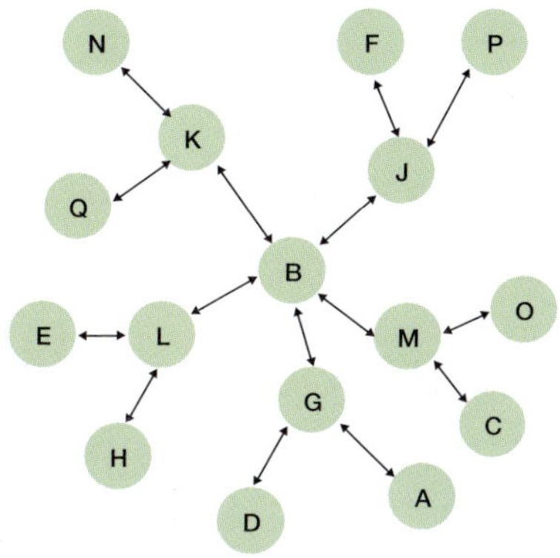

그림 5-18 인접 행렬과 그래프 [14]

최근에는 대규모 소셜 미디어 및 동적 소셜 네트워크에서 분석을 수행하는 방법으로 시멘틱Semantic 기술을 사용하기도 한다. 이 방법의 특징은 복잡하고 이질적인 그래프 구조를 트리플Subject-Predicate-Object로 구성된 RDFResource Description Framework 그래프로 표현한다는 것이다. RDF(S) 기반의 네트워크 표현은 다음과 같은 장점이 있다.

❶ 표준 기반으로 의미의 모호성이 없는 정보 표현과 상호 호환성 확보가 가능하다.

❷ 상호 이질적 정보들을 단일한 표현 체계로 통합 표현 · 연계가 가능하다.

❸ 그래프 구조뿐 아니라 각 노드의 특성 정보를 통합 표현 가능하다.

❹ 단일 서버에서 대규모 그래프로 표현 · 저장 · 관리가 가능(10억 트리플 이상)하다.

❺ 그래프 구조에서 강력한 질의와 복잡한 데이터 연산 처리가 가능SPARQL하다.

❻ URL에 기반을 두어 분산 그래프 DB 구현과 분산 질의 처리에 유리하다.

❼ 동적으로 변경되는 그래프 정보의 실시간 적용과 질의 · 연산이 가능하다.

❽ 온톨로지OWL 및 규칙과 결합하여 연역적 논리 추론이 가능하다.

❾ 기계 학습과 연동하여 하이브리드 유형의 분석 체계를 구현할 수 있다. 특히 RDF(S)를 사용하므로 [그림 5-19]와 같이 사람의 연결 구조와 정보 연결 구조를 통합하여 표현하고, 필요에 따라 부분적으로 분리하여 단순화하기도 쉬운데, 이는 소셜 미디어에 기반을 둔 소셜 네트워크 분석에서 매우 강력한 장점이 될 수 있다.

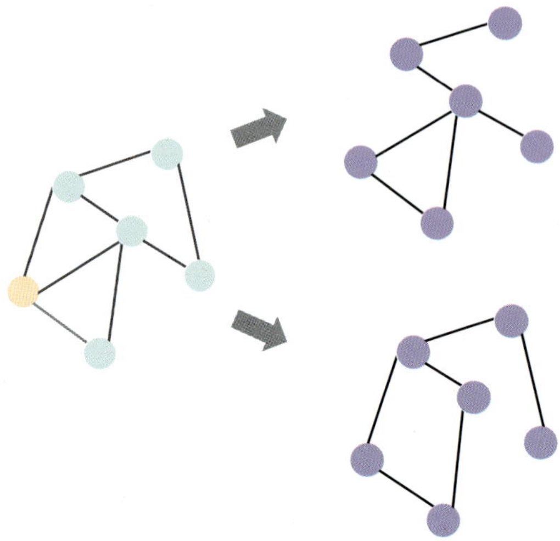

그림 5-19 RDF(S)를 사용한 사람과 정보 네트워크의 통합 표현 및 단순화

시멘틱 소셜 네트워크 분석의 가장 중요한 특징은 인적으로 연결된 구조를 분석하는 것에 그치지 않고, 그 네트워크에 연결된 정보를 의미적으로 해석하여 네트워크의 특성과 네트워크를 구성하는 개체의 특성을 이해하는 것이다. 네트워크에 유통되는 정보의 대부분은 텍스트, 이미지, 음성 등 비정형 스트림 데이터 성격을 띤다. 기계 학습과 자연어 처리 기술은 이 비정형 스트림 데이터 처리에 필수적이다. 개체명 인식, 정보 분류와 군집, 회귀분석까지 다양한 부문에 적용할 수 있다. 특히 소셜 미디어에서 수집한 대용량 데이터는 기계 학습 기술을 적용하기에 매우 적합하다. 여기에 다양한 자연어 처리 기술과 시멘틱 웹 기술을 결합하면서 더욱 수준 높은 의미 정보 처리와 분석이 가능하다.

개체명 인식Named Entity Recognition은 텍스트 문서에서 인명, 지명, 제품명, 이벤트 등 다양한 개체의 이름을 추출하는 기술이다. 소셜 네트워크에 유통되는 텍스트에서 개체명을 추출해 내므로, 네트워크 전체의 주요 관심 주제와 각 구성원의 관심 사항, 전문성 등을 정량적으로 분석할 수 있다. 전통적 개체명 인식은 규칙 기반 자연어 처리와 사전에 의존했으나, 최근에는 대부분 CRF, SVM과 같은 기계 학습 기술을 적용한다.

시멘틱 네트워크를 기반으로 한 소셜 네트워크 분석의 특징은 거대한 글로벌 네트워크에서 의미적 연관성이 있는 서브 네트워크를 분리하고, 수학적 분석 모델을 적용 · 해석할 수 있다는 것이다. RDF에 기반을 둔 시멘틱 네트워크에서 의미 조건을 이용하여 서브 네트워크를 추출하려고 SPARQL을 사용한다. 예를 들어, degree centrality와 closeness centrality를 SPARQL을 이용하여 [표 5-2]와 같이 표현할 수 있다.

표 5-2 SPARQL을 이용한 시멘틱 소셜 네트워크의 구조 분석 예 [15]

degree centrality	closeness centrality
select ?y count(?x) as ?degree where { {?x $path ?y filter(match($path, star(param[type]))) filter(pathLength($path) <= param[length]) } UNION {?y $path ?x filter(match($path, star(param[type]))) filter(pathLength($path) <= param[length]) } } group by ?y	select ?y ?to pathLength($path) as ?length sum(?length) as ?centrality where { ?y $path ?to filter(match($path, star(param[type]), 's')) } group by ?y

소셜 네트워크 분석의 대표적인 응용 시스템 사례로 BKNetwork.org에서 제공하는 지식 네트워크 전문가 검색 서비스를 들 수 있다. 이는 부산 출신이나 부산 지역에서 활동하는 학계, 산업계, 관계, 문화예술계를 망라한 분야별 전문가와 출향인[고향을 떠난 사람]을 검색하는 서비스이다. 원하는 전문가를 입력하면 관련 인물이 나열되고, 프로필과 인물 관계망 지도로 최적의 인물을 찾아준다. [그림 5-20]은 '삼성'으로 검색한 소셜 네트워크 분석 결과이다. 검색어와 관련된 지식 전문가들을 보여 주며 이들의 사회 관계를 소속, 조직, 학연, 협력 관계로 구분하여 각 관계에 해당하는 관련 인물을 네트워크 형태로 시각화하여 제공한다. [그림 5-21]에서는 소셜 네트워크 분석을 이용한 사회 관계망 검색 과정을 설명하고 있다.

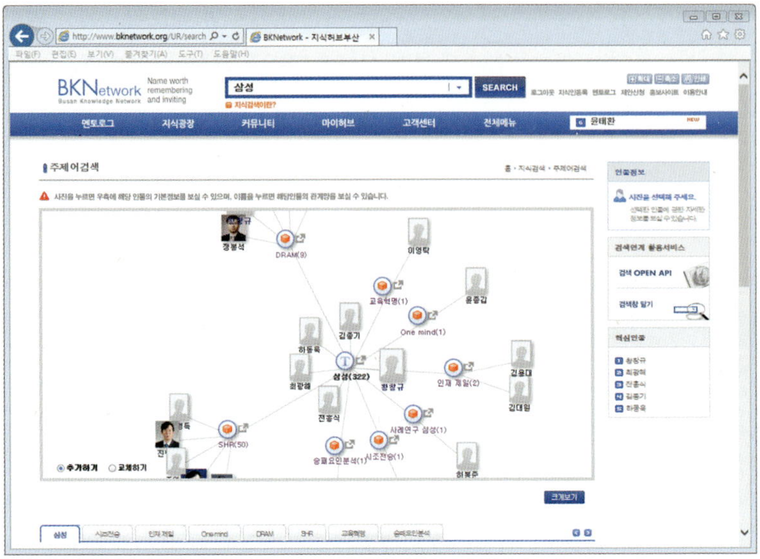

그림 5-20 BKNetwork 소셜 네트워크 검색 화면 [16]

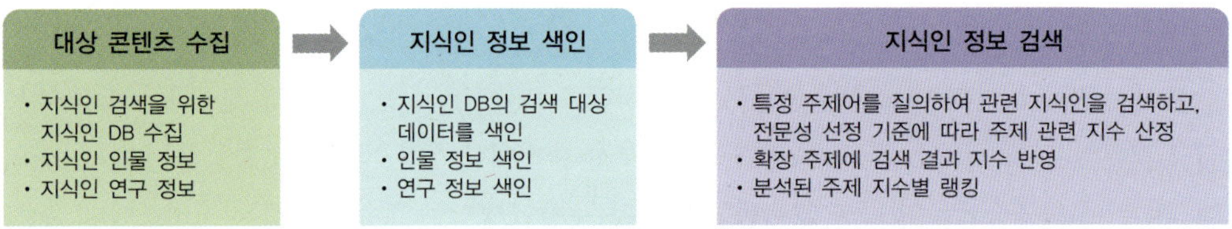

그림 5-21 BKNetwork 소셜 네트워크 분석 및 사회 관계망 검색 과정 [16]

7 그래프 마이닝 기술

그래프 마이닝 기술은 페이스북이나 트위터와 같은 소셜 미디어의 데이터를 표현하는 방법이자 다양한 곳에 활용되는 매우 중요한 기술로, 빅데이터 중 가장 큰 빅데이터에 속한다. 따라서 향후 빅데이터 중 가장 활용도가 높은 표현 형식 중 하나라고 할 수 있다. [17][18][19][20][21]

그래프 마이닝은 데이터 마이닝 기술의 일종으로, 그래프에서 마이닝 기술을 적용하는 기술이다. 그래프 마이닝 기술은 일정 빈도수 이상의 특정 패턴을 모두 찾아내는 방법이다. 먼저 그래프는 노드Node와 에지Edge로 구성된 구조이다. 노드는 데이터 요소에 해당하는 정점이며, 에지는 노드 간의 관계를 표시하는 간선이다. 그래프는 데이터 간의 관계를 표현할 때 사용하는 데이터 구조이다. 사용자가 관심 있는 최소 지지도 임계 값Minimum Support Threshold을 제시하면, 그것과 같거나 그 이상으로 빈도수가 높은 서브 그래프 패턴을 모두 찾아낸다. 예를 들어, [그림 5-22]와 같이 데이터베이스에 그래프가 G1, G2, G3 세 개가 있고 사용자가 찾길 원하는 최소 빈도수가 2라면, 부분 그래프Sub-Graph g는 G1, G2에 나타난다.

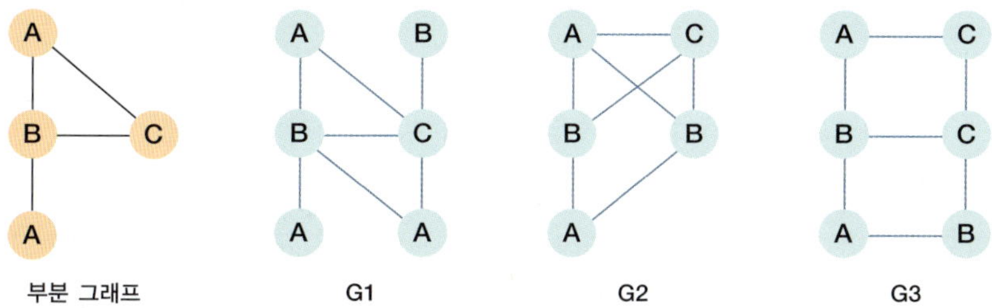

그림 5-22 그래프의 예 [22]

그래프 마이닝 연구에는 전체 그래프에서 자주 발생하는 부분 그래프를 발견하는 빈발 부분 그래프 마이닝 기법이 있다. 이 기술에서 빈발하는 그래프 패턴은 소셜 데이터 속에서 발생할 수 있는 대상자들의 행동 습관, 구매 패턴, 인간관계 유지 패턴 등을 유추할 수 있는 중요한 단서로 활용되므로 그래프 연구의 핵심이 된다. 예를 들어, 전체 그래프에서 한 노드로 표현되는 중요한 한 사람이 있다고 가정하자. 이 사람의 인간관계를 표현한 그래프가 있고 이 사람과 같은 그래프 형태가 자주 반복된다고 할 때 이 기술을 사용하면 이 사람과 인간관계가 비슷한 사람 모두를 빠르게 발견할 수 있다.

빈발 부분 그래프 마이닝은 그래프 데이터베이스에서 모든 빈발 부분 그래프를 찾는 기법이다. 그래프 데이터베이스는 구조가 복잡한 그래프들이 대용량으로 저장되어 있기 때문에 모든 빈발 부분 그래프를 찾는 것은 고비용의 연산이 요구된다. 빈발 부분 그래프를 효율적으로 마이닝하려고 다양한 기법을 연구했는데, 이 중 성능이 효율적이고 알고리즘의 확장성이 뛰어난 gSpan을 널리 사용한다.

최근 다양한 그래프 연구 분야에서 빈발 부분 그래프 마이닝을 반복적으로 수행하는 기법들이 제안되었다. 이 중 그래프 분류에 유용한 특징을 찾으려고 제안한 도약 탐색Leap Search과 모델 기반 탐색 트리Model Based Search Tree를 알아보자.

도약 탐색 방법은 분류 성능이 높은 특징, 예를 들어 성별, 날씨, 지역 등을 선택하는 방법으로, 이 특징을 이용해서 분류를 시도한다. 이것은 측정 기준을 최소 지지도로 정하고, 최소 지지도를 다양하게 변화시키면서 gSpan 과정을 반복하는 방법이다. 도약 탐색은 분류 성능이 높은 특징을 선택하려고 최소 지지도를 다양하게 변화시키며 gSpan을 반복한다.

gSpan을 반복적으로 수행할 때 발생하는 가장 큰 비효율성은 고비용의 그래프 정규화 연산이 중복 수행된다는 것이다. 그래프 정규화 연산은 중복 그래프 생성을 방지하려고 그래프를 유일하게 표현하는 것이다. 정규화 연산 비용은 그래프를 구성하는 노드 n개의 레이블이 모두 다를 때 하나의 그래프를 n!만큼 표현할 수 있으므로 O(n!)의 긴 수행 시간이 요구된다. 일반적으로 그래프의 정규화 연산 비용은 계산하기가 어려워 NP 완비 문제로 알려져 있다. gSpan이 반복될 때는 동일한 빈발 부분 그래프들에서 정규화 연산이 중복 발생한다.

모델 기반 탐색 트리 또한 분류 성능이 높은 특징을 선택하는 방법으로, gSpan 과정으로 찾은 빈발 부분 그래프 중에 가장 분류 성능이 높은 빈발 부분 그래프의 포함 여부를 측정한다. 이런 빈발 부분 그래프를 포함하고 있으면 그것을 판단 기준으로 하여 그래프 데이터베이스를 분할한다. 이 분할 과정은 그래프 데이터베이스가 완전히 분할될 때까지 반복 수행된다. 이와 같은 기법들은 수행 시간이 매우 길며, 반복되는 gSpan 과정이 전체 수행 시간의 대부분을 차지하는 단점이 있다.

[그림 5-23]은 모델 기반 탐색 트리에서 중복 연산이 발생한 예로, 모델 기반 탐색 트리에서 동일한 빈발 부분 그래프들이 여러 노드에서 나타난다. 점선으로 표시된 원은 이전 단계에서 발생한 빈발 부분 그래프이다. 이와 같이 각 분할 단계에서 분할하기 전에 발생한 빈발 부분 그래프들의 일부분은 분할 후 다시 발생한다. 특히 최소 지지도가 낮을수록 에지가 많은 빈발 부분 그래프가 발생하여 정규화하는 데 더욱더 고비용의 수행 시간이 요구된다. 도약 탐색 또한 그래프 분류 성능이 높은 특징을 선택하는 기법이다.

도약 탐색은 분류 성능이 높은 빈발 부분 그래프에서 최적의 최소 지지도를 찾는 데 빈발 부분 그래프 마이닝을 반복적으로 수행한다. 초기에 최소 지지도를 100%로 설정하여 추출된 부분 그래프 중에서 가장 분류 성능이 높은 특징들을 선택한다. 반복적으로 최소 지지도를 현재 설정된 값의 절반으로 설정하여 빈발 부분 그래프를 추출하고 특징을 선택한다. 선택된 특징이 이전 단계에서 선택된 특징보다 분류 성능이 좋지 않으면 이전 단계에서 선택된 특징을 선택하고 종료한다.

패턴 확장 기반의 빈발 부분 그래프 마이닝에서는 동일한 그래프가 확장되는 순서에 따라 다양하게 표현되기 때문에 중복 생성될 수 있다.

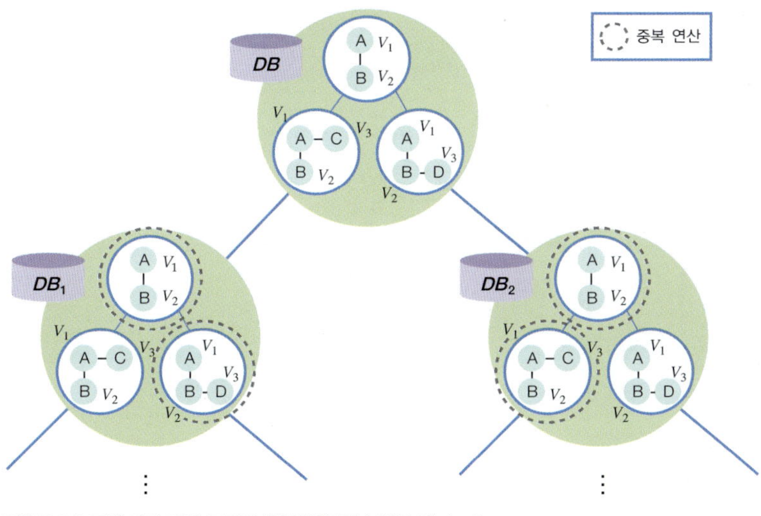

그림 5-23 모델 기반 탐색 트리에서 발생한 중복 연산 예 [23]

8 빅데이터를 처리하는 기존 알고리즘 변형 기술

8.1 도형 세기 알고리즘의 변형

[그림 5-24]는 맵리듀스MapReduce [24][25][26]를 이용하여 다양한 도형의 모양과 색상에 따른 개수를 세는 과정을 구현한 것이다. 왼쪽 그림에는 주어진 큰 문제가 있다. 이 문제들은 맵 과정을 이용하여 먼저 주 노드에서 주어진 각종 도형을 실행 노드인 두 개의 프로세스에 나누어 준다. 각 실행 프로세스에서는 할당된 도형을 모양과 색상에 따라 수를 세는 작은 문제를 처리한다. 리듀스 과정은 모든 부 프로세스에서 처리한 결과를 각각의 주 프로세스에서 모으고, 원 문제의 목적인 도형 및 색상별 해당 개수를 세는 출력 결과를 만들려고 부 프로세스에서 나온 결과인 도형별 수를 합산하는 작업을 실시한다. 이 과정은 간단해 보이지만, 도형이 수십억 개 있고 다른 성질을 추가로 분류할 때는 더 많은 프로세스가 필요하여 처리가 더욱 복잡해질 수 있다.

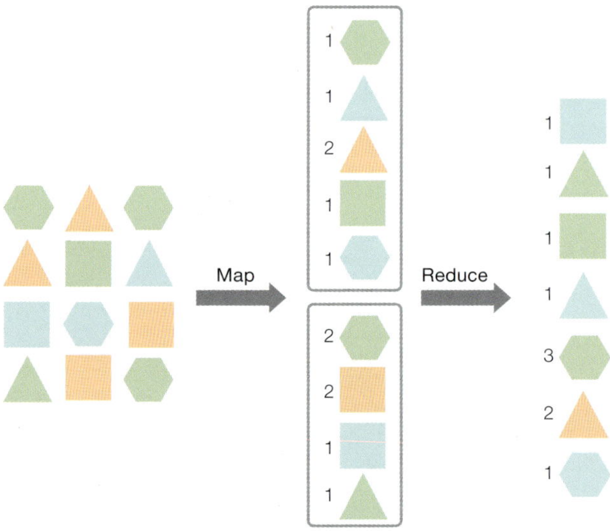

그림 5-24 맵리듀스를 이용한 도형 세기 과정

8.2 컬럼 빈도수 측정 프로그래밍 방안

맵리듀스 프로그래밍의 기본은 맵 함수Mapper와 리듀스Reducer 함수의 입력과 출력에 키와 값의 순서쌍을 사용하는 것이다. 키와 값을 어떤 것으로 어떻게 정의하느냐는 알고리즘과 프로그래머에 따라 달라진다. 즉 〈키, 값〉의 순서쌍으로 입력과 출력을 모두 정의한다.

[그림 5-25]를 보면 왼쪽에 employees.txt 데이터 파일이 있다. 여기에는 LAST, FIRST, SALARY 순으로 레코드가 다량 저장되어 있다. 이것으로 FIRST별로 빈도수가 얼마인지 측정하는 맵리듀스를 프로그래밍한다고 하자. 예를 들어, John은 몇 번 나오고, David는 몇 번 나오는지 알고 싶은 것으로, 이는 [그림 5-24]의 도형 세는 예와 비슷하다. 이것은 employees.txt 파일을 열고, file descriptor인 'input' 포인터로 employees.txt를 관리한 후 맵 함수로 'input'을 열어 주면 처리할 수 있다.

employees.txt

# LAST	FIRST	SALARY
Smith	John	$90.000
Brown	David	$70.000
Jahnson	George	$95.000
Yates	John	$80.000
Miller	Bill	$65.000
Moore	Jack	$85.000
Taylor	Fred	$75.000
Smith	David	$80.000
Harris	John	$90.000
...	...	...

```
      mapper
def getName (line):
    return line.split('\t')[1]
      reducer
def addCounts (hist, name):
    hist[name] = \
    hist.get(name, default = 0) + 1
    return hist

input = open('employees.txt', 'r')

intermediate = map(getName, input)

result = reduce(addCounts,
               \intermediate, {})
```

```
      mapper
def getName (line):
    return(line.split('\t')[1], 1)
      reducer
def addCounts (hist, (name, c)):
    hist[name] = \
    hist.get(name, default = 0) + c
    return hist

input = open('employees.txt', 'r')

intermediate = map(getName, input)

result = reduce(addCounts,
               \intermediate, {})
```

Key-value iterators

그림 5-25 맵리듀스 예 : First Name을 세는 프로그램

앞서 맵 함수와 리듀스 함수는 〈키, 값〉 순서쌍으로 입력과 출력을 모두 정의한다고 설명했다. 그러므로 맵 함수도 출력이 〈키, 값〉 순서쌍이 된다. 이 맵 함수의 출력은 항상 〈FIRST, 1〉이 된다. FIRST가 한 번 나올 때마다 맵 함수에서 〈FIRST, 1〉이 결과로 나온다는 말이다. 그리고 리듀스 함수는 각 이름별로 개수를 세는 변수를 유지하면서 〈이름, 1〉이 나올 때마다 히스토그램에 1씩을 추가시켜 준다. 그래서 [그림 5-24]의 도형 세는 문제와 비슷하다고 말한 것이다.

이때 'split' 하나에 John이란 사람이 여러 명 나올 수 있는 비효율적인 문제가 발생한다. 예를 들어, 〈John, 1〉을 여러 번 리듀스 노드로 보내면 노드 간에 통신량이 많아지는데, 한 노드에서 〈John, 1〉이 세 번 발생했을 때 매번 보내는 것보다 〈John, 3〉을 한 번 보내는 것이 더 처리하기 쉽다. 또한 이렇게 하면 통신량도 줄어든다. 그래서 맵리듀스에서는 이렇게 하나의 노드 안에서 반복적인 결과를 결합하여 처리하려고 addCounts 함수를 추가로 정의한다.

이제 addCounts 함수를 좀 더 살펴보자. 이 예제에서는 addCounts 함수를 설명하지 않았지만, addCounts 함수는 다음과 같이 사용할 수 있다. 맵 함수의 결과로 〈John, 1〉이 세 번 발생하면 그때마다 〈John, 1〉을 세 번 출력했다. 이때 맵 함수의 출력을 그대로 리듀스 함수로 전달하지 않고, 맵 함수가 있는 같은 노드에서 addCounts 함수를 돌려서 키 값이 같은 출력을 합쳐 리듀스 함수로 보낸다. 즉 〈John, 1〉, 〈John, 1〉, 〈John, 1〉을 〈John, 3〉으로 합쳐 리듀스 함수로 보내는 것이다. 그러므로 리듀스 함수에서는 항상 〈이름, 1〉이 아니라 〈이름, c〉를 받게 된다. 이때 변수 'c'는 addCounts 함수에서 합산된 값이다. 즉 같은 노드에서는 합산된 c와 같은 값을 받는다. 그래서 1 대신에 c를 더하면 되도록 addCounts 함수를 써서 구성할 수 있다. [그림 5-26]은 이런 프로그램의 흐름을 표현한 것이다.

요약하면, 맵리듀스에서 맵 함수와 리듀스 함수의 입력과 출력은 모두 〈키, 값〉 순서쌍이다. 그러므로 기존 알고리즘들을 맵리듀스에서 수행할 때 맵 함수와 리듀스 함수의 출력을 어떤 〈키, 값〉 순서쌍으로 정의해야 하는지의 관점에서 알고리즘을 설계하면 된다. 그러면 많은 알고리즘에서 맵리듀스 해법을 찾을 수 있다. 앞의 예에서는 주어진 데이터 파일을 여러 개로 쪼갠 후 각각을 여러 개의 맵 함수로 전달하고, 각각의 맵 함수에서는 순차적으로 스캔하여 결과를 얻는다. 즉 맵 함수의 결과로 〈John, 1〉, 〈John, 1〉이 나온다. 리듀스 함수에서는 맵 함수의 결과를 〈John, 2〉로 합쳐 출력한다. 다른 상황에서는 addCounts 함수가 중간에 있어 효과적으로 출력할 수 있다.

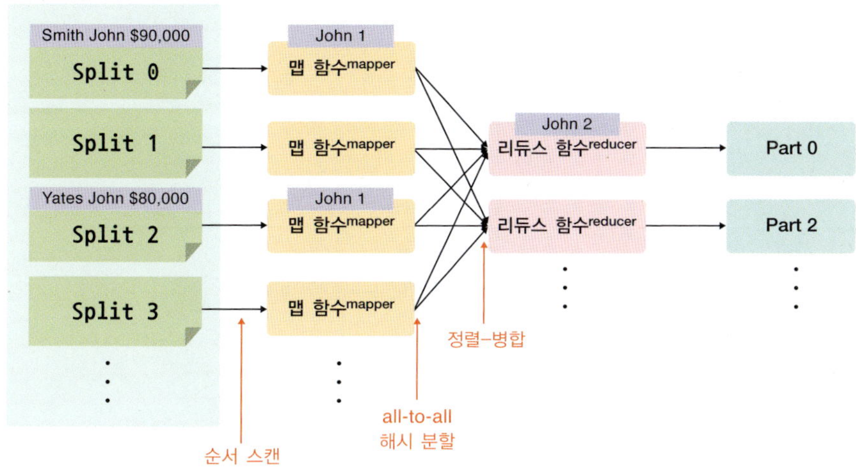

그림 5-26 이름을 세는 프로그램의 흐름

8.3 소셜 네트워크 통계 방안

이제 맵리듀스를 사용하여 그래프 통계를 계산하는 방법을 알아본다. 노드 전입 차수와 그래프 전입 차수 분포를 맵리듀스에서 어떻게 활용하는지 [그림 5-27]로 살펴보자. [그림 5-27]은 간단한 그래프 데이터를 표현한 것이다. 표현된 그래프는 노드가 세 개밖에 없고, 에지에는 방향성이 있다. 노드는 인터넷의 컴퓨터나 사용자를 말하고, 방향성 에지는 한 노드에서 다른 노드로 전달되는 행위 주체와 객체를 표현한다.

[그림 5-27]에서 그래프 노드별로 살펴보면, 3번 노드는 노드의 전입 차수가 2이다. 1번 노드는 노드의 전입 차수가 1이다. 그래프를 분석하려면 이 전입 차수, 전출 차수 등을 카운트해야 한다. 이때 그래프 전체를 행렬이나 리스트로 표현한 후 이를 순차적으로 읽어서 카운트할 수 있다. 노드의 개수가 세 개뿐이라 쉽지만, 노드의 개수가 많을 때는 문제가 더 복잡하고 어려워진다. 그래프가 커지면 노드도 커지고, 노드 간의 관계를 형성하는 에지의 개수도 무한히 증가하기 때문이다. 그러므로 이런 빅데이터의 문제는 쪼개서 풀어야 하는데, 앞에서 배운 맵리듀스 방법을 적용할 수 있다. 문제를 맵리듀스로 쪼개서 풀면, 아무리 큰 데이터라도 쉽게 풀 수 있다.

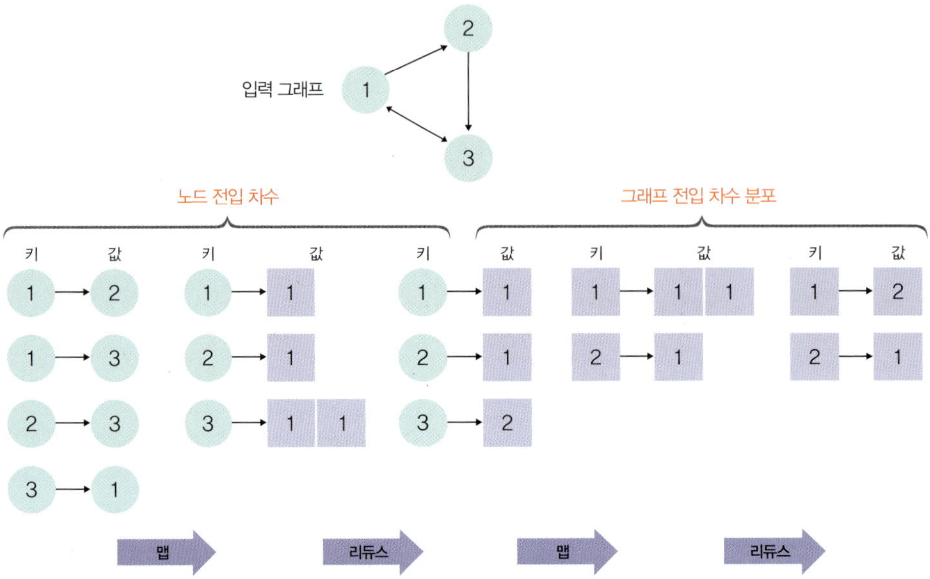

그림 5-27 맵리듀스에서 그래프 통계 계산 방법 [27]

[그림 5-27]은 맵리듀스 방법을 적용한 예이다. 맵 함수와 리듀스 함수의 입력과 출력은 〈키, 값〉 순서쌍이다. 이 그림에서 원 데이터를 에지로만 표현해 보자. 에지를 중심으로 표현할 때는 〈소스 노드 ID, 목적 노드 ID〉로 〈키, 값〉 순서쌍을 표현한다. 이 방법으로 주어진 그래프를 표현하면 〈1, 2〉, 〈1, 3〉, 〈2, 3〉, 〈3, 1〉의 결과를 얻는다. 이제 에지들을 나누어 처리한다.

다음으로 맵 함수와 리듀스 함수를 살펴보자. 노드 전입 차수에서 설명한 것과 같이 어떤 특정 노드 X로 유입Incoming되는 에지의 총수를 알고자 한다. 이때 맵리듀스 함수를 사용할 수 있는데, 이 함수를 설명하면 다음과 같다. 각 맵 함수에서는 나누어진 에지의 〈키, 값〉 순서쌍에서 얻은 값인 목적 노드 ID로 그룹핑을 한다. 이렇게 그룹핑을 하면 〈1, 2〉, 〈1, 3〉, 〈2, 3〉, 〈3, 1〉을 각각 읽을 때 이 쌍의 오른쪽 값이 한 번 나올 때마다 '1'을 출력한다. 그러면 컴바이너Combiner는 각 값이 나온 빈도수를 서로 합쳐 준다. 예를 들어, 3번에서 '1', '1'이 나오면 이것을 '2'로 합쳐 주는 간단한 작업을 한다. 이 컴바이너는 리듀스 함수 부분으로 삽입되어 리듀스 함수의 일부로 사용할 수 있다. 이제 컴바이너가 내장된 리듀스 함수로 결합된 결과를 보면, 1은 한 번, 2는 한 번, 3은 두 번 나온 것을 알 수 있다.

그래프 전입 차수 분포에서 설명한 것과 같이 그래프에서 유입 차수가 X인 노드의 수가 몇 개인지 세본다. 예를 들어, 유입 차수가 두 개인 노드의 개수가 몇 개인지 알고 싶은 것이다. 이를 위해 상기 노드 전입 차수 과정에서 나온 출력 정보를 그래프로 활용한다. 출력 정보를 다시 〈키, 값〉 순서쌍으로 표현하면 〈노드 ID, 해당 노드 전입 차수〉가 되므로 결과는 〈1, 1〉, 〈2, 1〉, 〈3, 2〉로 표현된다. 이제 맵 함수에서는 노드 전입 차수 과정을 그대로 반복한다. 즉 〈키, 값〉 순서쌍에서 얻은 값인 '해당 노드 전입 차수'로 그룹핑을 한다. 그러면 〈1, 1〉, 〈2, 1〉, 〈3, 2〉를 각각 읽을 때 이 순서쌍의 오른쪽 값이 한 번 나올 때마다 '1'을 출력한다. 그러면 컴바이너가 각 값이 나온 빈도수를 합쳐 준다. 예를 들어, 1번이 '1', '1'이면 이것을 '2'로 합쳐 주는 작업을 한다. 컴바이너가 내장된 리듀스 함수로 결합한 결과를 보면, '해당 노드 전입 차수' 1은 두 번, 2는 한 번 나옴을 알 수 있다.

[그림 5-27]에서는 노드가 세 개밖에 없어 하나의 컴퓨터에서 실행하는 간단한 맵리듀스 과정이었다. 그러나 노드의 개수가 많다면 주어진 그래프를 분할하여 각 컴퓨터에 나누어 주고, 각각에서 앞에서 설명한 작업을 수행한 후 나중에 각 컴퓨터의 부분 결과를 전체로 합치는 프로그램을 이용하여 결과를 결합하는 맵리듀스 과정을 추가로 수행할 것이다. 노드 수가 무한하다면 합치는 프로그램의 단계도 여러 단계로 구성될 것이다. 그러므로 노드가 아무리 많아도 그래프를 나누어 각 컴퓨터에서 맵리듀스 함수를 적용하고, 각 분산 컴퓨터의 결과를 합치는 맵리듀스 함수를 수행하면 되므로 큰 데이터도 처리할 수 있다.

8.4 네트워크 분석 기법

앞서 그래프 이론에서 사용되는 맵리듀스 처리 방법을 살펴보았다. 이제 네트워크 분야에서 사용되는 맵리듀스 처리 방법을 살펴보자. 맵리듀스를 사용하여 네트워크를 분석하는 방법을 알아보려면 먼저 [그림 5-28]의 군집화 상수Clustering Coefficient를 알아야 한다. [그림 5-29]는 군집화 상수의 정의를 그림으로 표현한 것이다.

$$\text{클러스터링 상수} = \frac{\text{노드 } v\text{와 이웃 노드 간의 에지의 개수}}{\text{노드 } v\text{와 이웃 노드 간의 가능한 모든 에지의 수}}$$

$$= \frac{\text{노드 } v\text{와 인접한 에지의 수}}{\text{노드 } v\text{의 가능한 모든 쌍의 수} \binom{d_v}{2}}$$

그림 5-28 군집화 상수 함수의 정의

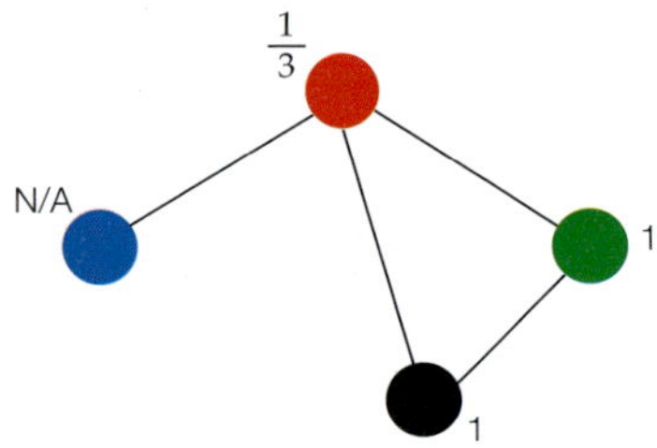

그림 5-29 군집화 상수 함수의 표현

군집화 상수는 네트워크에서 노드들(컴퓨터들)이 뭉치려는 정도가 얼마나 강한지 측정하는 방법으로, 사람이나 컴퓨터의 관계 응집도를 평가하는 척도로 활용된다. 즉 얼마만큼 뭉쳐 있는지 알면 응집도로 영향력을 분석할 수 있다. 이를 네트워크 응집도Network Cohesion라 하고, 응집력이 강한 커뮤니티는 그렇지 않은 커뮤니티보다 진실성이 높으므로 사회적 영향력도 크다는 이론이다.

군집화 상수는 전역 군집화 상수와 지역 군집화 상수로 구분한다. 전역 군집화 상수는 지역 군집화 상수를 분석한 후 단계적으로 전체를 구할 수 있으므로, 여기서는 지역 군집화 상수를 중심으로 설명한다. 즉 이론적으로 가능한 총수를 분모로 두고, 실제 존재하는 에지의 개수를 분자로 둔다. [그림 5-28]은 이 내용을 형식적으로 표현한 정의이다.

cc(v) 식에서 분모는 노드 v의 모든 차수, 즉 가능한 모든 이웃의 크기(d_v)를 2로 Combination 하므로 노드 v의 가능한 모든 노드 쌍의 수를 분모로 한다. cc(v) 식에서 분자인 감마(Γ)는 노드 v의 이웃을 말한다. 즉 v에 연결된 노드들의 집합으로 분자의 결과인 $\langle u, w \rangle$의 집합은 노드 v에 연결된 모든 이웃의 쌍인 실제로 연결된 에지 개수이다. [그림 5-29]의 그래프를 예로 들어 설명하면, 빨간색 노드의 이웃은 파란색, 검은색, 녹색으로 세 개이다. 그러므로 3 Combination 2하면 3이 된다. 그런데 에지는 실제로 검은색과 녹색 사이에서만 한 개 존재하므로 1/3이 된다. 녹색 노드의 이웃은 빨간색과 검은색으로 두 개이다. 그러므로 2 Combination 2하면 1이 된다. 그런데 에지는 실제로 빨간색과 검은색 사이에서만 한 개 존재하여 1/1이므로 1이 된다. 이 방법으로 검은색 노드도 1이 된다.

분자를 달리 해석하면, 에지의 개수는 v에 인접한 삼각형의 개수와 같다. $\langle u, w \rangle$는 노드 v의 이웃 중에서 고른 것이고, $\langle u, w \rangle$는 실제로 에지와 연결되어 있어야 하므로 이 조건을 만족하는 것만 분자에서 세야 한다. 따라서 $\langle u, w \rangle$는 노드 v에 인접한 삼각형의 개수를 세는 것이 된다. 소셜 네트워크와 관련된 문헌을 보면 유독 삼각형을 많이 언급한다. 삼각형은 이 군집화 상수를 계산하는 데도 의미가 있지만, 실제 친구 관계를 유추할 때도 적용할 수 있기 때문이다. A와 B랑 친구이고 B와 C랑 친구라면, A와 C도 친구일 가능성이 높기 때문이다. 따라서 소셜 네트워크에서는 실제 친구 관계를 유추할 때 삼각형으로 군집화 상수를 측정하는 방법을 많이 사용한다.

[그림 5-30]은 지역 군집화 상수의 예이다. 빨간색 노드의 군집화 상수는 0.5이다. 빨간색 노드의 이웃은 다섯 개이고, cc(v) 식의 분모를 구하려고 5 Combination 2를 계산하면 10이 되기 때문이다. 이제 cc(v) 식의 분자를 위해 이들 다섯 개의 검은색 노드 이웃끼리 서로 연결된 에지를 세면 다섯 개가 됨을 알 수 있다. 그러므로 빨간색 노드의 군집화 상수는 5/10가 되므로 결과는 0.5이다. 이 방법으로 파란색 노드의 군집화 상수는 0.1이다. 파란색 노드의 이웃은 다섯 개이고, cc(v) 식의 분모를 구하려고 5 Combination 2를 계산하면 10이 되기 때문이다. 이제 cc(v) 식의 분자를 위해 이들 다섯 개의 검은색 노드 이웃끼리 서로 연결된 에지를 세면 한 개가 됨을 알 수 있다. 그러므로 오른쪽 중심 노드의 군집화 상수는 1/10이 되므로 결과는 0.1이다. 이를 간단히 구하려면 인접한 노드를 형성하는 삼각형의 개수를 세어 분자 결과를 얻으면 된다.

빨간색 노드와 파란색 노드를 중심으로 각 그래프의 연결 정도로 군집화 상수가 높으면 어떤 형태의 그래프가 나오는지 살펴볼 수 있다. 군집화 상수가 높을수록 그래프 내의 노드 간에 관계성이 많음을 알 수 있다. 이 근거로 군집화 상수는 사회학에서도 많이 활용되며, 군집화 상수가 높을수록 사회적 신뢰도가 높다는 결론을 도출한다. 예를 들어, 아는 사람이 많고 관계가 더 밀착되어 있을수록 아는 사람들 앞에서 나쁜 행동으로 신뢰를 떨어뜨리는 것보다 옳은 행동으로 자신의 도덕성을 돋보이고 싶어 할 가능성이 높으므로 전반적으로 사회적 신뢰도가 높아진다는 것이다.

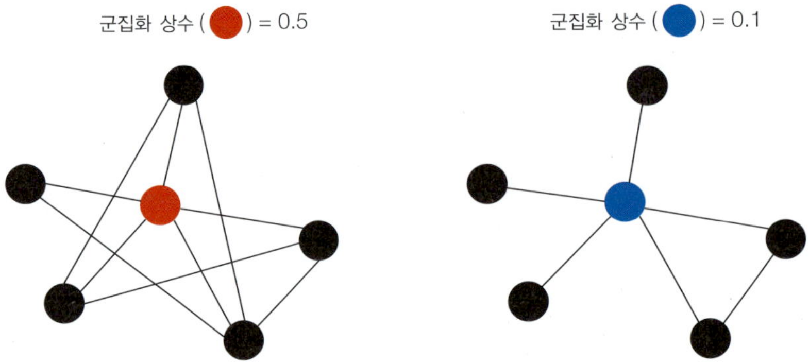

그림 5-30 지역 군집화 상수 예

군집화 상수는 노드 v에 연결된 노드 간에 존재하는 에지의 수를 세는 방법으로 삼각형의 개수를 세면 쉽다고 설명했다. [그림 5-31]은 군집화 상수를 구하는 알고리즘이고, [그림 5-32]는 이를 그림으로 표현한 것이다.

```
for v ∈ V do
    for u, w∈ T(v) do
        if(u, w) ∈ E then
            Triangles [v]++
```

그림 5-31 지역 군집화 상수의 순차적 알고리즘

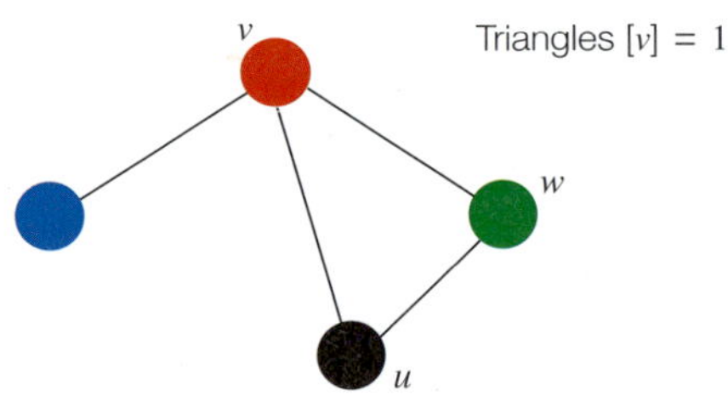

그림 5-32 지역 군집화 상수의 순차적 알고리즘 표현

[그림 5-31]의 알고리즘은 [그림 5-32]에서 각각의 노드 v에 인접한 삼각형의 개수를 세어 군집화 상수를 구한다. 이를 위해 맨 바깥 루프에서 각 노드를 하나씩 잡고, 이웃 순서쌍 $\langle u, w \rangle$를 찾은 이웃 간에 에지가 존재하면, 그 노드 v에서 삼각형의 개수를 하나씩 늘리는 방법으로 군집화 상수를 구한다. 이는 순차적인 방법으로 그래프가 매우 커지면 연산의 속도가 떨어져 결과를 보기 어렵다. 그러므로 빅 그래프에서는 맵리듀스로 바꾸어 처리해야 한다.

[그림 5-33]은 맵리듀스 방법을 사용한 기본 알고리즘이고, [그림 5-34]는 이를 그림으로 표현한 것이다. [그림 5-33]의 맵리듀스 알고리즘에서는 맵리듀스 함수를 두 세트 수행한다. 첫 번째 세트에서는 노드별로 각각의 이웃들을 출력한다. 이때 결과는 〈키, 값〉 순서쌍으로 〈각각의 노드 ID, 노드와 연결된 이웃들〉의 집합이 된다. 하나의 노드 u에서 이웃들이 값이 되므로, [그림 5-34]의 (a)와 같이 $\langle u; v_1, v_2, v_3, v_4 \rangle$가 맵 함수의 결과가 된다. 즉 값 쪽이 집합이 되는 것이다.

맵 1 :
For each $u \in V$, send $T(u)$ to a reducer

리듀스 1 :
Generate all 2-paths of the form $<v_1, v_2; u>$,
where $v_1, v_2 \in T(u)$

맵 2 :
Send $<v_1, v_2; u>$ to a reducer
Send graph edges $<v_1, v_2; \$>$ to the reducer

리듀스 2 :
input $<v_1, v_2; u_1, \ldots, u_k, \$?>$
If \$ input, then v_1, v_2 get $k/3$ Δ's each,
and $u_1, \ldots, u_k$ get 1/3 Δ's each

그림 5-33 지역 군집화 상수의 기본 맵리듀스 알고리즘 [28]

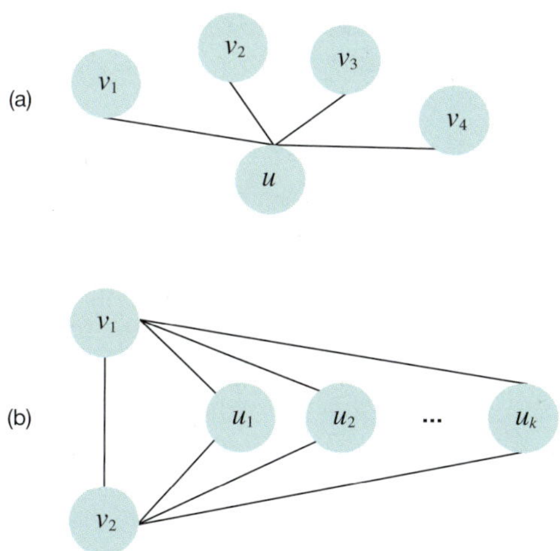

그림 5-34 지역 군집화 상수의 기본 맵리듀스 알고리즘 표현

첫 번째 리듀스 함수에서는 어떤 노드 u에서 가능한 모든 이웃 노드 v_1, v_2, v_3, v_4를 받았는데, 이 가운데 존재할 수도 있는 가능한 삼각형의 후보를 출력한다. 이때 가능한 순서쌍은 $\langle v_1, v_2 \rangle$, $\langle v_1, v_3 \rangle$, $\langle v_1, v_4 \rangle$, $\langle v_2, v_3 \rangle$, $\langle v_2, v_4 \rangle$, $\langle v_3, v_4 \rangle$로 여섯 개다. 첫 번째 리듀스 함수는 노드 u에 연결된 노드 간에 에지를 만들 가능성이 있는 후보 조합을 출력한다. 즉 첫 번째 맵리듀스 함수 쌍에서 v_1과 v_2는 노드 u와는 연결되어 있지만, v_1과 v_2는 서로 연결되어 있는지 알 수 없는 상태로 첫 단계를 마치고 다음 단계의 맵리듀스로 이동한다.

[그림 5-33]의 두 번째 맵리듀스 세트에서는 v_1, v_2가 실제로 연결되어 있는지 검사한다. 맵 함수에서는 v_1, v_2를 그냥 리듀스 함수에 보내고, 실제 원 그래프를 다시 읽어 에지가 존재하면 $\langle v_1, v_2; \$ \rangle$를 출력한다. 여기서 $는 에지가 존재한다는 특별한 식별자이다. 이때 리듀스 함수에서 v_1, v_2만을 대상으로 한정Blocking하면 모여진 것이 있을 것이다. 모여진 것 중에 $가 있으면, v_1, v_2는 연결되어 있는 것이다. 원 그래프를 읽어 에지가 존재하면 $를 출력하는데, 여기서 v_1, v_2는 u랑 연결되어 있고 v_1과 v_2가 연결되어 있는지는 알지 못하므로 이 두 가지가 충족되면 u, v_1, v_2는 연결되어 있는 삼각형이 되는 것이다. 이제 리듀스 함수에서는 v_1과 v_2 노드 간에 $가 존재하게 만든 주체 노드인 u_1, u_2, ⋯, u_k 노드가 있는지 검사한다. 다시 말해, 노드 u_1, u_2, ⋯, u_k중에서 v_1과 v_2 노드 입장에서 연관되어 있으면서 v_1과 v_2 노드 간 에지가 존재하여 $를 출력한 것이 있는지 검사하는 것이다. 리듀스 함수에서는 v_1과 v_2로 한정된 노드 간에 $가 있으면 v_1과 v_2는 각각 $k/3$씩 삼각형을 얻고, [그림 5-34]의 (b)와 같이 u_1, ⋯, u_k는 각각 1/3씩 삼각형을 나누어 갖는다.

정리하면, 첫 번째 세트에서는 노드를 중심으로 맵리듀스를 수행하고, 두 번째 세트에서는 에지를 중심으로 맵리듀스를 수행하므로 데이터가 분할된 상태에서 병행 처리할 수 있는 것이다.

[그림 5-35]는 [그림 5-33]의 알고리즘을 더욱 자세하게 그림으로 설명한 것이다. 그림의 오른쪽 그래프를 중심으로 두 세트의 맵리듀스 알고리즘을 설명한다. 먼저 첫 번째 맵리듀스 함수는 후보 집합을 구하는 것이다. 녹색 노드와 연결된 노드를 살펴보면, 빨간색과 검은색이 있다. 이것을 〈빨간색, 검은색; 녹색〉으로 표현한다. 빨간색 노드와 연결된 노드는 〈검은색, 파란색; 빨간색〉, 〈검은색, 녹색; 빨간색〉, 〈녹색, 파란색; 빨간색〉이다. 그리고 검은색 노드와 연결된 노드는 〈빨간색, 녹색; 검은색〉이다. 이렇게 어떤 노드를 중심으로 서로 연결된 노드의 집합, 즉 후보 집합을 구하는 것으로 맵리듀스의 첫 번째 세트를 마친다.

이제 두 번째 맵리듀스에서는 에지별로 모아서 처리한다. 이때 에지 쌍을 구하면 〈빨간색, 검은색〉, 〈검은색, 파란색〉, 〈검은색, 녹색〉, 〈녹색, 파란색〉, 〈빨간색, 녹색〉이 된다. 이들을 중심으로 각각 그룹핑하여 살펴보자. 〈빨간색, 검은색〉으로 그룹핑했을 때 녹색 노드가 존재하고, 실제 존재하는 에지라서 $가 출력된 것이므로 빨간색, 검은색, 녹색에 1/3씩 더한다. 이와 같은 방법으로 $가 있는 노드들에서는 1/3씩 더하게 된다.

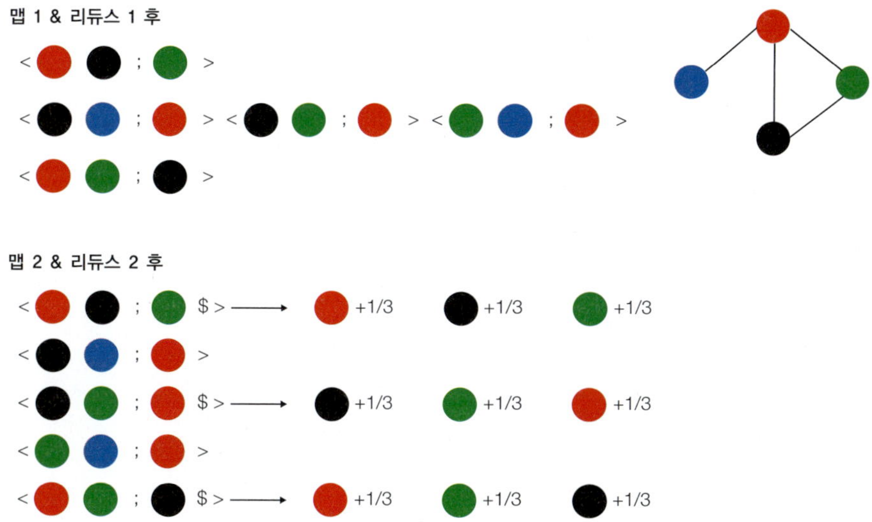

그림 5-35 지역 군집화 상수의 맵리듀스 과정

9 최신 빅데이터 분석 연구

이 절에서는 빅데이터 분석과 관련된 최근 연구 동향을 좀 더 살펴본다. 빅데이터를 처리하려면 마이닝 기술이 필요한데, [그림 5-36]은 Papadimitriou의 연구에서 소개된 분산 처리를 이용한 마이닝 처리 단계를 요약한 것이다.

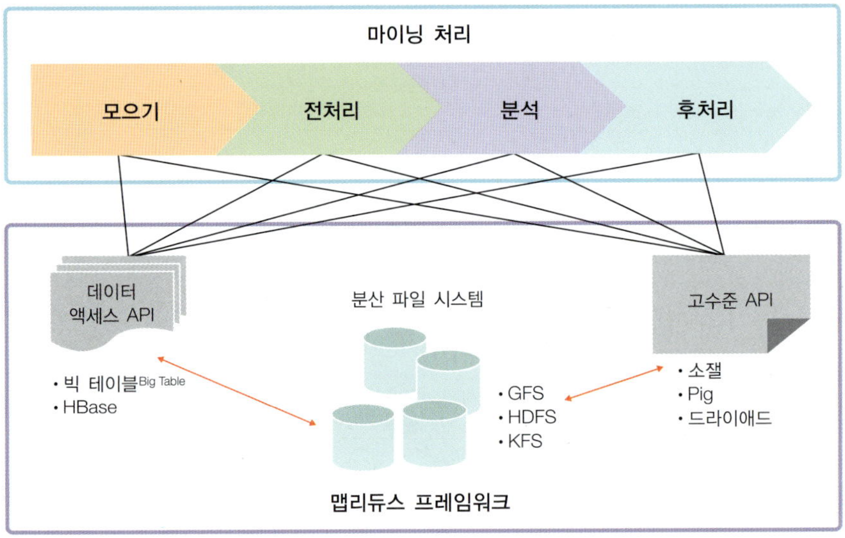

그림 5-36 분산 처리를 이용한 마이닝 처리 단계 [29]

기존의 데이터 마이닝 알고리즘을 맵리듀스 프레임워크에 적용할 때 알고리즘을 다음과 같이 세 가지로 구분할 수 있다.

- **맵리듀스 과정을 한 번만 수행하여 계산 가능한 알고리즘** : 맵리듀스가 한 번만 수행되고, 키 값이 균등하며, 맵리듀스에 가장 적합하다.
- **맵리듀스 과정을 여러 번 수행하여 계산 가능한 알고리즘** : 반복되는 맵리듀스 과정마다 공유되는 중간 정보가 작을 때 맵리듀스에 적합하다.
- **맵리듀스가 적합하지 않은 알고리즘** : 공유되는 정보가 크고, 키 값이 균등하지 않아 세밀한 동기화가 필요할 때는 맵리듀스보다 MPIMessage Passing Interface와 같은 전통적인 병렬 프레임워크가 더 적합하다.

9.1 데이터 마이닝 연관 규칙을 활용한 빅데이터 알고리즘

Apriori 알고리즘[17]은 데이터 마이닝 분야의 대표적인 연관 규칙 알고리즘이다. 분산 병렬 연관 규칙의 기본 개념은 맵리듀스를 사용하는 Apriori 알고리즘을 활용할 수 있다. 후보 집합들을 모든 맵 함수에 방송하는 것은 매우 값비싼 연산이다. 그러므로 전통적인 Apriori 알고리즘과 달리 후보 중 불필요한 데이터를 제거하는 기능에서 예전 방법을 그대로 사용하는 것은 쉽지 않다. 맵리듀스 알고리즘은 각 트랜잭션의 모든 부분 집합을 만든 후 각 부분 집합의 개수를 세는 방법을 사용하여 이 문제를 해결한다.

맵리듀스를 사용하는 Apriori 알고리즘은 다음 두 단계로 설명할 수 있다. 첫 번째 단계는 더 이상 패턴이 발견되지 않을 때까지 맵리듀스를 반복한다. 두 번째 단계는 각 j-번째 과정의 맵 과정에서 트랜잭션의 j-길이의 모든 아이템 집합을 만들고, 리듀스 과정에서 j-길이의 패턴을 찾아낸다. [그림 5-37]은 이 두 단계를 표현한 것이다.

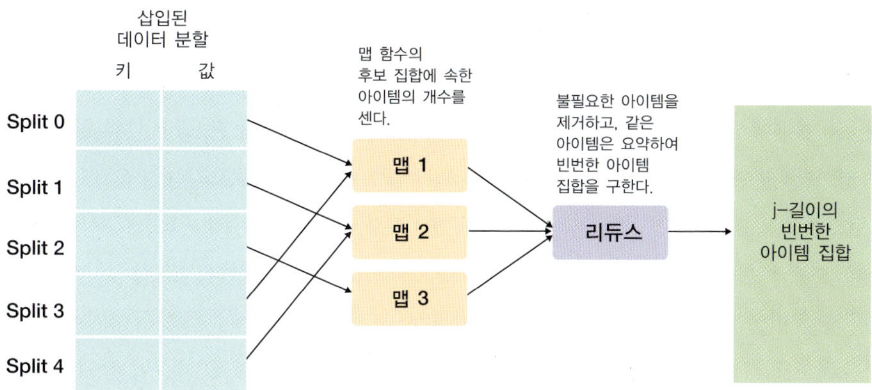

그림 5-37 맵리듀스 기법을 사용한 Apriori 알고리즘 [30]

맵리듀스를 사용한 Apriori 알고리즘에서는 분산 컴퓨팅 기술의 하나인 knowledge 그리드 기반의 Apriori Grid Service를 제안했다. 또한 이동 통신 사용자의 이동 패턴을 기반으로 실험한 후 제안한 알고리즘의 효율성을 입증했다. [그림 5-38]은 사용자의 이동 예상 경로를 예측하는 알고리즘이다. 최근 사용자의 위치는 VLR에 저장되는데, 이 정보는 사용자의 향후 이동 위치를 예측하는 정보로 활용할 수 있다.

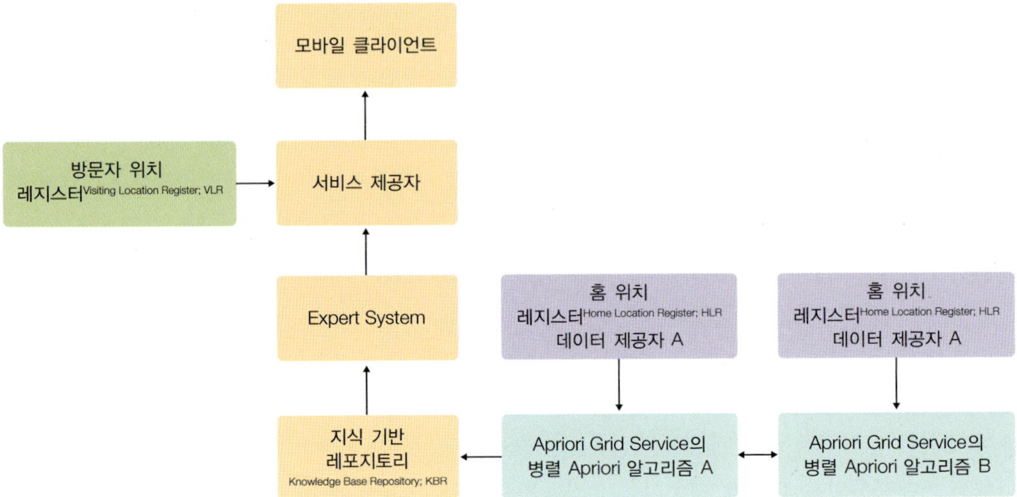

그림 5-38 사용자의 이동 예상 경로를 예측하는 알고리즘

9.2 빅데이터와 분류 기술

Pitchaimalai의 연구에서는 DBMS와 하둡 분산 파일 시스템에서 Naive Bayes 분류 알고리즘의 효율성을 평가했다. 또한 기존의 결정 트리 분류Decision Tree Classification 알고리즘인 C4.5를 맵리듀스 기반으로 한 MReC4.5로 개선하는 방안도 연구했다. 이 방법에서는 데이터를 분산하여 맵 함수에서 분류기Classifier를 만들고, 리듀스 함수에서 합치는 방법을 사용한다. [그림 5-39]는 맵 함수에서 분류기를 만들고 리듀스 함수에서 합치는 과정, [그림 5-40]은 분류기의 개수에 따른 각 단계별 소요된 시간 결과이다. 결과를 보면, 리듀스 함수에서 결합하는 데 시간이 많이 소요됨을 알 수 있다.

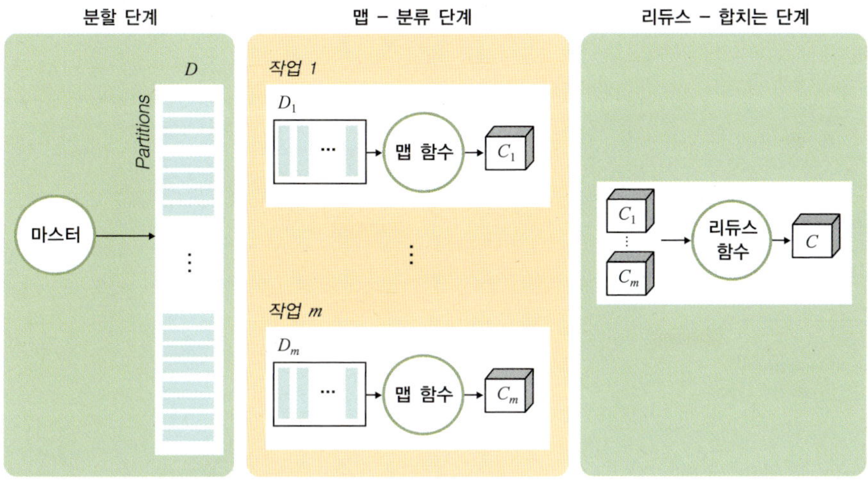

그림 5-39 MReC4.5의 구성도

NN	BN	PT	MT	RT	TT
1	3	50"	7'11"	4'07"	12'08"
	4	1'04"	16'54"	6'09"	24'07"
	5	49"	27'04"	6'15"	34'08"
2	3	49"	6'02"	4'54"	11'45"
	4	1'05"	14'04"	4'11"	19'20"
	5	1'17"	23'27"	7'41"	32'45"
3	3	45"	5'48"	3'21"	9'54"
	4	1'15"	12'44"	5'09"	19'08"
	5	1'09"	13'49"	4'55"	19'53"

NN Number of computing Node : 계산 노드 수
BN Number of Base classifier : 기본 분류기 수
PT Partition Time of MReC4.5 : MReC4.5의 분할 수
MT Time of the Mappers : 맵 함수 수
RT Time of the Reducers : 리듀스 함수 수
TT Total cost Time of a running of MReC4.5 : MReC4.5 실행의 총 소요 시간

그림 5-40 파라미터 값에 따른 MReC4.5의 소요 시간 변화 [31]

9.3 빅데이터와 군집화

군집화 분야에서는 K-means 알고리즘에서 주어진 데이터를 k개의 파티션으로 분할하여 계산하는 맵리듀스 방법으로 성능을 향상시킨다. 이들의 맵리듀스 과정은 다음과 같다.

먼저, 맵 과정에서 입력된 점에서 가장 가까운 점을 찾은 후 리듀스 과정에서 이들을 이용하여 새로운 군집을 계산한다. 그리고 이 과정을 이후 모든 군집의 내용이 더 이상 바뀌지 않을 때까지

반복한다. [그림 5-41]과 [그림 5-42]는 이 방법을 그림으로 표현한 것이다.

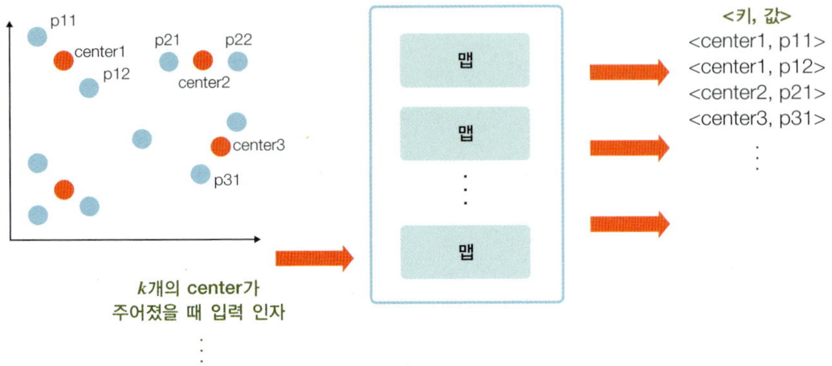

그림 5-41 K-means 군집화에서 맵 함수 [32]

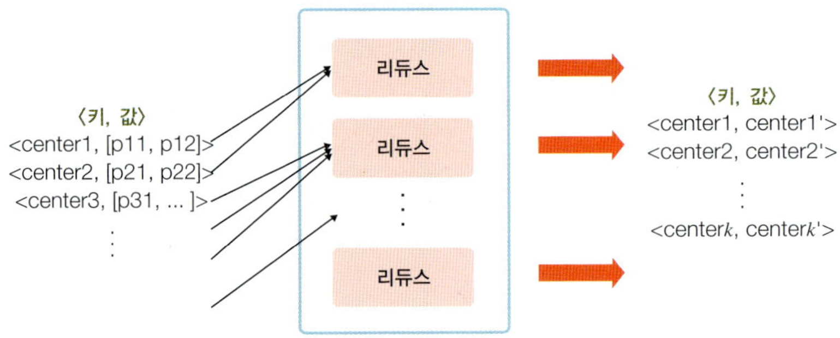

그림 5-42 K-means 군집화에서 리듀스 함수 [32]

분산 병렬 군집화 방법을 사용하여 빅데이터를 군집화하는 최근 연구에서는 서브스페이스 군집화를 맵리듀스 프레임워크를 이용하여 구현했다. [29] 또한 이 연구에서는 기존 연구를 바탕으로 맵리듀스 서브스페이스 군집화 알고리즘을 제안했다. 서브스페이스 군집화를 맵리듀스 프레임워크로 구현하여 여러 대의 머신에 데이터를 분산시킨 후 각 머신이 주어진 데이터만을 계산하도록 군집화하는 방식이다. 기본적인 군집화 알고리즘은 Apriori 방식 알고리즘을 이용하여 낮은 차원에서 밀집 영역을 찾아 나가는 방식을 사용한다. 그런 다음 맵리듀스를 사용하여 서브스페이스 군집화를 한다. 실험 결과 맵리듀스를 적용하여 수행 시간을 크게 줄일 수 있었다.

10 빅데이터 주요 분석 기술

이 절에서 살펴볼 빅데이터 주요 분석 기술은 [표 5-3]과 같다.

표 5-3 빅데이터 주요 분석 기술

제품/기술	최초 개발	최초 공개	주요 기능 및 특징
NLTK	E. Loper	2001년	글의 문장 분할, 문장의 단어 분할 기능 제공
OpenNLP	아파치	2010년	비정형 텍스트에서 의미 있는 용어 추출
Boilerpipe	C. Kohlschutter	2010년	웹 페이지에서 불필요 데이터 제거 및 필요한 정보 추출
WEKA	I. Witten	1993년	데이터 마이닝 및 기계 학습 알고리즘을 포함한 데이터 분석 프로그램
Mahout	아파치	2009년	확장 가능한 기계 학습 알고리즘 개발 프로젝트
scikits_learn	D. Cournapeau	2011년	오픈 소스 기계 학습 라이브러리

10.1 NLTK Natural Language ToolKit

일반적인 자연어 처리 기술을 구현하는 NLTK는 특정한 문제를 해결하려고 알고리즘 생성 과정에 필요한 빌딩 블록을 제공한다. 일반적으로 전체 글을 개별 문장으로 분할하거나 문장을 단어로 분할할 수 있는 기능을 제공한다. PHP, Python 등으로 제공되는 툴킷들이 있으며, 연구자들이 많이 사용하는 프레임워크로 사용자들이 다양한 방식으로 활용할 수 있다. 또한 일반적인 접미사를 제거하여 중심 단어들을 추출하거나 전체 텍스트에서 동의어를 찾아내려고 기계가 분석 가능한 사전 형태로 데이터를 정형화시키는 기능도 제공한다. 하지만 특정 영역에 부합하는 문제를 해결하는 기존의 규격화된 솔루션을 찾는 개발자에게는 부적합할 수 있다.

10.2 OpenNLP 오픈NLP

아파치의 OpenNLP는 비정형화된 텍스트에서 사람이나 기관의 이름, 특정 장소, 시간 등을 추출하는 작업을 간편하게 실행할 수 있는 모델을 포함하는 라이브러리이다. OpenNLP는 Java 기반의 자연어 처리 솔루션이다. 교육용 프레임워크로는 적합하지 않을 수 있으나 Java 언어를 이용한 통합 솔루션 구축에는 용이하다. 프로그래밍 언어 기반의 응용 프로그램에 적합한 형태로, 자연어 처리 코드를 스스로 생성한다. 비정형화되거나 가공되지 않은 텍스트를 문장과 단어로 분리한 후 그 결과를 다양한 방법으로 클래스화하는 표준 컴포넌트를 많이 포함한다.

10.3 Boilerpipe 보일러파이프

Boilerpipe는 웹 페이지 내에서 불필요한 부분을 제거하여 실질적으로 필요한 정보만 추출하는 작업을 수행하는 프레임워크이다. HTML 문서에서 실제로 가장 중요한 콘텐츠를 찾아내는 알고리즘을 적용한 Java 기반 라이브러리로 제공된다. 모든 종류의 웹 콘텐츠에서 거의 완벽한 전처리 도구를 생성할 수 있다. HTML Parser, Filters, Extractors, HTML Highlighter의 컴포넌트로 구성된다. 웹 페이지를 분석할 때 가장 어려운 부분은 내비게이션 링크, 헤더, 사이드바, 광고 등 불필요한 컴포넌트를 제거한 나머지 데이터 중에서 의미 있는 텍스트만을 추출하는 작업이다. 이 컴포넌트들을 제거하지 않고 웹 페이지를 그대로 분석하면 의미 없거나 관련 없는 데이터까지 함께 분석하여 결과적으로 분석 결과가 잘못될 수 있기 때문이다. Boilerpipe는 뉴스나 기고 같은 특정 정보가 담긴 웹 페이지의 분석에 많이 사용하다 최근에는 블로그나 SNS 서비스 등 다른 형태의 웹 페이지에서 정보를 추출할 때도 유용하게 사용한다.

10.4 WEKA 웨카

WEKA는 뉴질랜드의 Waikato 와이카토 대학의 Ian H. Witten 이안 H. 비텐 교수 팀이 개발하고 관리하는 데이터 분석 프로그램이다. 무료로 배포되고 Java로 작성된 오픈 소스 프로그램이다. 데이터 마이닝 알고리즘으로 사용자 개인화가 가능하다는 장점이 있어 이를 기반으로 수많은 데이터 마이닝 프로그램들을 제작했다. WEKA는 플러그인 형식을 취해 개발자가 자신이 개발한 고유 알고리즘을 쉽게 접목시킬 수 있고, 사용이 간편한 명령으로 구성되어 있으며, 이해하기 쉽고 간단한 인터페이스를 제공한다. 기초 군집화 기법부터 고급 분류 기법까지 쉽게 활용할 수 있으며, 실행 결과는 다양한 툴을 사용하여 시각화가 가능하다. 대부분 교육용으로 사용되지만, 연구용이나 신규 개발용 프로토타입을 제작하거나 관련 분야를 실험할 때도 매우 유용한 기능을 제공한다. 게다가 데이터 전처리 툴도 포함하고 있어 데이터를 프로그램으로 쉽게 불러올 수 있으며, 해결할 문제의 상황에 맞게 선택할 수 있는 수많은 라이브러리를 제공한다. [그림 5-43]은 WEKA에 포함된 SMO 알고리즘을 이용하여 데이터를 분석한 결과이다.

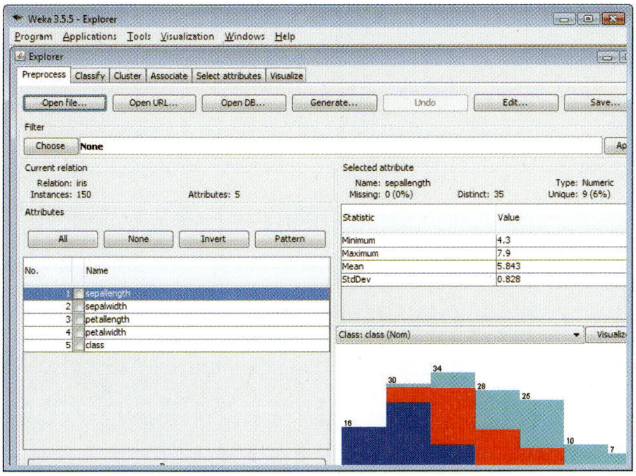

그림 5-43 WEKA를 이용한 분석 결과 예 [33]

10.5 Mahout 머하웃

아파치의 Mahout은 ASF Apache Software Foundation에서 추진 중인 새로운 오픈 소스 프로젝트이다. 확장 가능한 기계 학습 알고리즘을 만드는 것이 주목적으로, 아파치 라이선스가 있으면 무료로 사용할 수 있다. 방대한 양의 데이터 집합에서 기계 학습 알고리즘을 실행할 수 있는 오픈 소스 프레임워크로, 확장성과 처리량을 보장하려고 하둡 기반의 병렬 형식으로 구성한다. 공통 작업이 많은 알고리즘에 적합하며, 군집화, 분류, 사용자 행동을 기반으로 품목을 추천해 주는 시스템 등 분석 환경에도 적합하다. 또한 거래되는 물품량이 많거나 비슷한 분석을 할 수 있는 정보가 많을 때도 활용할 수 있다. [그림 5-44]는 Mahout과 하둡을 연동한 간단한 구성도로, 데스크톱에 설치된 Mahout으로 하둡에 저장된 데이터를 분석하는 시스템을 구성할 수 있음을 보여 준다.

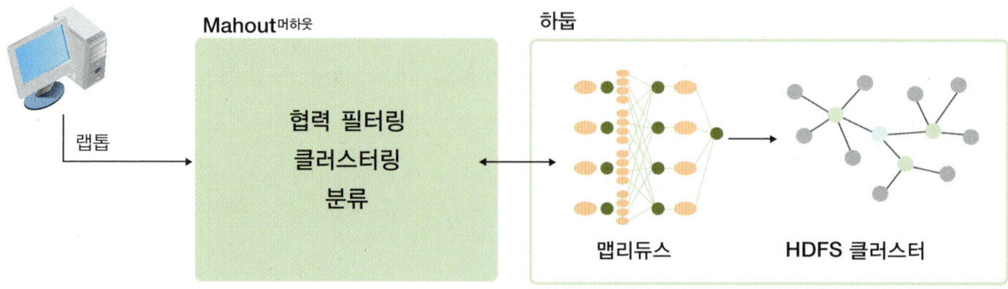

그림 5-44 Mahout과 하둡 연동 구성도 [34]

10.6 scikits_learn사이키트런

scikits_learn은 Python으로 작성한 오픈 소스 기계 학습 라이브러리이다. 서포트 벡터 머신, 로지스틱 회귀분석, 군집화 등 여러 분석 기법을 제공한다. 또한 이런 기법을 편리하게 활용할 수 있도록 고수준의 인터페이스를 제공한다. 기계 학습을 처리하는 대부분의 툴들은 프로그램 내에 알고리즘의 종류를 늘리는 것에 초점을 맞추어 개발했다. 반면, scikits_learn은 복잡한 문제를 해결하는 알고리즘이나 문제를 해결하는 과정에 초점을 맞추었기에 과정에 치중하는 사용 환경에 더 적합하다. 기계 학습 표준을 따르는 여러 기술을 최대한 수집한 후 그 기술들을 연동하는 방안을 제시하고, 관련 연구 분야의 실험이나 특정 프로토타입을 제작할 수 있는 생산적인 샌드박스를 제공한다. [그림 5-45]는 scikits_learn을 이용한 데이터 분석의 예로, 남아메리카 지역에 서식하는 특정 포유류의 지리적 분포를 분석하여 모델링한 결과이다.

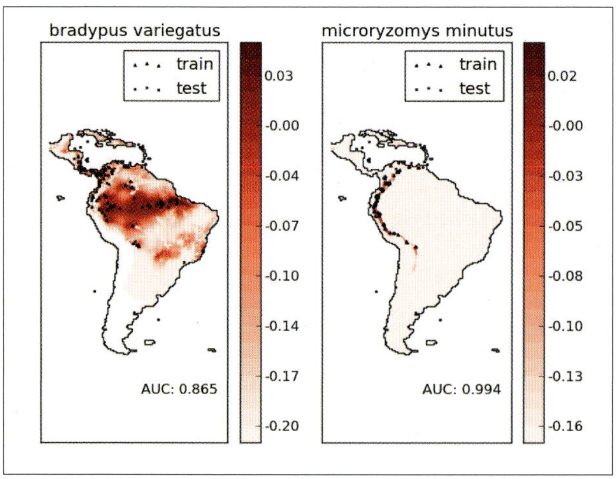

그림 5-45 scikits_learn을 이용한 분석 결과 예 [35]

연습문제

01 텍스트 마이닝 기술을 설명하시오.

02 오피니언 마이닝 기술을 설명하시오.

03 리얼리티 마이닝 기술을 설명하시오.

04 계층적 군집화 기법을 설명하시오.

05 분할적 군집화 기법을 설명하시오.

06 소셜 네트워크 분석을 설명하시오.

07 그래프 마이닝 기술을 설명하시오.

08 다음 중 빅데이터 분석에서 새롭게 주목 받는 기술이 아닌 것은?
① 텍스트 마이닝 ② 연관 규칙 ③ 의사 결정 마이닝
④ 군집 분석 ⑤ 기계 학습

09 아파치에서 제공하는 라이브러리로, 비정형화된 텍스트에서 사람이나 기관의 이름, 특정 장소, 시간 등을 추출하는 작업을 간편하게 실행할 수 있는 모델을 포함한 기술은?

10 아파치 Mahout의 주요 기능을 서술하시오.

11 다음 중 scikits_learn을 잘못 설명한 것은?
① Python 기반의 오픈 소스 기계 학습 라이브러리이다.
② 서포트 벡터 머신, 회귀분석, 군집화 등 여러 분석 기법을 제공한다.
③ 복잡한 문제보다는 간단한 문제를 해결하는 알고리즘에 더 적합하다.
④ 기계 학습 기술을 연동하는 프로토타입을 제작하려고 샌드박스를 제공한다.

참고문헌

[01] R. Agrawal, J. Gehrke, D. Gunopulos, and P. Raghavan, "Automatic Subspace Clustering of High Dimensional Data for Data Mining Applications", *In Proc, of the 1998 ACM SIGMOD international conference on Management of data*, June 1998, pp. 94-105.

[02] 김근형 · 오성열, "온라인 고객리뷰 분석을 통한 시장세분화에 텍스트 마이닝 기술을 적용하기 위한 방법론", 『한국콘텐츠학회』, 2009, 9(8), pp. 272-284.

[03] 정철우 · 김재준, "텍스트 마이닝을 활용한 건설분야 트랜드 분석", 『한국 디지털 건축 · 인테리어학회』, 2012, 12(2), pp. 53-60.

[04] 박경미 · 황규백, "자연어처리 기반 바이오 텍스트 마이닝 시스템", 『정보과학회논문지』 컴퓨팅의 실제 및 레터, 2011, 17(4).

[05] 박경미 · 박호건 · 김형곤 · 고희동, "SNS에서 오피니언 마이닝 연구", 『정보과학회지』 특집원고, 2011, pp. 54-60.

[06] K.-M. Park, H. Park, H.-G. Kim, and H. Ko, "Review Mining Using Lexical Knowledge and Modality Analysis", *In Proc. of the 5th International Universal Communication Symposium (IUCS)*, 2011.

[07] 이주영 · 인관호 · 김응모, "오피니언 마이닝을 이용한 SNS에서의 고객분석", 『한국정보과학회』 2012 가을 학술발표논문집, 2012, 39(2), pp. 101-103.

[08] G. Erétéo, F. Gandon, O. Corby, and M. Buffa, "Semantic Social Network Analysis", *In Proc. of the WebSci'09: Society On-Line*, 2009.

[09] C. Strapparava, and A. Valitutti, "Wordnet-affect: an Affective Extension of Wordnet", *In Proc. of the 4th International Conference on Language Resources and Evaluation*, Lisbon, 2004.

[10] 최동운 · 김수용, "스마트폰 기반의 생체인식 데이터 마이닝 알고리즘", 『한국엔터테인먼트산업학회』 2010 추계학술대회, 2010, pp. 155-158.

[11] 김승석 · 곽근창 · 유정웅 · 전명근, "계층적 군집화와 Gaussian Mixture Model을 이용한 뉴로-퍼지 모델링", 『퍼지 및 지능시스템 학회』, 2003, 13(5), pp. 512-519.

[12] 이신원 · 안동언 · 정성종, "K-Means 알고리즘을 이용한 계층적 군집화에서 군집 계층 깊이와 초기값 선정", 『정보관리학회지』, 2004, 21(4), pp. 173-185.

[13] Freeman L., "Centrality in Social Networks: a Sonceptual Classification", *Social Networks*, 1979, No.1.

[14] 김덕주 · 박건우 · 이상훈, "QuylityRank : 소셜 네트워크 분석을 통한 Q&A 커뮤니티에서 답변의 신뢰 수준 측정", 『정보과학회논문지』 데이터베이스, 2010, 37(6), pp. 343-350.

[15] 이경일 · 최광선 · 최성욱, "시맨틱 소셜 네트워크 분석", 『정보처리학회지』, 2011, 18(6), pp. 54-67.

[16] BKNetwork, http://www.bknetwork.org/UR/search/main.do?rbsIdx=11

[17] A. Inokuchi, T. Washio, and H. Motoda, "An Apriori-based Algorithm for Mining Frequent Substructures from Graph Data", *In Proc. of PKDD'OO*, 2000, pp. 13-23.

[18] M. Kuramochi, and G. Karypis, "Frequent Subgraph Discovery", *In Proc. of 2002 International Conference on Data Mining*, 2002, pp. 313-320.

[19] X. Yan, and J. Han, "gSpan: Graph-based Substructure Pattern Mining", *In Proc. of 2002 International Conference on Data Mining*, 2002, pp. 721-724.

[20] X. Yan, H. Cheng, J. Han, and P. S. Yu, "Mining Significant Graph Patterns by Scalable Leap Search", *In Proc. of the 14th ACM SIGKDD International Conference On Knowledge Discovery and Data Mining*, 2008, pp. 433-444.

[21] W. Fan, K. Zhang, H. Cheng, J. Gao, X. Yan, J. Han, P. S. Yu, and O. Verscheure, "Direct Mining of Discriminative and Essential Frequent Patterns via Model-based Search Tree", *In Proc. of the 14th ACM SIGKDD International Conference on Knowledge Discovery and Data Mining*, 2008, pp. 230-238.

[22] 노영상 · 윤은일 · 류근호 · 김명준, "그래프 마이닝 빈발패턴 확장탐색기법의 분석", 『한국정보과학회』 2008 가을 학술발표논문집, 2008, 35(2), pp. 17-20.

[23] 박기성 · 한용구 · 이영구, "빈발 부분 그래프 마이닝의 반복 수행에서 중복 연산 제거 기법", 『정보과학회논문지』 데이타베이스, 2012. 6, 39(3).

[24] X. Y. Yang, Z. Liu, and Y. Fu, "MapReduce as a Programming Model for Association Rules Algorithm on Hadoop", *In Proc. of the 3rd International Conference on Information Sciences and Interaction Sciences (ICIS)*, June 2010, pp. 99-102.

[25] S. K. Pitchaimalai, C. Ordonez, and C. Garcia-Alvarado, "Comparing SQL and MapReduce to Compute Naive Bayes in A Single Table Scan", *In Proc. of the Second International Workshop on Cloud Data Management (CloudDB'10)*, 2010, pp. 9-16.

[26] 장지훈 · 박형민 · 심규석, "맵리듀스 프레임웍을 이용한 서비스페이스 군집화의 구현", 『한국정보과학회』 2008 가을 학술발표논문집, 2008, 35(2), pp. 98-103.

[27] J. Cohen, "Graph Twiddling in a MapReduce World", *In Proc. of Computing in Science and Engineering*, 2009, Vol.11 No.4, pp. 29-41.

[28] S. Suri, and S. Vassilvitskii, "Counting Triangles and the Curse of the Last Reducer", *In Proc. of WWW'11*, 2011, pp. 607-614.

[29] S. Papadimitriou, and J. Sun, "DisCo: Distributed Co-clustering with MapReduce: a Case Study towards Petabyte-scale End-to-end Mining", *In Proc. of ICDM'08. Eighth IEEE International Conference on Data Mining*, Dec. 2008, pp. 512-521.

[30] U. Sakthi, R. Hemalatha, and R.S. Bhuvaneswaran, "Parallel and Distributed Mining of Association Rule on Knowledge Grid", *In Proc. of World Academy of Science: Engineering & Technology*, 2008, pp. 346–350.

[31] G.-Q. Wu, H.-G. Li, X.-G. Hu, Y.-J. Bi, J. Z, and X. Wu, "MReC4.5: C4.5 Ensemble Classification with MapReduce", *2009 Fourth China Grid Annual Conference*, 2009, pp. 249–255.

[32] 심규석, "Hadoop 기반의 질의처리 및 마이닝 기술", KCC'12 데이터베이스 소사이어티 워크숍.

[33] http://ai-times.tistory.com/171

[34] http://harish11g.blogspot.kr/2012/05/hadoop-mapreduce-hive-hbase-sqoop.html

[35] http://scikit-learn.org/stable/index.html

6장

빅데이터 표현 기술

1 개요
2 빅데이터 주요 표현 기술
3 연습문제
4 참고문헌

1 개요

표현 기술은 앞 단계에서 특정 기준에 따라 분석한 데이터의 특징이나 분석 결과를 분석가와 사용자들이 쉽게 이해할 수 있도록 그림이나 그래프 등으로 표현해 주는 기술들을 말한다. 예를 들어, 스프레드시트 프로그램을 이용하여 데이터를 정제 · 분석하고 이를 사용자가 알기 쉽게 그래프로 나타내는 방법은 가장 사용하기 쉬운 표현 기술 중 하나로 볼 수 있다.

기존의 데이터 분석 기술 분야 중에서 표현 단계는 분석 단계에 비해 덜 중요하게 취급되었다. 하지만 빅데이터 분석에서는 표현 단계가 가장 중요한 기술 분야로 취급받고 있는데, 표현 방식부터 표현을 제공할 디바이스까지 비약적으로 발전한 단계이다. 이 장에서는 이런 빅데이터 표현 기술을 살펴본다.

2 빅데이터 주요 표현 기술

이 장에서 살펴볼 빅데이터 주요 표현 기술은 [표 6-1]과 같다.

표 6-1 빅데이터 주요 표현 기술

제품/기술	최초 개발	최초 공개	주요 기능 및 특징
Tag Cloud	D. Coupland	1995년	태그의 연관성에 따른 빈발도 및 관계 분석
Gephi	M. Bastian	2008년	데이터를 네트워크 형태로 생성 후 표현
GraphViz	AT&T	1988년	흐름도나 트리 다이어그램 생성 표현 툴
Processing	MIT Media Lab.	2001년	그래픽 디자인을 위한 프로그래밍 언어
Fusion Tables	구글	2009년	대용량 데이터를 표현해 주는 온라인 서비스
Tableau	P. Hanrahan	2003년	데이터의 시각적 분석과 리포팅 도구 제공
TinkerPop	A. Averbuch	2009년	그래프를 처리하는 통합 서버형 시스템
Clustergram	M. Schonlau	2002년	계층적 군집화에 적합한 데이터 표현 툴
Spatial Information Flow	–	–	특정 정보를 기준으로 데이터 흐름 표현

2.1 Tag Cloud 태그 클라우드

Tag Cloud는 메타데이터에서 얻은 태그들을 중요도, 빈발도, 인기도 등 주제에 따라 분석하여 시각적으로 늘어놓은 것이다. 대부분 웹 페이지나 이미지로 나타내며, 보통 태그가 2차원 표와 같은 형태로 배치된다. 배치되는 순서는 알파벳순이나 가나다순으로, 주제에 맞는 태그를 시각적으로 강조하려고 각 태그들은 주제(중요도, 빈발도, 인기도 등)에 따라 글자의 색상이나 굵기 등에 변화를 주어 나타낸다.

웹 페이지로 표현된 Tag Cloud는 사용자가 표시된 태그 중 마음에 드는 키워드를 클릭하면, 해당 메타데이터의 정보가 담긴 웹 페이지나 원래 연결된 웹 페이지로 이동한다. Tag Cloud가 널리 알려진 계기는 사진 공유 웹사이트인 Flickr.com 때문이다. 이후 del.icio.us나 Technorati와 같은 웹 사이트에서 비슷한 기능을 선보이면서 많은 인터넷 사용자에게 인기를 얻었다. 그러나 맨 먼저 대중에게 발표된 Tag Cloud와 같은 형태의 구조는 D. Coupland의 소설 『마이크로서프』(Microserfs, 1995)에서 볼 수 있다.

Tag Cloud는 외적인 모습보다는 의미 면에서 두 가지로 나눌 수 있다. 첫째, 특징적인 하나의 연결에 연관된 태그가 얼마만큼 많으며, 그 연관된 태그들이 어떤 종류인지 보여 주는 것이다. 이것은 마치 민주주의 국가의 투표와 같은 것으로, 많은 사용자는 특정 태그를 어떤 태그와 서로 연결하는 것이 적절한지 결과를 보여 줄 수 있다. 둘째, 가장 대표적인 예로 각 태그들의 인기도가 얼마만큼 높은지 보여 주는 표시법으로 사용될 수 있다. 이때 태그들의 글자 크기나 색상, 형태는 인기도에 따라 변화하며, 인기도는 사용자의 선택에 따라 자동으로 갱신된다.

이 Tag Cloud를 서비스하는 웹 사이트는 여러 곳이 있는데, 그중 Last.fm(음악 제공 웹 사이트)은 사용자가 어떤 음악가의 음악을 자주 듣는지, 어떤 장르의 음악을 자주 듣는지 분석하여 Tag Cloud를 생성해 준다. [그림 6-1]은 Tag Cloud의 예이다.

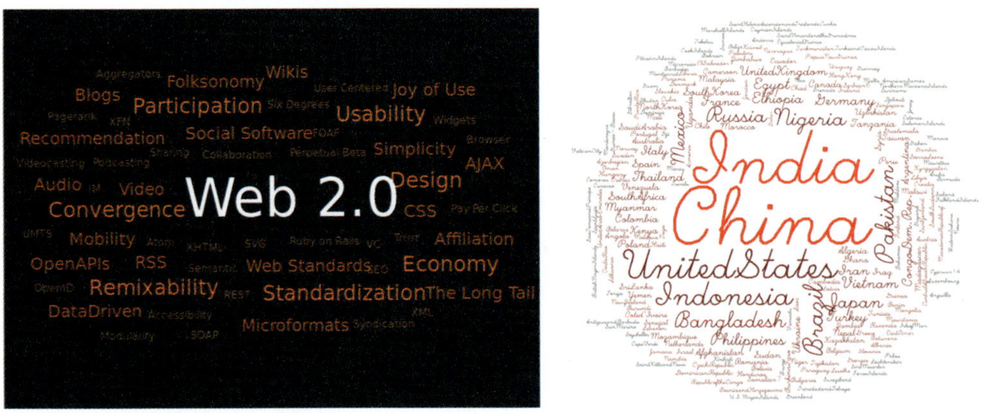

그림 6-1 Tag Cloud의 생성 예 [01]

2.2 Gephi게피

Gephi는 정제나 가공하지 않은 그래프 데이터를 네트워크 형태로 생성하여 이를 시각화하는 오픈 소스 기반의 Java 응용 프로그램이다. Gephi는 소셜 네트워크와 관련된 정보를 쉽게 이해할 수 있도록 도와주는데, 주로 LikedIn의 데이터를 표현하는 데 많이 활용한다. 표현에 필요한 변수를 구성하려고 여러 알고리즘을 사용했으며, 사용자가 데이터 및 노드의 위치를 자유롭게 수정하고 조절할 수 있도록 개발했다. 수정할 데이터나 노드의 위치가 많아도 Gephi에서 제공하는 윈도우 GUI를 이용하여 쉽고 빠르게 수정할 수 있으며, 기본적으로 많이 사용하는 그래프 구성을 제공한다. 또한 데이터의 표현 결과를 미리보기 탭에서 확인할 수 있고, 사용자는 툴킷 라이브러리에서 제공하는 함수를 활용하여 문서를 작성할 수 있다. 튜토리얼이 잘 구성되어 있으나 기능이 워낙 다양하여 사용자가 익숙해지기까지는 어느 정도 시간이 걸릴 수 있다. 또한 노드 수에 제한이 있어 너무 큰 데이터를 처리하는 데 한계가 있다. [그림 6-2]는 Gephi를 이용하여 생성한 그래프 화면이다. 그림은 Oracle OpenWorld 2011에서 관심 있는 세션이나 세션 좌장과의 친분을 기준으로 투표를 실시하고, 이 결과를 네트워크 그래프로 표현한 것이다.

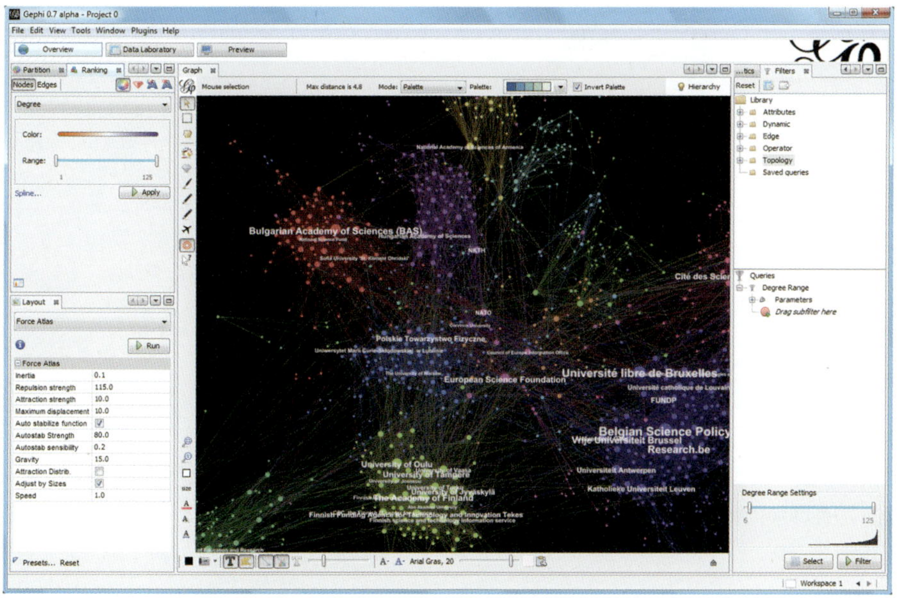

그림 6-2 Gephi의 실행 화면 [02]

2.3 GraphViz GRAPH VIsualiZation software; 그래프비즈

GraphViz는 AT&T 연구소에서 DOT 스크립트 언어를 사용하여 다이어그램을 그리려고 만든 오픈 소스 프로그램으로, CPL Common Public License을 사용한다. 사용자의 데이터를 기반으로 다이어그램을 그릴 수 있는 명령어 라인 네트워크 그래프 시각화 툴이며, 일반적인 목적의 흐름도나 트리 Tree를 그리는 데 적합하다. GraphViz로 생산한 결과 그래프는 다른 표현 툴의 결과물에 비해 상대적으로 간단하거나 투박하다. 하지만 결과 그래프를 효과적으로 다듬을 수 있는 다양한 옵션을 함께 제공한다. 또한 다른 소프트웨어에서 라이브러리로 사용할 수 있는 기능도 제공하고, DOT 언어를 사용하여 그래프를 정의하며, 이 정의한 내용을 필터를 이용하여 다양한 이미지 포맷으로 생성한다. 기본적으로 생성하는 .DOT 파일 형식은 많은 프로그램에서 채택하여 다양한 툴에 플러그인하기 쉬우며, 관련 알고리즘이 매우 정확하게 구성되어 있어 수많은 데이터도 별 문제없이 처리할 수 있다. [그림 6-3]은 GraphViz를 이용하여 웹 사이트 300여 개(40개국 이상) 간에 네트워크 구성을 생성하고 이를 다이어그램으로 표현한 화면이다.

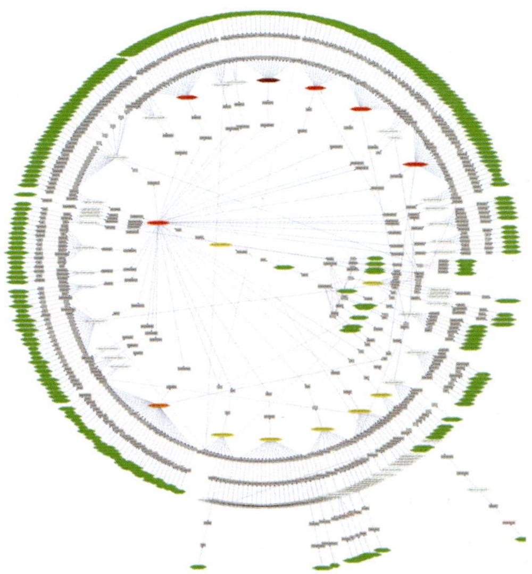

그림 6-3 GraphViz의 다이어그램 화면 예 [03]

2.4 Processing프로세싱

Processing은 MIT의 C. Reas와 B. Fry가 주축이 되어 개발했으며, 기존의 DBN Design By Number 기반으로 만든 프로그래밍 언어이다. DBN은 디자이너와 아티스트의 프로그래밍 접근도를 높여 주는 소프트웨어로, 프로그래밍이나 계산 과정의 난해함을 최소화하여 디자이너가 코딩 몇 줄로도 이미지를 만들 수 있도록 고안한 소프트웨어이다. 이런 DBN과 비슷한 목적으로 개발한 Processing도 디자이너와 아티스트를 위해 만들었다 해도 과언이 아닐 정도로 프로그래밍이 쉽고, Java의 복잡한 프로그래밍 문법도 적용 가능하다.

Processing은 DBN과 마찬가지로 Java 기반이지만 Visual C++ 등 IDE 툴과 성격이 같다. Processing은 프로그래밍 언어로 작성해야만 이미지를 생성할 수 있는데, 그렇다고 그 기능만 있는 소프트웨어는 아니다. Processing에는 프로그래밍으로 만들 수 있는 다양한 기능이 있으며, 데이터베이스와 연동한 게시판, 영상 제작 등 관련 작업도 가능하다.

디자이너에게 가장 많이 알려진 그래픽 프로그래밍 언어로, 관련 있는 웹을 시각화할 수 있는 Processing은 연관 라이브러리, 예시, 관련 문서 등이 많아 사용자가 원하는 정보를 얻기 쉽다. 또한 여러 가지 시각화 도구로 구성되어 있는 JavaScript 프레임워크인 Protovis 바, 라인 그래프, 포스-디렉티드Force-Directed 네트워크 구성과 같은 다양한 기능이 포함되어 있으며, 시각화 템플릿 툴 중에서 인터페이스 수준이 상당히 높은 편이다. [그림 6-4]는 Processing으로 작업한 그래픽 결과물 예이다.

그림 6-4 Processing의 사용 예 [04]

2.5 Fusion Tables퓨전 테이블

Fusion Tables은 구글에서 개발한 것으로, 테이블의 데이터를 효과적으로 시각화할 수 있게 도와주는 툴이다. Fusion Tables은 방대한 양의 데이터를 스프레드시트와 같은 테이블에 저장할 수 있는 온라인 시스템으로, 저장된 정보를 사용자 요구에 맞게 처리하고, 그 결과를 시각화할 수 있다. 사용자가 흥미 있는 데이터를 활용하여 특정한 주제에 맞는 지도를 제작할 수도 있다. 사용자는 정치 성향 등과 같은 여러 정보가 표시된 지도를 생성하고, 이를 저장할 수 있다. 대용량의 데이터를 편리하게 다룰 수 있는 효과적인 시스템이지만, 전문가용으로 만들었기 때문에 일반 사용자가 사용 · 조작하는 데는 어려움이 있다. Fusion Tables은 마이크로소프트 엑셀에서 제공하는 차트와 달리 테이블을 파일이나 이미지 등 공유 대상으로 지정했다. 구글 맵, 구글 스프레드시트와 간단히 연동할 수 있고, 엑셀, CSV 등의 파일을 업로드할 수 있다. 테이블 조작도 가능한데, 여러 테이블을 동시에 하나의 테이블로 통합할 수 있고, 접근 권한을 설정하여 지정한 사람과 테이블의 데이터를 공유하는 것도 가능하다. 물론 권한이 부여된 사람끼리 함께 데이터를 수정하는 것도 가능하다. [그림 6-5]는 Fusion Tables에서 지도를 생성한 화면으로, 우리나라 문화재의 분포를 히트 맵Heat Map으로 표현했다.

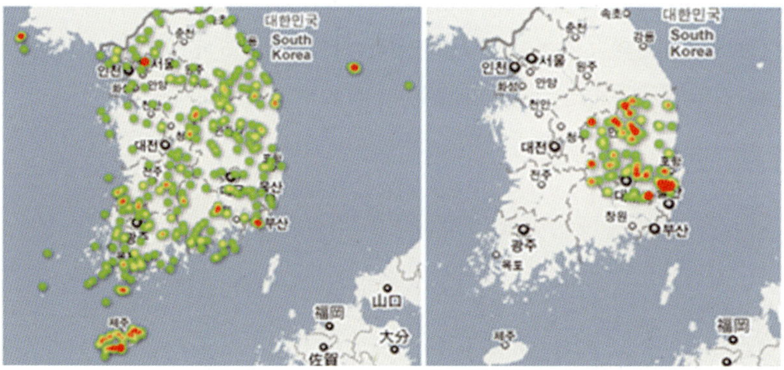

그림 6-5 Fusion Tables의 사용 예 [05]

2.6 Tableau 타블로

Tableau는 그래프를 시각화하는 데스크톱 응용 프로그램으로, 온라인 지원과 다양한 콘텐츠를 추가할 수 있고 시각적인 분석과 리포팅 도구를 제공한다. Tableau는 스탠포드 대학 교수인 팻 한라한Pat Hanrahan의 R&D 프로젝트에서 처음 탄생했다. Hanrahan은 Pixar의 설립 멤버이자 영화 산업에서 널리 사용하는 그래픽 프로토콜인 RenderMan의 아키텍트이었다. 그 이후에도 Hanrahan과 Christopher R. Stolte 크리스토퍼 스톨테의 주도로 Tableau의 전문가들은 비주얼 질의 언어인 VizQL을 개발했다. 이것은 사용자가 데이터베이스와 상호작용하면서 그래픽 · 시각적인 결과를 얻을 수 있는 선언 언어이다.

Tableau는 사용이 쉬우며 GUI가 직관적이다. 사용자의 피벗pivot 테이블이나 크로스 테이블의 작성을 도와주는 도구는 여러 가지가 있는데, Tableau는 그중에서 가장 강력한 기능을 제공한다. Tableau는 크로스 표를 실시간으로 시각화하는데, 이 기능을 사용하면 데이터베이스 테이블을 시각적으로 살펴볼 수 있다. 데이터 분석가에게 데이터의 추세와 상관관계를 시각적으로 보여주며, 데이터에 숨어 있는 정보들도 쉽게 찾아내어 사용할 수 있도록 도와준다.

Tableau로 그린 그래프를 인터넷 뉴스 등에 자주 사용하지만, 지질학적 데이터로 사용하기에는 구글의 Fusion Tables만큼 정확하지는 못하다. 그러나 구글에서 제공하지 않는 지형 스타일을 추가로 제공하기도 한다. Tableau는 데스크톱의 인터페이스를 사용하거나 전문적인 출판물에 첨부할 다양한 형태의 그래프를 생성하는 작업을 할 때 사용하기 좋은 프로그램이다. [그림 6-6]은 Tableau에서 제공하는 샘플 그래프 화면으로, 2005년에 발생한 허리케인들의 에너지와 바람 세기를 시각화한 것이다.

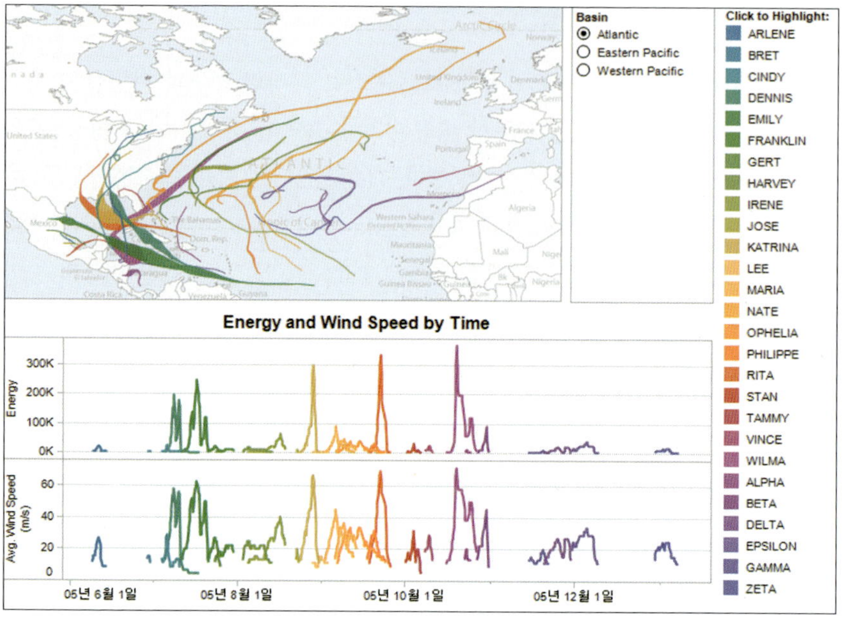

그림 6-6 Tableau의 샘플 그래프 화면 [06]

2.7 TinkerPop 팅커팝

오픈 소스 그래프 소프트웨어인 TinkerPop은 통합된 도구 모음을 생성할 수 있으며, 그래프를 처리하는 LAMP Linux, Apache, MySQL, PHP 구조와 비슷하다. TinkerPop은 REST 기반의 서버 형태로 시스템을 공개했다. 전문화된 그래프 데이터베이스에 질의를 작성하고, 상호 연결되어 있는 일반적인 작업들을 수행할 수 있는 서비스 모음을 제공한다. 세부 서비스로 각각 기능이 다른 Blueprints, Pipes, Gremlin, Frames, Furnace, Rexster 여섯 가지를 제공한다. 또한 사용자가 그래프 데이터를 다룰 때는 가공하지 않은 그래프 데이터베이스를 다룰 때보다 훨씬 편리한 수준 높은 인터페이스를 제공한다. [그림 6-7]은 TinkerPop으로 표현한 주변 사람 구조 그래프이다.

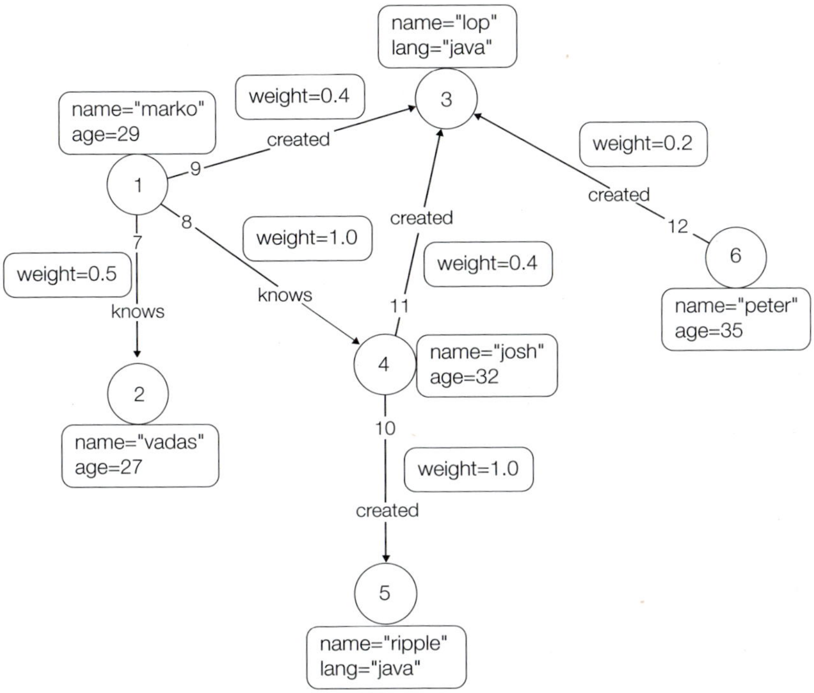

그림 6-7 TinkerPop으로 표현한 주변 사람 구조 그래프 [07]

2.8 Clustergram클러스터그램

Clustergram은 클러스터링과 관련된 표현 소프트웨어이다. 계층적 클러스터링을 수행하고, 계통도Dendrogram나 히트 맵 형태로 표현한다. 클러스터 개수가 늘어나면 각 데이터 집합 부분에 어떻게 클러스터를 할당하는지 보여 주는 집약 분석 기법이다. [그림 6-8]은 Clustergram의 예이다. 그림을 보면 클러스터링 결과가 계통도와 함께 히트 맵 형태로 표현되었음을 알 수 있다.

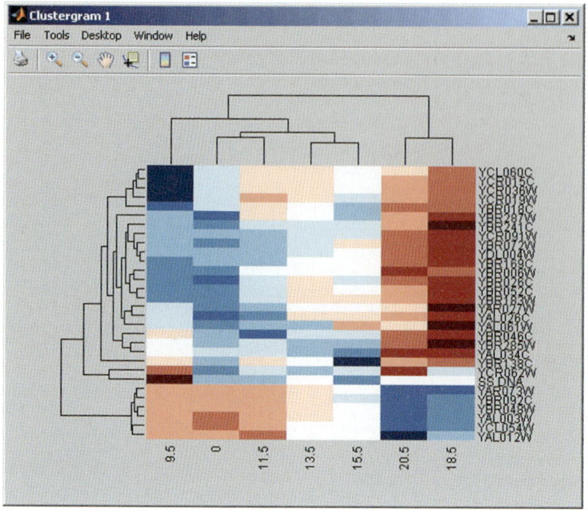

그림 6-8 Clustergram의 예 [08]

2.9 Spatial Information Flow 스페이셜 인포메이션 플로우

Spatial Information Flow는 특정 정보 안에서 데이터의 흐름을 보여 주는 시각화 기술이다. 주로 정보의 흐름을 2차원이나 3차원 공간에 링 형태로 시각화하여 표현한다. 일반적으로 정보의 흐름이 많을수록 링의 크기가 커진다. [그림 6-9]는 Spatial Information Flow의 예이다. 이는 뉴욕과 세계 각 도시 사이에 흐르는 인터넷 프로토콜의 데이터양을 표현한 결과이다.

그림 6-9 Spatial Information Flow의 예 [09]

연습문제

01 메타데이터에서 얻은 정보들을 중요도, 빈발도, 인기도 등 주제에 따라 분석하여 글자 색상이나 굵기 등에 변화를 주어 시각적으로 표현하는 기술은?

① Clustergram ② Tableau ③ R

④ Tag Cloud ⑤ Processing

02 정제나 가공하지 않은 그래프 데이터를 네트워크 형태로 생성하고 이를 시각화하는 오픈 소스 기반의 Java 응용 프로그램으로, 주로 LikedIn의 데이터를 시각화하는 데 많이 활용하는 빅데이터 표현 기술은?

03 AT&T에서 개발한 GraphViz를 간략하게 서술하시오.

04 Processing의 특징을 기존 표현 기술들과 차이점을 기준으로 설명하시오.

05 다음 중 Fusion Tables을 설명한 것은?

① 테이블 형태의 데이터를 효과적으로 시각화하는 툴이며, 구글에서 개발했다.

② 방대한 양의 데이터를 스프레드시트 형식으로 저장할 수 있는 오프라인 프로그램이다.

③ 전문가용으로 개발했기 때문에 일반 사용자가 사용하기에는 조작이 어렵다.

④ 구글 맵, 구글 스프레드시트와 연동할 수 있으며, 엑셀, CSV 형태의 파일로 업로드가 가능하다.

06 사용자가 데이터베이스와 상호작용하며 시각적 결과를 얻을 수 있는 VizQL을 기반으로 분석 및 리포팅 도구를 제공하는 데스크톱 응용 프로그램은?

① Clustergram ② Processing ③ TinkerPop

④ Tag Cloud ⑤ Tableau

07 다음 설명을 읽고 참/거짓을 구분하시오.

① TinkerPop은 전문화된 그래프 데이터베이스에 질의를 작성하고, 상호 연결되어 있는 작업들을 수행할 수 있는 서비스 모음을 제공하는 그래프 처리 소프트웨어이다. ( )

② 주어진 데이터에서 계층적 클러스터링을 수행하고, 계통도Dendrogram나 히트 맵 형태로 가시화하는 소프트웨어는 Tableau이다. ( )

③ Spatial Information Flow는 특정 정보 안에서 데이터의 흐름을 링 형태로 표현해 주는 기술이다. ( )

참고문헌

[01] http://en.wikipedia.org/wiki/Tag_cloud

[02] https://gephi.org/screenshots

[03] http://www.graphviz.org/Gallery/twopi/twopi2.html

[04] http://en.wikipedia.org/wiki/Processing_(programming_language)

[05] http://geothink.tistory.com

[06] http://www.tableausoftware.com/learn/gallery/storm-tracking

[07] http://www.infoq.com/jp/articles/graph-nosql-neo4j

[08] http://www.mathworks.co.kr/kr/help/bioinfo/ref/setclustergram.html

[09] "Big Data: The Next Frontier for Innovation, Competition, and Productivity", McKinsey, 2011.

7장
빅데이터 플랫폼 기술

1 개요

빅데이터는 규모, 속도, 다양성, 정확성, 가치 등의 속성이 있어서 이를 효과적으로 처리할 수 있는 기술이 필요하다. 각 과정별로 세부 기술이 있지만, 이 모두를 통합적으로 지원할 수 있는 기술이 바로 이 장에서 다룰 플랫폼 기술이다. 빅데이터 플랫폼은 [그림 7-1]과 같이 빅데이터 기술을 잘 사용할 수 있도록 준비된 환경으로, 빅데이터 기술의 집합체로 볼 수 있다.

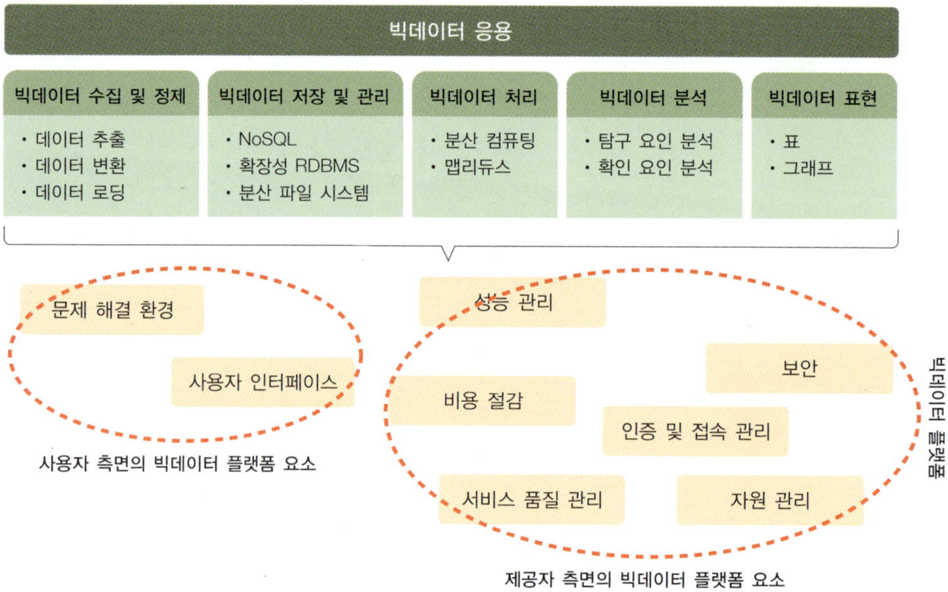

그림 7-1 빅데이터 플랫폼 개요

플랫폼 기술에서 연구가 활발히 진행되고 있는데, 각 기술을 구체적으로 살펴보기에 앞서 플랫폼 기술에서 고려할 사항부터 하나씩 알아보자. 빅데이터 처리에서는 크게 다음 세 종류의 부하Load가 발생하며, [01] 이를 얼마나 효율적으로 제어하는지에 따라 빅데이터의 성능이 좌우된다.

- **컴퓨팅 부하** : 빅데이터를 처리하려고 CPU 등 자원 소비에서 발생
- **저장 부하** : 빅데이터 처리 과정의 입력 데이터Input Data, 중간 데이터Intermediate Data, 출력 데이터Output Data 등 저장에서 발생
- **네트워크 부하** : 빅데이터 처리에 사용하는 노드Node 간의 통신에서 발생

이 부하는 다양한 방법으로 제어할 수 있다. 예를 들어, 컴퓨팅 부하는 CPU 성능을 높이거나 빅데이터 응용을 실행하는 클러스터Cluster 노드에서 작업을 효과적으로 처리하는 데 사용할 수 있다. 그리고 저장 부하는 파일 시스템 개선, 메모리와 파일 시스템의 효과적인 사용, 데이터베이스 기술 향상 등의 방법을 사용할 수 있다. 마지막으로 네트워크 부하는 노드 간 대역폭을 효과적으로 분배하거나 네트워크에서 가까운 노드를 클러스터로 선택하는 방법을 사용할 수 있다.

이 장에서는 이 세 가지 부하 중 컴퓨팅 부하를 제어하는 방법을 중심으로 플랫폼 기술을 소개한다. 더불어 다양한 컴퓨팅 환경과 플랫폼에서 컴퓨팅 부하를 제어하는 방법뿐만 아니라 저장 부하와 네트워크 부하를 함께 고려한 제어 기법도 다룬다. 빅데이터 플랫폼은 기존 여러 플랫폼과 마찬가지로 사용자에게 문제 해결 환경Problem Solving Environment; PSE과 편리한 사용자 인터페이스User Interface; UI를 제공해야 한다. 여기서 문제 해결 환경은 해당 플랫폼을 이용해 문제를 해결할 때 기반을 둔 환경을 말한다. 이는 노드, 클러스터와 같은 하드웨어뿐만 아니라 해당 문제 해결에 필요한 응용 및 알고리즘 등 소프트웨어도 포함한다. 또한 제공자 측면에서는 빅데이터 플랫폼이 사용자의 문제 해결에서 서비스 품질 관리, 성능 관리, 보안, 비용 절감, 인증 및 접속 관리, 자원 관리 등 요소도 포함한다.

이 장에서는 먼저 빅데이터 플랫폼 요소 기술과 구조를 소개한 후 빅데이터 플랫폼 관리 기술을 다룬다. 그런 다음 마지막으로 빅데이터 워크플로우 컴퓨팅 기술을 다룬다.

2 빅데이터 플랫폼 요소 기술과 구조

빅데이터 플랫폼 기술을 본격적으로 알아보기 전에, 먼저 빅데이터 플랫폼이 갖춰야 할 요소 기술과 이 기술을 이용하는 빅데이터 플랫폼의 구조를 살펴보자.

2.1 빅데이터 플랫폼 요소 기술

빅데이터 플랫폼은 빅데이터의 다섯 가지 속성인 규모, 속도, 다양성, 정확성, 가치를 모두 고려하여 설계해야 한다. 빅데이터 플랫폼에서 필요한 기술을 빅데이터 속성을 고려한 빅데이터 처리 과정과 연관시켜 살펴보면 다음과 같다.

- 빅데이터 수집 및 정제Cleaning

  정형, 반정형, 비정형 데이터가 혼재되어 있어 부정확한 데이터를 수집하면 빅데이터를 처리 · 분석할 때 비효율성이 발생하기 때문에 데이터 수집 및 정제에도 기술이 필요하다.

  데이터 정제는 데이터 품질을 향상시키기 위해 데이터의 오류 및 불일치Inconsistency를 감지하고 제거하는 것이다. [02] 이 단계에서는 [그림 7-2]와 같이 ETL 프로세스가 데이터 추출Extraction, 변환Transformation, 로딩Loading을 수행하며, 이는 데이터웨어하우스에서 데이터를 관리하는 데 중요한 역할을 한다. [03] 빅데이터는 대용량 및 다양성의 속성도 있으므로 이 단계는 신속하고 정확하게 처리해야 한다.

  - **데이터 추출** : 데이터 소스Source에서 데이터를 추출한다.
  - **데이터 변환** : 데이터 소스에서 추출한 데이터를 변환 · 균질화 · 정제하며, 데이터를 해당 데이터웨어하우스 스키마Schema에 적합하도록 변환한다. 또한 비즈니스 규칙 및 통합 제약 조건에 따라 데이터웨어하우스에 데이터를 전달하는 필터링 및 확인 작업도 한다.
  - **데이터 로딩** : 변환된 데이터를 데이터웨어하우스로 로딩한다.

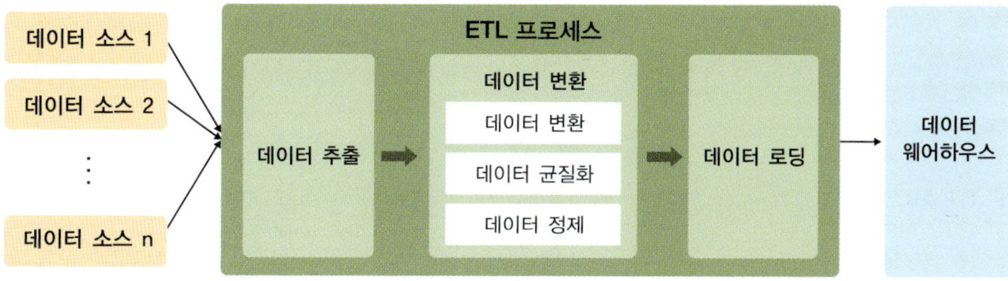

그림 7-2 데이터 저장소 구성 단계 : ETL 프로세스(데이터 추출 · 변환 · 로딩) [03]

- **빅데이터 저장 및 관리** [04], [05]

빅데이터의 용량과 다양성의 속성 때문에 데이터베이스 시스템에서 확장성이 중요한 관심사가 되었다. 하지만 기존 관계형 데이터베이스 관리 시스템Relational DataBase Management System; RDBMS으로는 이를 보장하는 데 한계가 있기 때문에 NoSQL이나 확장성을 지원하는 RDBMS 연구가 진행되었다.

NoSQL은 기존 RDBMS의 ACID 트랜잭션Transaction 속성인 원자성Atomicity, 일관성Consistency, 독립성Isolation, 지속성Durability 등을 포기하는 대신 즉각적인 업데이트가 가능한 데이터 저장소이다. 그리고 공유 데이터 시스템Shared-data System은 일관성, 가용성Availability, 네트워크 분할에서 감내성Tolerance To Network Partition 중 최대 두 가지 속성을 가질 수 있다는 CAP 이론 [06] 관점에서 봤을 때, 네트워크 분할에서 감내성을 취하고 일관성과 가용성 중 하나를 포기함으로써 일관성과 가용성을 취하는 기존 RDBMS보다 높은 성능 및 확장성을 제공한다.

데이터베이스 시스템에서 확장성을 제공하려면 작은 범위의 동작 및 트랜잭션을 사용해야 한다. 그래서 NoSQL에서는 많은 범위의 동작 및 트랜잭션을 제한하여 확장성을 보장한다. 반면, RDBMS에서 확장성을 지원하는 연구에서는 해당 동작 및 트랜잭션을 사용하는 사용자에게 페널티를 주는 방식 등으로 확장성을 보장한다.

빅데이터 처리 및 관리 과정에서는 데이터를 신속히 처리해야 하므로 보통 작업을 병렬 및 분산 처리하여 이를 해결한다. 특히 실행에서 데이터 공급이 성능에 중요한 요소가 되므로, 이를 효과적으로 수행하는 파일 시스템이 필요하다. 이때 분산 파일 시스템Distributed File System; DFS이 효과적인 방법이 될 수 있다. 분산 파일 시스템을 이용해 데이터를 분산 저장하면 데이터를 신속히 공급할 수 있어 처리 성능이 향상된다.

- **빅데이터 처리** [07], [08]

수집 및 정제된 데이터를 효과적으로 분석하는 처리 기술이 필요한 단계로, 보통 작업을 병렬 및 분산 처리하여 성능을 향상시킨다.

분산 시스템은 네트워크에서 분산된 컴퓨터를 단일 시스템 형태로 구동하는 개념으로, 병렬 시스템은 문제 해결을 위해 CPU 등의 자원을 데이터 버스Bus나 지역 통신 시스템 등으로 연결하여 분할된 작업을 동시에 처리함으로써 계산 속도를 빠르게 하는 개념으로 생각할 수 있다. [09] 분산 시스템의 정의에 따르면 분산 컴퓨팅은 다음 두 가지 조건을 만족해야 한다. 첫째, 분산 시스템에 속한 각 컴퓨터에는 독립된 시스템이 있어야 한다. 둘째, 독립 컴퓨터의 집합으로 만들었으나 단일 시스템의 역할을 수행해야 한다. 그리고 병렬 컴퓨팅은 큰 작업을 여러 개로 작게 나누어 다수의 컴퓨팅 자원을 이용해 동시에 실행하는 것이다.

분산 시스템을 병렬 시스템과 구분하기도 하지만 이 둘은 중첩되는 부분이 많아 실제 시스템에서도 이 둘을 명확히 구분하기 어렵다. 그래서 이 장에서는 이 두 개념을 아우르는 분산 병렬 컴퓨팅이라는 용어를 사용한다. 분산 병렬 컴퓨팅은 다수의 독립된 컴퓨팅 자원을 연결하는 네트워크와 이를 제어하는 미들웨어Middleware를 이용해 하나의 시스템으로 동작할 수 있고, 큰 문제를 쉽게 처리할 수 있다. 그런데 분산 병렬 컴퓨팅에서 시스템이 원활하게 동작하려면 다음 세 가지 문제를 고려해야 한다.

- **전체 작업을 쪼개어 여러 개의 작은 작업으로 나누는 문제** : 워크플로우Workflow와 같이 서로 의존적인 작업에서는 스케줄링Scheduling 등을 이용해 적절한 순서로 실행해야 한다.
- **각 프로세서에서 계산된 중간 결과물을 프로세서 간에 서로 주고받는 문제** : 효율적인 통신은 성능과 직결된다. 보통 단일 시스템은 노드 수만큼 전체 작업을 균등하게 나누고, 이종 시스템은 컴퓨팅 능력에 따라 전체 작업을 나눈다. [10] 그런데 여기서 노드 간의 통신을 최소화하는 기법, 예를 들어 그래프 분할Partitioning 등이 반영되면 자원을 좀 더 효율적으로 사용할 수 있고 성능도 향상시킬 수 있다.
- **서로 다른 프로세서 간의 동기화 문제** : 데이터 병렬 처리에서 동기적Synchronous 방법을 사용할 때 프로세서는 반드시 특정 계산이 끝나거나 특정 데이터를 넘겨받을 때까지 기다려야 한다. 즉, 전송자가 수신자에게서 데이터를 받았다는 응답이 있을 때까지 기다리는 것이다. 반대로 비동기적Asynchronous 방법에서는 결과 메시지를 보낸 즉시 다음 작업을 계속한다. 이때 프로세서는 기다릴 필요가 없지만, 계산 과정이 적합한지 확인해야 한다. [11]

맵리듀스MapReduce는 구글에서 제작한 방대한 양의 데이터를 처리하는 프로그래밍 모델로, 방대한 양의 데이터를 효과적으로 병렬 및 분산 처리할 수 있다. 맵리듀스 처리에서 맵 작업은 입력 데이터를 처리하여 중간 데이터를 생성하며, 리듀스 작업은 중간 데이터를 병합하여 출력 데이터를 생성한다. 맵 작업과 리듀스 작업은 병렬 및 분산 처리되는데, 빅데이터의 신속한 처리가 보장된다. 맵리듀스는 병렬 및 분산 처리되기 때문에 이를 실행하는 런타임Runtime에서의 입력 데이터 분할, 작업 스케줄링, 노드 고장, 노드 간의 데이터 전송 등이 맵리듀스 처리 성능에 많은 영향을 준다. 그러므로 이를 효과적으로 해결하는 방법이 필요하다. 이는 5장과 6장에서 자세히 다루었다.

[그림 7-3]은 빅데이터 응용에서 맵리듀스 함수를 호출했을 때의 처리 단계이다.

- **입력 데이터를 읽고 분할하는 단계** : 빅데이터 응용에서 맵리듀스 라이브러리는 입력 데이터를 분할하고 해당 응용의 복사본을 클러스터 안에 배치한다. 복사본들은 노드, 가상 머신Virtual Machine; VM, 스레드Thread 등에 배치될 수 있는데, 그 역할은 각 맵리듀스 실행을 관리하는 마스터Master와 맵 작업과 리듀스 작업을 수행하는 워커Worker로 나뉜다.
- **분할된 입력 데이터를 할당해 맵 작업을 수행한 후 그 결과인 중간 데이터를 통합 및 분할하는 단계** : 마스터가 현재 작업을 수행하고 있지 않은 워커에 맵 작업을 할당한다. 맵 작업을 수행하는 워커는 입력 데이터의 키와 값 쌍을 파싱Parsing하여 맵 작업을 수행한다. 맵 작업 완료 후 중간 데이터는 메모리에 저장하고, 이것을 다시 통합 및 분할하여 디스크에 저장한다.
- **통합 및 분할된 중간 데이터를 셔플Shuffle하는 단계** : 마스터가 각 중간 데이터의 위치를 통보받아 중간 데이터를 전달할 리듀스 워커를 결정한다. 여기서 리듀스 워커는 마스터에게서 중간 데이터의 위치를 통보받는다.
- **셔플된 중간 데이터를 이용해 리듀스 작업을 수행하는 단계** : 마스터에게서 중간 데이터의 위치를 통보받은 리듀스 워커가 이 데이터를 읽어 와서 해당 키가 함께 그룹화되도록 중간 키에 따라 이를 정렬한다. 그런 다음 리듀스 작업을 수행한다.
- **출력 데이터를 생성하고 맵리듀스 처리를 종료하는 단계** : 맵리듀스 처리의 출력 데이터가 생성되고 마스터가 맵리듀스 처리를 종료한 후 해당 응용 실행을 계속 진행한다.

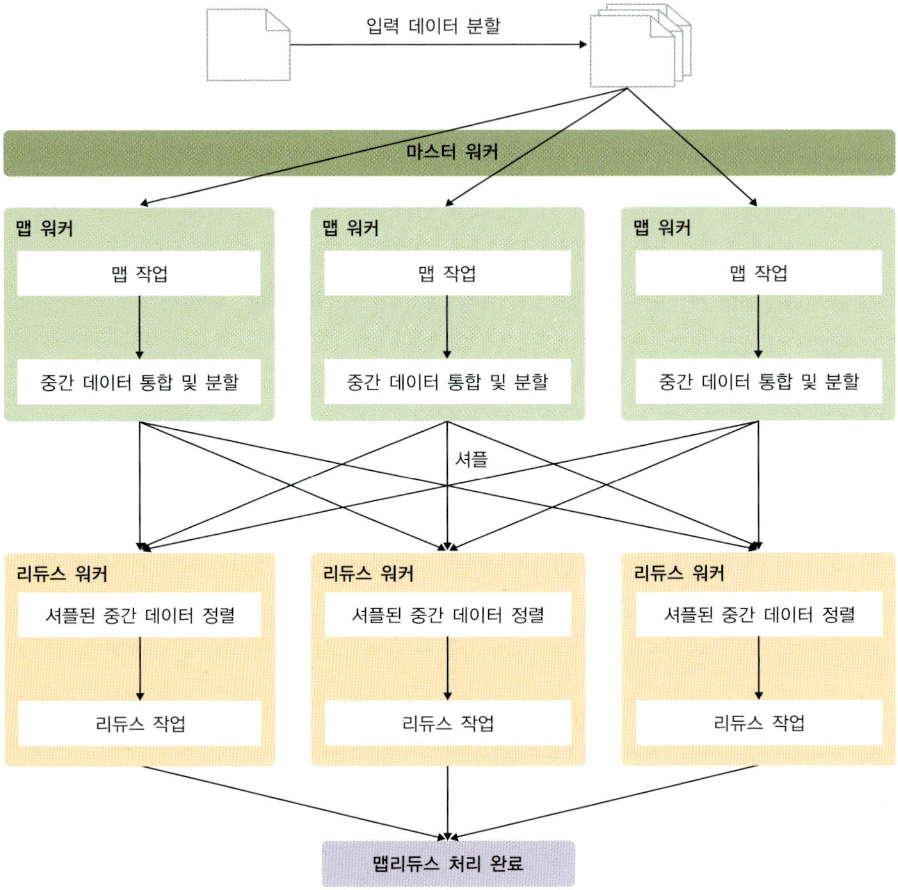

그림 7-3 맵리듀스 처리 세부 단계 [07] **재구성**

- **빅데이터 분석**

  빅데이터 분석 단계에서는 데이터를 효과적으로 분석하는 기술이 필요하다. 데이터 분석은 크게 탐구 요인 분석Exploratory Factor Analysis; EFA과 확인 요인 분석Confirmatory Factor Analysis; CFA으로 구분한다. EFA는 데이터 간 상호 관계를 파악하여 데이터를 분석하는 방법이고, CFA는 관찰된 변수들의 집합 요소의 구조를 파악하기 위한 통계적 기법을 통해 데이터를 분석하는 방법이다. [12] 다양한 분석 기법이 개발되어 상황에 맞는 적절한 분석 기법의 선택이 중요한 문제이다. 특히 특정 분야나 목적을 위해서 특성에 맞는 분석 기법을 사용해야 한다.

- **빅데이터 표현**

  빅데이터 표현 단계에서는 빅데이터 처리 및 분석 결과를 사용자에게 보여 주는 기술이 필요하다. 처리 및 분석된 결과를 표, 그래프 등을 이용해 쉽게 이해할 수 있도록 표현하여 결과를 더 효과적으로 분석할 수 있도록 해야 한다.

빅데이터 플랫폼은 앞서 소개한 기술을 일부 또는 모두 반영해야 한다. 다음으로 이 기술을 이용하는 빅데이터 플랫폼 구조와 세부 기술을 살펴보자.

2.2 빅데이터 플랫폼 구조 및 세부 기술

여기서는 앞서 소개한 기술을 모두 포함한 빅데이터 플랫폼을 빅데이터를 통합적으로 다루는 플랫폼으로 가정한다. 또한 효과적인 컴퓨팅 부하 처리를 중심으로 설계된 빅데이터 구조를 살펴본다. 하지만 이는 한 예로, 용도에 따라 다양하게 설계할 수 있음을 유의하자.

빅데이터 처리 과정별 요소 기술을 이용한 빅데이터 플랫폼 구조는 [그림 7-4]와 같이 소프트웨어 계층, 플랫폼 계층, 인프라스트럭처 계층으로 되어 있다.

그림 7-4 빅데이터 플랫폼 구조

- **소프트웨어 계층**

소프트웨어 계층은 빅데이터 응용을 구성하며 데이터 처리 및 분석과 이를 위한 데이터 수집 및 정제 등을 수행한다. 대표적인 예로 워크플로우 설계와 모니터링 기술을 들 수 있다. 워크플로우 설계자는 데이터의 수집 및 정제로 저장한 데이터와 플랫폼이 보유한 데이터 처리 응용을 목록으로 나열하여 사용자가 UI를 이용해 원하는 데이터 처리 및 분석 워크플로우를 쉽게 구성할 수 있도록 한다. 구성된 워크플로우는 응용 간 의존성을 나타내는 구조, 각 응용의 특성, 입력 데이터 타입 및 SLA 등 사용자 요구 사항을 포함한다. 요청된 워크플로우는 플랫폼 계층으로 처리하며, 처리 과정을 워크플로우 모니터링 기술로 표현하여 결과적으로 사용자가 요구한 SLA를 충족했는지 확인할 수 있게 한다. 데이터 수집 및 정제를 위해 데이터 추출, 변환, 로딩 등의 기술이 필요하다. 또한 분야 및 서비스 형태에 따른 적절한 엔진이 필요하고, 사용자에 따라 데이터 수집 및 정제 방법도 달라져야 한다.

소프트웨어 계층이 플랫폼 계층 및 인프라스트럭처 계층과 분리되어 있을 때는 독립적인 서비스 관리, 모니터링, 사용자 관리 및 보안이 되어야 한다.

표 7-1 소프트웨어 계층의 세부 컴포넌트

컴포넌트	설명
데이터 처리 및 분석 엔진	데이터를 처리하고 분석하는 엔진
	▪ 데이터 처리 및 분석 : 서비스에 따른 데이터 처리 및 분석 제공 ▪ 처리 및 분석 워크플로우 구성 : 워크플로우 기반의 데이터 처리 및 분석이 필요할 때 워크플로우를 구성 ▪ 데이터 표현 : 데이터 처리 및 분석한 결과를 표현
데이터 수집 및 정제 모듈	빅데이터 분석 엔진을 위한 데이터 수집 및 정제
	▪ 데이터 추출 : 데이터 소스에서 데이터 추출 ▪ 데이터 변환 : 데이터 소스에서 추출한 데이터를 변환, 균질화, 정제 ▪ 데이터 로딩 : 변환된 데이터를 데이터웨어하우스로 로딩
서비스 관리 모듈	소프트웨어 계층에서 제공하는 서비스 관리
사용자 관리 모듈	사용자 관리
	▪ 인증 및 접속 관리 : 사용자별 인증 및 접속 관리 ▪ 사용자 서비스 관리 : 사용자별 서비스 관리 ▪ SLA 관리 : 사용자별 서비스 수준 협약Service Level Agreement; SLA 관리
모니터링 모듈	플랫폼 및 인프라스트럭처 서비스 가용성 및 성능 모니터링
보안 모듈	소프트웨어 계층 보안 관리

• 플랫폼 계층

플랫폼 계층은 빅데이터를 응용하는 플랫폼을 제공하고, 이를 위한 데이터 및 자원 할당을 작업 스케줄링, 자원 및 데이터 할당, 프로파일링Profiling, 데이터 관리, 자원 관리 등을 통해 수행한다.

작업 스케줄링은 사용자의 SLA 및 자원 사용률을 고려하여 효율적으로 이루어져야 한다. 그리고 자원 할당은 사용자의 응용 실행 요청이 들어왔을 때 자원을 적절히 할당하는 것뿐만 아니라 동적인 상황에도 적절한 재배치가 필요하다. 대용량 데이터를 처리할 때는 데이터를 효과적으로 할당하거나 재할당하는 것도 응용 처리 성능을 향상시키는 중요한 요소이다. 효과적인 작업 스케줄링과 자원 및 데이터 할당을 위해서는 자원 및 응용 프로파일링, 응용 시뮬레이션 등을 수행해야 한다. 응용 프로파일링은 해당 플랫폼에 등록된 마이크로 구조 독립적 특성Micro-architecture Independent Characteristics [13] 같은 각 응용의 특성을 추출해 자원 사용 특성을 알아내고 더 나아가 자원 형태에 따른 상대적 성능 순위 또는 수행 시간 등을 알아내는 것이다. 그리고 자원 프로파일링은 각 자원의 용량 및 하드웨어 특성을 알아내고 가용할 수 있는 자원 구성 목록을 관리한다. 응용 시뮬레이션은 인프라스트럭처 및 자원을 선택하고 구성하기 위해 다양한 인프라스트럭처 및 자원 구성 안에서 응용을 시뮬레이션하여 사용자에게 보장할 수 있는 다양한 서비스 품질Quality of Service; QoS을 평가하는 과거 실행 데이터Historical Execution Data를 저장 관리한다. 그러므로 작업 스케줄링 및 자원 할당에서는 응용 프로파일링, 자원 프로파일링의 결과를 고려하여 사용자의 SLA를 보장하고, 최소한의 자원을 효과적으로 활용할 수 있도록 하여 비용을 절감시켜야 한다.

플랫폼 계층이 소프트웨어 계층 및 인프라스트럭처 계층과 분리되어 있을 때는 독립적인 응용 실행 파싱, 서비스 관리, 자원 관리, 데이터 관리, 모니터링, 사용자 관리 및 보안이 되어야 한다.

표 7-2 플랫폼 계층의 세부 컴포넌트

컴포넌트	설명
사용자 요청 파싱	사용자 요청 파싱
작업 스케줄링 모듈	사용자 응용을 실행하는 작업을 스케줄링
데이터 및 자원 할당 모듈	사용자 응용을 실행하는 데이터 및 자원 할당 모듈
	▪ 초기 데이터 할당 : 사용자의 응용을 실행하는 사용자 데이터 초기 할당 ▪ 데이터 재할당 및 복제 : 동적인 상황을 고려한 데이터 재할당 및 복제 ▪ 초기 자원 할당 : 사용자의 응용을 실행하는 인프라스트럭처 자원 초기 할당 ▪ 자원 재할당 및 스케일링 : 동적인 상황을 고려한 자원 재할당 및 스케일링
프로파일링 모듈	데이터 및 자원을 할당하는 자원 및 응용 프로파일링 및 작업 시뮬레이션
	▪ 자원 프로파일링 : 인프라스트럭처 자원을 할당하는 인프라스트럭처 자원 프로파일링 ▪ 응용 프로파일링 : 인프라스트럭처 자원을 할당하는 사용자 응용 프로파일링 ▪ 응용 시뮬레이션 : 인프라스트럭처 자원 선택 및 구성을 하는 사용자 응용 시뮬레이션
데이터 관리 모듈	사용자 데이터 관리
자원 관리 모듈	인프라스트럭처 자원 관리
서비스 관리 모듈	플랫폼 계층에서 제공하는 서비스 관리
사용자 관리 모듈	사용자 관리
	▪ 인증 및 접속 관리 : 사용자별 인증 및 접속 관리 ▪ 사용자 서비스 관리 : 사용자별 서비스 관리 ▪ SLA 관리 : 사용자별 SLA 관리
모니터링 모듈	인프라스트럭처 서비스 가용성 및 성능 모니터링
보안 모듈	소프트웨어 계층 보안 관리

- **인프라스트럭처 계층**

인프라스트럭처 계층은 자원 배치, 노드, 스토리지Storage, 네트워크 관리 등을 통해 빅데이터 처리 및 분석에 필요한 자원을 제공한다.

자원 배치에서는 노드, 스토리지, 네트워크 등의 자원과 서비스의 가용성 및 성능을 고려해야 한다. 그리고 사용자의 자원 사용 요청이 들어왔을 때 자원을 적절히 할당하는 것뿐만 아니라 동적인 상황에서 적절한 재배치가 필요하다. 이를 위해 자원 관리에서는 적절한 지원이 필요하다. 노드는 맵리듀스 작업과 같은 병렬 및 분산 처리를 지원하는 하드웨어와 스케줄링 정책 등을 포함하고 있어야 하며, 스토리지는 파일을 분할하여 블록Block 및 객체Object 형태로 분산 저장하는 등 병렬 및 분산 처리에 알맞은 스토리지를 제공해야 한다. 또한 네트워크에는 토폴로지, 경로, 대역폭을 효과적으로 관리할 수 있는 트래픽 공학 기술이 필요하다. 서비스 관리에서는 노드, 스토리지, 네트워크 등을 다양한 형태로 제공해 다양한 목적으로 사용할 수 있도록 해야 한다. 예를 들어, 아마존 EC2에서는 범용 인스턴스Instance 외에도 컴퓨팅, 메모리, 스토리지가 최적화된 인스턴스, GPUGraphics Processing Unit 인스턴스, 마이크로 인스턴스 등을 이용하여 다양한 형태로 자원을 제공한다.

자원 배치에서는 자원 서비스 사용자가 직접 고려할 수 없는 QoS를 고려하여 요청된 자원 서비스를 배치한다. 이때 자원 관리로 얻은 노드, 스토리지, 네트워크 정보를 이용한다. 즉 사용자와 자원 사이 및 요청된 자원 서비스 간의 네트워크 오버헤드, 노드들의 이종성에 따른 성능 차이와 노드, 스토리지, 네트워크의 자원 가용성 등을 고려한다. 또한 동적인 상황에서 QoS를 보장하는 데 적절한 자원 재배치가 필요하며, 이를 위한 기술의 예로 자원 마이그레이션을 들 수 있다.

인프라스트럭처 계층이 소프트웨어 계층 및 플랫폼 계층과 분리되어 있을 때는 독립적인 응용 실행 파싱, 서비스 관리, 모니터링, 사용자 관리 및 보안이 되어야 한다. 특히 자원 모니터링은 노드, 스토리지, 네트워크 등 이종성을 고려하여 수행되어야 한다. 그리고 가용성과 자원 사용량 등을 모니터링하고, 모니터링이 어려운 성능 요소를 반영하여 모니터링된 성능 요소들을 통합한 후 각 자원의 성능을 모델링하는 추가 기능이 요구된다.

표 7-3 인프라스트럭처 계층의 세부 컴포넌트

컴포넌트	설명
사용자 요청 파싱	사용자 요청 파싱
자원 배치 모듈	사용자에게 제공할 자원 배치
	▪ 초기 자원 배치 : 사용자에게 제공하는 자원 초기 배치 ▪ 자원 재배치 및 스케일링 : 동적인 상황을 고려한 자원 재배치 및 스케일링
노드 관리 모듈	인프라스트럭처 내의 노드 관리
데이터 관리 모듈	인프라스트럭처 내의 스토리지 관리
자원 관리 모듈	인프라스트럭처 내외의 네트워크 관리
서비스 관리 모듈	인프라스트럭처 계층에서 제공하는 서비스 관리
사용자 관리 모듈	사용자 관리
	▪ 인증 및 접속 관리 : 사용자별 인증 및 접속 관리 ▪ 사용자 서비스 관리 : 사용자별 서비스 관리 ▪ SLA 관리 : 사용자별 서비스 수준 협약 관리
모니터링 모듈	서비스 모니터링
	▪ 서비스 모니터링 : 서비스 가용성 및 성능 모니터링 ▪ 자원 모니터링 : 노드, 스토리지, 네트워크 등 자원 가용성 및 성능 모니터링
보안 모듈	소프트웨어 계층 보안 관리

3 빅데이터 플랫폼 관리 기술

3.1 가상화 기술

가상화는 실제로 존재하는 물리적 자원을 추상화하여 논리적 자원 형태로 나타내는 기술이다. 기존의 복잡한 물리 장치에서 컴퓨팅 자원을 분리시켜 효율적으로 활용하고 관리할 수 있도록 해준다. [14]

가상화는 그리드나 클라우드 컴퓨팅을 구현하는 데 필수적이며, 소프트웨어와 하드웨어 간의 관계를 벗어나 더욱 관리하기 쉽고 효율적인 컴퓨팅 환경을 구현할 수 있도록 해준다. [15] 즉 사용자가 동일한 자원을 공유하고, IT 자원으로 논리적인 자원 풀Pool을 사용할 수 있다. 간단한 예로 서버 안의 분할Partitioning을 들 수 있다. 이는 서버 시스템 중 하나를 여러 개로 나누어 서버 자원을 공유한다. 특히 스토리지 가상화는 물리적 시스템의 스토리지 자원을 모아 가상화된 디스크 하나로 만든다. 이를 이용하면 응용 프로그램 서버의 실제 공간이 수백 메가바이트밖에 되지 않는 상황에서도 테라바이트나 페타바이트와 같이 사용할 수 있다. [14]

가상화는 1960년대 후반 가상 메모리에서 시작하여 메인 프레임부터 일반적으로 사용되어 왔으나, 도입 비용이 비싸고 사용 환경이 한정적이기 때문에 자주 사용하지는 않았다. 이후 신기술이 개발되면서 분산 자원을 효율적으로 사용하게 되었고, 이는 비용을 절감시켜 경제성을 향상시켰다. 그리고 성능, 안정성, 효율성 향상 등의 강점으로 클라우드 컴퓨팅의 핵심 기술로 각광을 받았다. [14], [16]

가상화는 다양한 분야에 적용할 수 있는데, 적용 대상에 따라 서버 가상화, 데스크톱 가상화, 스토리지 가상화, 네트워크 가상화, 소프트웨어 가상화로 분류할 수 있다. 아직은 서버 가상화와 같이 큰 자원 하나를 여러 개로 나누어 사용하는 자원 분할 기술이 대부분이지만, 점차 여러 자원을 총괄적으로 관리하는 형태로 확대되고 환경도 더 안정적으로 변화될 것으로 기대된다. [17]

3.1.1 서버 가상화 [14], [18], [19], [20], [21], [22], [23], [24], [25]

서버 가상화는 물리적 서버 하나에 여러 개의 가상 서버를 구축하는 방법으로 서버 하나에서 각 응용 프로그램과 운영체제가 독립된 환경을 보장받으며 사용할 수 있도록 한다. 서버 가상화로 동일한 물리적 머신Physical Machine을 공유하는 데이터 센터의 가상 머신은 물리적 머신의 CPU, 메모리, I/O 등의 자원을 분할하여 사용할 수 있어 서버의 효율이 증가된다. 데이터 센터가 보통 약 10~15% 정도의 활용도를 보이는 반면, 가상화된 서버는 70%가 넘는 활용도를 보인다.

서버 가상화는 가상화 기법에 따라 [그림 8-5]와 같이 호스트 운영체제에서 가상 머신을 구동하는 호스트 기반 가상화와 호스트 운영체제를 설치하기 전에 가상화 솔루션을 탑재하여 가상의 CPU, 메모리, 디스크, 네트워크 카드 등을 생성하는 베어메탈Bare-metal 기반의 가상화로 분류할 수 있다.

- 호스트 기반 가상화

  호스트Host 기반 가상화는 하이퍼바이저Hypervisor가 호스트 운영체제 위에 설치되는 구조이다. 사용자는 호스트 운영체제와 하이퍼바이저로 원하는 게스트Guest 운영체제를 실행시킬 수 있다. 설치가 쉽고 구성이 편리하다는 장점이 있지만, 성능이 저하될 수 있다는 단점이 있다.

- 베어메탈 기반 가상화

  베어메탈 기반 가상화는 하이퍼바이저가 호스트 운영체제를 거치지 않고 시스템 하드웨어와 직접 연결되어 가상 머신을 생성하고 관리한다. 향상된 성능을 제공하고 실시간 운영체제를 지원할 수 있다는 장점이 있지만, 운영체제 위에 없기 때문에 디바이스용 드라이버, 하드웨어 플랫폼 드라이버 등을 포함해야 하고, 설치와 구성이 어렵다는 단점이 있다.

그림 7-5 호스트 및 베어메탈 기반 서버 가상화

그리고 서버 가상화는 하드웨어를 가상화하는 방법에 따라 전가상화Full Virtualization와 반가상화Para Virtualization로 나눌 수 있다.

- **전가상화**

전가상화는 하드웨어 전체를 가상화하여 게스트 운영체제를 실행하는 것이다. 게스트 운영체제가 가상 환경에서 동작하고 있음을 인지하지 않는다. 게스트 운영체제나 응용의 수정이 필요 없다는 것이 장점으로, 응용과 워크로드를 쉽게 다른 물리적 시스템으로 이송Migration하는 것이 가능하다. 하지만 가상 머신 모니터Virtual Machine Monitor가 전체 시스템에서 이미지(가상 메모리, 가상 장치, 가상 BIOS 등)를 가상 머신에 제공해야 하기 때문에 지속적인 업데이트 등으로 성능이 저하된다는 단점이 있다. 또한 x86 구조는 전가상화를 고려하여 설계된 것이 아니라서 일부 관리자용 명령에서 권한 없이 사용하면 트랩Trap이 발생되지 않아 사용자도 모르게 실패한다. 트랩이 발생하도록 코드를 수정하여 해결할 수도 있지만, 이 방법은 비용이 많이 들고 성능도 저하시킨다.

- 반가상화

게스트 운영체제를 선택적으로 일부 수정하여 성능을 높이는 것이다. 반가상화에서는 물리적인 구조에는 없는 가상 명령을 사용하는데, 시스템 콜System Call과 비슷하지만 논블로킹Non-blocking으로 동작한다. 그리고 x86 구조의 홀트Halt 명령과 비슷하고 타임아웃 인자를 추가한다는 점이 다르며, 슬립Sleep 시간을 제한할 수 있어 프로세서 자원을 더욱 효율적으로 나누어 쓸 수 있다. 또한 인터럽트가 발생하면 큐에 저장하고, 스케줄링된 가상 머신은 인터럽트를 발생한 순서대로 처리한다. 반가상화는 수정된 게스트 운영체제를 추가한 구조이므로 실제 하드웨어에서는 직접 실행하기가 어렵다는 단점이 있다.

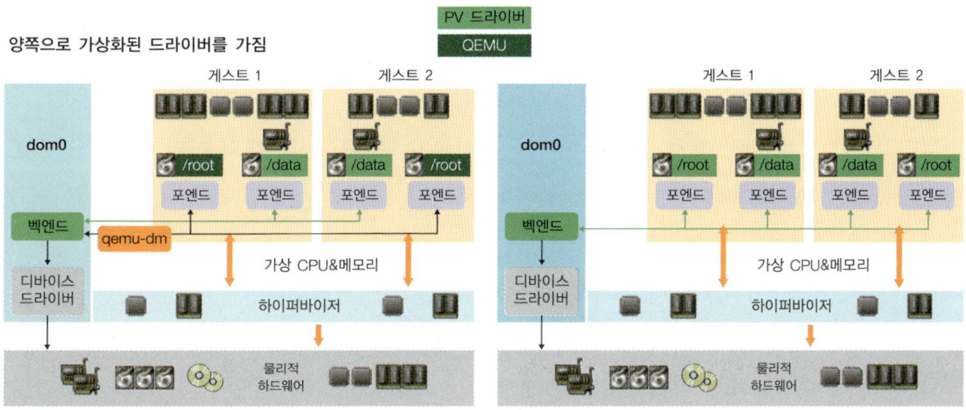

(a) 젠Xen의 전가상화 구조 (b) 젠Xen의 반가상화 구조

그림 7-6 젠Xen의 전가상화 및 반가상화 [26], [27]

3.1.2 데스크톱 가상화 [28], [29], [30], [31], [32]

데스크톱 가상화는 데스크톱 환경을 잘게 쪼개어 이기종의 가상 데스크톱 환경을 여러 개로 나누는 기술이다. 중앙 서버 하나에서 데스크톱 자원을 여러 개로 나누어 각 사원에게 가상화된 데스크톱을 작업 환경으로 제공할 수 있다. 따라서 개인 작업 공간과 회사 작업 공간으로 분리가 가능하다. IT 기술을 사용하는 회사에서는 데스크톱을 관리하는 일에도 시간과 비용이 많이 드는데, 이때 데스크톱 가상화가 크게 도움이 될 수 있다. 데이터가 방화벽으로 보호받는 안전한 중앙 서버에 저장되어 외부 유출을 방지할 수 있으며, 중앙화로 모든 사원의 데스크톱 업그레이드 및 패

치를 한번에 할 수 있다. 또한 데이터의 백업 및 복구도 훨씬 쉽게 할 수 있다. 사용자도 데스크톱을 관리할 필요 없이 업무에만 집중할 수 있으며, 공간 절약이나 이산화탄소 배출 감소와 같은 효과도 얻을 수 있다.

데스크톱 가상화는 가상 데스크톱 인프라Virtual Desktop Infrastructure; VDI 시스템의 형태로 주로 사용하며, VMWare, Citrix 등을 비롯해 많은 기업에서 사용한다. 가상 데스크톱 모델에서는 모든 가상 데스크톱 인프라 인스턴스가 집중화된 여러 서버에 올라간다. 이때 데이터는 서버에 있는 스토리지 시스템에 저장되는데, 저장되는 방식에 따라 정적 모드와 동적 모드로 나뉜다. 정적 모드에서는 데스크톱과 사용자 간에 1:1 맵핑이 있어 각 사용자가 하나의 고유 데스크톱을 받을 수 있으며, 또한 해당 데스크톱 이미지는 관리 및 유지된다. 반면, 동적 모드에서는 모든 사용자 데이터를 데스크톱에 나누어 저장한다. 사용자가 로그인하면 각 가상 머신이 생성되고, 로그오프하면 데이터와 설정을 저장한 후 가상 머신을 끈다. 따라서 가상 머신의 개수가 크게 줄어든다.

3.1.3 스토리지 가상화 [14], [17], [33], [34], [35]

스토리지 가상화는 저장 장치의 실제 위치를 파악하지 않아도 여러 대의 이기종 저장 장치를 저장 풀 하나로 만들어 여러 기기 간 데이터 이동 및 복제, 이기종 서버 간 블록 단위의 데이터 공유 등의 기능을 제공하는 기술이다. 자원의 활용률을 높일 수 있어 시간과 비용을 절약할 수 있다. 또한 스토리지 크기에 제약이 없어 무한에 가까운 확장성을 제공한다.

[그림 7-7]과 같이 스토리지 가상화의 형태는 디스크 컨트롤러 가상화Disk Controller Virtualization, SAN의 스토리지 블록 가상화Block Virtualization, 파일 가상화File Virtualization, 테이프 가상화Tape Virtualization로 나눌 수 있다. 그리고 가상화 위치에 따라 호스트 기반 및 서버 기반 가상화, 네트워크 기반 가상화, 스토리지 기기 및 스토리지 서브 시스템 가상화로 구분하고, 구현 방식에 따라 가상화 기기가 서버와 스토리지 기기 사이의 데이터 경로에 직접 연결되는 인밴드 가상화와 가상화 기기가 해당 데이터 경로에 직접 연결되지 않고 명령 처리 및 메타데이터 관리만을 수행하는 아웃오브밴드 가상화로 구분한다.

- **디스크 컨트롤러 가상화**

  디스크 컨트롤러 가상화는 스토리지 디스크 컨트롤러를 가상화시켜 디스크 컨트롤러가 여러 개 있는 것처럼 보이게 한다. 가상화된 여러 디스크 컨트롤러가 각각 다른 워크로드를 수행할 수 있다. 디스크 컨트롤러 하나가 워크로드를 여러 개 수행하면 동시 수행 과정에서 서로 영향을 받아 간섭이 발생하지만, 이 기술을 이용하면 하나의 디스크 컨트롤러가 워크로드를 하나만 수행하기 때문에 간섭을 최소화할 수 있다.

- **스토리지 블록 가상화**

블록 가상화는 물리적 스토리지에서 논리적 스토리지를 추상화시켜 스토리지 시스템이 최종 사용자의 스토리지를 유연하게 관리할 수 있도록 하는 기술이다. 대부분의 스토리지 가상화는 스토리지 블록 가상화를 말한다. 블록 가상화로 여러 스토리지 기기에 남은 디스크 조각을 모아 큰 디스크 풀 하나를 만들어, 그 위에서 여러 서버를 돌릴 수 있고 디스크 스토리지의 활용률을 크게 늘릴 수 있다. 물리적 스토리지에서 논리적 스토리지로 추상화하려면 물리적 데이터 위치와 주소를 맵핑해 주는 과정이 필요하다.

- **파일 가상화**

파일 가상화는 파일의 물리적 위치를 추상화하는 기술이다. 중앙 집중화된 파일 서버에서 클라이언트가 파일을 요청하면 파일 가상화 시스템은 스토리지 안의 파일 위치를 라우팅해 준다. 이것으로 스토리지 사용이 최적화된다. 즉 이 기술을 이용해 기업의 모든 컴퓨터에서 동일 파일 이름을 사용해 파일 그룹에 접근할 수 있다.

- **테이프 가상화**

테이프 가상화는 디스크를 테이프 자원인 것처럼 가상화하여 서버가 디스크에서 자원을 백업받아도 마치 테이프 드라이브에서 백업받는다고 착각하게 만드는 기술이다. 이것으로 데이터를 더 빠른 속도로 백업할 수 있다.

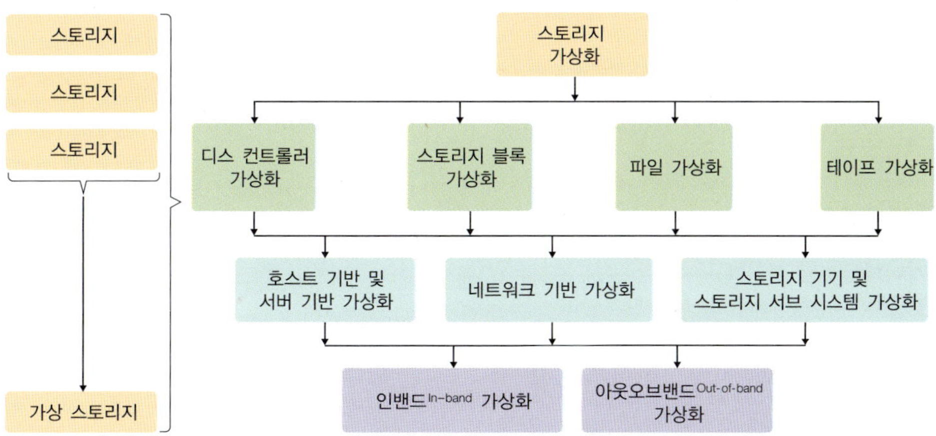

그림 7-7 스토리지 가상화의 분류 [34]

3.1.4 네트워크 가상화 [36], [37], [38], [39], [40], [41]

네트워크 가상화는 [그림 7-8]과 같이 네트워크 인스턴스가 물리적 네트워크 인프라스트럭처를 공유하는 기술이다. 즉 라우터, 스위치 등 네트워크 자원을 서로 공유하여 여러 사용자를 하나의 가상화된 네트워크 환경으로 엮는다. 기존의 가상 사설망Virtual Private Network; VPN보다 확장된 개념이라고 생각할 수 있는데, 가상 사설망에서 제공하는 트래픽 분리Traffic Isolation뿐만 아니라 전체적인 관리 제어를 제공하고 서버 가상화와도 연계하여 가상 머신과의 관계를 정립시켜 준다.

네트워크 가상화에서는 기존의 인터넷 서비스 제공자Internet Service Provider; ISP를 인프라스트럭처 제공자Infrastructure Provider; InP와 서비스 제공자Service Provider; SP로 구분한다. 인프라스트럭처 제공자는 물리적 네트워크 자원을 관리하는 역할을 하고, 서비스 제공자는 인프라스트럭처 제공자에게 자원을 빌려 가상 네트워크를 생성하고 이것을 사용하여 사용자에게 서비스를 제공하는 역할을 한다.

네트워크 가상화는 클라우드 컴퓨팅과 관련하여 각 사용자나 서비스에 네트워크 자원을 원하는 품질로 공급할 수 있도록 한다. 또한 네트워크 가상화 인프라에서 공유된 여러 자원을 특성화된 서비스가 가능하도록 원하는 대로 구성할 수 있다.

네트워크 가상화에는 링크 가상화와 노드 가상화가 있다.

- 링크 가상화

  링크 가상화는 네트워크 인터페이스 가상화로 볼 수 있으며, 단일 인터페이스를 가상화하여 다수의 가상랜VLAN을 형성한다. 가상 인터페이스를 링크 스위치를 이용해 동적으로 구축하고 해제하는 기술도 이에 포함된다.

- 노드 가상화

  노드 가상화는 하드웨어 자원을 여러 개로 나누는 과정과 관련이 깊다. 기본 노드의 CPU, 메모리 등 물리적 자원을 여러 조각으로 나누어 각 조각을 가상 노드로 할당한다. 기본 노드의 가상화로 가상 네트워크를 만들 수 있으며, 가상 네트워크는 실제 네트워크와 동일한 효력을 지닌다.

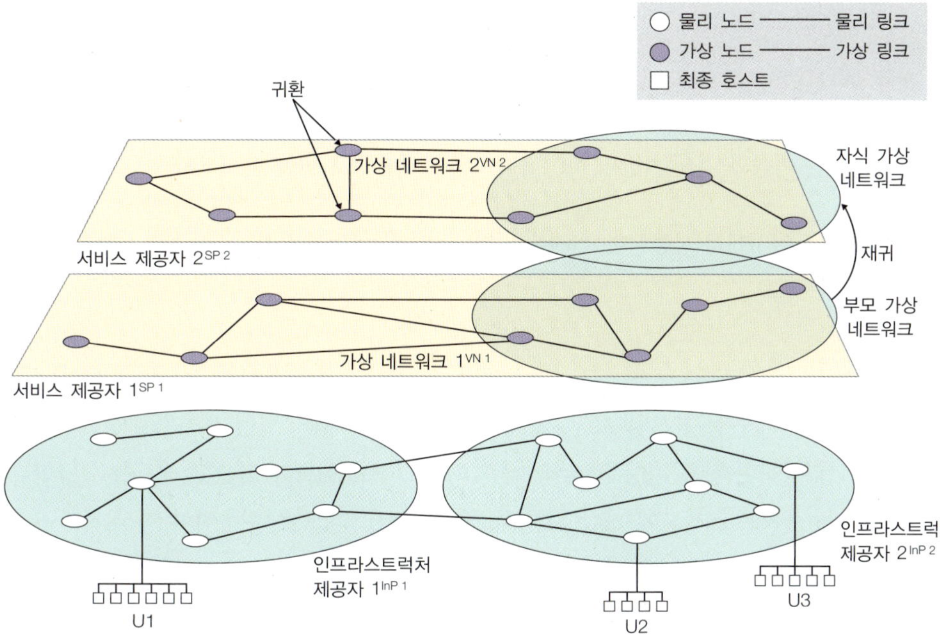

그림 7-8 네트워크 가상화 [39]

3.1.5 소프트웨어 가상화 [42], [43]

소프트웨어 가상화는 응용 프로그램(또는 컴퓨터 프로그램)을 가상화하는 것이다. Altiris에서 개발한 소프트웨어인 SVS Software Virtualization Solution를 소프트웨어 가상화에 주로 사용한다. 소프트웨어 가상화는 물리적 머신을 여러 가상 머신으로 채우는 하드웨어 가상화의 개념과 비슷하다. 응용 프로그램을 설치하는 가상 계층이나 가상 하드 드라이브를 만드는 과정이 필요하다. 그리고 가상 공간 위에서는 응용 프로그램이 호스트 운영체제 위에 설치된 것처럼 동작한다. 응용 프로그램이 동작을 마치면 사용자는 응용 프로그램을 종료할 수 있고, 응용 프로그램이 종료되면 동작 중에 생긴 호스트 운영체제의 변화는 모두 취소된다.

소프트웨어 가상화는 구현이 매우 쉬우며 장점이 많다. 우선, 응용 프로그램을 라이브러리나 레지스트리 변화 없이 수행할 수 있으며, 같은 프로그램의 여러 버전을 수행할 수도 있다. 또한 여러 가상 계층을 사용함으로써 한 운영체제에서 충돌 없이 동시에 수행할 수 있다. 따라서 독립된 환경에서 새로운 응용 프로그램을 테스트할 때 유용하다.

3.1.6 가상화 기반 하이퍼바이저 스케줄링

빅데이터 및 맵리듀스의 등장은 맵리듀스 응용의 병렬화 및 데이터 중심Data-intensive이라는 특징에 적합한 하이퍼바이저 스케줄링을 요구하게 되었다. 그러므로 여기서는 빅데이터 및 맵리듀스의 처리를 최적화하는 가상화 기술 기반의 하이퍼바이저 스케줄링 기법을 알아보자.

먼저 현재 하이퍼바이저에서 사용하는 스케줄링 알고리즘을 살펴보면 다음과 같다. [44], [45], [46], [47], [48]

- **BVT Borrowed Virtual Time 스케줄링**

  BVT 스케줄링은 가중 공평 분할 스케줄링으로 스레드, 즉 VM의 실행 시간을 가상 시간Virtual Time으로 모니터링하여 실효 가상 시간Effective Virtual Time; EVT이 최소가 되는 스레드를 할당한다. 지연 민감Latency Sensitive 스레드에 가상 시간 내에서 'warp back'을 허용하여 가상 시간이 더 짧아보이도록 함으로써 더 높은 할당 선호도Dispatch Preference를 얻도록 했다. 따라서 해당 스레드는 미래의 CPU 할당에서 가상 시간을 효과적으로 빌릴 수 있으며, 장기적인 CPU 분할에 지장을 주지 않는다.

- **SEDF Simple Earliest Deadline First 스케줄링**

  SEDF 스케줄링은 EDFEarliest Deadline First 스케줄링 알고리즘을 사용한 실시간 스케줄링이며, CPU 분할에서 보장한다. 분할은 해당 응용 프로그램, 즉 VM의 CPU 요구 사항 튜플tuple로 결정된다.

- **크레딧Credit 스케줄링**

  크레딧 스케줄링은 비례 공평 분할 스케줄링으로, CPU를 가로질러 VCPU, 즉 VM의 자동적인 부하 분산Load Balancing을 제공한다. 크레딧 스케줄링에서 각 CPU는 실행 가능한 VCPU의 지역 실행 큐Local Run Queue를 관리하고, 지역 실행 큐는 VCPU의 우선권Priority에 따라 정렬되며, 지역 실행 큐에서 가장 앞에 있는 VCPU부터 할당한다. 각 VCPU의 우선권은 VCPU가 현재 해당 CPU에 대한 공평 분할량을 넘으면 over, 넘지 않으면 under가 된다. 또한 새로운 VCPU가 지역 실행 큐에 삽입되면 각 VCPU는 같은 우선권을 갖는다. 할당된 VCPU는 시간이 지나면서 크레딧을 소비하고, 여기서 크레딧 스케줄러는 각 시간 구획Time Slice마다 할당된 각 VCPU의 크레딧을 재계산한다. 따라서 음수 크레딧은 해당 VCPU의 우선권이 over임을 나타내며, 각 VCPU가 할당된 크레딧을 전부 소비하기 전까지 해당 VCPU의 우선권은 under가 된다. CPU 하나가 해당 지역 실행 큐에서 우선권이 under인 VCPU를 찾지 못했을 때는 VCPU를 할당하려고 다른 CPU를 찾으며, 이 부하 분산은 각 VM의 CPU에서 공평 분할을 보장한다. 또한 하나의 CPU가 유휴Idle 상태로 되기 전에 다른 CPU에서 실행 가능한 VCPU를 찾으며, 이는 실행 가능한 작업이 있을 때 CPU가 유휴 상태로 되지 않음을 보장한다.

다음으로 빅데이터 및 맵리듀스의 처리를 최적화하는 하이퍼바이저 스케줄링 기법을 알아보자. [49], [50], [51]

- **동적 Dom0 가중치**

  젠 하이퍼바이저에서 Dom0은 게스트 도메인Guest Domain의 생성 및 디스크, 네트워크 I/O를 관리하는데, Dom0의 CPU 분할량은 디스크 및 네트워크 I/O에 영향을 준다. 즉 크레딧 스케줄링에서 Dom0의 크레딧을 얻는 가중치를 조절하는 것은 디스크 및 네트워크 I/O의 성능에 영향을 준다. 따라서 Dom0의 가중치를 동적으로 조절하여 맵리듀스 처리 성능을 향상시킬 수 있다. 예를 들어, 맵리듀스의 처리에서 I/O 작업이 많으면 Dom0의 가중치를 높여서 Dom0의 CPU 분할량을 늘려 게스트 도메인의 I/O 성능을 높이고, CPU 작업이 많으면 Dom0의 가중치를 줄여서 게스트 도메인의 CPU 분할량을 늘려 전체 성능을 높인다.

- **맵리듀스 그룹 스케줄러MapReduce Group scheduler: MRG**

  맵리듀스에는 병렬 처리되는 워커 노드 간의 동종성Homogeneity이 있다. 워커 노드가 VM이면 하이퍼바이저 스케줄링에서 이들을 그룹으로 묶어 처리하여 맵리듀스 처리 성능을 높일 수 있다. 즉 하이퍼바이저 스케줄링을 그룹별 및 그룹 안의 VM별로 수행하면 맵리듀스의 처리 특성을 반영하고 처리 성능도 높아진다. 또한 그룹별로 I/O를 배치하여 컨텍스트 스위칭Context Switching을 줄일 수 있다.

- **적응적인 디스크 페어 스케줄러 조율**

  맵리듀스는 세부 처리 단계에 따라 CPU, 메모리, 디스크 및 네트워크 I/O 이용이 달라진다. 예를 들어, 맵 작업에서는 각 노드 및 DFS에 저장된 데이터를 이용하므로 CPU, 디스크 및 네트워크 I/O 중심으로 작업하고, 셔플 작업에서는 맵 작업의 결과물을 리듀스 작업으로 전달하여 디스크 및 네트워크 I/O 중심으로 작업한다. 또한 정렬 및 리듀스 단계에서는 맵 작업에서 받은 데이터를 이용해 최종 결과물을 만들기 때문에 CPU 및 디스크 I/O 중심으로 작업한다. 이와 같이 단계별로 자원의 이용 패턴이 다르기 때문에 하이퍼바이저 및 게스트 OS가 이를 적절히 반영하여 스케줄링하면 맵리듀스 처리 성능을 높일 수 있다. 이 방법은 자원 경쟁으로 VM 간섭도 반영할 수 있다는 장점이 있다.

3.2 클라우드 환경에서 처리 기술

3.2.1 클라우드 컴퓨팅 기술

컴퓨팅 패러다임은 중앙 집중 컴퓨팅 방식의 메인 프레임 환경, PC의 보급을 이용한 서버/클라이언트 환경, 웹 환경을 거쳐 클라우드 컴퓨팅으로 발전했다. 메인 프레임의 기본 철학이었던 중앙 집중적인 컴퓨팅 환경이 클라우드 컴퓨팅으로 실현된 것이다. 과거의 메인 프레임 방식이 학교, 관공서와 같은 특정 조직, 기업만을 위한 컴퓨팅 환경이었다면, 클라우드 컴퓨팅은 불특정 다수를 위한 동적인 환경에서 컴퓨팅이 가능한 환경이다. [52]

클라우드 컴퓨팅은 '인터넷을 이용한 서비스로 전달되는 응용 및 해당 서비스를 제공하는 데이터 센터Data Center의 하드웨어 및 시스템 소프트웨어' [53], '서비스 제공자와 사용자 사이의 협상을 이용한 SLA 기반으로 동적으로 제공되고, 통합된 컴퓨팅 자원 등 상호 연결 및 가상화된 컴퓨터로 된 병렬 분산 시스템' [54], '가상화 및 추상화되고 동적으로 확장될 수 있는 컴퓨팅 파워, 스토리지, 플랫폼 및 서비스를 인터넷으로 외부 사용자에게 제공하는 규모의 경제로 동작하는 대규모 분산 컴퓨팅 패러다임' [55] 등으로 정의된다.

클라우드 컴퓨팅은 여러 컴퓨팅 패러다임의 특징을 조금씩 차용한다. 예를 들어, 유틸리티 컴퓨팅의 과금 모델과 서버 기반 컴퓨팅의 처리 모델을 사용하고, 그리드 컴퓨팅의 분산 컴퓨팅 개념으로 자원 프로비저닝 및 관리, 작업 스케줄링, 모니터링, 보안 등의 모델을 적용한다. [56] 이와 같이 클라우드 컴퓨팅은 여러 컴퓨팅 패러다임의 특징이 통합되어 발생하는데, 다음과 같은 세 가지 특징이 있다. [53], [57]

- 첫째, 요구에 따라 컴퓨팅 자원을 무한대로 사용할 수 있다. 사용자는 프로비저닝Provisioning으로 한정된 자원을 사용하는 기존 방식에서 벗어나 클라우드 데이터 센터에서 원하는 만큼 컴퓨팅 자원을 사용할 수 있다.
- 둘째, 자원 사용의 탄력성을 제공한다. 사용자가 자원을 원하는 만큼 늘리거나 줄일 수 있다. 그래서 IT 산업을 시작하는 회사가 클라우드 컴퓨팅의 탄력성을 이용해 적은 컴퓨팅 자원에서 시작하여 점차 확장하는 방식을 취할 수 있게 되었다.

- 셋째, 사용한 만큼 사용료를 지불하는 방식을 취한다. 서비스를 비싸게 구매하는 대신 필요할 때마다 SaaS 서비스 제공자의 서비스를 원하는 시간만큼 구매하여 사용하는 등의 구조가 가능하게 되었다.

클라이드 컴퓨팅 기술을 이용한 서비스는 크게 IaaS, PaaS, SaaS로 분류할 수 있다. [58], [59], [60]

- **IaaS** Infrastructure as a Service

  IaaS는 데이터 센터에 있는 서버, 스토리지, 네트워크 등 인프라나 자원을 가상화하여 인터넷으로 제공하는 서비스이다. 이를 이용해 제공받은 자원으로 응용 프로그램을 호스팅하는 시스템을 편리하고 쉽게 구축할 수 있으며, 해제도 간편하다. 여기서 사용자는 사용한 만큼 요금을 지불하며, 실시간 자원 요구량에 따라 자원의 동적인 확장 및 축소가 가능하다.

- **PaaS** Platform as a Service

  PaaS는 응용 프로그램의 구축, 테스트 및 설치까지 할 수 있는 통합 개발 환경을 웹으로 제공하는 서비스이다. PaaS 서비스에서 제공하는 API나 GUI로 개발하며, 개발에 필요한 모든 인프라가 제공된다. 이외에도 협업 개발, 서비스 통합, 데이터베이스 통합, 개발자 커뮤니티 기능을 제공한다.

- **SaaS** Software as a Service

  SaaS는 특정 소프트웨어를 인터넷으로 제공하는 서비스이다. 해당 소프트웨어 자체와 관련된 데이터는 클라우드에서 관리하며, 사용자는 웹 브라우저로 접속해 소프트웨어를 사용한다. SaaS 서비스로 제공되는 소프트웨어를 온디맨드On Demand 소프트웨어라고 하는데, 사용량에 따라 요금을 낸다. 기업은 필요한 소프트웨어를 웹에서 제공받을 수 있어 하드웨어, 소프트웨어 관리 비용이 들지 않아 IT 비용을 줄일 수 있다.

3.2.2 클라우드 에코시스템Ecosystem

클라우드 에코시스템은 기관에 따라 다양하게 정의한다. 여기서는 클라우드 에코시스템의 구성 요소를 클라우드 서비스 사용자Cloud Service Consumer; CSC, 클라우드 서비스 브로커Cloud Service Broker; CSB 및 클라우드 자원 관리자, 클라우드 서비스 제공자Cloud Service Provider; CSP 및 클라우드 자원 제공자로 구분한다. CSC는 여러 CSP에 서비스를 요청하고 사용 비용을 지불하여 제공되는 컴퓨팅 자원을 사용할 수 있다. 회사나 단체와 같이 많은 컴퓨팅 자원을 소유하지만 필요에 따라 자원이 추가로 필요한 CSC는 자신의 자원과 CSP가 제공하는 자원을 연결하려고 CSB와 같은 자원 관리자를 이용할 수 있다. CSB는 CSC와 CSP 사이에서 인터페이스 같은 역할을 하는데, CSC의 요구사항을 인식하여 사용자에게 필요한 가용 자원을 자원 제공자의 자원에서 찾는다. CSB는 여러 자원 제공자와 계약하여 자원의 상태나 정보를 획득해 자원 스케줄링을 할 때 효율적으로 자원을 찾을 수 있도록 한다. 마지막으로 CSP는 자신이 소유한 데이터 센터 안의 다양한 자원을 CSC에 제공한다. 각 CSP는 자신들의 자원을 위한 과금 정책, 자원 이용 정책 등 다양한 제약 조건을 설정하고, 이를 기반으로 CSB가 자원을 연결할 수 있도록 한다.

클라우드 환경에서의 자원 관리 문제에는 [그림 7-9]와 같이 계산 모델, 데이터 모델, 데이터 지역화, 가상화, 모니터링과 기원 등이 있다. [54]

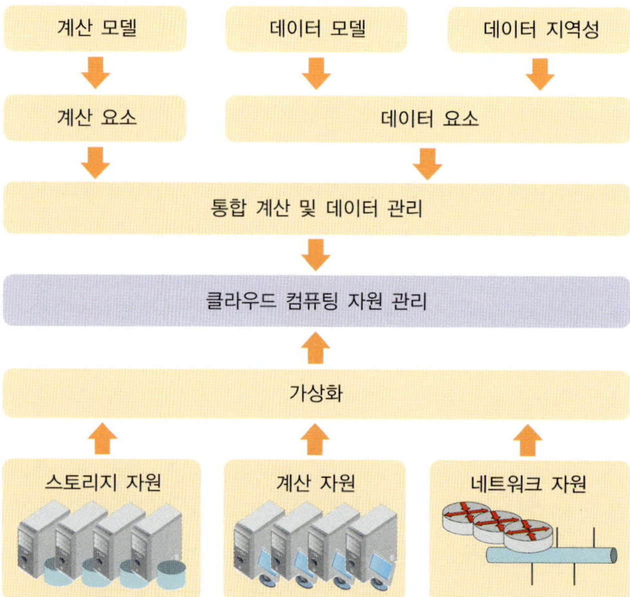

그림 7-9 클라우드 컴퓨팅에서의 자원 관리 문제

- **계산 모델** : 클라우드 컴퓨팅 계산 모델은 모든 사용자가 클라우드에서 자원을 동시에 공유하고, 종단 사용자가 요구하는 QoS의 수준을 보장할 수 있어야 하며, 지연Latency에 민감한 응용을 수용할 수 있어야 한다.
- **데이터 모델** : 클라우드 컴퓨팅에서는 스토리지와 컴퓨팅, 다른 모든 종류의 자원을 클라우드로 제공해야 하는데, 여기서의 데이터 모델은 [그림 7-10]과 같이 데이터와 클라우드 컴퓨팅, 클라이언트 컴퓨팅으로 연계되는 트라이앵글 모델을 고려한다. 데이터 관리(매핑, 파티셔닝, 쿼링, 이동, 캐싱, 복제 등)가 데이터 중심 응용의 증가와 함께 클라우드 컴퓨팅과 클라이언트 컴퓨팅을 위해 더욱 더 중요해지고 있는 가운데 클라우드 컴퓨팅과 클라이언트 컴퓨팅은 서로 공존하고 연계되어 데이터를 관리하게 된다.

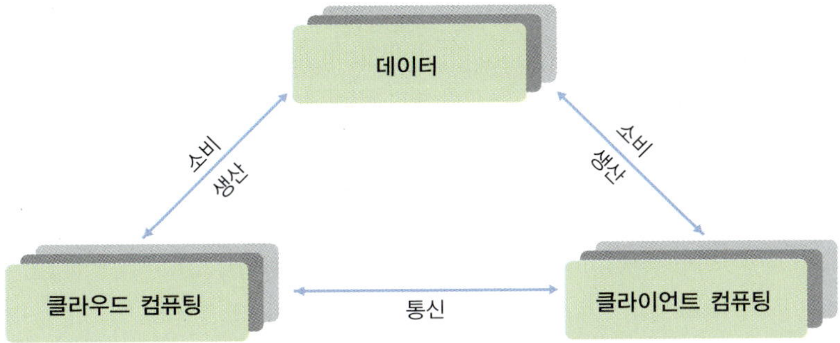

그림 7-10 클라우드 컴퓨팅, 클라이언트 컴퓨팅 및 데이터의 트라이앵글 모델 [54]

- **데이터 지역성** : 클라우드 컴퓨팅과 같은 분산 시스템에서 응용을 실행할 때 데이터 전송 비용은 성능에 큰 영향을 미치며 확장성을 제한할 수 있다. 이를 해결하려면 데이터 지역성을 반드시 보장해야 한다. 맵리듀스 처리에서는 데이터가 분할 및 복제되어 분산 파일 시스템에서 처리될 때 작업 스케줄러가 데이터 지역성을 고려하여 노드들에 작업을 할당한다.

- **계산과 데이터 관리의 결합** : 데이터 이동을 최소화하고 종단 응용의 수행 능력과 확장성을 개선하려고 접근 패턴에서 데이터 장소를 산출하는 계산과 데이터 자원 관리의 결합은 중요한 문제이다. 클라우드 컴퓨팅은 계산과 데이터 관리의 결합으로 데이터 인텐시브한 응용을 더욱 쉽게 다룰 수 있도록 한다.

- **가상화** : 가상화는 거의 모든 클라우드를 위한 필수적인 요소이다. 클라우드는 여러 개의 사용자 응용을 수행할 필요가 있고, 모든 응용은 동시에 수행되며, 클라우드에 있는 모든 자원을 사용할 수 있는 것처럼 사용자에게 보여야 한다. 가상화는 실제 자원들이 자원 풀로 통합되고, 그 위에 자원 오버레이Overlay 환경이 구축되어 필수적인 추상화를 제공한다. 클라우드는 가상화를 지원하기 때문에 다양한 응용 서버에서 수행될 때 자원을 좀 더 효율적으로 사용할 수 있는 서버 및 응용 등의 통합을 지원한다. 그리고 다양한 응용을 위한 자원 요구 사항이 확연히 다를 때 필요에 따라 자원을 동적으로 구성하고 함께 지원할 수 있는 구성력을 제공한다. 또한 가상 환경에서 데이터가 백업되고 서비스 중지 없이 서비스를 이전할 때 계획되지 않은 오작동이나 작업 실패에서 빠른 복구를 지원해 응용의 유효성을 증가시키고, 자원 프로비저닝과 모니터링, 유지의 자율화를 보장한다.

- **모니터링** : 클라우드 컴퓨팅에서 모니터링은 비즈니스 응용 모니터링과 엔터프라이즈 서버 관리, 가상 머신 모니터링, 하드웨어 유지 간의 밸런스를 요구한다. 이는 클라우드 컴퓨팅을 좀 더 광범위하게 적용하고 배치할 때 자원 및 작업 관리 부분에서 더 중요한 요소가 된다.

- **기원**Provenance : 기원은 데이터 소스와 매개 데이터 생산물, 데이터 생산물을 내는 데 적용되는 프로시저의 정보를 포함하는 데이터 생산물의 도출 역사를 참조한다. 클라우드 컴퓨팅에서 기원 관리는 프로세스를 추적하고 과학적 결과물의 재생산성을 지원하는 데 매우 중요하다.

클라우드 환경에서 효율적으로 자원을 관리하려면 체계화된 구조가 필수적이다. [그림 7-11]은 데이터 센터와 클라우드에서 자원 할당을 지원하는 기본적인 계층 구조이다. 기본적으로 네 개의 계층으로 구성되며, 각 계층의 주요 개체는 다음과 같이 구성된다. [55]

- **사용자/브로커** : 사용자나 브로커는 지리적인 위치에 관계없이 어느 곳에서나 데이터 센터와 클라우드에 작업을 처리하려고 서비스 요청을 제출할 수 있다.

- **SLA 자원 할당자** : SLA 자원 할당자는 데이터 센터나 클라우드를 소유한 서비스 제공자와 사용자/브로커 사이에 인터페이스와 같은 역할을 한다. SLA 지향형 자원 관리를 지원하려면 다음과 같은 메커니즘이 필요하다.
  - 서비스 요청 수용자 및 작업 수용 관리자 : 서비스 요청이 도착했을 때 서비스 요청 수용자 및 작업 수용 관리자가 작업 수용 여부를 판별하기 전에 사용자의 요청 사항을 기반으로 QoS 요구 사항을 생성한다. 현재 가용 가능한 자원에 한계가 있어 많은 서비스 요청을 성공적으로 완료할 수 없을 정도로 자원에 부하가 많은지 확인한다. 또한 자원 할당을 효과적으로 결정하기 위해 본 모듈은 워크로드 처리와 자원의 가용성을 포함하는 최근의 상태 정도를 이용해 스케줄링 정책을 결정한다. 그런 다음 본 모듈은 가상 머신을 할당하고 할당된 가상 머신을 위한 자원을 선정한다.
  - 과금 : 서비스 요청이 얼마를 지불해야 하는지 결정한다. 예를 들어, 서비스 요청은 작업 제출 시점Peak/Off-peak, 과금률Fixed/Changing, 자원의 가용성을 기반으로 산정할 수 있다.
  - 계정 : 사용자가 지불할 최종 사용 비용을 계산하거나 부과하려고 사용자의 작업 요청을 기반으로 실제 사용한 양을 결정하고, 이를 관리하고 유지한다. 추가적으로 유지된 과거 사용 이력은 자원 할당 결정을 효과적으로 수행하려고 서비스 요청 수용자 및 작업 수용 관리자가 사용할 수 있다.
  - VM 모니터Monitor : 가상 머신과 자원의 가용성을 관리한다.
  - 디스패처Dispatcher : 수용된 작업이 할당된 가상 머신을 실행하도록 한다.

- **VM**Virtual Machine; 가상 머신 : 스케줄링 시스템은 수용된 작업을 만족시키려고 하나의 실제 컴퓨팅 노드에서 다양한 가상 머신을 자유롭게 실행하고 정지시킬 수 있다. 따라서 서비스 요청의 세부 요구 사항을 기반으로 동일한 실제 머신에서 자원을 분할하여 사용함으로써 자원 사용의 유용성을 증대시킬 수 있다. 또한 가상화 기법은 하나의 동일한 실제 자원 안에서 독립적이고 분별된 가상 머신을 제공할 수 있어 머신 하나에 여러 운영체제 환경을 구성하고, 응용 프로그램도 동시에 수행할 수 있다.

- **PM**Physical Machine; 물리 머신 : 데이터 센터는 사용자의 요구 사항을 만족시키는 자원을 제공하는 다양한 서버와 네트워크로 구성되어 있다.

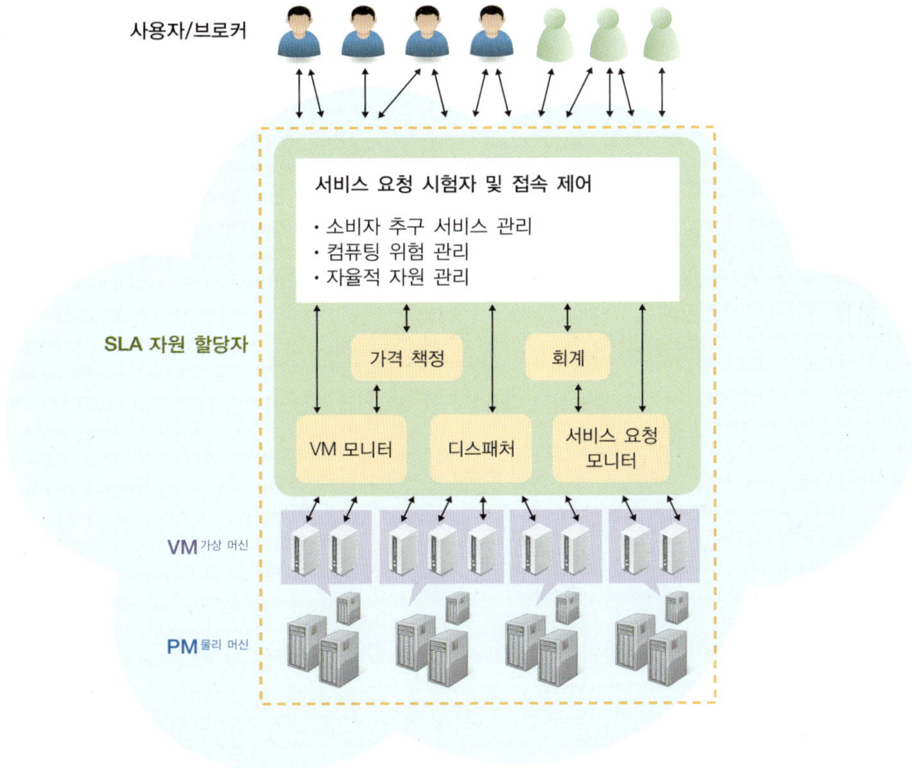

그림 7-11 클라우드의 계층별 구조 [55]

3.2.3 클라우드 자원 제공자의 자원 관리 기술

클라우드 컴퓨팅은 가상화 기술을 기반으로 하며, CSP는 자원을 VM 단위로 추상화하여 CSC에 제공한다. 빅데이터 응용 처리에서 IaaS CSP는 이를 위한 VM을 CSC나 PaaS Platform as a Service 및 SaaS Software as a Service 제공자에게 공급하는 역할을 한다. 해당 VM을 어떤 PM에 배치하는지에 따라 응용들의 성능 및 자원 사용에서 효율성이 달라지므로 클라우드 자원 관리에서 가장 중요한 이슈 중 하나이다. VM 배치에는 서버 통합을 최대로 하는 것과 워크로드를 모든 PM에 공평하게 분배하는 것, 이 두 가지 상반된 목표가 있다. [61] 서버 통합을 최대로 하는 VM 배치 방식은 VM을 구동하는 PM의 수를 최소화하므로 클라우드 데이터 센터 안의 전력 사용 등으로 운용 비용 등을 최소화할 수 있도록 한다. 하지만 이는 하나의 PM에 구동되는 VM의 수를 증가시키므로 VM 간섭으로 성능 감소를 유발할 수 있다. 반대로 워크로드를 모든 PM에 공평하게 분배하는 VM 배치 방식은 각 VM의 성능 감소를 최소화할 수 있으나 전력 사용 등으로 운용 비용을 증가시킨다.

여기서 VM 배치는 상자 채우기 문제Bin Packing Problem로 치환이 가능하며, 전통적으로 다음과 같은 알고리즘을 사용한다. [62]

- **최초 적합**First Fit : 노드의 순서를 정하고 노드 중 VM 배치가 가능한 첫 번째 노드에 할당한다.
- **최소 용량 적합**Least-Full First : 작업 배치가 가능한 노드 중 가장 자원 사용률이 낮은 노드에 할당한다.
- **최대 용량 적합**Most-Full First : 작업 배치가 가능한 노드 중 가장 자원 사용률이 높은 노드에 할당한다.
- **다음 최초 적합**Next Fit : 노드의 순서를 정하고 노드 중 이전 작업에 배치되었던 노드 이후의 VM 배치가 가능한 첫 번째 노드에 할당한다.
- **임의 배치**Random : 작업 배치가 가능한 노드 중 임의의 노드에 할당한다.
- **노드 분류 및 패킹**Tag & Pack : VM 종류에 따라 노드를 분류하고 해당 VM 종류를 배치할 노드 중 작업 배치가 가능한 첫 번째 VM에 할당한다.

그리고 이를 확장하여 CPU, 메모리, 디스크와 같은 자원을 균형적으로 사용하는 방법인 Dot-Product 및 Norm-based Greedy 방식 등 차원 인식 휴리스틱Heuristic도 사용한다. [63]

클라우드 서비스는 자원 관리 측면에서 다음과 같은 사항을 추가로 요구한다. [53], [64]

- **다중 혹은 이종 환경에서 상호 운용성**Interoperability : 다중 클라우드 및 이종 클라우드에서 브로커링이나 클라우드 연합Cloud Federation [65], [66]을 이용한 자원 및 서비스의 상호 운용
  - 자원의 가상화Resource Virtualization : 이질적인 시스템들과 다양한 자원의 관리를 위한 단일화된 방식 제공
  - 공통 관리 기능Common Management Capabilities : 이기종 간의 관리 및 통제를 간단히 하고, 균일화 및 일관되게 자원을 관리하기 위한 관리
  - 자원의 발견 및 요청Resource Discovery and Query : 동적이며 이기종 자원 간에 적합한 속성에 따른 자원 발견 및 검색
  - 표준 프로토콜 및 스키마Standard Protocol and Scheme : 자원 및 서비스 간의 상호 운용성을 위한 표준 프로토콜 및 스키마
- **QoS 및 SLA 보장** : 성능 감소에 대응하고 CSC가 원하는 QoS를 보장하는 초기 VM 배치 및 VM 재배치 등 서비스 품질 및 SLA 보장
  - SLA : 서비스가 실행되기 이전에 CSC와 CSP 간의 협의에 따라 체결하는 서비스 수준
  - 서비스 레벨 달성Service Level Attainment : SLA로 보장된 QoS를 보장하기 위해 서비스의 완료 시간까지 서비스 수준의 감시 및 자원 상태에 따른 적절한 조치

· 서비스 마이그레이션Service Migration : 서비스의 가용성 및 성능이 QoS 수준을 미치지 못할 때 이를 보장하는 추가적인 자원 탐색 및 서비스 이동

- **보안** : 자원 사용 및 서비스 접근에서 보안 관리

  · 인증 및 권한 : CSC의 인증으로 서비스 이용 및 CSP의 권한으로 CSC의 서비스 제한

  · 다중의 보안 구조 : 클라우드 컴퓨팅에서 분산 처리를 보안하는 구조

  · 차단Isolation : CSC 및 일정 성능의 제한. 특히 가상화 환경에서 VM 간의 간섭 방지

  · 위임Delegation : CSC의 접근 권한 등을 CSP로 위임. 여기서 오용 및 남용에 따른 추가 정책이 필요

  · 보안 정책 변화 : CSC 및 CSP 간 동적인 보안 정책의 변동

- **자원 관리 비용 최소화** : 작업 스케줄링 및 초기 VM 배치, VM 재배치 등에서 자원 관리 비용을 최소화하여 이득 최대화

- **데이터 관리** : 데이터 접근, 일관성, 안정성, 통합, 위치 관리뿐만 아니라 데이터 락인, 데이터 비밀성Confidentiality 및 감사성Auditability, 전달 등을 포함하는 데이터 관리

  · 데이터 접근 : 다양한 형태의 데이터에 효과적인 접근 및 물리적 위치나 플랫폼에 독립적인 데이터 추상화

  · 데이터 일관성 유지 : 같은 속성의 데이터 복제 및 동시 요구에 대응하는 데이터 일관성 유지

  · 데이터 안정성 : 서비스를 제공할 때 일관적이고 안정적인 데이터 제공

  · 데이터 통합 : 분산 데이터의 통합적인 제공

  · 데이터 위치 관리 : 데이터 이동, 복제, 캐싱 등으로 데이터 위치 관리

- **확장성** : 서비스 제공에서 컴퓨팅 및 스토리지 자원 등의 확장성

- **가용성** : 자원 및 서비스의 가용성

  · 재난 관리 : 서비스 제공에서 문제가 발생했을 때 신속한 대처

  · 고장 관리 : 실행 중인 작업의 원활한 진행을 불가능하게 하는 문제의 감시, 감지 등을 이용한 복구

이 요구 사항이 반영된 클라우드 자원 관리 기법은 다음과 같다.

- **이종 환경에서 클라우드 자원 관리 기법** [67], [68], [69], [70], [71], [72], [73], [74]

  클러스터가 이종으로 구성되어 있을 때 각 노드 안에서 실행된 작업들은 각각 다른 성능을 보일 수 있다. 또한 자원 경쟁 및 VM 간섭과 같은 요소는 클러스터의 이종성을 심화시킬 수 있

다. 따라서 맵리듀스 처리를 위한 스케줄링은 이를 고려하여 수행해야 한다. 다음은 이를 위한 방법이다.

- **첫째, 노드의 이종성을 고려해 작업을 분배한다.**
  이종의 노드들로 구성된 클러스터는 노드마다 성능이 다르기 때문에 이 성능을 고려하여 각 노드에 할당할 작업량을 결정해야 한다. 각 작업에서 해당 작업이 각 노드에서 수행될 때의 처리율을 계산하여 스케줄링에 반영하는 것은 자원 사용을 개선하고 처리 시간을 감소시킬 수 있다. 또한 각 노드가 할당 가능한 상태가 되었을 때 해당 노드에서 가장 많이 성능이 향상될 수 있는 작업을 할당하는 것도 처리 성능을 효과적으로 향상시킬 수 있다. 여기서 입력 데이터를 작게 분할하여 스트리밍 방식으로 전송하며, 작업을 할당하거나 미리 보내지 않고 입력 데이터를 적응적으로 분할하여 작업을 할당하는 것도 이종의 노드로 구성된 클러스터에서 효과적으로 작업을 분배한다.

- **둘째, 작업 복사를 효과적으로 수행하고 처리를 가속하는 추가 노드를 이용한다.**
  작업 처리 속도가 느린 노드의 작업을 다른 노드에서 복사하여 실행시킴으로써 처리 성능이 향상될 수 있다. 따라서 처리 속도가 느린 노드 및 복사된 작업을 수행할 노드를 동적으로 선택하는 것이 필요하다. 복사된 작업을 수행할 노드는 처리 속도가 빨라야 하며, 처리 용량이 복사된 작업을 수용할 수 있어야 한다. 이외에도 처리 속도를 높이기 위해 처리를 가속화하는 추가 노드를 이용할 수 있다.

- **셋째, 노드의 이종성으로 네트워크 비용 증가를 해결한다. 가속 처리 및 데이터 지역성을 함께 고려하는 방법이다.**
  이종의 노드로 구성된 클러스터에서 분산 작업을 처리할 때 해당 노드에서는 처리 속도가 각각 다르게 나타난다. 그러므로 처리 속도가 빠른 노드가 처리 속도가 느린 노드의 일부 작업을 처리하는데, 이를 작업 스틸링Task Stealing이라고 한다. 이때 해당 작업의 입력 데이터는 처리 속도가 느린 노드에 존재하기 때문에 입력 데이터의 전송이 필요하며 이는 네트워크 오버헤드를 발생시킬 수 있다. 예를 들어, 맵리듀스에서 맵 작업의 각 노드는 자신에게 있는 데이터를 우선적으로 처리한 후 작업 스틸링을 수행하므로 맵 단계 끝에서 네트워크 오버헤드가 증가할 수 있다. 따라서 셔플 및 정렬 작업이 임계 시간을 좌우하는 작업은 작업 스틸링을 하지 않으며, 맵 작업이 임계 시간을 결정하는 작업은 작업 스틸링을 수행하는 등 동적으로 작업 스틸링 여부를 결정하는 것이 필요하다. 또한 처리 속도가 빠른 노드와 느린 노드가 인터리빙Interleaving하여 처리하는 작업 스틸링은 맵 단계 끝에서 네트워크 오버헤드를 감소시키는 데 도움이 될 수 있다.

- **데이터 지역성 기반 클라우드 자원 관리 기법** [01], [75], [76], [77], [78], [79], [80], [81], [82], [83], [84], [85], [86], [87]

클라우드 자원 관리에서 데이터 관리는 성능에 중요한 영향을 미친다. 대용량의 데이터를 처리하므로 컴퓨팅할 장소에 데이터를 배치하는 것보다 데이터가 있는 장소에 컴퓨팅을 배치하는 것이 더 효과적일 수 있기 때문에 데이터 지역성이 처리 성능을 향상시킬 수 있다. 더불어 클라우드에서 작업은 보통 노드 사이에서 분산 처리되므로 데이터 배치에서 데이터 전송 등 네트워크 이슈도 고려해야 한다. 따라서 데이터 지역성의 확보 및 네트워크 오버헤드를 감소하는 데이터 배치가 필요하며, 이를 고려한 스케줄링 및 컴퓨팅 자원의 배치를 이용하여 처리 성능을 향상시킬 수 있다. 다음은 이를 위한 방법이다.

- **첫째, 데이터 지역성을 고려하여 스케줄링한다.**

  데이터 지역성을 스케줄링 차원에서 고려하는 방법이다. 새로 배치할 작업을 수행할 노드 중 해당 입력 데이터를 저장한 노드가 없으면 [그림 7-12]와 같이 해당 작업에서 배치를 지연시켜 입력 데이터를 저장하는 노드를 배치하는 것이다. 지연 시간이 너무 길면 처리 성능이 감소할 수 있으므로 지연 시간에 한계를 적절히 정하는 것이 중요하다. 처리 중에 데이터 지역성을 향상시킬 수 있으면 컴퓨팅 자원을 재분배하거나 특정 시점에서 최적의 자원 배치를 구하는 등의 방법도 데이터 지역성 확보에 도움이 될 수 있다. 더불어 데이터 지역성을 확보하는 배치에서도 각 노드가 데이터 지역성을 공평하게 확보할 수 있도록 하는 것이 중요하다.

  또한 응용의 종류를 분류하여 이에 따라 데이터 및 컴퓨팅 자원을 배치하는 것도 데이터 지역성 및 처리 속도 향상에 도움이 될 수 있다. 맵리듀스 처리에서 맵리듀스 응용을 맵 작업의 입력 데이터가 많은 응용, 리듀스 작업의 입력 데이터가 많은 응용, 맵 작업과 리듀스 작업의 입력 데이터가 많은 응용으로 분류하는 것을 그 예로 들 수 있다. 맵 작업의 입력 데이터가 많은 응용은 맵 작업의 입력 데이터의 지역성을 확보하는 것이 중요하므로 데이터 배치에서는 스토리지 이용률 및 예상 부하 등이 고려되어야 하며, 컴퓨팅 자원 배치에서는 맵 작업의 데이터 지역성을 확보하기 위하여 데이터가 있는 노드를 선택하는 것이 고려되어야 한다. 리듀스 작업의 입력 데이터가 많은 응용에서는 리듀스 작업의 입력 데이터 지역성을 확보하는 것이 중요하므로, 데이터 배치에서는 스토리지의 저장 가능 공간이 최대인 노드부터 선택된다. 또한 컴퓨팅 자원 배치에서는 서로 가까이 있는 노드를 선택하여 데이터 전송이 최소가 되도록 처리한다. 맵 작업과 리듀스 작업의 입력 데이터가 많은 응용에서는 데이터 배치와 컴퓨팅 자원 배치에서 입력 데이터와 리듀스 작업의 입력 데이터 지역성을 모두 고려해야 한다.

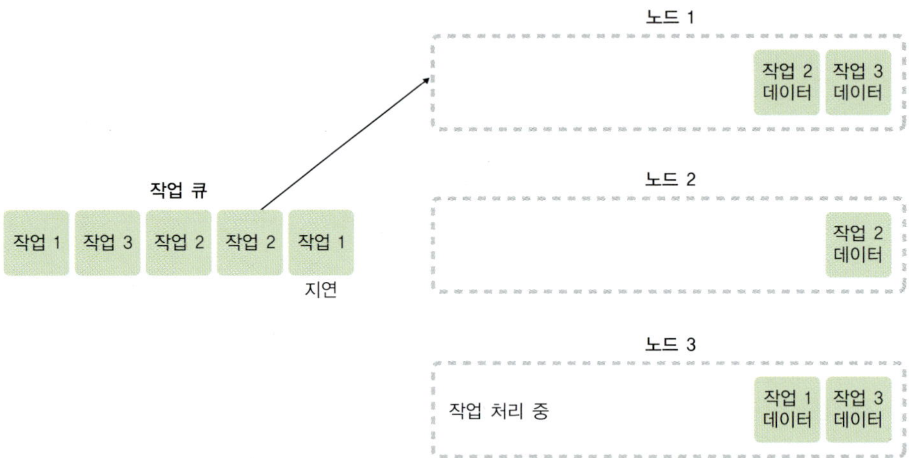

그림 7-12 데이터 지역성을 고려한 스케줄링 예 : 지연 스케줄링 [87] 재구성

- **둘째, 노드 간 분산 작업의 효과적인 분배로 네트워크 오버헤드가 감소한다.**

  분산 작업에서 하나의 랙에 과한 작업을 수행하면 해당 랙의 톱 오브 랙Top Of Rack, TOR 스위치 및 다운링크Downlink에서 체증Congestion이 생길 수 있고, 해당 작업의 처리 속도가 느려질 수 있다. 따라서 분산 작업은 랙 간의 데이터 전송 시간을 고려하여 분배해야 하고, 이를 통해 네트워크 오버헤드와 작업 간의 간섭을 방지할 수 있다.

- **셋째, 노드의 이종성을 고려한 데이터 배치로 처리 속도를 향상시키려면 각 노드에 저장되는 데이터의 양을 적절히 분배한다.**

  분산 작업을 처리할 때 처리 속도가 빠른 노드들은 자신의 작업을 처리한 후 처리 속도가 느린 노드의 작업 일부를 처리한다. 이를 위해 처리 속도가 느린 노드에서 입력 데이터를 전송을 받아야 하는 경우가 발생하는데, 이는 네트워크 오버헤드를 야기하고 성능 감소의 원인이 된다. 그러므로 처리 속도가 빠른 노드와 처리 속도가 느린 노드 간의 데이터 전송을 줄이는 것이 필요하며, 이를 위해 커다란 데이터 셋을 조각으로 나누어 이종의 노드에 분배한다. 처리 속도가 빠른 노드가 더 많은 양의 데이터를 처리하여 처리 속도가 빠른 노드와 처리 속도가 느린 노드 간의 데이터 전송을 감소시킨다. 따라서 노드의 이종성 정도에 따라 적응적으로 데이터를 균형있게 배치하는 것이 필요하다.

- **넷째, 데이터 구성 및 자원 상태를 고려한 데이터 배치이다. 분산 파일 시스템에서 데이터 블록을 무작위로 배치하면 효과적으로 부하 분산을 할 수 있다.**

  이와 더불어 서로 관련되어 있는 블록들을 함께 위치시키는 것은 로그 처리 등 성능 향상에 도움이 될 수 있다. 또한 자원의 가용성 등 자원 상태를 고려하여 데이터를 디스패치하거나 데이터 지역성을 보장하기 위해 데이터 복제를 수행하는 것 또한 효과적으로 데이터를 배치하는 방법이다.

- **SLA 기반 클라우드 자원 관리 기법** [88], [89], [90], [91]

사용자 입장에서의 SLA는 해당 서비스에 서비스 수준을 효과적으로 보장할 수 있도록 하며, 서비스 제공자 입장에서의 SLA는 자원 사용을 좀 더 유연하게 할 수 있도록 한다. 예를 들어, SLA가 마감 시간의 형태로 주어질 때 서비스 제공자는 해당 작업에서 자원 사용을 마감 시간을 토대로 할 수 있기 때문에 각 작업의 마감 시간을 지키는 선에서 전체 클러스터나 데이터 센터에서 자원 사용률 및 자원 사용 비용 등을 감소시킬 수 있다. 맵리듀스에서의 SLA는 맵리듀스의 쉬운 병렬화를 이용해 시간에 따라 작업을 처리하는 자원의 수를 조절할 수 있는데, 이것으로 최적의 스케줄링 및 데이터 지역성을 향상시킬 수 있다. [그림 7-13]은 VM 마이그레이션을 이용한 SLA를 보장하는 자원 관리 구조의 예이다. 이 그림에서는 서비스 수요의 측정 및 예측으로 워크로드 분배를 이용해 SLA를 보장하는 VM 마이그레이션을 수행하는 구조를 보여 준다.

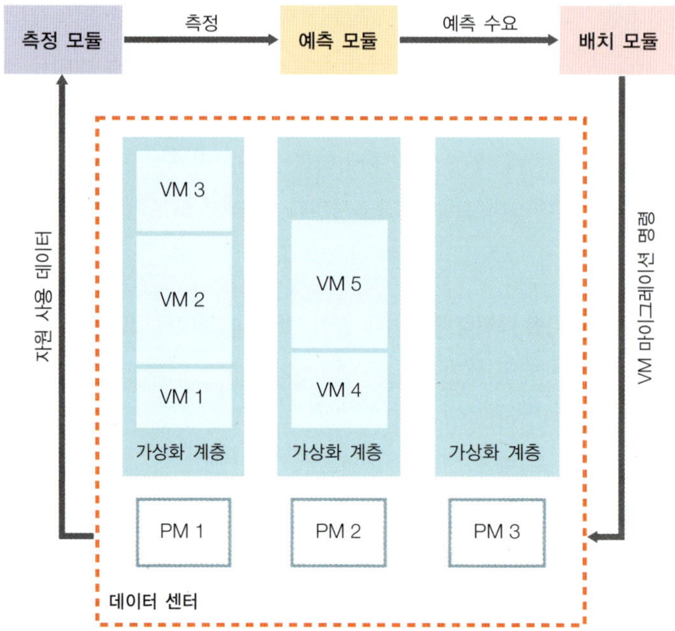

그림 7-13 VM 마이그레이션을 이용해 SLA를 보장하는 자원 관리 구조 예 [91]

3.2.4 클라우드 서비스 브로커에서 자원 할당 기법

빅데이터 응용 처리에서 CSB는 CSC에 다양한 서비스를 제공하고 최적의 자원을 공급한다는 측면에서 유용하다. CSB의 역할은 [그림 7-14]와 같이 크게 기존 서비스를 개선하거나 기능을 추가하는 서비스 중개Intermediation, 다양한 서비스를 결합하여 하나의 새로운 서비스를 생산하는 서비스 결합Aggregation, 서비스의 차익 거래로 새로운 서비스를 생산하는 서비스 아비트리지Arbitrage로 나눌 수 있다. [92]

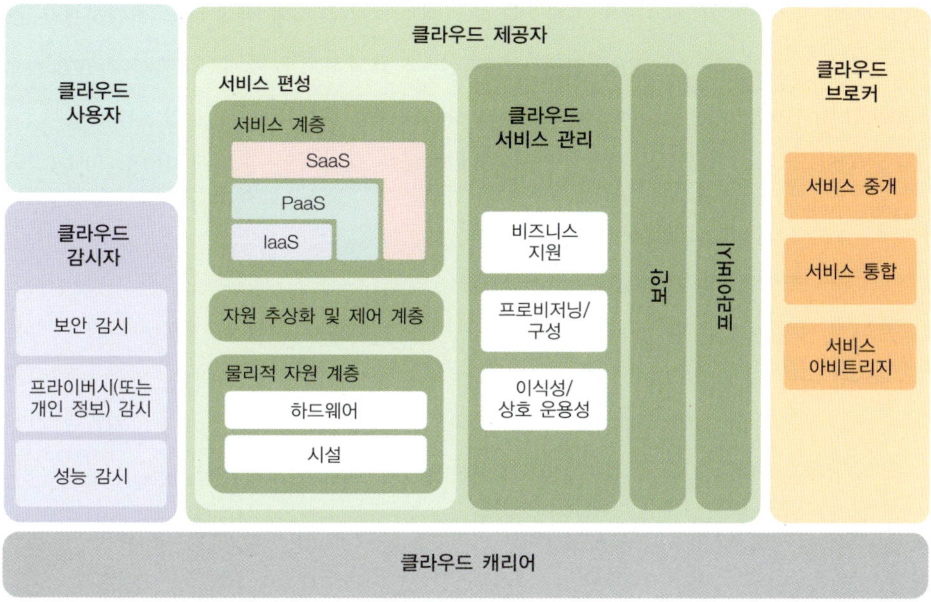

그림 7-14 클라우드 서비스 브로커 : NIST의 개념적 참조 모델 [92]

- 클라우드 서비스 브로커를 이용한 IaaS의 결합 및 아비트리지 제공

CSB는 비즈니스 관점에서 독립적으로 존재하는데, CSP에서 자원을 임대하여 편리한 인터페이스를 지원하고 CSC에 따른 최적의 자원을 공급하며 동적인 상황에 따라 자원을 재배치하는 등 서비스를 제공할 수 있다.

또한 CSB는 다양한 형태의 자원 및 서비스를 제공하는 CSP에서 효과적으로 자원을 임대하여 자원 사용에 드는 비용을 감소시키거나 CSC에 자원을 저렴하게 제공할 수 있다. CSP에서 제공하는 자원은 크게 온디맨드 인스턴스On-Demand Instance와 예약 인스턴스Reserved Instance로 나눌 수 있다. 일반적으로 온디맨드 인스턴스는 1시간 단위로 제공되고, 예약 인스턴스는 1달, 1년, 3년 등의 단위로 제공되며, 그에 따라 예약 인스턴스의 시간당 가격은 온디맨드 인스턴스보다 저렴하게 책정된다. 따라서 예약 인스턴스를 효과적으로 사용하여 CSB의 이득을 증가시킬 수 있고, CSB가 CSC에 저렴한 서비스를 제공할 수 있다. 예약 인스턴스의 효과적인 사용은 서비스의 수요 예측을 기반으로 하며, 장기 및 단기 예측을 기반으로 최적의 예약 인스턴스 수를 구하는 방법을 다양하게 연구하고 있다. [93], [94], [95], [96] 또한 스팟 인스턴스는 CSC가 자원에서 원하는 가격이 현재의 스팟 가격을 초과하면 해당 가격으로 자원을 사용하게 한다. 스팟 인스턴스의 가격은 일반적으로 온디맨드 인스턴스에 비해 매우 저렴하므로 스팟 인스턴스의 적절한 사용은 CSB의 자원 사용을 더욱 효과적으로 할 수 있게 한다. [97], [98], [99], [100], [101], [102], [103] 더불어 CSP와 CSB 사이의 자원 가격 및 시간 협상으로 임대 역시 CSP와 CSB의 자원 사용 및 이득 증가 측면에서 더욱 효과적일 수 있다. [104], [105], [106], [107], [108], [109], [110], [111]

- **클라우드 서비스 브로커를 이용한 응용 처리 서비스 중개**

클라우드에서 응용 처리를 할 때 자원 할당 및 스케줄링은 해당 응용 처리 성능에 큰 영향을 미친다. 특히 병렬 및 분산 처리가 필요한 대용량 응용에서는 더욱 그러하다. 또한 빅데이터와 같은 응용은 수집 및 정제, 저장 및 관리, 처리, 분석, 표현 등의 기술이 통합적으로 필요하다. 따라서 이를 지원하는 서비스는 CSC가 응용을 효과적으로 처리할 수 있도록 도와준다. 이런 서비스를 제공하려면 CSB는 응용을 처리하는 다양한 기능을 수행할 수 있어야 하며, CSP에서 최적의 자원을 선정하여 CSC의 응용을 처리해야 한다.

[그림 7-15]는 그 예인 아네카Aneka [112]이다. 아네카는 다양한 분야에서 응용을 개발하기 위한 소프트웨어 개발 도구Software Development Kit; SDK 등을 제공해 다수의 프로그래밍 모델을 이용할 수 있다. 그리고 자원 할당 및 스케줄링을 통해 사설 클라우드Private Cloud 및 공공 클라우드Public Cloud에서 해당 응용을 실행할 수 있는 플랫폼을 제공한다.

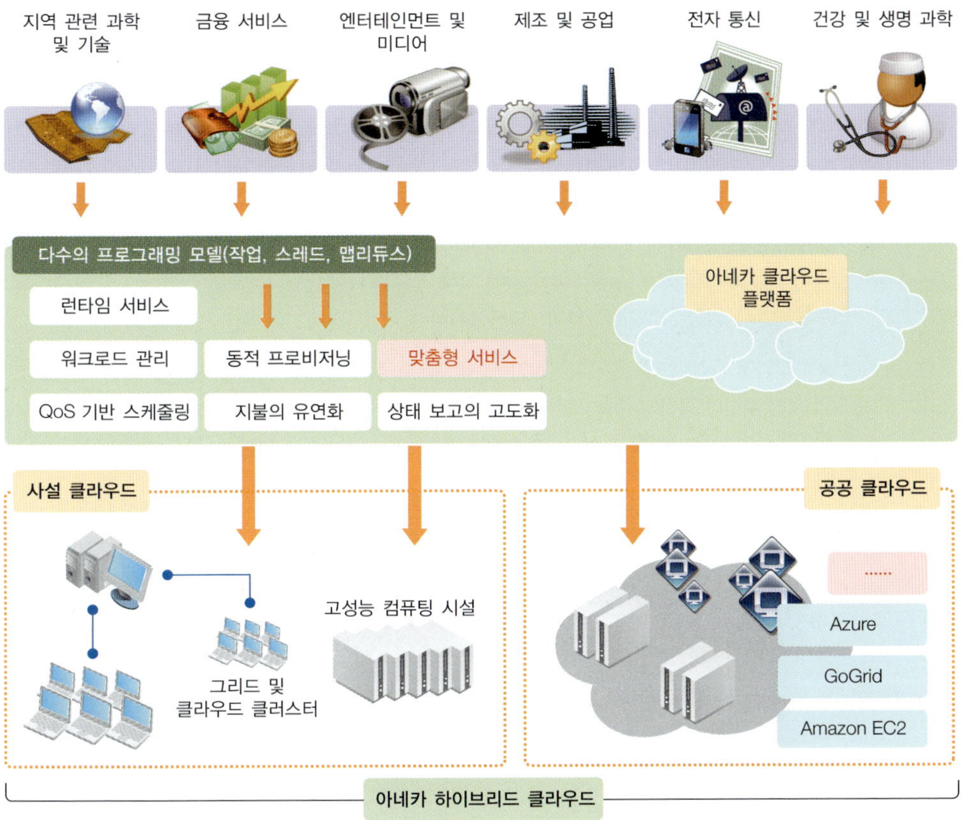

그림 7-15 클라우드 서비스 브로커 구조의 예 : 아네카 [112]

여기서 CSB가 비즈니스 관점에서 독립적으로 존재할 때 CSP에서 자원을 임대하여 CSC가 요청한 응용 처리에 서비스를 제공하는데, CSB의 이득을 최대화하려면 CSP에서 자원 사용 비용을 최소화해야 하며 이는 곧 자원의 사용률을 높임으로써 달성할 수 있다.

CSB가 CSP에서 임대하는 자원의 형태가 현재 일반적으로 사용되는 온디맨드 및 예약 인스턴스의 형태라고 가정할 때 자원 공급은 [그림 7-16]과 같이 네 가지 형태로 수행될 수 있다. [113]

- 1VM4ALL : 하나의 VM에 작업을 모두 할당한다. 자원 사용 비용을 최소화할 수 있으나 작업이 즉각적으로 할당되기는 어렵다.
- 1VMPerJob : 하나의 VM에 하나의 작업을 할당한다. 작업이 즉각적으로 할당될 수 있으나 작업 처리 시간이 해당 VM의 단위 사용 시간Billing Time Unit; BTU보다 작으면 자원이 낭비된다.

• Bin-Packing : First Fit, Best Fit, Worst Fit 등 휴리스틱을 이용해 작업을 VM에 할당한다. 새로 필요할 경우에 한하여 VM을 임대한다. 1VM4ALL보다 작업이 빠르게 할당되며, 1VMPerJob보다 자원 낭비를 줄일 수 있다. 여기서 First Fit은 CSB가 관리하는 VM 중 작업 할당이 가능한 첫 번째 VM에 할당하는 방법이고, Best Fit은 CSB가 관리하는 VM 중 잔여 사용 시간이 작업 처리 시간과 가장 가까운 VM에 할당하는 방법이다. 또한 Worst Fit은 CSB가 관리하는 VM 중 잔여 사용 시간이 가장 긴 VM에 할당하는 방법이다. 작업 할당이 가능한 VM이 없을 때는 서비스 수요 및 워크로드 패턴을 분석하여 VM을 이어서 사용한다. Bin-Packing에서는 서비스 수요 및 워크로드 패턴에 따라 가장 효과적인 알고리즘이 달라지므로 포트폴리오로 구성하여 상황에 따라 가장 효과적인 알고리즘을 선택하는 것도 자원을 효과적으로 활용할 수 있는 방법이다. [114], [115], [116]

• Relax : 작업이 즉각적으로 할당되지 않아도 될 때, 즉 작업의 종료 시간에 여유가 있을 때 이를 반영하여 작업 처리 시간이 작업의 종료 시간을 넘지 않는 한 자원이 유휴 상태가 되는 것을 기다린 후 VM을 유연하게 할당하여 자원 낭비를 최소화하는 방법이다.

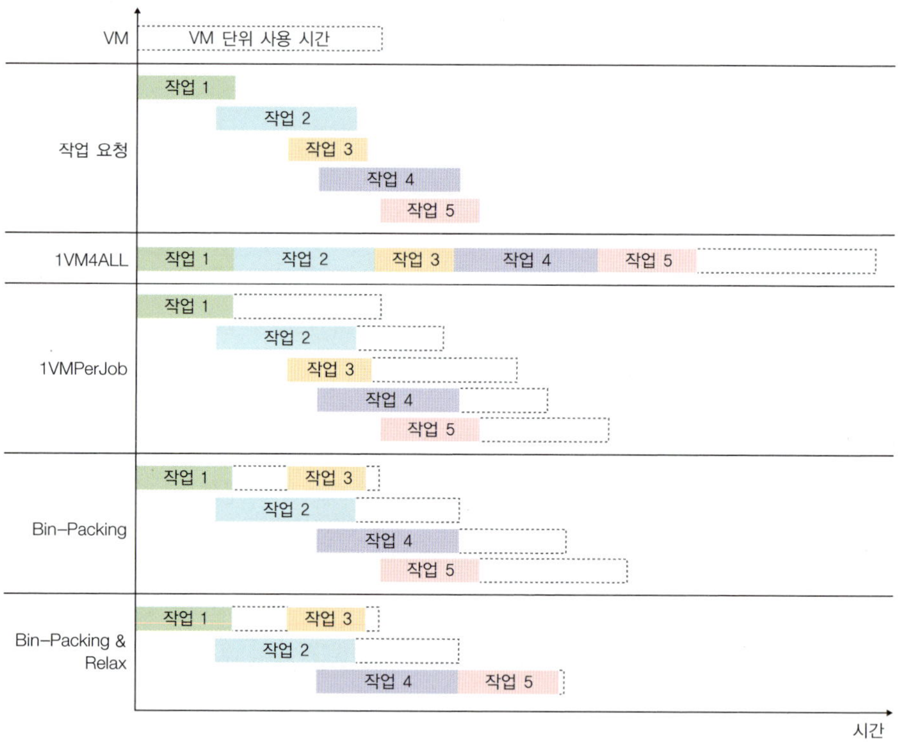

그림 7-16 CSB의 자원 공급 형태 : 1VM4ALL, 1VMPerJob, Bin-Packing, Relax 재구성 [113]

4 빅데이터 워크플로우 컴퓨팅 플랫폼 기술

4.1 그래프 기반 빅데이터 응용

절차적인 빅데이터 처리 및 분석에서는 빅데이터 응용이 그래프를 기반으로 구성된다. 그래프 기반의 절차적 처리는 방향 비순환 그래프Direct Acyclic Graph; DAG로 표현하며, 다양한 데이터 소스에서 대용량의 빅데이터를 효과적으로 처리할 수 있다.

워크플로우는 DAG를 기반으로 데이터를 처리하는 대표적인 예이다. 워크플로우는 어떤 목표를 달성하기 위해 수행하는 작업의 흐름을 순차적 또는 병렬적으로 나타낸 것으로, 세 개의 데이터 처리를 특정 순서로 자동화하거나 협업화하여 이를 이용해 사용자가 새로운 결과를 얻도록 도와준다. [117] 워크플로우 DAG에서 각 정점은 단계별로 행하는 작업Task을, 에지는 작업과 작업 사이의 관계나 의존성Dependency을 나타낸다.

[그림 7-17]은 DAG 형식의 워크플로우 예로, 화살표에 따라 순차적 또는 병렬적으로 실행된다. 각 작업을 마칠 때마다 중간 데이터가 생성되며 마지막 작업을 마친 후 최종 출력 데이터가 생성된다.

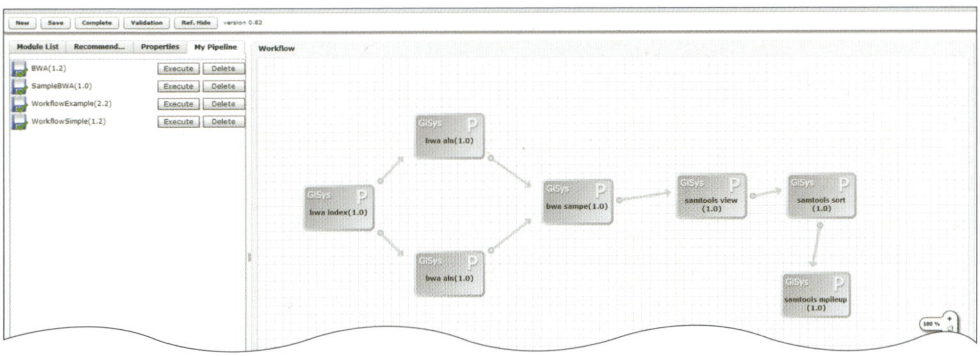

그림 7-17 DAG 형식의 워크플로우 예

빅데이터 처리에 사용하는 맵리듀스도 입력 데이터를 읽고 분할하는 단계, 분할된 입력 데이터를 맵 작업에 할당하고 수행하는 단계, 맵 작업의 중간 데이터를 통합 및 분할하는 단계, 통합된 중간 데이터의 셔플 및 정렬 작업이 절차적으로 실행되므로 하나의 워크플로우로 볼 수 있다. 즉

[그림 7-18]과 같이 맵리듀스를 작업 하나로 생각하여 워크플로우를 구성할 수 있다. (a)는 아파치에서 제공하는 워크플로우 스케줄러인 우지Oozie로 워크플로우를 하둡에서 처리하기 위한 확장성 및 신뢰성 있는 플랫폼을 제공한다. (b)는 맵리듀스 가능 과학 응용 워크플로우 구성 프레임워크MapReduce-enabled Scientific Workflow Composition Framework에서의 맵 및 리듀스 구조의 예이다. 해당 맵 구조에서는 작업이 분리된 후 W_1 워크플로우의 입력 데이터가 W_2 워크플로우를 통해 곱해져 이것이 중간 데이터가 되어 리듀스의 실행을 기다린다. 또한 해당 리듀스 구조는 중간 데이터를 모두 더하는 역할을 하며, 작업이 분리된 후 W_3 워크플로우를 통해 중간 데이터가 더해진다. (c)는 맵리듀스를 활용하는 wordcount 액터actor를 이용해 케플러Kepler에서 단어 계수를 하는 워크플로우이다.

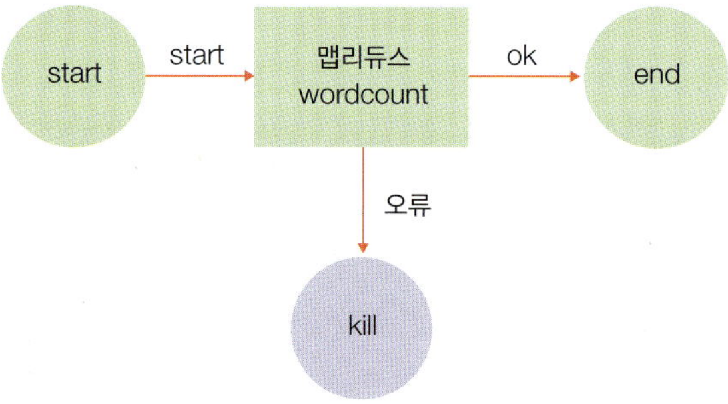

(a) 우지Oozie [118]

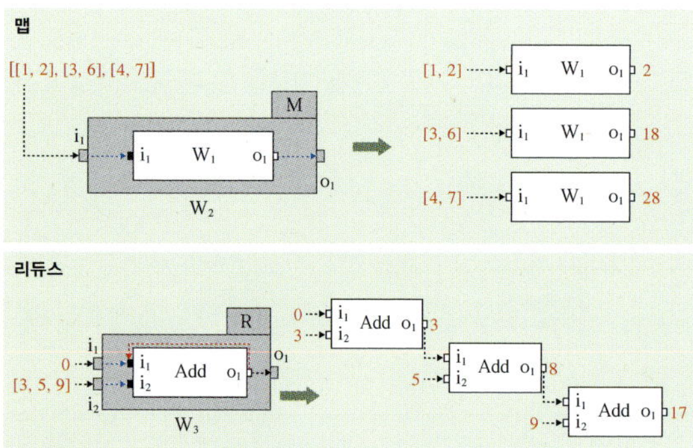

(b) 맵리듀스를 적용한 과학 워크플로우 구성 프레임워크 [119]

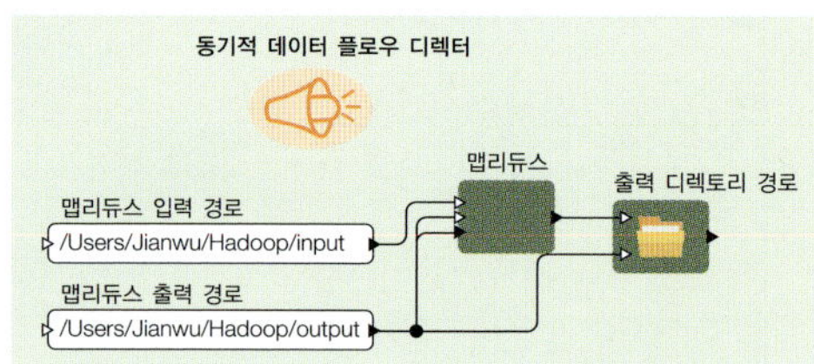

(c) 케플러Kepler + 맵리듀스 [120]

그림 7-18 맵리듀스의 워크플로우 예

워크플로우 관리 시스템은 [그림 7-19]와 같이 워크플로우 구조 등을 확립하고 상세Specification 등을 결정하는 워크플로우 설계, 데이터 및 정보의 형태에 따른 정보 검색, 워크플로우 각 작업을 특정 자원에 할당하는 워크플로우 스케줄링, 오류 및 실패에 대응할 수 있는 결함 감내성 관리, 중간 데이터의 데이터 이동을 관리하는 중간 데이터 이동 관리 등 다섯 가지 분류 체계로 구성된다. [117]

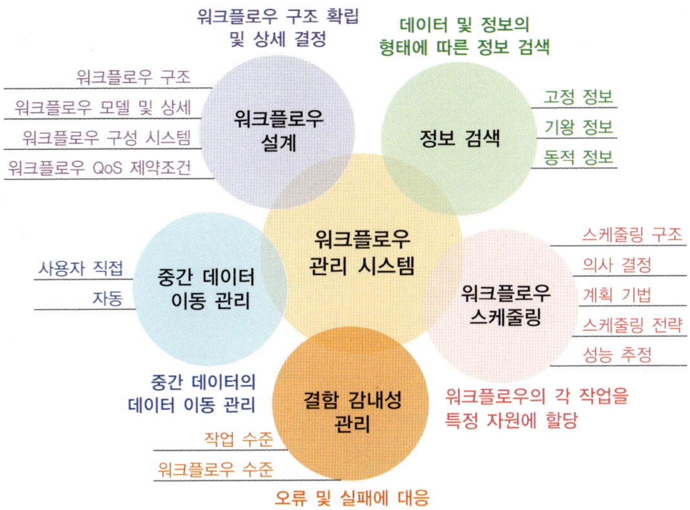

그림 7-19 워크플로우 관리 시스템에서 다섯 가지 분류 체계 [117]

워크플로우 스케줄링 기술은 정적 워크플로우 스케줄링과 동적 워크플로우 스케줄링으로 구분할 수 있다. 정적 워크플로우 스케줄링은 워크플로우가 실행되기 전에 스케줄링을 먼저 하는 것이고, 동적 워크플로우 스케줄링은 워크플로우가 실행되는 동안 실시간으로 스케줄링을 하는 것이다. 정적 워크플로우 스케줄링은 상대적으로 간단하고 계산이 복잡하지 않다는 장점이 있으나, 동적인 환경에서 워크플로우 처리 성능 변화에 대응하기 쉽지 않다는 단점이 있다. 반면, 동적 워크플로우 스케줄링은 워크플로우 실행 도중 동적인 상황 변화를 반영하여 스케줄링을 할 수 있다는 장점이 있지만 계산 복잡도가 높다는 단점이 있다.

4.2 그래프 기반 빅데이터 처리 기술

4.2.1 빅데이터 워크플로우의 데이터 관리 [121], [122], [123]

워크플로우는 작업을 순차적 또는 병렬적으로 수행하며, 각 작업이 서로 의존적이다. 워크플로우를 효과적으로 처리하려면 워크플로우의 메타데이터, 데이터 기원 및 입력 · 중간 · 출력 데이터의 관리가 중요하다. 또한 빅데이터의 특성 때문에 빅데이터 워크플로우 실행은 데이터 저장 및 관리 기술 위에서 관리해야 한다. 워크플로우의 데이터 관리에서 중간 데이터를 효과적으로 관리하면 빅데이터 워크플로우의 처리 성능을 높일 수 있다. 워크플로우 처리에서 중간 데이터는 재분석 가능과 다른 사용자와 협업을 위해 따로 저장해야 한다. 즉 중간 데이터의 이용 빈도가 많을 때는 이를 따로 저장해 두면 자원 사용의 효율성 및 워크플로우 처리 성능이 향상된다. 따라서 중간 데이터의 저장 비용이 생성 비용보다 적을 때에는 이를 저장함으로써 중간 데이터를 효과적으로 관리할 수 있다.

4.2.2 데이터 전송 최적화 [124], [125], [126], [127], [128], [129], [130], [131], [132], [133], [134]

빅데이터 워크플로우에서는 방대한 양의 데이터를 처리하므로 워크플로우 처리에서의 데이터 전송이 성능에 영향을 많이 준다. 그러므로 데이터 전송을 최적화하여 워크플로우 처리 성능을 높일 수 있다.

- 데이터 이동 최적화

데이터 이동 최적화를 데이터 이동 최적화와 데이터 지역성 및 네트워크를 고려한 자원, 데이터 배치 관점으로 나누어 살펴보자.

데이터 이동 최적화에서 데이터가 이동하는 경로를 최적화하는 것은 네트워크 오버헤드를 감소시켜 워크플로우 처리 성능을 향상시킬 수 있다. 경로를 최대한 단순화하여 맵 작업과 리듀스 작업을 함께 파이프라인으로 형성하여 중간 데이터의 통합 및 분할과 셔플 및 정렬 작업 없이 맵 작업에서 리듀스 작업으로 데이터를 바로 전송하는 방법, TCP 연결로 데이터를 전송하는 네트워크 채널, 메모리를 사용해 데이터를 전송하는 인메모리In-Memory 채널, 지역 파일 시스템을 사용해 데이터를 전송하는 파일 채널 중 적절한 채널을 선택해 워크플로우 처리 성능을 향상시키는 방법, [그림 7-20]과 같이 빅데이터 워크플로우 및 실행 그래프에서 가까운 위치에 있는 작업 결과를 먼저 취합해 다음 작업에 전달하는 방법 등을 이용할 수 있다. [그림 7-20]은 입력과 출력 사이의 논리적 그래프이다. 왼쪽은 모든 입력 정점이 출력 정점 하나로 연결되지만 오른쪽은 입력 정점이 k개의 그룹(+, * 등)으로 분류되어 중간에 취합된 후 출력 정점으로 연결된다. 그리고 여기서 출력 정점도 k개로 복제되어 모든 그룹이 병렬적으로 처리되게 한다.

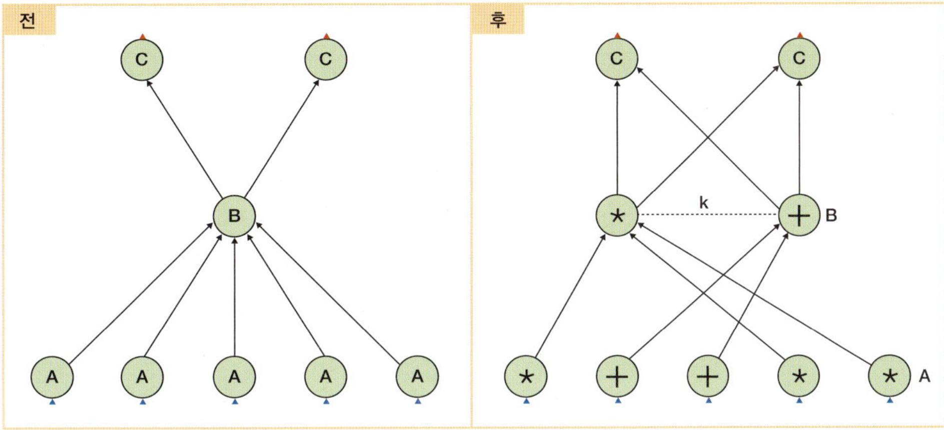

그림 7-20 데이터 이동 경로 최적화 예 : 부분 결합 [126]

여러 워크플로우에서 동일하게 실행하는 작업과 필요한 데이터를 함께 사용하는 빅데이터 워크플로우 작업과의 데이터 공유로 자원을 효율적으로 사용할 수 있으며, 워크플로우 처리 성능을 높일 수 있다. 또한 입력 데이터의 스캐닝Scanning도 작업의 실행 시간에 영향을 많이 주므로 동일한 입력 데이터를 사용하는 작업을 묶어 한번에 스캐닝하는 것도 자원 사용의 효율성을 높이고 워크플로우 처리 속도를 줄인다.

- **데이터 지역성 및 네트워크를 고려한 자원 및 데이터 배치**

빅데이터 워크플로우에서도 단일 작업에서와 같이 데이터 지역성 및 네트워크를 고려한 자원 및 데이터 배치가 필요하다. 데이터와 해당 데이터를 처리하는 노드를 함께 또는 가까이 배치하고 특정 작업 간의 데이터 전송이 많을 때 해당 작업을 가까운 노드에 배치함으로써 이를 달성할 수 있다. 더불어 함께 결합되는 작업과 비슷한 작업을 가까운 노드에 배치하는 방법도 워크플로우 처리 속도를 높이는 데 사용할 수 있다. 또한 데이터 배치에서 데이터를 프리페칭하여 워크플로우의 무결절Seamless 처리를 향상시키는 것도 워크플로우 처리 시간을 줄이는 데 도움이 된다.

4.2.3 데이터 분할 [135], [136], [137]

빅데이터 워크플로우 처리에서 병렬화는 워크플로우 처리 성능에 영향을 많이 준다. 요청된 워크플로우 실행에서 효과적인 병렬화 정도를 정하여 워크플로우 처리 시간을 줄일 수 있다. 병렬화는 작업 분할과 데이터 분할로 나누어 생각할 수 있다. 또한 워크플로우에서는 각 작업이 의존성을 가지므로 작업 및 데이터 분할은 이를 고려해야 한다. 이는 맵리듀스의 처리에도 적용된다. 그리고 맵 작업과 리듀스 작업뿐만 아니라 중간 데이터 통합 및 분할, 셔플 및 정렬 작업에서도 병렬화를 적절하게 적용하면 워크플로우 처리 성능을 높일 수 있다.

이 장에서는 컴퓨팅 부하를 제어하는 방법을 중심으로 빅데이터 플랫폼의 요소 기술과 구조, 빅데이터 플랫폼 관리 기술, 빅데이터 워크플로우 컴퓨팅 플랫폼 기술을 소개했다.

빅데이터 플랫폼의 요소 기술과 구조에서는 데이터 소스로부터 데이터를 수집하고 정제하여 이후 단계를 용이하게 하는 빅데이터 수집 및 정제, 빅데이터 처리 및 분석 시 성능 및 확장성 향상을 위한 고성능 데이터베이스 및 분산 파일 시스템 등을 포함하는 빅데이터 저장 및 관리, 대용량 데이터를 효과적으로 처리하는 맵리듀스 등의 병렬 및 분산 처리 등을 비롯한 빅데이터 처리, 특정 분야나 목적에 따른 효과적인 빅데이터 분석, 처리 및 분석된 결과를 표나 그래프 등으로 가시화하는 빅데이터 표현 등을 소개했다. 그리고 빅데이터 응용을 구성하는 소프트웨어 계층, 빅데이터 응용을 실행하기 위한 플랫폼을 제공하고 이를 위한 데이터 및 자원 할당을 수행하는 플랫폼 계층, 빅데이터 처리 및 분석에 필요한 자원을 제공하는 인프라스트럭처 계층에서의 빅데이터 플랫폼 구조 및 세부 기술을 소개했다.

빅데이터 플랫폼 관리 기술에서는 가상화 기술과 클라우드 환경에서의 처리 기술을 다루었다. 서버 가상화, 데스크톱 가상화, 스토리지 가상화, 네트워크 가상화, 소프트웨어 가상화 등 다양한 가상화 기술을 소개했다. 더불어 가상화를 구현하기 위해 현재 사용되는 하이퍼바이저 스케줄링 기법과 빅데이터 처리를 최적화할 수 있는 하이퍼바이저 스케줄링 기법을 다루었다. 그리고 클라우드 컴퓨팅 기술에 대한 개괄적 설명과 자원 관리 측면에서의 클라우드 서비스의 요구 사항을 다루며, 이종 환경 및 데이터 지역성 및 SLA 기반의 클라우드 자원 관리 기법을 설명하였다. 또한 클라우드 서비스 브로커에서의 자원 할당 기법을 다루어 클라우드 서비스 브로커를 이용한 IaaS의 결합 및 아비트리지 제공 및 클라우드 서비스 브로커를 이용한 응용 처리 서비스 중개 등의 기술을 설명했다.

빅데이터 워크플로우 컴퓨팅 플랫폼 기술에서는 그래프 기반 빅데이터 응용과 그래프 기반 빅데이터 처리 기술을 소개했다. 우선 그래프 기반 빅데이터 응용의 개요와 예를 살펴보고 워크플로우 관리 시스템에서의 다섯 가지 분류 체계를 통해 워크플로우에서의 세부 기술을 설명했다. 또한 처리 성능 향상을 위한 빅데이터 워크플로우의 데이터 관리, 데이터 전송 최적화, 데이터 분할을 소개했다.

연습문제

01 빅데이터 플랫폼 요소 기술을 설명하고 각 요소 기술의 예를 조사하시오.

02 빅데이터 플랫폼 구조를 설계하고 세부 컴포넌트를 설명하시오.

03 가상화를 종류별로 설명하시오.

04 서버 가상화를 지원하는 하이퍼바이저의 예를 조사하고 각각의 차이점을 설명하시오.

05 빅데이터를 처리하는 노드 내의 자원 관리 기술로 하이퍼바이저 스케줄링을 이용한 자원 관리를 가상화와 연관 지어 설명하시오.

06 클라우드 서비스의 요구 사항을 자원 관리 측면에서 설명하고 특정 클라우드 서비스를 설계하시오.

07 클라우드 환경에서의 빅데이터 처리 기술에서 빅데이터를 처리하는 클라우드 자원 배치 기법과 이종 환경에서의 자원 관리 기법, 데이터 지역성 기반 자원 관리 기법, SLA 기반 자원 관리 기법을 각각 설명하시오.

08 클라우드 서비스 브로커에서의 자원 할당 기법의 종류를 설명하고 특정 클라우드 서비스에서의 클라우드 서비스 브로커를 설계하시오.

09 빅데이터 워크플로우 컴퓨팅 플랫폼 기술로 단일 맵리듀스 처리와 워크플로우 형태의 맵리듀스 처리의 공통점 및 차이점과 각 스케줄링 연구를 설명하시오.

10 그래프 기반 빅데이터 처리 기술에서 빅데이터 워크플로우의 데이터 관리, 데이터 전송 최적화, 데이터 분할을 각각 설명하시오.

참고문헌

[01] B. Palanisamy, A. Singh, L. Liu, and B. Jain, "Purlieus: Locality-aware Resource Allocation for MapReduce in a Cloud", *International Conference for High Performance Computing, Networking, Storage and Analysis*, 2011.

[02] E. Rahm, and H. H. Do, "Data Cleansing: Problems and Current Approaches", *IEEE Bulletin on Data Engineering*, 2000, 23(4).

[03] P. Vassiliadis, and A. Simitsis, "Extraction, Transformation, and Loading", *Encyclopedia of Database Systems*, 2009, Vol.32.

[04] R. Catell, "Scalable SQL and NoSQL Data Stores", *ACM SIGMOD Record*, 2011, 39(4).

[05] N. Hurst, "Visual Guide to NoSQL Systems", 2010.

[06] E. A. Brewer, "Towards Robust Distributed Systems", *ACM Symposium on Principles of Distributed Computing*, 2000.

[07] J. Dean, and S. Ghermawat, "MapReduce: Simplified Data Processing on Large Clusters", *Communications of the ACM*, 2008, 51(1).

[08] A. S. Tenenbaum, and M. V. Steen, "Distributed Systems: Principles and Paradigms".

[09] B. Barney, "Introduction to Parallel Computing", *Lawrence Livermore National Laboratory*.

[10] J. M. Laine, and E. T. Midorikawa, "Efficient Strategies for Workload Distribution in Heterogeneous Computing Systems", *IEEE International Conference on Computational Science and Engineering*, 2008.

[11] D. P. Bertsekas, and J. N. Tsitsiklis, "Parallel and Distributed Computation: Numerical Methods".

[12] D. D. Suhr, "Exploratory or Confirmatory Factor Analysis?", Paper 200-31, SAS.

[13] Hoste, Kenneth, et al. "Performance Prediction Based on Inherent Program Similarity". *In Proc. of the 15th International Conference on Parallel Architectures and Compilation Techniques, ACM*, 2006.

[14] "IBM 가상화 기술 백서 - IBM Systems Agenda와 가상화 엔진을 중심으로".

[15] 김창수 외, "유비쿼터스 컴퓨팅 환경을 위한 서비스 인프라 구축 관리 기술", 『ETRI』.

[16] 탁정수, "가상화 기술현황과 공공기관 적용 시사점", 2007.

[17] 김진미 외, "차세대 컴퓨팅을 위한 가상화 기술", 『ETRI』.

[18] Y. Oguchi, and T. Yamamoto, "Server Virtualization Technology and Its Latest Trends", *Fujitsu Sci. Tech. J.* Jan. 2008, 44(1), pp. 46–52.

[19] J. S. Bozman, and G. P. Chen, "Optimizing Hardware for x86 Server Virtualization", 2009.

[20] Laudon, C. Kenneth, and P. Jane, "Management Information Systems", *Managing the Digital Firm, Pearson Education Asia*, pp. 182.

[21] 가상화의 내부기술, 『National Instruments』.

[22] T. Abels, P. Dhawan, and B. Chanderasekaran, "An Overview of Xen Virtualization", *Dell*, 2005.

[23] J. S. Robin, and C. E. Irvine, "Analysis of the Intel Pentium's Ability to Support a Secure Virtual Machine Monitor", *In Proc. of the 9th Conference on USENIX Security Symposium*, Aug. 2000, pp. 129–144.

[24] P. Barham et al, "Xen and the Art of Virtualization", *In Proc. of the 9th ACM Symposium on Operating Systems Principles*, 2003, pp. 164–177.

[25] A. Whitaker, M. Shaw, and S. D. Gribble, "Denali: Lightweight Virtual Machines for Distributed and Networked Applications", 2002.

[26] Xen, http://www.xenproject.org

[27] Fedora, http://www.fedoraproject.org

[28] 오경, "클라우드 서비스와 가상화 기술", 『시트릭스』.

[29] 배유미 · 정성재, "정보 보안을 위한 데스크탑 가상화 기술 동향", 『보안공학연구논문지(Journal of Security Engineering)』.

[30] VMWARE, "VDI: A New Desktop Strategy".

[31] 박정숙 외, "가상 데스크톱 인프라 기술 동향", 『ETRI』.

[32] Desktop Virtualization Strategy, Microsoft.

[33] 김영철 외, "클라우드 컴퓨팅에서 스토리지 가상화 기술 동향", 『ETRI』.

[34] Rob Peglar, "Storage Virtualization I–What, Why, Where and How?", SNIA, 2009.

[35] File Virtualization a bridge to the cloud", F5.

[36] G. Schaffrath et al., "Network Virtualization Architecture: Proposal and Initial Prototype".

[37] 김진미 외, "유비쿼터스 시대의 온디맨드 컴퓨팅 기술 동향", 『ETRI』.

[38] B. Davie, "VPNs, Meet Network Virtualization".

[39] N. M. M. K. Chowdhury, and R. Boutaba, "Network Virtualization: State of the Art and Research Challenges", *IEEE Communications Magazine*, 2009, 47(7), pp. 20–26.

[40] 강현주 외, "네트워크 가상화 기술 동향", 『ETRI』.

[41] J. Carapinha, and J. Jimenez, "Network Virtualization – a View from the Bottom".

[42] What is software Virtualization?, http://artofservice.com.au/what-is-software-virtualization

[43] Altiris Software Virtualization Solution, http://www.symantec.com/business/support/index?page=content&id=DOC1319

[44] Credit Scheduler, http://wiki.xen.org/wiki/Credit_Scheduler

[45] L. Cherkasova, D. Gupta, and A. Vahdat, "Comparison of the Three CPU Schedulers in Xen", *ACM SIGMETRICS Performance Evaluation Review*, 2007, 35(2).

[46] J. Devine, "Xen Hypervisor Scheduler Optimization", 2009.

[47] K. J. Duda, and D. R. Cheriton, "Borrowed-Virtual-Time(BVT) Scheduling: Supporting Latency-Sensitive Threads in a General-Purpose Scheduler", *ACM Symposium on Operating Systems Principles*, 1999.

[48] I. Leslie, D. McAuley, R. Black, T. Roscoe, P. Barham, D. Evers, R. Fairbairns, and Eoin Hyden, "The Design and Implementation of an Operating System to Support Distributed Multimedia Applications", *IEEE Journal on Selected Areas in Communications*, 1996, 14(7).

[49] J. Fang, S. Yang, W. Zhou, and H. Song, "Evaluating I/O Scheduler in Virtual Machines for MapReduce Applications", *International Conference on Grid and Cloud Computing*, 2010.

[50] H. Kang, Y. Chen, J. L. Wong, and J. Wu, "Enhancement of Xen's Scheduler for MapReduce Workloads", *International Symposium on High Performance Distributed Computing*, 2011.

[51] S. Ibrahim, H. Jin, L. Lu, B. He, and S. Wu, "Adaptive Disk I/O Scheduling for MapReduce in Virtualized Environment", *International Conference on Parallel Processing*, 2011.

[52] "클라우드는 메인프레임 컴퓨팅의 총체적 확대판", http://www.imaso.co.kr/?doc=bbs/gnuboard.php&bo_table=article&wr_id=37746

[53] M. Armbrust, A. Fox, R. Griffith, A. D. Joseph, R. Katz, A. Konwinski, G. Lee, D. Patterson, A. Rabkin, I. Stoica, and M. Zaharia, "Above the Clouds: a Berkeley View of Cloud Computing", *EECS Department, U. C. Berkeley, Technical Report UCB-EECS-2009-28*, 2009.

[54] I. Foster, Y. Zhao, I. Raicu, and S. Lu, "Cloud Computing and Grid Computing 360-degree compared", *In Grid Computing Environments Workshop*, 2008, pp. 1-10.

[55] R. Buyya, C. S. Yeo, S. Venugopal, J. Broberg, and I. Brandic, "Cloud Computing and Emerging IT Platforms: Vision, Hype, and Reality for Delivering Computing as the 5th Utility", *Future Generation Computer Systems*, 2009, 25(6).

[56] 정제호, "클라우드 컴퓨팅의 현재와 미래, 그리고 시장전략".

[57] W. Vogels, "A Head in the Clouds-the power of Infrastructure as a Service", *In First Workshop on Cloud Computing and in Applications*, Oct. 2008.

[58] 심영철, "클라우드 컴퓨팅의 기술 동향과 가상화 기반 관리 기술".

[59] P. Chaganti, "가상 인프라용 클라우드 서비스, Part 1: IaaS(Infrastructure-as-a-Service) 및 Eucalyptus".

[60] "클라우드 컴퓨팅 생태계 및 정책 방향", 『ETRI』.

[61] A. Shankar, "Virtual Machine Placement in Computing Clouds", 2010.

[62] K. Mills, J. Filliben, and C. Dabrowski, "Comparing VM Placement Algorithms for On-Demand Clouds", *IEEE International Conference on Cloud Computing Technology and Science*, 2011.

[63] S. Lee, R. Panigrahy, V. Prabhakaran, V. Ramasubramanian, K. Talwar, L. Uyeda, and U. Wieder, "Validating Heuristics for Virtual Machines Consolidation", *Technical Report, Microsoft Research*, 2011.

[64] Open Grid Forum, http://www.ogf.org

[65] I. Goiri, J. Guitart, and J. Torres, "Characterizing Cloud Federation for Enhancing Provider's Profit", *IEEE International Conference on Cloud Computing*, 2010.

[66] B. Rochweger, D. Brietgand, E. Levy, A. Galis, K. Nagin, I. Llorente, R. Montero, Y. Wolfsthal, E. Elmroth, C. Caceres, M. Ben-Yehuda, W. Emmerich, and F. Galan, "The RESERVOIR Model and Architecture for Open Federated Cloud Computing", *IBM Journal of Research and Development*, 2009, 53(4).

[67] F. Ahmad, S. T. Chakradhar, A. Raghunathan, and T. N. Vijaykumar, "Tarazu: Optimizing MapReduce on Heterogeneous Clusters", *International Conference on Architectural Support for Programming Languages and Operating Systems*, 2012.

[68] R. Chen, H. Chen, and B. Zhang, "Tiled-MapReduce: Optimizing Resource Usages of Data-Parallel Applications on Multicore with Tiling", *International Conference on Parallel Architectures and Compilation Techniques*, 2010.

[69] Q. Chen, D. Zhang, M. Guo, Q. Deng, and S. Guo, "SAMR: a Self-Adaptive MapReduce Scheduling Algorithm in Heterogeneous Environment", *IEEE International Conference on Computer and Information Technology*, 2010.

[70] Z. Fadika, E. Dede, J. Hartog, and M. Govindaraju, "MARLA: MapReduce for Heterogeneous Clusters", *IEEE/ACM International Symposium on Cluster, Cloud and Grid Computing*, 2012.

[71] G. Lee, B. G. Chun, and R. H. Katz, "Heterogeneity-Aware Resource Allocation and Scheduling in the Cloud", *USENIX Conference on Hot Topics in Cloud Computing*, 2011.

[72] M. M. Rafique, B. Rose, A. R. Butt, and D. S. Nikolopoulos, "CellMR: a Framework for Supporting MapReduce on Asymmetric Cell-Based Clusters", *IEEE International Symposium on Parallel and Distributed Processing*, 2009.

[73] M. M. Rafigue, B. Rose, A. R. Buff, and D. S. Nikolopoulos, "Supporting MapReduce on Large-Scale Asymmetric Multi-Core Clusters", *ACM SIGOPS Operating Systems Review*, 2009, 43(2).

[74] M. Zaharia, A. Konwinski, A. D. Joseph, R. Katz, and I. Stoica, "Improving MapReduce Performance in Heterogeneous Environments", *USENIX Conference on Operating Systems Design and Implementation*, 2008.

[75] Hadoop Scheduler, http://hadoop.apache.org

[76] G. Ananthanarayana, S. Kandula, A. Greenberg, I. Stoica, Y. Lu, B. Saha, and E. Harris, "Reining in the Outliers in Map-Reduce Clusters Using Mantri", *USENIX Conference on Operating Systems Design and Implementation*, 2010.

[77] X. Bu, J. Rao, and C. Xu, "Interference and Locality-aware Task Scheduling for MapReduce Applications in Virtual Clusters", *International Symposium on High-Performance Parallel and Distributed Computing*, 2013.

[78] R. Chaiken, B. Jenkins, P. A. Larson, B. Ramsey, D. Shakib, S. Weaver, and J. Zhou, "SCOPE: Easy and Efficient Parallel Processing of Massive Data Sets", *VLDB Endowment*, 2008, 1(2).

[79] M. Y. Eltabakh, Y. Tian, F. Ozcan, R. Gemulla, A. Krettek, and J. McPherson, "CoHadoop: Flexible Data Placement and Its Exploitation in Hadoop", *VLDB Endowment*, 2011, 4(9).

[80] Y. Geng, S. Chen, Y. W. Wu, R. Wu, G. Yang, and W. Zheng, "Location aware Mapreduce in Virtual Cloud", *International Conference on Parallel Processing*, 2011.

[81] Z. Guo, G. Fox, and M. Zhou, "Investigation of Data Locality in MapReduce", IEEE/*ACM International Symposium on Cluster, Cloud and Grid Computing*, 2012.

[82] C. He, Y. Lu, and D. Swanson, "MatchMaking: a New MapReduce Scheduling Technique", *IEEE International Conference on Cloud Computing Technology and Science*, 2011.

[83] S. Ibrahim, H. Jin, L. Lu, B. He, G. Antoniu, and S. Wu, "Maestro: Replica-Aware Map Scheduling for MapReduce", *IEEE/ACM International Symposium on Cluster, Cloud and Grid Computing*, 2012.

[84] H. Jin, X. Yang, X. H. Sun, and I. Raicu, "ADAPT: Availability-Aware MapReduce Data Placement for Non-Dedicated Distributed Computing", *IEEE International Conference on Distributed Computing Systems*, 2012.

[85] J. Park, D. Lee, B. Kim, J. Huh, and S. Maeng, "Locality-Aware VM Reconfiguration on MapReduce Clouds", *International Symposium on High-Performance Parallel and Distributed Computing*, 2012.

[86] J. Xie, S. Yin, X. Ruan, Z. Ding, Y. Tian, J. Majors, A. Manzanares, and X. Qin, "Improving Mapreduce Performance through Data Placement in Heterogeneous Hadoop Clusters", *IEEE International Symposium on Parallel and Distributed Processing*, 2010.

[87] M. Zaharia, D. Borthakur, J. S. Sarma, K. Shenker, and I. Stoica, "Delay Scheduling: a Simple Technique for Archieving Locality and Fairness in Cluster Scheduling", *European Conference on Computer Systems*, 2010.

[88] K. Kc, and K. Anyanwu, "Scheduling Hadoop Jobs to Meet Deadlines", *IEEE International Conference on Cloud Computing Technology and Science*, 2010.

[89] A. Verma, L. Cherkasova, V. S. Kumar, and R. H. Campbell, "Deadline-Based Workload Management for MapReduce Environments: Pieces of the Performance Puzzle", *IEEE Network Operations and Management Symposium*, 2012.

[90] J. Wolf, D. Rajan, K. Hildrum, R. Khandekar, V. Kumar, S. Parekh, K. L. Wu, and A. Balmin, "FLEX: a Slot Allocation Scheduling Optimizer for MapReduce Workloads", *ACM/IFIP/USENIX International Conference on Middleware*, 2010.

[91] N. Bobroff, A. Kochut, and K. Beaty, "Dynamic Placement of Virtual Machines for Managing SLA Violations", *IFIP/IEEE International Symposium on Integrated Network Management*, 2007.

[92] R. B. Bohn, John Messina, F. Liu, J. Tong, and J. Mao, "NIST Cloud Computing Reference Architecture", *IEEE World Congress on Services*, 2011.

[93] S. Chaisiri, B. S. Lee, and D. Niyato, "Optimization of Resource Provisioning Cost in Cloud Computing", *IEEE Transactions on Services Computing*, 2012, 5(2).

[94] S. Chaisiri, B. S. Lee, and D. Niyato, "Optimal Virtual Machine Placement Across Multiple Cloud Providers", *IEEE Asia-Pacific Services Computing Conference*, 2009.

[95] S. Shen, K. Deng, A. Iosup, and D. Epema, "Scheduling Jobs in the Cloud Using On-Demand and Reserved Instances", *International Conference on Parallel Processing*, 2013.

[96] W. Wang, D. Niu, B. Li, and B. Liang, "Dynamic Cloud Resource Reservation via Cloud Brokerage", *IEEE International Conference on Distributed Computing Systems*, 2013.

[97] A. Andrzejak, D. Kondo, and S. Yi, "Decision Model for Cloud Computing under SLA Constraints", *IEEE International Symposium on Modeling, Analysis and Simulation of Computer and Telecommunication Systems*, 2010.

[98] D. Ardagna, B. Panicucci, and M. Passacantando, "A Game Theoretic Formulation of the Service Provisioning Problem in Cloud Systems", *International Conference on World Wide Web*, 2011.

[99] N. Chohan, C. Castillo, M. Spreitzer, M. Steinder, A. Tantawi, and C. Krintz, "See Spot Run: Using Spot Instances for MapReduce Workflows", *USENIX Conference on Hot Topics in Cloud Computing*, 2010.

[100] M. Mattess, C. Vecchiola, and R. Buyya, "Managing Peak Loads by Leasing Cloud Infrastructure Services from a Spot Market", *IEEE International Conference on High Performance Computing and Communications*, 2010.

[101] S. Yi, A. Andrzejak, and D. Kondo, "Monetary Cost-Aware Checkpointing and Migration on Amazon Cloud Spot Instances", *IEEE Transactions on Service Computing*, 2012, 5(4).

[102] S. Yi, D. Kondo, and A. Andrzejak, "Reducing Costs of Spot Instances via Checkpointing in the Amazon Elastic Compute Cloud", *IEEE International Conference on Cloud Computing*, 2010.

[103] Q. Zhang, E. Gurses, R. Boutaba, and J. Xiao, "Dynamic Resource Allocation for Spot Markets in Cloud Computing Environments", *USENIX Conference on Hot Topics in Management of Internet, Cloud, and Enterprise Networks and Services*, 2011.

[104] B. An, V. Lesser, D. Irwin, and M. Zink, "Automated Negotiation with Decommitment for Dynamic Resource Allocation in Cloud Computing", *International Conference on Autonomous Agents and Multiagent Systems*, 2010.

[105] I. Brandic, D. Music, and S. Dustdar, "Service Mediation and Negotiation Bootstrapping as First Achievements Towards Self-Adaptable Grid and Cloud Services", *International Conference Industry Session on Grids Meets Autonomic Computing*, 2009.

[106] R. Buyya, C. S. Yeo, S. Venugopal, J. Broberg, and I. Brandic, "Cloud Computing and Emerging IT Platforms: Vision, Hype, and Reality for Delivering Computing as the 5th Utility", *Future Generation Computer Systems*, 2009, 25(6).

[107] M. Macias, and J. Guitart, "Using Resource-Level Information into Nonadditive Negotiation Models for Cloud Market Environments", *IEEE Network Operations and Management Symposium*, 2010.

[108] K. M. Sim, "Towards Complex Negotiation for Cloud Economy", *International Conference on Advances in Grid and Pervasive Computing*, 2010.

[109] S. Son, and K. M. Sim, "A Price-and-Time-Slot-Negotiation Mechanism for Cloud Service Reservations", *IEEE Transactions on Systems, Man, and Cybernetics-Part B: Cybernetics*, 2012, 42(3).

[110] S. Venticinque, R. Aversa, B. D. Martino, M. Rak, and D. Petcu, "A Cloud Agency for SLA Negotiation and Management", *Conference on Parallel Processing*, 2010.

[111] C. Weinhardt, A. Anandasivam, B. Blau, N. Borissov, T. Meinl, W. Michalk, and J. Stober, "Cloud Computing - a Classification, Business Models, and Research Directions", *Business and Information System Engineering*, 2009, 1(5).

[112] Aneka, http://www.manjrasoft.com

[113] S. Genaud, and J. Gossa, "Cost-Wait Trade-offs in Client-Side Resource Provisioning with Elastic Clouds", *IEEE International Conference on Cloud Computing*, 2011.

[114] K. Deng, J. Song, K. Ren, and A. Iosup, "Exploring Portfolio Scheduling for Long-Term Execution of Scientific Workloads in IaaS Clouds", *International Conference for High Performance Computing, Networking, Storage and Analysis*, 2013.

[115] P. Leitner, W. Hummer, B. Satzger, C. Inzinger, and S. Dustdar, "Cost-Efficient and Application SLA-Aware Client Side Request Scheduling in an Infrastructure-as-a-Service Cloud", *IEEE International Conference on Cloud Computing*, 2012.

[116] S. Shen, K. Deng, A. Iosup, and D. Epema, "Scheduling Jobs in the Cloud Using On-Demand and Reserved Instances", *International Conference on Parallel Processing*, 2013.

[117] J. Yu, and R. Buyya, "A Taxonomy of Scientific Workflow Systems for Grid Computing", ACM SIGMOD Record, vol. 34, no. 3, pp. 44-49, 2005에서 J. Yu, and R. Buyya, "A Taxonomy of Workflow Management Systems for Grid Computing", Technical Report, GRIDS-TR-2005-1, Grid Computing and Distributed Systems Laboratory, University of Melbourne, 2005.

[118] Oozie, http://oozie.apache.org

[119] X. Fei, S. Lu, and C. Lin, "A MapReduce-Enable Scientific Workflow Composition Framework", *IEEE International Conference on Web Services*, 2009.

[120] J. Wang, D. Crawl, and I. Altintas, "Kepler + Hadoop: a General Architecture Facilitating Data-Intensive Aplications in Scientific Workflow Systems", *Workshop on Workflows in Support of Large-Scale Science*, 2009.

[121] I. F. Adams, D. D. E. Long, E. L. Miller, S. Pasupathy, and M. W. Storer, "Maximizing Efficiency by Trading Storage for Computation", *Conference on Hot Topics in Cloud Computing*, 2009.

[122] E. Deelman, G. Singh, M. Livny, B. berriman, and J. Good, "The Cost of Doing Science on the Cloud: the Montage Example", *International Conference for High Performance Computing, Networking, Storage and Analysis*, 2008.

[123] D. Yuan, Y. Yang, X. Liu, and J. Chen, "A Cost-Effective Strategy for Intermediate Data Storage in Scientific Cloud Workflow Systems", *IEEE International Symposium on Parallel and Distributed Processing*, 2010.

[124] P. Agrawal, D. Kifer, and C. Olston, "Scheduling Shared Scans of Large Data Files", *VLDB Endowment*, 2008, 1(1).

[125] G. Chen, S. Wu, R. Gu, Y. Xu, L. Xu, Y. Ge, and C. Song, "Data Prefetching for Scientific Workflow Based on Hadoop", *Computer and Information Science*, 2012, Vol.429.

[126] M. Isard, M. Budiu, Y. Yu, A. Birrell, and D. Fetterly, "Dryad: Distributed Data-Parallel Programs from Sequential Building Blocks", *European Conference on Computer Systems*, 2007.

[127] M. Isard, V. Prabhakaran, J. Currey, U. Wieder, K. Talwar, and A. Goldberg, "Quincy: Fair Scheduling for Distributed Computing Clusters", *ACM SIGOPS Symposium on Operating Systems Principles*, 2009.

[128] H. Lim, H. Herodotou, and S. Babu, "Stubby: a Transformation-Based Optimizer for MapReduce Workflows", *VLDB Endowment*, 2012, 5(11).

[129] P. Nguyen, and M. Halem, "A MapReduce Workflow System for Architecting Scientific Data Intensive Applications", *International Workshop on Software Engineering for Cloud Computing*, 2011.

[130] T. Nykiel, M. Potamias, C. Mishra, G. Kollios, and N. Koudas, "MRShare: Sharing Across Multiple Queries in MapReduce", *VLDB Endowment*, 2010, 3(1-2).

[131] C. Olston, G. Chiou, L. Chitnis, F. Liu, Y. Han, M. Larsson, A. Neumann, V. B. N. Rao, V. Sankarasubramanian, S. Seth, C. Tian, T. ZiCornell, and X. Wang, "Nova: Continuous Pig/Hadoop Workflows", *ACM SIGMOD International Conference on Management of Data*, 2011.

[132] X. Wang, C. Olston, A. D. Sarma, and R. Burns, "CoScan: Cooperative Scan Sharing in the Cloud", *ACM Symposium on Cloud Computing*, 2011.

[133] D. Warneke, and O. Kao, "Nephele: Efficient Parallel Data Processing in the Cloud", *Workshop on Many-Task Computing on Grids and Supercomputers*, 2009.

[134] D. Yoo, and K. M. Sim, "A Scheduling Mechanism for Multiple Mapreduce Jobs in a Workflow Application", *Computing, Communications and Applications Conference*, 2012.

[135] Q. Chen, L. Wang, and Z. Shang, "MRGIS: a MapReduce-Enabled High Performance Workflow System for GIS", *IEEE International Conference on Science*, 2008.

[136] D. J. DeWitt, E. Paulson, E. Robinson, J. Naughton, J. Royalty, S. Shankar, and A. Krioukov, "Clustera: an Integrated Computation and Data Management System", *VLDB Endowment*, 2008.

[137] D. Zinn, S. Bowers, S. Kohler, and B. Ludascher, "Parallelizing XML Data-Streaming Workflows via MapReduce", *Journal and Computer and System Sciences*, 2010, 76(6).

3부
빅데이터 기술 개발 현황과 실제 구현 예

8장

빅데이터 기술 개발의 현황과 활용

1 개요

세계 여러 나라에서는 빅데이터를 ICT 분야의 향후 수년을 이끌 주요 트렌드나 전략적 기술로 인식한다. 현재 ICT 환경에 대용량 데이터를 활용 및 분석하여 새로운 가치 정보를 추출하고, 이를 바탕으로 능동적 대응 및 변화를 예측하는 빅데이터가 이슈로 급부상한 것이다. 이에 많은 산업체에서 빅데이터를 활발히 연구하며 관련 기술을 개발하고 있다.

이 장에서는 급변하는 기술 발전에 발맞추어 산업 흐름을 파악할 수 있도록 국내외의 빅데이터 기술 현황과 산업체의 빅데이터 현황, 빅데이터의 활용 사례를 다룬다. 먼저 국내외의 빅데이터 기술 현황에서는 국내의 '빅데이터 전략연구센터', '빅데이터 분석활용센터'를 중심으로 살펴본 후 미국, 영국 등 국외의 빅데이터 기술 개발 현황을 다룬다. 산업체 빅데이터 현황에서는 EMC, 오라클, IBM, SAP, 테라데이터, 마이크로소프트, 코난테크놀로지, 솔트룩스, 다음소프트, 그루터 및 기타 산업체의 현황을 살펴봄으로써 전반적인 동향을 짚어 본다.

그림 8-1 빅데이터 산업체

다음으로 [그림 8-2]와 같이 공공, 정보 통신, 과학, 제조업, 소셜 미디어, 도소매, 정부, 의료 헬스 등 다양한 분야에서 빅데이터를 활용하는 사례를 살펴본다. 이것으로 빅데이터를 접목할 수 있는 분야를 파악하여 새로운 응용 분야를 도출할 수 있는 기반을 다질 수 있을 것이다.

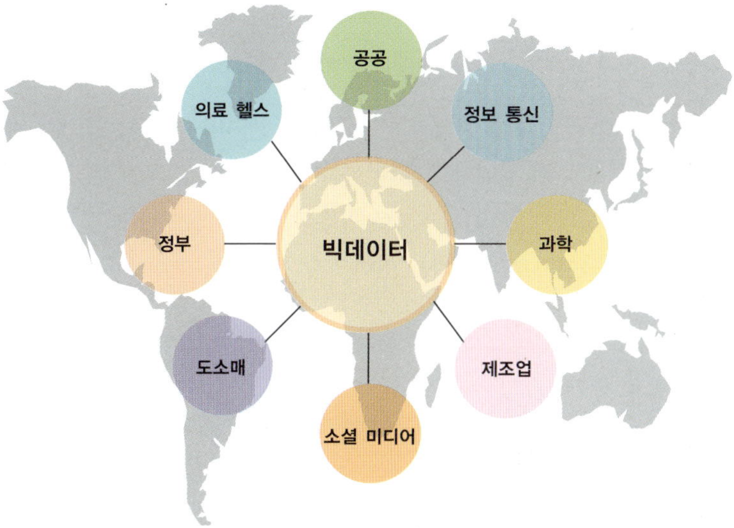

그림 8-2 빅데이터 활용 예

2 국내외 빅데이터 기술 개발 현황

2.1 국내 빅데이터 기술 개발 현황

국내에서는 대표적인 포털인 네이버와 다음소프트를 비롯하여 SK, KT 및 LG, 삼성전자 등 제조사까지 스마트 기기(스마트폰, 스마트TV 등)를 지원하는 콘텐츠를 서비스하는데, 여기서 발생하는 엄청난 로그 데이터를 하둡을 활용해 처리하고 있다. 특히 하둡 및 클라우드 기술을 기반으로 다양한 컨설팅 및 사업을 추진하다가 2010년 KT로 인수된 넥스알NexR; 현재는 KT넥스알은 국내 하둡 오픈 소스 커뮤니티 활동을 적극적으로 지원하고 있다.

여기서는 한국정보화진흥원의 '빅데이터 전략연구센터'와 '빅데이터 분석활용센터'인 정부 기관을 중심으로 빅데이터 기술 개발 현황을 살펴본다.

- 한국정보화진흥원의 '빅데이터 전략연구센터'

  한국정보화진흥원의 '빅데이터 전략연구센터'에서는 2011년 4월 빅데이터 미래전략 세미나를 시작으로 빅데이터가 제시할 스마트한 미래 모습을 전망하고, 국가 미래전략에 빅데이터를 도입하는 방안을 모색하는 정기 세미나도 개최했다. 2012년에는 빅데이터 조사연구보고서를 발표하며 공공 영역 빅데이터 활용과 관련된 '빅데이터 국가전략 포럼' 사이트를 개설했다. 2013년에는 빅데이터의 국가전략 세미나를 개최한 후 국가전략 포럼에서는 빅데이터 강국으로 도약하는 전략 및 빅데이터 현황을 발표했다. 그리고 2014년 3월에는 빅데이터 인력을 양성하려고 각 학과별로 연관된 주요 과목을 도출하여 빅데이터 커리큘럼 참조 모델 ver 1.0을 제시했다. 빅데이터 전략연구센터 사이트에서 빅데이터와 관련된 각종 자료를 확인할 수 있는데, 특히 빅데이터 자료실에서는 [그림 8-3]과 같이 전략/정책, 기술, 빅데이터 사례, 산업, 국외동향 등 다양한 자료를 얻을 수 있다.

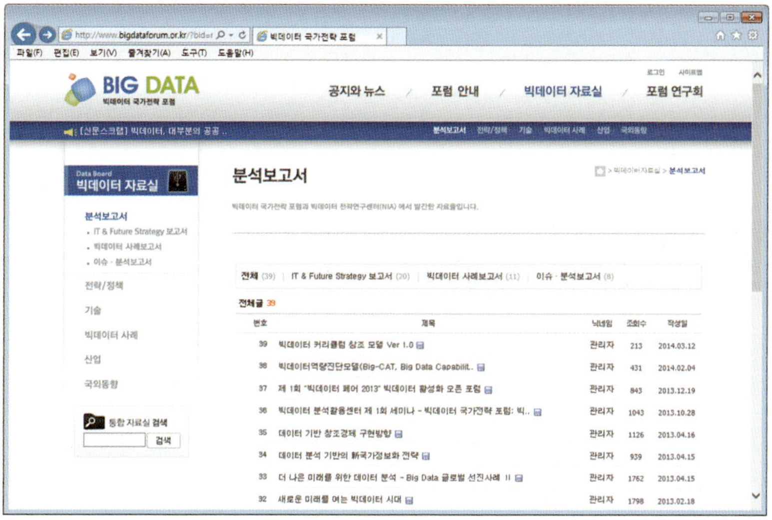

그림 8-3 빅데이터 국가전략 포럼 [01]

- 한국정보화진흥원의 '빅데이터 분석활용센터'

한국정보화진흥원의 '빅데이터 분석활용센터'는 2013년 10월 개소식을 시작으로 12월에 빅데이터를 활성화하는 오픈 포럼을 개최했다. 이 센터는 지속적으로 발전 가능한 생태계 조성, 산업 육성 기반의 시장 확대 및 창출을 목표로 하며, 크게 다음 두 가지 인프라를 지원한다.

- 교육 실습 인프라로 데이터 과학자 및 빅데이터 기술 인력을 양성하는 실무 중심 교육의 커리큘럼에 맞는 실습 환경을 제공한다. 이외에도 데이터 분석 프로그램 개발 등 다양한 실습을 수행하도록 지원한다.
- 사업화 지원 인프라로 빅데이터를 분석하는 인프라를 보유하기 어려운 중소기업, 창업자, 대학, 연구소 등이 방대한 양의 데이터 분석, 기술 개발 및 검증할 수 있도록 테스트베드를 제공한다. 제공 중인 빅데이터 분석 인프라는 세부적으로 프로그램 언어(Pig, Hive, R, Mahout, Java M/R), 데이터 관리(HCatalog), 하둡(MapReduce, HDFS)으로 나누어 다양하게 제공한다. 이런 인프라로 데이터 분석, 워크플로우 관리, 시각화 등의 기능을 사용할 수 있다.

'빅데이터 분석활용센터'는 인프라 지원 외에도 기술 자문 전문가가 필요한 기업의 요청과 상황에 맞추어 서비스 기획 및 분석, 플랫폼 구축, 데이터 분석 등 세부 분야별로 기술 자문을 수행하고 있다. 자문 분야로는 분석/통계/마이닝, 플랫폼/관리 기술, 아키텍처/클라우드 설계, 데이터 시각화 부분으로 나눈 후 각각 자문 전문가를 배치한다. 그리고 [그림 8-4]와 같이 빅데이터 활용 사례, 공개된 S/W, 빅데이터 분석 방법 및 알고리즘 등 다양한 정보도 제공한다.

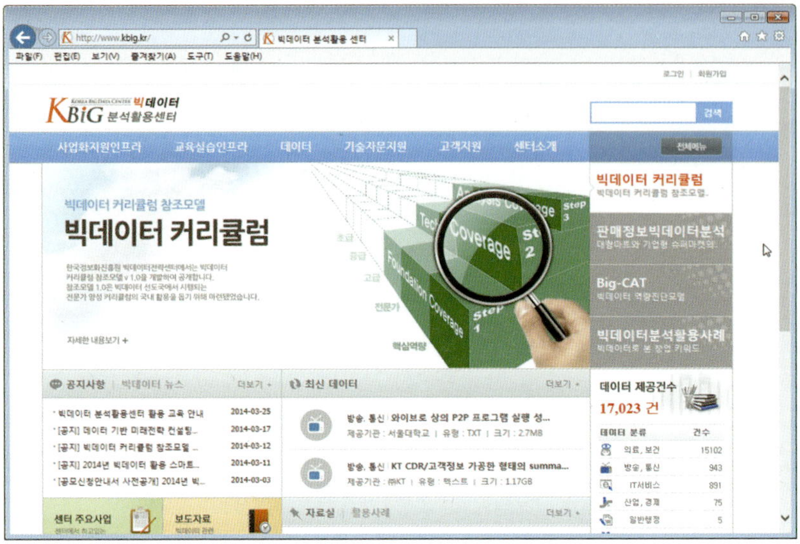

그림 8-4 빅데이터 분석활용센터 [02]

2.2 국외 빅데이터 기술 개발 현황

세계 선진 국가들은 빅데이터를 활성화하려고 데이터 중심의 국가 발전전략을 추진하는 동시에 기술 개발을 지원하고 있다. 또한 UN도 정책의 수립 및 집행에 빅데이터를 활용한다. 미국, 영국 등 주요 국가에서 진행 중인 빅데이터 기술 개발 현황을 하나씩 살펴보자.

2.2.1 미국의 빅데이터 기술 개발 현황

미국은 2012년 3월 '빅데이터 R&D 이니셔티브Big Data Research and Development Initiative'에서 본격적인 빅데이터 활성화 전략을 마련했다. 빅데이터 접근 및 수집, 관리에 필요한 기술 및 방법 전반에서 발전 계획을 추진하고 있는데, 특히 백악관 산하의 과학기술정책실Office of Science and Technology Policy; OSTP에서 '빅데이터 R&D 이니셔티브'를 주도적으로 추진하고 있다.

과학기술정책실은 빅데이터 고위 운영 그룹the Big Data Senior Steering Group; BDSSG을 주축으로 '빅데이터 R&D 이니셔티브'를 대상으로 한 프로젝트를 선정 · 개발하고 투자 규모를 결정한다. 현재 6개 연방 부처 및 기관이 '빅데이터 R&D 이니셔티브'에 참여하고 있다. 국립과학재단National Science Foundation; NSF, 국립보건원National Institutes of Health; NIH, 국방부Department of Defense; DoD, 방위고등연구계획국Defense Advanced Research Projects Agency; DARPA, 에너지부Department of Energy; DoE, 미국지질조사원United States Geological Survey; USGS 등이 참여 중이다. '빅데이터 R&D 이니셔티브'에는 총 2억 달러의 예산을 투입한다고 발표했다. 이는 미국 연방정부의 범 부처 IT R&D 프로그램인 NITRDNetworking and Information Technology Research and Development의 2012년 전체 예산인 37억 3940만 달러의 5%에 해당하는 수치이다. 또한 과학기술정책실과 NITRD가 2013년 11월 연방정부에서 추진 중인 신규 프로젝트를 공개했다. 신규 프로젝트는 '빅데이터 R&D 이니셔티브'의 후속 차원으로 마련되었으며, 미국의 유명 하이테크 기업, 제약 사업자, 연구 업체 등 90개 이상의 기관이 참여하여 진행하고 있다.

- **국립과학재단NSF**

  국립과학재단은 빅데이터 관련 연구 투자 등 데이터에서 지식을 도출해 내는 새로운 방법론을 고안하는 장기전략을 수행하고, 빅데이터 전문인력 양성, 클라우드 등 데이터 접근법 개발에 1000만 달러를 투입할 계획이라고 발표했다.

- **국립보건원NIH**

  국립보건원은 세포, 분자, 화학, 의학, 건강, 질병 등 데이터 개발 및 관리에 투자했다. 현재는 연구자들과의 정보 공유를 촉진하려고 NITRC 웹 사이트를 운영하고 있다.

- **국방부DoD**

  국방부는 군사 관련 빅데이터 프로젝트에 연간 2억 5000만 달러를 배정하는 등 적극적으로 빅데이터를 투자하고 있다. 국방부는 전투 능력을 배가시키려고 빅데이터 기술 연구에 주력한다.

- **방위고등연구계획국DARPA**

  방위고등연구계획국은 방대한 양의 데이터를 분석하는 컴퓨팅 기술과 소프트웨어를 개발하는 XDATA 프로젝트에 4년간 매년 2500만 달러를 지원하고 있다.

- **에너지부DoE**

  에너지부의 SDAVI는 데이터 분석 및 시각화 연구소로 2500만 달러를 들여 설립했으며, 에너지부 산하인 로렌스버클리국립연구소가 운영하고 있다.

- **미국지질조사원**USGS

  미국지질조사원은 '존 웰시 파월 분석 및 통합센터'를 지원하며, '지구 시스템 과학 분야'에 빅데이터를 활용할 계획이다. [03]

- **국립심장폐혈액연구소**NHLBI

  국립보건원 산하의 국립심장폐혈액연구소는 의료 데이터의 저장 · 통합 · 분석 활동을 지원하고 있다. 심혈관 관련 공동 연구를 지원하려고 데이터 공유 및 분석 툴인 CVRG를 제공하며, 보안이 요구되는 개인 진료 관련 데이터의 저장 및 공유 · 분석을 지원하는 종합 플랫폼 iDASH를 제공한다.

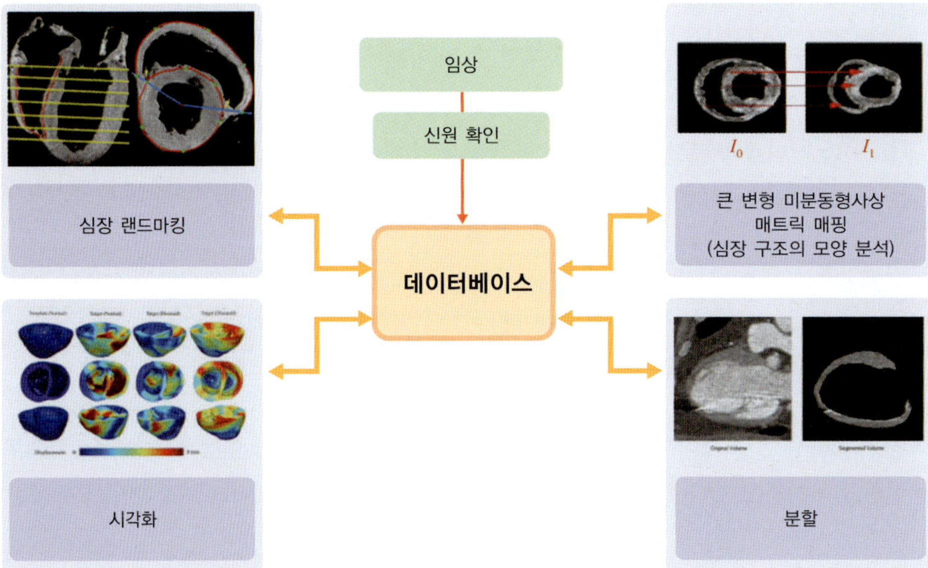

그림 8-5 심장 해부학에 활용되는 CVRG 작동 프로세스 [04]

2.2.2 영국의 빅데이터 기술 개발 현황

영국의 싱크 탱크 그룹인 폴리시 익스체인지Policy Exchange는 빅데이터를 활용하여 정부 예산을 절감할 수 있다고 주장한다. 2012년 영국 정부는 빅데이터를 적절히 분석 · 활용하면 향후 5년간 한 해에만 최소 160억 파운드에서 최대 330억 파운드의 예산이 절감될 것으로 예상했다. 예를 들어, 정부 조직 운영을 최적화하여 최대 220억 파운드의 예산을 절감할 수 있고, 세금 오납 및 조세 포탈 감소와 세원 확대로 약 110억 파운드의 추가 세수를 확보할 수 있다고 예측했다.

2.2.3 기타 국가의 빅데이터 기술 개발 현황

싱가포르 정부는 빅데이터 분석을 기반으로 국가 위협 요인을 평가하고 환경 변화를 탐지하는 국가위험관리시스템Risk Assessment & Horizon Scanning; RAHS을 구축하고 있다. 호주는 AGIMO 산하 정부 2.0 전략/서비스 팀에서 정부 데이터 저장소 및 검색 도구를 서비스하는 웹 사이트(http://data.gov.au)를 운영하고 있다. 일본은 건설성, 통산성, 운수성, 우정성, 경찰청 등 다섯 개 부처 협력을 기반으로 지능형 교통 정보 시스템을 마련하고 있다.

미국, 영국, 일본 정부는 공동으로 [그림 8-6]과 같은 단백질 데이터 은행을 만들어 전 세계 고분자 단백질 구조 관련 데이터 저장 및 유통을 촉진하고 있다. 2014년 3월 PDBProtein Data Bank에는 단백질이 9만 1588개, 핵산이 2651개, 단백질-핵산복합체가 4636개 저장되어 있다. 매달 1테라바이트 규모의 단백질 데이터 축적 등 활발히 활용하고 있다. 이는 국립보건원 산하 종합의학연구소the National Institute of General Medical Sciences; NIGMS에서 주축으로 운영한다.

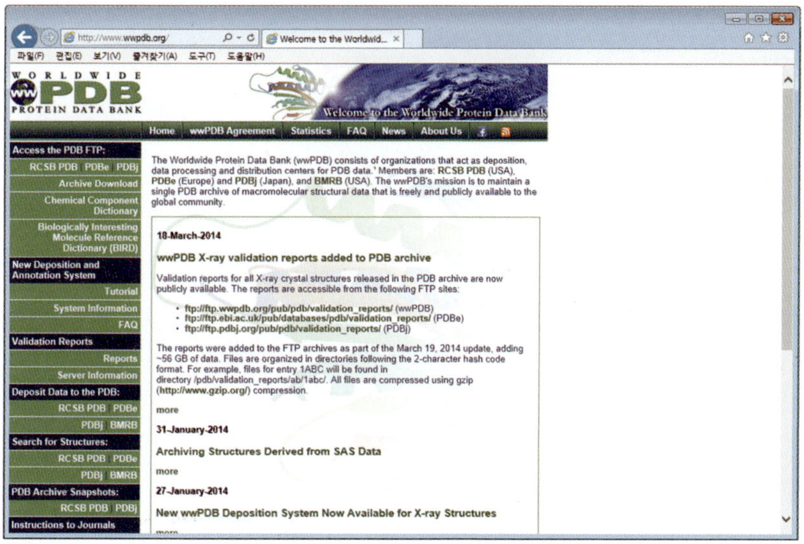

그림 8-6 미국, 영국, 일본에서 공동 운영 중인 단백질 데이터 은행 [05]

3 빅데이터 산업체 현황

대표적인 글로벌 기업과 국내 기업 동향으로 빅데이터 산업체의 기술적 · 사업적 현황을 간략히 살펴보자.

3.1 EMC

EMC는 데이터 저장부터 관리, 분석까지 빅데이터에 관한 모든 것을 제공하려고 그린플럼, 이이실론 등 빅데이터 솔루션 업체 및 데이터와 관련된 다수 업체를 인수했다. 그리고 빅데이터 스토리지 솔루션과 콘텐츠 관리 솔루션 등을 제공하고, EMC 애널리틱스 랩을 운영하여 데이터 사이언티스트를 육성하고 있다. 제공하는 솔루션은 업종별로 통신, 미디어 및 엔터테인먼트, 에너지, 금융 서비스, 의료 및 생명 과학, 제조 및 첨단 기술, 공공 부문, 소매 및 소비자 제품 등으로 나누는데, 특히 빅데이터에서는 스토리지, 분석, 비즈니스 가치 등으로 분류한다.

그림 8-7 EMC 웹 사이트 [06]

3.2 오라클

오라클Oracle은 세계적인 데이터베이스 업체인 하이페리온Hyperion을 인수해 분석 기술을 확보하여 오라클 빅데이터 어플라이언스Oracle Big Data Appliance를 출시했다. 이 제품에는 오라클 리눅스, 오라클 Java VM, 하둡(클라우데라 배포판), 오라클 R 오픈 소스, 오라클 NoSQL 데이터베이스 커뮤니티 에디션, MySQL 스탠다드 에디션, 오라클 빅 데이터 커넥터 등이 포함되어 있다.

그림 8-8 오라클 웹 사이트 [07]

3.3 IBM

IBM은 지난 5년간 140억 달러 이상을 투자하여 비즈니스 분석과 관련된 20여 개 기업을 인수했으며, 분석용 데이터 저장 관리 업체 네티자Netezza, 데이터 통합 업체 에센셜Essentials, 분석 솔루션 업체 코그노스Cognos 등도 인수하여 9000명이 넘는 비즈니스 컨설턴트와 1만 명의 기술 전문가를 보유하고 있다. 그리고 지속 가능한 지구를 만들려고 지구 데이터(기온, 토양 상태, 교통 흐름 등)를 분석하는 '스마트 플래닛Smart Planet' 프로젝트를 전개하고 있다.

미국 건강보험 회사 웰포인트Wellpoint는 IBM의 왓슨Watson; 인공지능 슈퍼 컴퓨터 솔루션을 도입해 미국 국민 건강의 보험 자료와 회사에 등록된 환자 정보를 통합 · 분석한다. 세계적인 음료 업체 펩시는 IBM의 솔루션 중 '비즈니스 분석 및 최적화Business Analytics and Optimization; BAO'를 활용해 공급망의 유연성을 확대했다. 세계 최대의 공항 자동차 렌탈 기업 허츠Hertz는 IBM의 콘텐츠 분석 도구를 이용하여 고객의 목소리를 실시간으로 확인하고 분석하여 고객 만족에 신속하게 대응했다.

그림 8-9 IBM 웹 사이트 [08]

3.4 SAP

SAP는 업무용 응용 프로그램 업체에서 최근 데이터베이스 전문 업체로 변신했다. 2013년 한화 S&C와 협력하여 메모리 기반 데이터베이스 어플라이언스인 HANA를 제시했으며 BI 소프트웨어, 플랫폼을 제공하는 비즈니스 오브젝트 회사를 인수했다. 현재 개발 완료된 HANA는 기존의 DB보다 최대 속도가 3600배 빠르다고 하지만 실제로는 10~100배 정도 빠르다. 또한 실시간으로 빅데이터를 분석하고 기업이 요구하는 상황에 맞춰 서비스가 가능하다. 현재 미국의 통신 회사 T-Mobile, 의료 기기 회사 메드트로닉Medtronic, 영국 에너지 회사 센트리카Centrica 등에서 사용하고 있다.

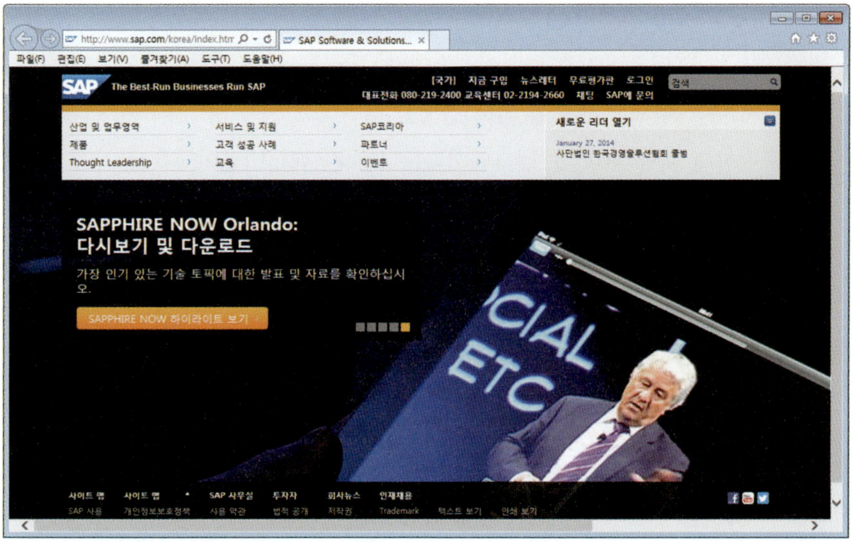

그림 8-10 SAP 웹 사이트 [09]

3.5 테라데이타

테라데이타Teradata는 데이터웨어하우스 및 BI 전문 업체로, 비정형 데이터의 고급 분석 및 관리 솔루션 업체 애스터 데이터Aster Data를 인수하여 '애스터 맵리듀스 플랫폼Teradata Aster MapReduce Platform'을 제시했다. 테라데이터의 주요 솔루션으로는 엔터프라이즈 데이터웨어하우징Enterprise Data Warehousing, 액티브 데이터웨어하우징Active Data Warehousing™; ADW, 액티브 엔터프라이즈 인텔리전스 역량Active Enterprise Intelligence™capabilities; AEI 등이 있다.

엔터프라이즈 인텔리전스의 기반이 되는 액티브 데이터웨어하우징은 회사 운영은 물론 실무에서 활동하는 수백 명의 의사 결정자가 중요한 정보를 활용할 수 있도록 해준다. 그 결과 준실시간Near Real-Time 정보 접근과 분석, 고객이나 비즈니스 활동에서 예측 분석으로 더욱 현명하고 경쟁력 있는 의사 결정을 내릴 수 있다. 그리고 장기적 전략 및 단기적 전술 쿼리를 모두 지원하며, 기업 전반에 걸쳐 전략적 · 전술적 인텔리전스를 모두 제공한다.

테라데이타 액티브 엔터프라이즈 인텔리전스 역량에서 테라데이타 액티브 데이터웨어하우징으로 얻은 결과가 바로 액티브 엔터프라이즈 인텔리전스이다. 액티브 엔터프라이즈 인텔리전스는 조직의 모든 단계에 걸쳐 더욱 빠르고 현명한 의사 결정을 내리려고 전략 및 운영 시스템, 인력, 기술 및 프로세스를 조정하는 것을 말한다. 테라데이타는 실시간 데이터웨어하우징 기술 · 전문 서비스 및 응용 프로그램을 이용하여 능동적인 액티브 엔터프라이즈 인텔리전스를 제공한다. 이것으로 고객은 정보를 인텔리전스로, 인텔리전스를 행동으로 전환시켜 기존의 운영 응용 프로그램과 정보 전달 인프라를 활용할 수 있고, 의사 결정자와 현장 실무자는 생산성 향상, 신속한 업무 처리 및 정확한 의사 결정을 실현하고 업무의 복잡성을 관리하며, 비즈니스 문제가 발생했을 때 이에 적절히 대처할 수 있다.

> **NOTE_** 데이터웨어하우징은 중요한 판단 기준을 얻으려고 데이터를 포착, 저장 및 분석하는 프로세스로, 응용 프로그램과 관계없이 조직의 현재 및 과거 데이터를 한곳에 통합해 놓은 엔터프라이즈 데이터웨어하우스Enterprise Data Warehouse; EDW를 기반으로 동작한다.

그림 8-11 테라데이타 웹 사이트 [10]

3.6 마이크로소프트

야후에서 분리된 하둡 기술 전문 업체인 호튼웍스Hortonworks와 마이크로소프트Microsoft가 협력하여 2013년 10월 마이크로소프트에서 윈도우 애저 기반 하둡 HDInsight 서비스를 개시했다. 이것으로 클러스터의 확장 및 .NET, Java와 같은 다양한 개발 환경을 제공한다. 특히 파워셸PowerShell 스크립트 라이브러리를 제공하여 몇 분 안에 클러스터 배포 및 프로비저닝이 가능하다.

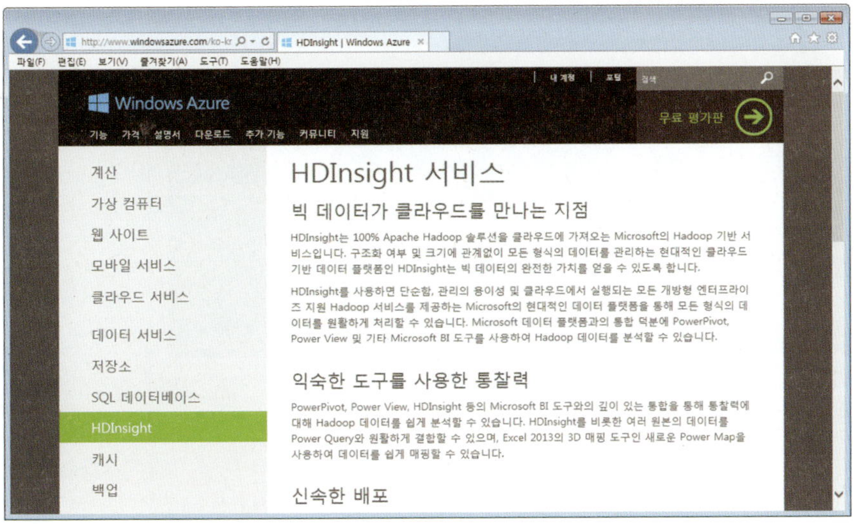

그림 8-12 마이크로소프트 HDInsight 웹 사이트 [11]

3.7 코난테크놀로지

검색 전문 업체인 코난테크놀로지는 트위터, 페이스북, 미투데이 및 블로그 등 소셜 미디어에서 전파되는 소비자를 실시간으로 분석하여 펄스K pulseK 서비스를 제공하고 있다. 펄스K는 최근 14일간의 소셜 인지도와 호감도(긍정/부정), 관심사를 기반으로 평판을 수치화하고, 기간별로 추이를 모니터링하는 기능을 제공한다.

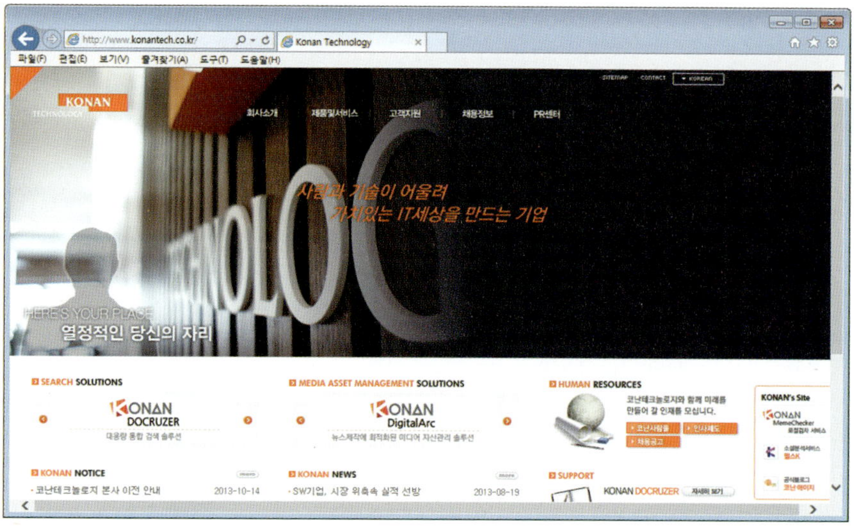

그림 8-13 코난테크놀로지 웹 사이트 [12]

3.8 솔트룩스(트루스토리)

기업용 검색 솔루션 개발 업체인 솔트룩스는 정치인이나 정치적 관심을 받는 인물들을 대상으로 소셜 미디어에서 추이를 바탕으로 트루스토리TrueStory 서비스를 제공하고 있다. 소셜 미디어에서 특정 분야의 이슈에 초점을 맞추는 차별성 있는 이 서비스는 이슈화된 특정 인물들을 비교해서 보여 주는 등 정치 분야에 특화된 기능을 제공한다.

솔트룩스는 클라우드 기반 시멘틱 검색 플랫폼인 [IN2]와 시멘틱 기반 빅데이터 추론 플랫폼 STORM™ 등 두 개의 제품군을 기반으로 하고 있다. [IN2]는 클라우드 컴퓨팅 및 데이터 정보 검색, 텍스트 마이닝, 지식 표현, 추론 기술이 융합된 비정형 데이터 시멘틱 검색 플랫폼이며, 간편한 연동 및 확장이 가능하여 초대형 분산 클라우드를 지원한다. STORM™은 시멘틱 데이터를 추출 · 통합 · 저장 · 관리 · 활용하는 플랫폼으로, 비즈니스 도메인의 대용량 온톨로지에서 추론을 지원하여 지능형 비즈니스 시스템 구축이 가능하도록 지원한다.

그림 8-14 솔트룩스 웹 사이트 [13]

3.9 다음소프트(소셜 메트릭스)

다음소프트는 자연어 처리와 텍스트 마이닝 기술을 바탕으로 블로그, 트위터 문서를 분석한 모니터링 정보를 제공하는 소셜 메트릭스SOCIAL metrics 서비스를 제공한다. 소셜 메트릭스는 사용자가 입력한 키워드가 소셜 미디어에서 노출된 빈도 추이와 관련 연관어 맵을 제공하고, 각 키워드에서 긍정/부정, 감성 정보 및 날짜별로 가장 많이 확산된 트윗 메시지를 제공한다.

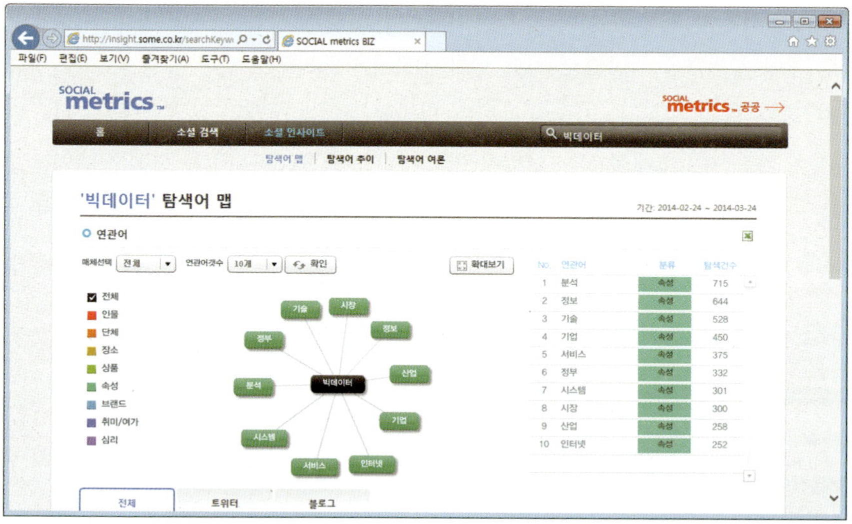

그림 8-15 다음소프트의 소셜 메트릭스 [14]

3.10 그루터(씨날)

그루터는 소셜 네트워크 분석, 데이터 분석, 모니터링, 마케팅 성과 측정 서비스를 제공한다. 그루터는 하둡을 활용한 플랫폼을 기반으로 기업 및 브랜드 관련 소셜 버즈 모니터링 서비스인 씨날seenal을 출시했다. 씨날은 클라우드 기반 플랫폼을 활용한 효율적인 소셜 미디어 운영과 소셜 미디어 확산 경로 파악 등으로 기존 경쟁 업체들과 차별성을 내세운다.

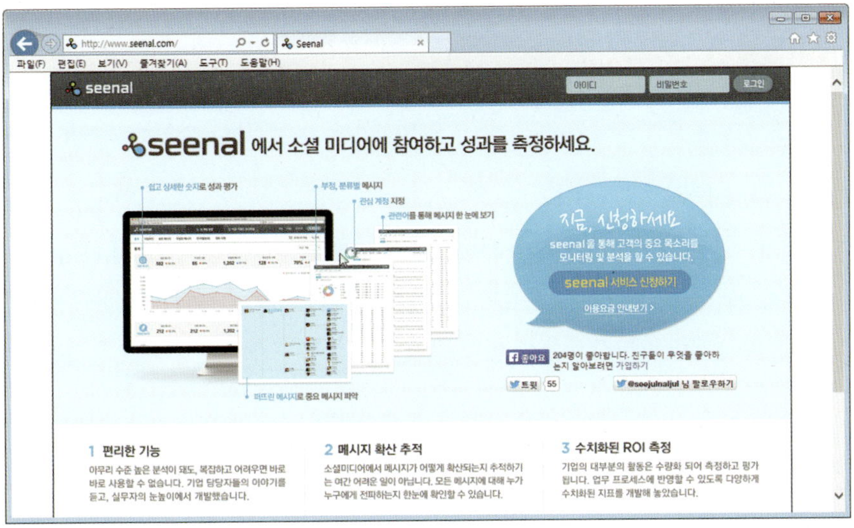

그림 8-16 그루터의 씨날 [15]

3.11 기타 사업체

기타 빅데이터 관련 산업체로 구글, 아마존, 페이스북, 애플 등을 살펴보자.

- **구글**Google : 구글은 방문자의 검색어와 클릭한 광고나 링크, 음식점 리뷰와 여행 정보, 지도 데이터 교통 정보, 안드로이드 기기를 이용한 사용자 정보 등 일상생활과 밀접하게 연관된 광범위한 정보를 수집한다. 구글 웹 사이트에는 하루 평균 6억 2000만 명이 방문해 10억 건을 검색하며, 72억 건의 페이지뷰가 발생한다. 구글은 검색 및 광고 서비스 경험으로 빅데이터 분석과 분산 처리 노하우를 축적해 왔으며, 이것으로 클라우드 컴퓨팅, 빅데이터 분석 툴, 응용 프로그램 플랫폼을 통합한 빅데이터 플랫폼을 구축해 웹 생태계의 지배적 위치를 강화하려고 노력한다.
- **아마존**Amazon : 아마존은 미국 인구의 3분의 1이 넘는 1억 2000만 명의 고객들이 무엇을 검색하고 어떤 상품을 구입했는지 데이터를 확보하고 있다.
- **페이스북**Facebook : 페이스북은 하루 평균 2억 5000만 장의 사진과 27억 건의 '좋아요' 표시와 댓글이 올라오며, 약 12억 3000만 명의 회원과 1000억 건의 친구 관계, 회원의 관심사와 소속, 결혼 여부와 심리 상태 등의 소셜 데이터를 보유하고 있다.
- **애플**Apple : 애플은 스마트폰과 태블릿 PC를 선도하며 자체적인 모바일 생태계를 구축했으며, 아이폰에 채택된 음성인식 기능인 시리Siri는 사용자에게서 얻은 다양한 데이터를 분석하고 능동적으로 대응하는 빅데이터 기술이다.

4 빅데이터 활용 사례

4.1 공공 · 정부 · 과학 분야

빅데이터를 공공 · 정부 · 과학 분야에 활용하면 투명성과 개방성을 확보할 수 있다. 또한 고수준의 분석으로 생산성 향상과 운영 효율화를 도모할 수 있으며, 공공 · 정부 · 과학 분야의 경쟁력 강화는 물론 국가 전체의 경쟁력을 향상시킬 수 있다.

석유, 광물, 물 등 천연자원을 탐사하고 관리하는 데 사용하는 탐사 도구(대규모 M2M 센서 시스템) 및 탐사 위성에서 수집되는 대규모 데이터를 저장 · 처리 · 분석하려면 빅데이터 처리 시스템이 필요하다. 그리고 전기, 수도 등 생활 인프라 분야에서는 M2M 센서를 기반으로 생태계 관리를 자동화하고 있다. 특히 스마트 그리드는 통신 가능한 전력 사용 모니터링 센서를 사용해 양방향 정보를 제공함으로써 전력 수요의 예측 및 배전 제어의 자동화, 전력 생산과 소비의 최적화를 추구한다. 과학 분야에서는 세계 기후를 분석하여 기후 동향과 이상 기후를 보고하는 대규모 데이터의 접근 요구에 따라 데이터를 조직화하고 공유하는 시스템을 구축하고 있다. 또한 우주과학에서는 천체 망원경을 조작하여 데이터를 얻는 것이 아니라 이미 얻은 수천 개 이상의 천체 관측 데이터를 소프트웨어로 분석하고, 새로운 이론을 추출하는 방식으로 패러다임이 변하고 있다. 과학 관련 연구의 주요 산출물인 과학 데이터는 수많은 과학자 등을 활용하여 가치가 점점 더 올라가고 있지만, 과학 데이터의 체계적인 수집 · 배포 경로가 미흡하고 방대한 생산량에도 데이터의 활용 · 재사용 · 보존 기준이 미비한 실정이다.

이와 같은 공공 · 정부 · 과학 분야에서 미국, 영국, 싱가포르 등 주요 국가는 구체적으로 어떻게 활용하고 있는지 그 사례를 하나씩 살펴보자.

9.11 이후 미국은 국토안보부를 중심으로 테러 및 범죄를 방지하는 범정부적 빅데이터 수집, 분석 및 예측 체계를 도입했다. 국립연구소인 오크 리지Oak Ridge가 공개한 소프트웨어인 센서페디아Sensorpedia는 센서로 수집된 빅데이터를 통합하고, 이를 활용하는 서비스를 제공한다. 미국은 이렇

게 수집된 빅데이터로 기후 조건, 지진, 해상 박테리아 분포, 방사능 분포, 화학물 방출량, 댐 수위 등을 실시간으로 분석하여 대응한다. 또한 테러범들의 네트워크를 분석하여 사전에 테러를 탐지하고 있다. 예를 들어, 9.11 테러를 빅데이터 분석으로 역 추적한 결과 사전 탐지가 가능한 징후를 발견할 수 있었다고 한다. 미국은 애국법Patriot Act을 입안하여 대테러 관련 정보는 기존 형사 소송 절차 없이 예외적으로 수집 가능하도록 하여 데이터 분석을 가능케 한다.

미국은 DNA 포렌식, 클라우드 DNA 분석 등 '빅 DNA 데이터'를 활용하여 2007년 4만 5400건의 범인 DNA를 확인하는 성과를 거두었다("Forensics, DNA Fingerprinting, and CODIS", 2008 Nature Education). 즉 한 시간 안에 범인의 DNA를 분석하려고 주정부 데이터를 연계하고 빅데이터를 실시간으로 분석할 수 있는 솔루션을 확보하여 [그림 8-17]과 같은 미국 FBI의 CODISCOmbined DNA Index System; 종합 DNA 색인 시스템를 구축했다.

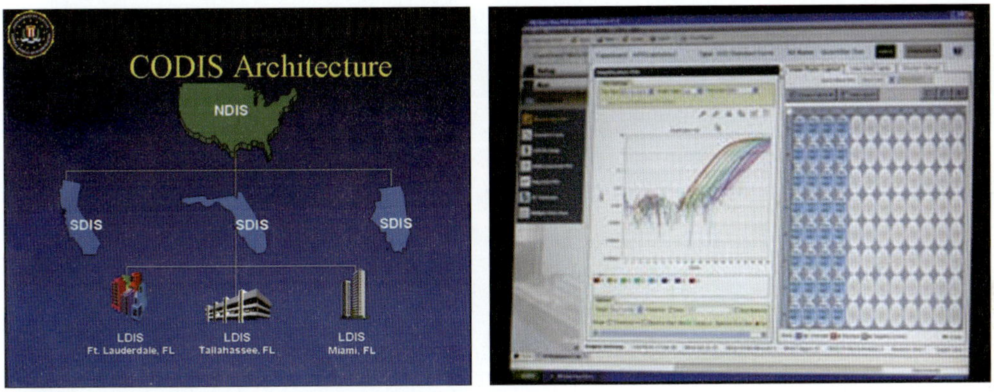

그림 8-17 미국 FBI의 CODIS 구조 및 분석 시스템 [16], [17]

미국은 연방 데이터 사이트를 구축하여 클라우드 환경을 이용한 온라인 정부를 지향하고 있으며, 기관 간 정보 공유를 원활히 하는 등 효율적이고 강한 정부를 구성하여 일반 시민들이 다양한 경험을 할 수 있는 환경을 제공한다. 또한 정보의 검색, 추적, 공유, 생성 등과 관련하여 개방형 API를 이용해 개발자가 직접 참여하는 것뿐만 아니라 데이터 커뮤니티를 구성할 수 있도록 폭넓은 참여를 유도한다.

그리고 미국항공우주국NASA에서는 하이테크 센서를 탑재한 위성에서 보내온 대량의 데이터를 바탕으로 세계 최초로 지구 해수 전체에서 소금 분포를 측정하여 소금 지도를 작성 및 배포했다. [그림 8-18]의 지도에서 노란색과 빨간색은 고염분을, 파란색과 보라색은 저염분을 나타내며, 검은색은 데이터에 공백이 있음을 말한다.

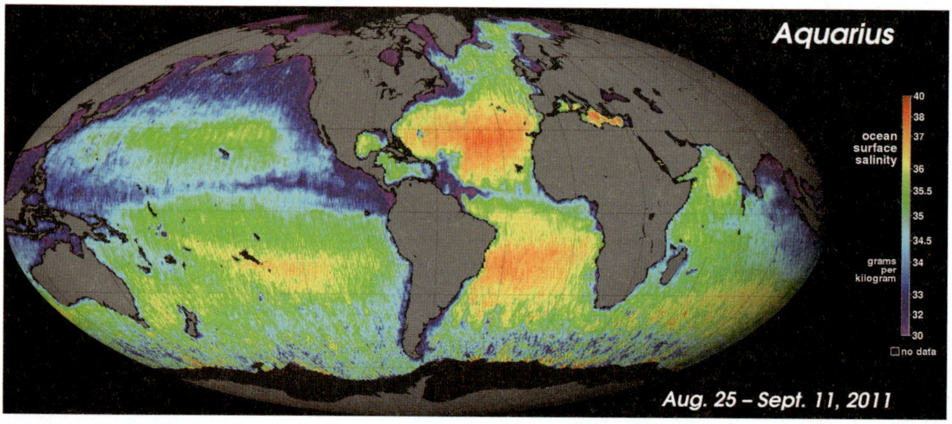

그림 8-18 지구 해수의 소금 분포 지도 [18]

영국 정부는 http://data.gov.uk에서 공공 부문의 정보 공유 및 활용을 위한 데이터 원 스톱 서비스를 제공하고 있다. 영국 정부의 투명성 제고, 국민의 권리 향상, 데이터의 공개로 경제적 · 사회적 가치를 증대하고, 차세대 웹에서 주도권을 획득하는 것을 목표로 한다.

영국은 일반인들의 참여를 장려하고 아이디어를 수렴하려고 앱 개발, 데이터 공개 등 주제를 포함한 포럼을 바탕으로 커뮤니티를 제공하고 있으며, 시민들의 참여를 활성화하려고 제출한 아이디어에 포상을 하는 기금도 조성한다. 현재 7500종 이상의 데이터 세트와 170종 이상의 앱을 제공하여 시민의 아이디어와 요청이 계속 증가하는 추세이다. [그림 8-19]는 영국 정부의 빅데이터 활용 사례를 보여 준다.

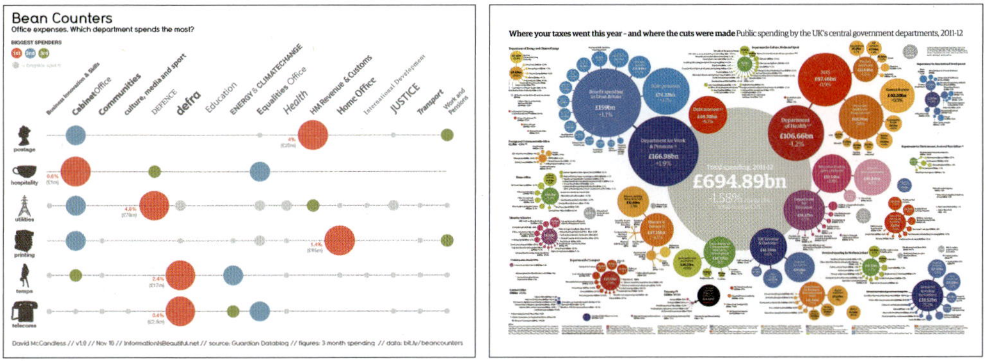

그림 8-19 영국 정부 데이터 활용 사례 [19], [20]

싱가포르는 빈번히 발생하는 테러 및 전염병으로 발생하는 불확실한 미래에 대비하려고 2004년부터 빅데이터 기반 위험 관리 계획을 추진하고 있다. RAHSRisk Assessment & Horizon Scanning 시스템으로 질병, 금융 위기 등 모든 국가적 위험을 수집하고 분석하여 위험을 선제적으로 관리한다. 이 RAHS 시스템은 전 세계를 대상으로 매일 뉴스를 포함한 공개된 정보 소스를 모니터링하여 정치, 경제, 환경, 문화 등의 관점에서 싱가포르와 관련된 데이터를 수집하고, 이를 매월 통합 · 분석하여 주요 인사이트를 찾아낸다. 시스템의 주된 목적은 수집한 위험 정보를 시뮬레이션, 시나리오 기법 등을 이용하여 분석하고, 사전에 위험을 예측하여 대응 방안을 모색하는 것이다.

싱가포르는 2007년부터 데이터 분석 실험센터RAHS Experimentation Centre; REC를 창설하여 RAHS 시스템의 고도화를 추진했다. 2007년 조류 독감이 싱가포르에 유입되면서 2011년에는 신종 인플루엔자H1N1와 같은 외부 위험 정보까지 고려한 RAHS 2.0 시스템을 구축했다. 그리고 2014년에는 학문적 연구를 수행할 수 있도록 개방하여 수준 높은 정보력을 유지함으로써 분석가의 역량을 향상시켰다. 이외에도 RAHS 시스템을 국가 재난, 환경, 의료 분야 등에서 이용하고 있다.

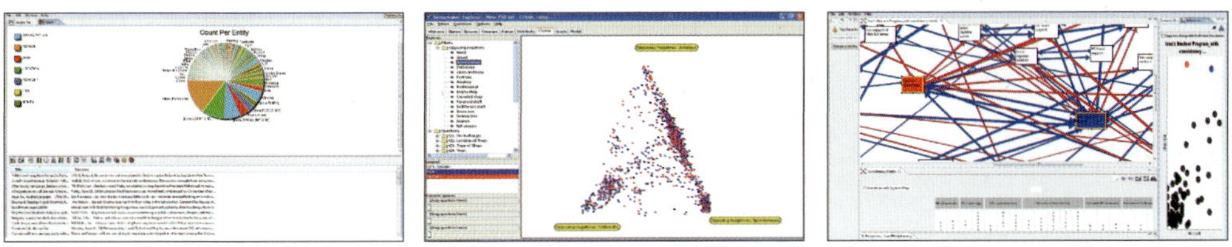

연구와 분석 | 원근법 – 셰어링 | 모델링

그림 8-20 RAHS 시스템의 세 가지 주요 기능 [21]

호주 정부는 과학적 위기 대응 체계를 구축하려고 이머전시 2.0 오스트레일리아Emergency 2.0 Australia 프로젝트를 추진하고 있다. 그리고 정부가 적극적으로 주도하여 국가 사회 전반에서 과학적 위기 대응 체계를 구축하는 것을 목표로 정보 공유 시스템과 관련 정책 프레임워크를 개발한다. 이 프로젝트는 범죄 예방과 사회 안전을 위한 시민과의 채널로도 활용되며, 단순한 제보와 경보뿐만이 아닌 치안 담당자와의 대화 채널로 정책 홍보와 의견 수렴 및 인식 개선 등의 효과를 내고 있다. 맬버른 경찰국은 트위터를 활용해 24시간 시민과 정보를 공유 · 제공하여 치안 서비스를 개선하고자 노력한다. 또한 2009년 2월 7일 414명의 인명 피해를 낸 역사상 최악의 산불 사태(검은 토요일의 산불)을 계기로 모바일 기반의 소셜 미디어를 활용하여 지역 주민과 24시간 연결 체계 유지에 힘쓰며 각종 제보를 수집하여 경보를 발령한다.

이외에 북유럽의 스웨덴과 덴마크의 빅데이터 활용 사례를 살펴보면, 먼저 스웨덴의 웁살라 대학의 스웨덴 천체물리연구소에서는 우주의 날씨를 효과적으로 이해하려고 IBM의 스트리밍 분석 솔루션을 도입해 실시간으로 조금씩 변화하는 대규모의 데이터를 분석했다. 이 기술로 인터넷의 모든 웹 페이지의 데이터와 동일한 규모인 초당 6GB, 시간당 21.6TB를 분석할 수 있는데, 실시간 빅데이터를 분석하여 플라즈마 클라우드가 우주에서 이동하는 경로를 예측하는 것이 가능해졌다.

덴마크의 에너지 회사인 베스타스 윈드 시스템즈Vestas Wind Systems는 전력 생산을 극대화하려고 IBM의 빅데이터 분석 기술을 이용해 최소 2.8PB에서 최대 24PB까지 증가하는 기상 데이터를 분석하고 있다. IBM의 빅데이터 분석 솔루션인 빅 인사이트Big Insights와 파이어스톰Firestorm 슈퍼컴퓨터를 이용해 날씨, 조수 간만의 차, 위성 이미지, 지리 데이터, 날씨 모델링 조사, 산림지도 등과 같은 페타바이트 규모의 정형 · 비정형 데이터를 분석한다. 이런 작업으로 기존에는 수주가 걸리던 풍력 발전용 터빈을 어느 곳에 설치해야 충분한 전력을 얻을 수 있는지 분석하는 작업이 한 시간 이내로 획기적으로 단축되었다. 이외에도 터빈의 성능을 예측할 때, 터빈에 연결된 각각의 날개가 날씨 변화에 어떻게 반응하는지 분석할 때, 유지보수 일정을 위한 최적의 시간을 결정할 때도 IBM의 분석 시스템을 사용한다.

4.2 정보 통신 분야

이동 통신의 발달과 스마트 기기의 폭증으로 디지털 공간에서는 개인별 취향, 이동 경로, 라이프 스타일, 인간관계 등 방대한 양의 데이터를 생성하고 있다. 2014년 발표된 IT 10대 전략 기술에서는 2020년까지 사물인터넷 기기가 260억 대로 증가한다고 전망했다. 또한 사물인터넷IoT의 개념에서 확장된 만물인터넷IoE 기술이 주목할 IT 10대 전략 기술 중 하나라고 발표했다.

개인 대상 서비스에서는 사용의 편리성과 지식 욕구가 가장 높은 것으로 집계되어 개인 단말기의 간편한 인터페이스를 위해 서버 계층의 막대한 지식 창고가 필요하게 되었다. 그리고 개인 단말기가 GPS 정보와 더불어 타깃 광고, 다양한 마케팅 시장의 초석이 되고 있으며, 향후에는 더 많은 분야로 확대될 전망이다.

애플의 시리는 사용자의 스마트 기기를 음성으로 작동시키거나 대화가 가능한 서비스로, 빅데이터 분석과 편리한 사용자 인터페이스가 결합된 것이다. 시리의 똑똑한 답변은 사전에 데이터를 잘 가공해 놓은 결과인데, 단말이 음성을 서버로 보내 이를 분석하고 추론하여 답변을 전송하는 방식으로 동작한다. 날씨나 일정 체크, 지역 정보 등 사용자의 질문이 어느 정도 정형화되어 있고 애플이 집중적으로 정보를 구축한 분야에서는 잘 작동하지만, 데이터를 예측하는 구조라 한계에 이를 것으로 예상된다. 시리는 SRI 인터내셔널이 주도한 CALOCognitive Assistant that Learns and Organizes 프로젝트로, 25개 미국 상위권 대학과 민간 연구 기관에서 300명이 넘는 연구자가 참여한 결과물을 애플이 인수하여 시장에 서비스한 것이다. CALO는 미국 역사상 가장 큰 인공지능 연구 프로젝트였다(2003~2008년).

영국의 O2는 GPS 전문 회사인 플레이스캐스트Placecast와 협력하여 LBS 기반 실시간 스타벅스 프로모션을 [그림 8-21]과 같이 모바일로 제공한다. O2 가입자 중 약 100만 명이 이 서비스에 가입했으며, 가입자가 스타벅스 매장 근처에 도달하면 문자 메시지와 함께 프로모션 쿠폰이 전송된다. 모바일 광고회사인 I2GInternet2Go는 사용자의 위치가 행동과 직결된다는 점을 이용해 위치 기반 모바일 광고와 할인 쿠폰을 전송한다. I2G 조사에 따르면 13~17세 청소년들이 위치 기반 광고에 보이는 반응률이 58%(Always + Sometimes look at it)에 달하는데, 이것으로 보아 관련 시장은 더욱 확대될 전망이다. 특히 스마트 기기의 확산에 따라 그루폰Groupon과 같이 SNS와 결합된 위치 기반의 모바일 서비스가 급증하고 있는데, 스마트 기기 사용자의 50% 이상이 이미 위치 기반의 프로모션을 이용하여 쇼핑한 경험이 있다고 한다.

그림 8-21 사용자 위치 기반 타깃 광고 사례 [22], [23]

4.3 소셜 미디어 분야

소셜 미디어에 나타나는 사용자의 관심사, 이용 패턴 등을 분석하여 제품, 서비스 피드백, 정책 및 인물 등 다양한 사회 현상을 파악할 수 있으며, 기업 마케팅 비용도 줄일 수 있다. 이에 트위터, 페이스북, 각종 웹 게시판 등에서 소셜 미디어 여론을 분석하여 타깃 마케팅 및 브랜드 경험을 관리하는 솔루션을 제공하는 전문 기업들이 늘고 있다. 예를 들어, 국외 기업으로는 [그림 8-22]의 SAS를 비롯해 SAP, IBM, 오라클 등 비즈니스 인텔리전스 등에서는 기존 기업 고객의 관계 정보 분석 외에 트위터 등 소셜 미디어 분석 솔루션도 함께 제공한다.

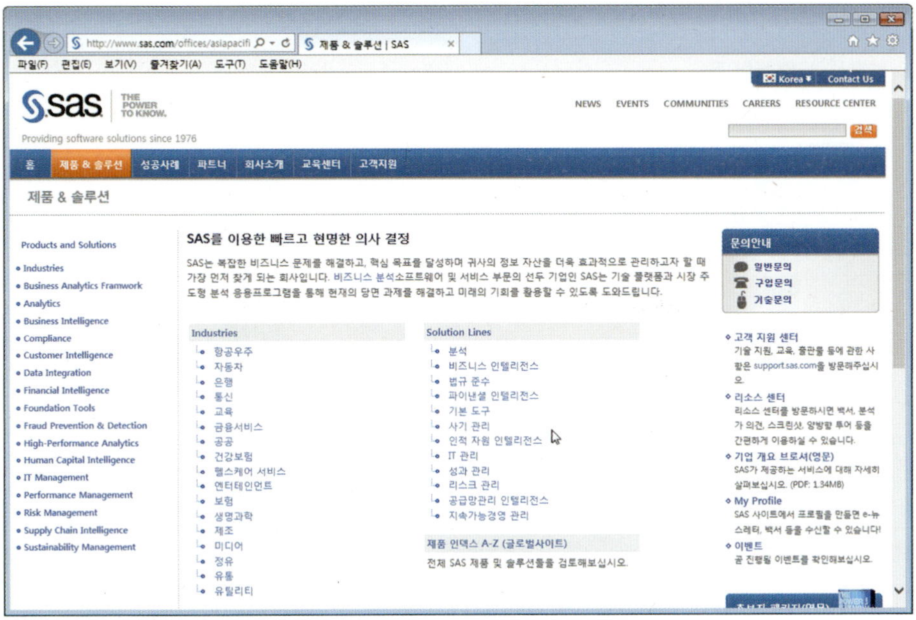

그림 8-22 SAS 코리아 웹 사이트 [24]

국내 기업들도 매일 수백 만 건씩 올라오는 트위터를 분석하는 서비스를 속속 선보인다. 국내 소셜 데이터 분석 서비스 및 전문 기업 서비스로는 다음소프트의 소셜 메트릭스, 그루터의 씨날, 사이람의 넷마이너NetMiner, 유저스토리랩의 트윗믹스tweetmix, 코난테크놀로지의 펄스K, 솔트룩스의 트루스토리 등이 있다. 소셜 미디어의 데이터를 분석하여 다양한 사회 현상은 물론 실시간 분석으로 이슈 확산에도 대응할 수 있게 되어 이는 점차 더 활성화되는 추세이다. 예를 들어, [그림 8-23]은 '서울시장 보궐선거'를 다음소프트의 소셜 메트릭스로 분석한 예이다.

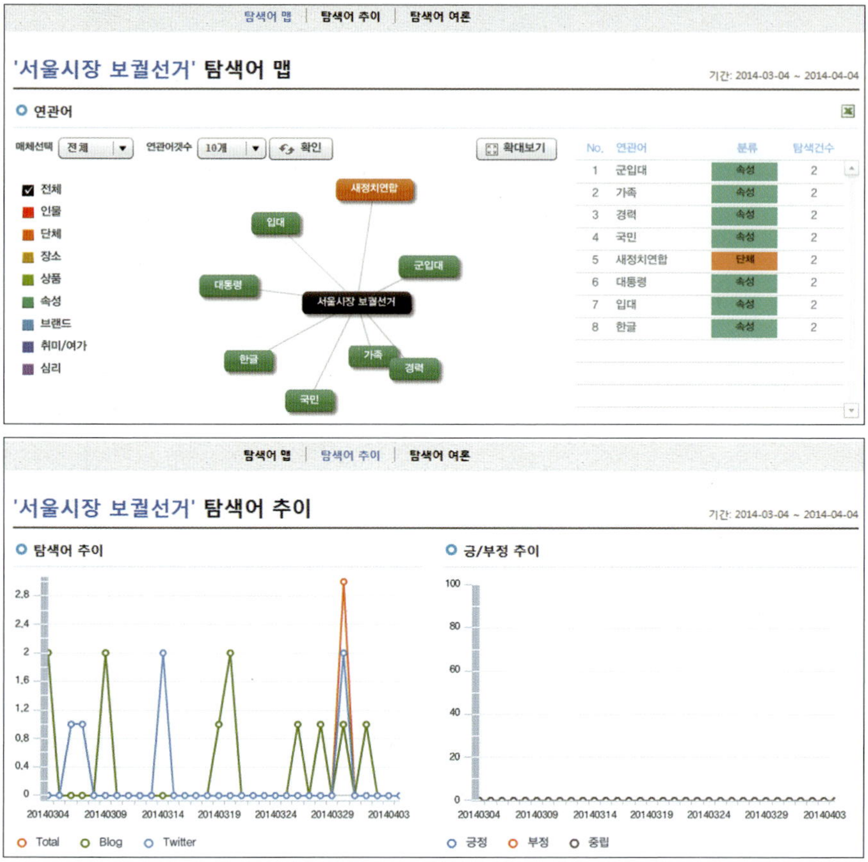

그림 8-23 소셜 메트릭스의 '서울시장 보궐선거' 분석 예 [25]

그리고 [그림 8-24]와 같은 LOD의 등장으로 방대한 양의 비정형 데이터를 정형화하여 컴퓨터 처리가 적합한 형태로 급속히 축적할 수 있어 이는 분석 데이터를 활용할 수 있는 중요한 자원으로 평가되고 있다.

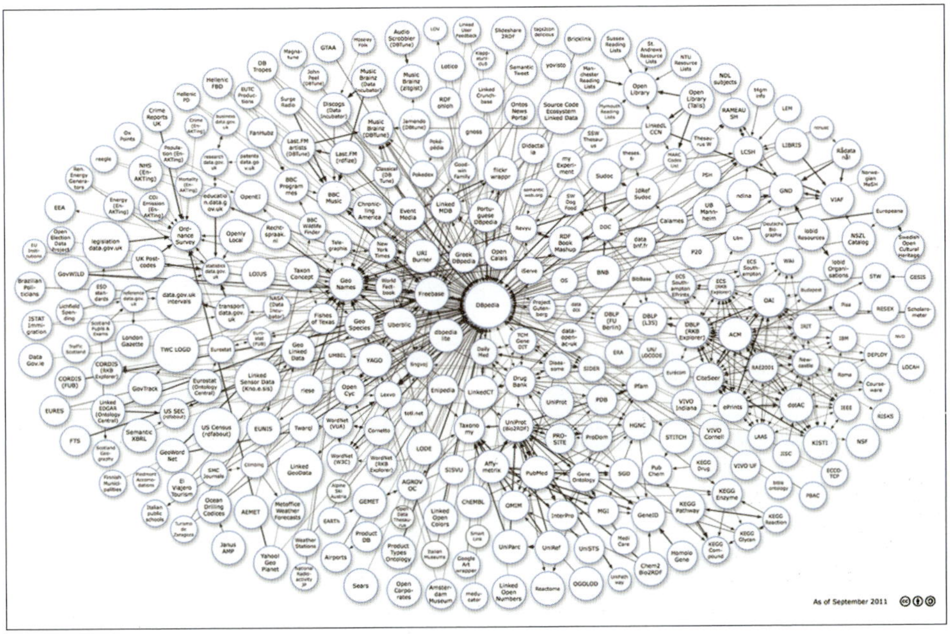

그림 8-24 LOD Linked Open Data [26]

4.4 의료 · 헬스 케어 분야

미국의 2010년 맥킨지 보고에서는 의료 산업에 빅데이터를 이용하면 직간접 비용의 절감 효과가 약 3300억 달러에 이른다고 전망했다. 특히 임상 분야에서는 의료 기관별 진단, 처치 방법, 효능 등을 비용과 연계 분석해 최적 의료 방법을 도출하면 연간 1600억 달러의 비용 개선이 가능하다고 한다. 이와 같이 빅데이터와 관련하여 가장 주목받는 분야 중 하나가 바로 의료이다. 의료 기관, 환자, 정부, 의료보험사를 하나로 통합하는 헬스 2.0 Health 2.0 프로젝트에서 빅데이터는 큰 역할을 할 것으로 기대된다. 의료업계가 의료 기록의 전자화와 병원 간 의료 연구 데이터 공유를 채택하면서 방대한 양의 데이터를 생성하고 있는데, 이 방대한 양의 데이터를 관리하는 데 어려움을 겪고 있다.

생명공학 및 제약 업체는 게놈 연구 및 신약 개발 같은 분야에서 빅데이터에 관심이 매우 높으며, 과거에는 하나의 질병을 하나의 표지자로 진단했지만 최근에는 여러 표지자를 여러 의료기기와 소프트웨어로 동시에 검사하여 질환의 특성을 추출하는 방법을 개발하고 있다.

필박스Pillbox 프로젝트는 미국 국립보건원이 운영하는 웹 사이트로 다섯 가지 질문으로 약을 검색하는 서비스를 제공한다. [그림 8-25]와 같이 알약에 새겨진 문자와 모양, 색상, 크기 등 물리적 특성과 고해상도 이미지를 이용해 사용자가 알약을 쉽게 식별하는 방법을 제공한다. 필박스로 수집한 빅데이터는 후천성면역결핍증HIV 등 관리 대상인 주요 질병의 분포, 연도별 증가 등 통계치를 확보하는 데 주요 기반이 된다.

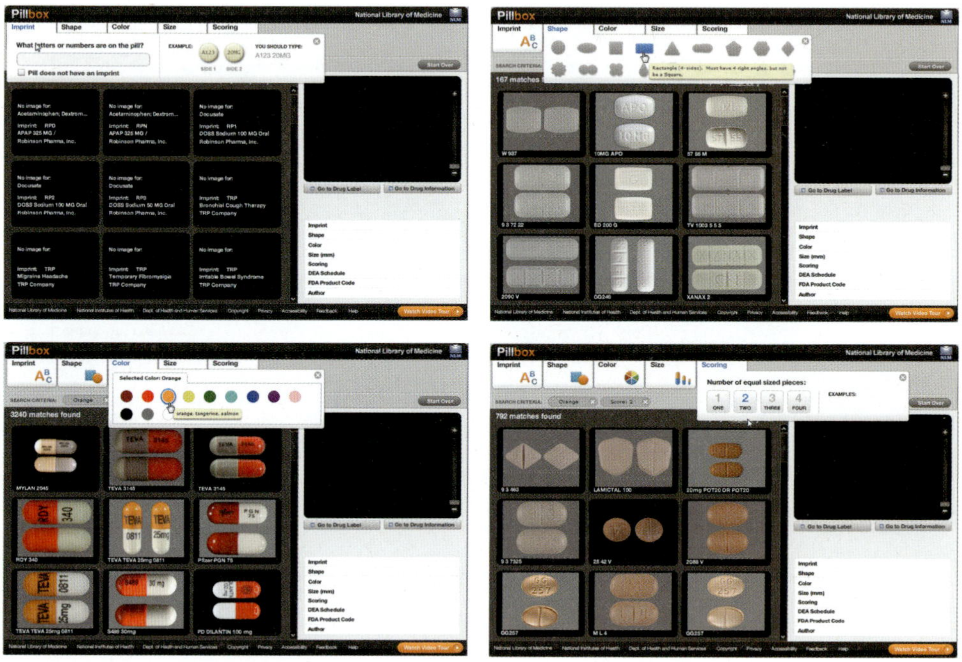

그림 8-25 필박스 사용 방법(문자 · 모양 · 색상 · 크기 선택) [27]

미국 세튼 헬스 케어 패밀리Seton Health Care Family는 IBM의 인지 컴퓨팅 왓슨의 자연어 처리 기술에 기반한 비정형 데이터 분석 플랫폼인 ICAIBM Content Analytics를 도입하여 환자 진료 개선과 의료비 절감 효과를 얻었다. 세튼은 이 솔루션을 이용해 방대한 양의 환자 데이터에서 중요한 임상 정보를 추출하고, 환자의 과거 정보와 현재 상태를 분석해 정확한 진단을 내릴 뿐 아니라 치료 효과도 높일 수 있었다. 또한 재입원이 예상되는 환자를 사전에 예측하여 대응함으로써 재입원에 따른 환자의 의료 비용 부담을 낮추고 삶의 질과 서비스를 개선할 수 있었다.

미국 캘리포니아에 기반을 둔 심장 혈관 게놈 진단 회사인 카디오DX CardioDX에서는 유전자를 분석하여 초기 단계에서 관상 동맥 질환을 식별할 수 있는 진단 시스템인 코러스 CAD Corus CAD를 개발했다. 임상의들은 단순한 혈액 샘플에서 가슴 통증이 있는 환자가 동맥에 심각한 폐색증이 있는지 여부를 식별하려고 약 1억 개 이상의 유전자 샘플을 추출하여 23번의 테스트를 거쳐 유전자를 확인한다.

미국 비영리 의학 연구 기관인 오클라호마 의학연구재단 Oklahoma Medical Research Foundation; OMRF은 다양한 질병에서 효과적인 치료 방법을 찾으려고 차세대 시퀀싱 장비 업체인 일루미나 Illumina의 고성능 유전체 분석기를 도입했다. 기존 네트워크 스토리지인 NAS Network Attached Storage에서는 분산된 데이터 사일로 silo 환경에서 유전체 정보를 전달하여 유전체 서열 분석 작업이 느리고, 가상 서버에서 데이터 접속 및 높은 처리량을 제공하지 못해 의료 신기술의 도입으로 빠르게 증가하는 데이터에 대비하지 못했다. 그래서 EMC 아이실론 EMC Isilon 스토리지를 도입하여 빠르게 증가하는 데이터를 관리하며, 알츠하이머나 루프스, 쇼그렌 증후군 등 질병과 관련된 유전자 전구체를 밝혀내는 연구의 운영 효율을 높이고 비용은 낮출 수 있었다.

NOTE_ 시퀀싱은 인간의 유전자 염기서열을 분석하는 기법으로, 약 30억 쌍의 염기서열로 구성되어 있는 인간의 유전체 데이터의 정보가 어떤 의미인지 분석한다.

국내 유전체 분석 전문 바이오 기업인 디엔에이링크도 유전체 분석체에 최적화된 EMC 아이실론 스토리지를 도입하여 인간 유전체 분석 비용 및 시간을 줄임으로써 매출액이 증가했다. 2013년 3분기에 유전체 분석 서비스 매출액은 45.2억 원(전년 매출의 96%), 개인 유전체 분석 서비스 매출액은 1.3억 원을 기록했다. 2014년부터 8년간 정부 부처 사업의 실시로 5788억 원이 투자될 것으로 전망된다. 디엔에이링크는 한국인 유전체 데이터베이스를 국내에서 가장 많이 보유하고 있는데, 이 회사에서는 개인의 타액, 혈액 등에서 채취한 DNA 유전체 염기서열을 분석하여 질병에 걸릴 가능성 및 약물 약효와 부작용 등 개인별 특성을 파악하는 맞춤형 건강 검진 서비스를 제공한다. 디엔에이링크는 단일 분자 기반의 3세대 인프라를 구축하면서 유전체 분석에 최적화된 EMC 아이실론 스토리지를 도입했는데, 그 규모가 1페타바이트로 국내 바이오 업계 단일 시스템으로는 최대이다. 빅데이터를 처리하는 생명공학 분야의 업무 특성상 기하급수적으로 늘어나는 DNA 이미지 용량을 저장하는 데 스토리지의 확장성이 매우 중요하기 때문이다.

4.5 도소매 분야

과거에는 비즈니스 인텔리전스Business Intelligence; BI, 고객 관계 관리Customer Relationship Management; CRM 등 경영 지원 솔루션이 생산자 관점의 비즈니스 프로세스 지능화에 초점을 두었으나, 이제는 빅데이터 분석으로 제품, 판촉, 계절, 브랜드 이미지 등 시장의 정적 · 동적 요인을 더욱 정밀하게 분석하여 이에 따른 적시 수요 예측 및 선제적 경영 지원을 강조한다. 결과적으로 시장 초기 단계부터 상품 가격, 고객 수요, 제품 선호도 등을 미리 반영하여 선제적으로 대응하여 기업 이익을 극대화할 수 있는 전략을 펼칠 수 있는 환경으로 탈바꿈하고 있는 것이다.

마이크로소프트는 동적 CRM과 애저Azure 클라우드를 활용한 리테일 솔루션Retail Solutions을 소개했다. 2012년 제101회 미국소매협회National Retail Federation; NRF 컨벤션&엑스포에서는 소매 산업에서의 클라우드 기반 리테일 솔루션을 소개하고, 고객 관계를 개선하는 동적 환경과 클라우드의 연계 서비스를 강조했다.

한국 후지쯔는 클라우드를 기반으로 한 POS 데이터 분석 서비스를 소개했다. 매장–고객–제조 업체로 구성된 유통 구조 속에서 매장의 POS 시스템에서 발생하는 고객 결제 정보를 실시간으로 클라우드에서 수집 · 분석하여 제조 업체에 제공한다. 제조 업체는 이 정보를 반영하여 데이터를 기반으로 더욱 적확한 상품 기획이 가능해진다.

맥킨지 보고서는 빅데이터 솔루션의 개발은 소매 유통업 측면에서 기업보다는 소비자에게 더 혜택을 주는 서비스에 집중될 것으로 예상하고 있다. 이는 특히 소비재 상품에서 더욱 두드러질 것이며, 실시간 제품 가격 정보를 제공하여 소매 업종의 유통 마진은 계속 압박받을 것으로 여겨진다. 따라서 소매 유통 업체는 고객을 심층적으로 이해 · 분석하여 마케팅 역량 강화, 최적의 수요 예측으로 재고 관리, RFIDRadio-Frequency IDentification 등을 이용한 상품 추적 관리 등 빅데이터 활용이 가능한 전략적 분야를 선정하여 소비자 요구에 적극적으로 대응해야 한다.

세계 최대의 국제 소매 업체 중 하나인 저먼 메트로 그룹German METRO Group은 자사의 전체 공급망에 RFID 기술을 도입하여 고객이 원하는 제품을 고객이 원하는 시간에 매장에 비치할 수 있는 능력을 갖췄다.

맥킨지는 빅데이터를 활용한 마케팅과 판촉 수단으로 생산성뿐만 아니라 소비자의 쇼핑 경험도 향상시킬 수 있다 보고 빅데이터 활용을 위한 다음 네 가지 방법을 제안했다.

- **데이터 투명성 창출** : 데이터에 접근권 및 활용성을 보장하여 고품질, 저비용, 제품 출시 기간 단축 등 기업 경영에 활용
- **데이터 실험** : 특정 매장, 조립 라인, 마케팅 활동에 관한 어떤 정책이나 다른 매개변수에서 통계학적으로 의미 있는 결과를 실험 및 추적, 맞춤화된 제품이나 서비스로 세밀한 고객 관리
- **시의적절한 의사 결정 지원** : 고객, 직원, 심지어 제품에 장착된 센서에서 수집한 전체 데이터 세트의 실시간 분석은 재고 계획에서 의학 진단까지 여러 분야에서 더 빠르고 더 나은 결정을 내릴 수 있도록 함
- **컴퓨터를 이용한 혁신** : 차세대 비즈니스 모델, 제품, 서비스를 개발하려고 현재 판매되는 제품에 설치된 센서는 설계자들에게 차세대 제품 개선의 통찰력 제공

4.6 제조업 분야

제조업은 빅데이터 분석을 이용한 즉각적인 효과가 가장 바로 나타나는 분야이다. 센서 데이터와 같은 생산 과정에서 발생되는 숫자 데이터가 데이터의 대부분을 차지하며, 보유 데이터양이 가장 많고 불량품 개선 비용 등 적용 효과를 계량화하여 빅데이터 유용성을 쉽게 확인할 수 있는 분야로 여겨진다. 그러나 특정 업체에 영업 및 경영 자산으로 간주되어 데이터를 확보하기 어렵고, 분석 결과를 일반화할 수 없는 단점도 있다.

제조업에서는 빅데이터를 활용하여 생산 과정의 효율을 극대화하고자 한다. 기존의 품질 관리 및 품질 보증을 위해 대규모 데이터를 기반으로 품질 보증 및 관리 방법론으로 수준을 향상시키고 있다. 빅데이터 기술이 제조업에 적용되면 상품 개발 및 조립 비용을 50%까지 절감할 수 있고, 운영 자본도 7% 이상 절감할 수 있다. 그리고 기존에 다루지 못한 다양한 데이터까지 분석하여 제조업의 생산성 향상이 가능해진다.

자동차 업계에서는 빈번히 발생하는 리콜 사태를 사전에 예방하는 데 빅데이터 분석을 도입하고 있다. 볼보Volvo는 자동차에 장착된 수많은 센서에서 생성된 데이터를 클라우드를 기반으로 수집 · 분석하여 제품 출시 후에나 발견할 수 있는 제조 과정의 문제점을 개발 과정에서 미리 찾아내고 있다. 그리고 혼다는 SAS의 예측 모델을 적용하여 출시 계획이 있는 자동차의 시장 진입 성공과 실패를 미리 예측해 보고 자동차 설계에 빅데이터 분석을 활용하고 있다.

우리나라는 삼성전자, LG디스플레이와 같은 세계 최고 수준의 제조 업체를 보유하고 있기 때문에 이를 빅데이터 솔루션 적용의 참조 모델로 활용 가능하다. 세계 시장에서 1, 2위를 차지하고 있는 국내 제조 업체와 협력하여 빅데이터 기술을 적용하는 모범적인 성공 사례를 만들어 점차 타 분야로 확대해 나간다. 하지만 중소기업에 집중된 산단 · 공단을 중심으로 동종 · 이종 기업군을 대상으로 한 빅데이터 기술을 함께 적용하여 국내 제조업의 수준을 높여 제조업 경쟁력을 지속적으로 유지할 필요가 있다. 그리고 석유화학과 같은 장치 산업, 조선 업계 등에서 IT 융합 기술을 도입하여 성과를 거둔 사례를 참조하여 빅데이터 기술을 적용 가능한 세부 분야를 발굴해야 한다. 다국적 석유화학 기업인 엑슨 모빌Exxon Mobil은 빅데이터 기술을 바탕으로 IT 융합 기술을 도입하여 석유 정제, 화학 제품 생산성을 높이는 R&D 과제를 현재 추진 중이다.

[표 8-1]은 지금까지 살펴본 빅데이터 활용의 주요 사례를 요약 · 정리한 것이다.

표 8-1 빅데이터 활용의 주요 사례

국가	활용 분야	내용	비고
미국	국토 보안	9.11 이후 국토안보부를 중심으로 테러 · 범죄를 방지하는 범정부적 빅데이터 수집, 분석 및 예측 체계 도입 ▪ 부시 행정부의 국토안보부 장관인 마이클 체토프Michael Chertoff는 국토 보안을 위한 빅데이터 추진 현황 언급 ▪ 국내외 금융 시스템의 개인, 기관의 금융 거래 감시로 자금 세탁 및 테러 자금 조달 색출 강화	 Big data analysis can thwart security threats 국토 보안을 위한 빅데이터 추진 현황 보도 [28]
	치안	FBI의 종합 DNA 색인 시스템CODIS ▪ DNA 포렌직, 클라우드 DNA 분석 등 '빅 DNA 데이터'를 활용하여 2007년 4만 5400건의 범인 DNA 적중 ▪ 한 시간 내에 범인 DNA를 분석하는 주정부 데이터 연계 및 빅데이터 실시간 분석 솔루션 확보	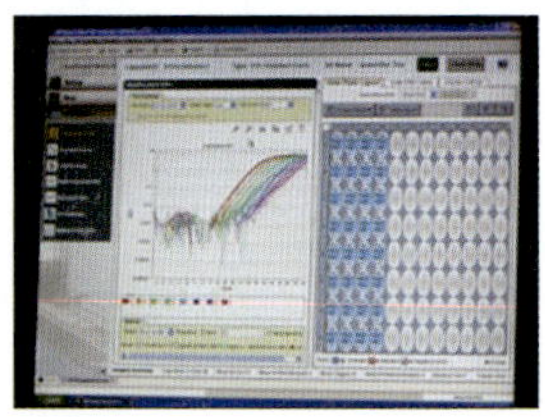 아칸소 주 CODIS 분석 시스템 [17]

국가	활용 분야	내용	비고
미국	의료	헬스 2.0 – 필박스 프로젝트 ▪ 국립보건원 웹 사이트에서 약 검색 서비스 제공 ▪ 필박스로 수집한 빅데이터로 후천성면역결핍증HIV 등 관리 대상 주요 질병의 분포, 연도별 증가 등 통계치 확보	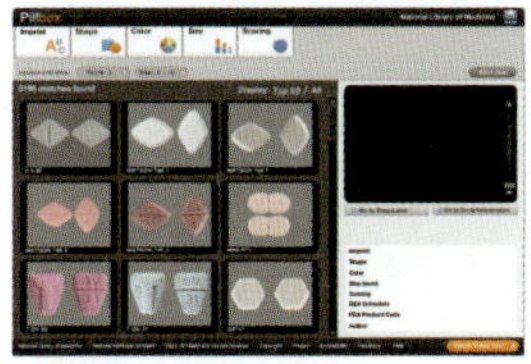 필박스 사용 화면 [27]
영국	정보 공개	data.gov.uk 웹 사이트에서 공공 부문의 정보 공유 및 활용을 위한 데이터 원 스톱 서비스 제공 ▪ 정부의 투명성 제고, 국민의 권리 향상, 데이터 공개로 경제적 · 사회적 가치 증대, 차세대 웹에서 주도권 획득 목표 ▪ 일반인들의 참여를 장려하고 아이디어 수렴, 앱 개발, 데이터 공개 등 주제 관련 커뮤니티 제공	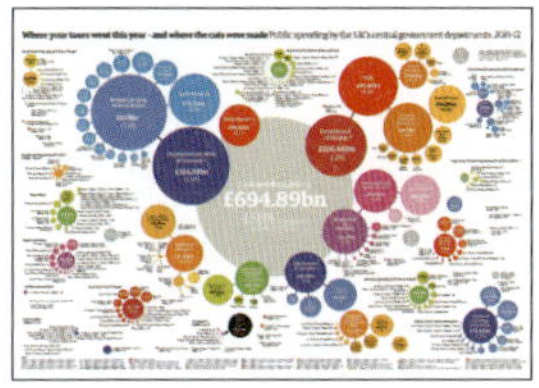 Where did my tax go? [20]
싱가포르	국가 위험 관리	빈번히 발생하는 테러 및 전염병으로 발생하는 불확실한 미래에 대비하려고 2004년부터 빅데이터를 기반으로 위험 관리 계획 추진 ▪ RAHSRisk Assessment & Horizon Scanning 시스템으로 질병, 금융 위기 등 모든 국가적 위험을 수집 및 분석하여 위험을 선제적으로 관리 ▪ 수집된 위험 정보는 시뮬레이션, 시나리오 기법 등으로 분석하여 사전에 위험을 예측하고 대응 방안 모색	 RAHS Program Office [29]
호주	정보 공개	과학적 위기 대응 체계를 구축하려고 이머전시 2.0 오스트레일리아Emergency 2.0 Australia 프로젝트 추진 ▪ 방대한 양의 정보를 검색하고 분석 및 재사용할 수 있도록 자동화된 툴을 활용하여 시간과 자원 절감 ▪ AGIMO 산하 정부 2.0 전략/서비스 팀에서는 정부 데이터 웹 저장소 및 검색 툴을 서비스하는 http://data.gov.au 웹 사이트 운영	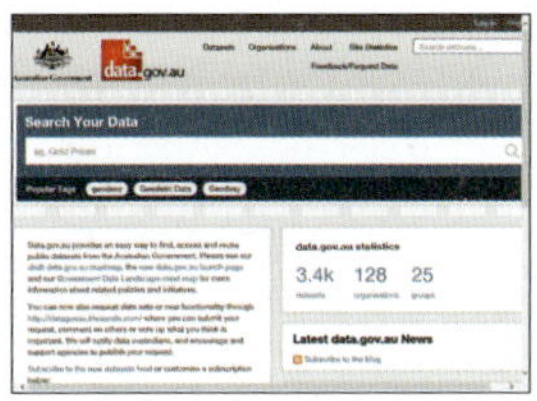 data.gov.au [30]

연습문제

01 국내의 빅데이터 기술 개발 현황을 서술하시오.

02 국외의 빅데이터 기술 개발 현황을 선진국 중심으로 기술적 응용 관점에서 서술하시오.

03 빅데이터 산업체 중 국외 유명 산업체의 기술적 동향을 서술하시오.

04 빅데이터 산업체 발전 방향을 국내 포털 사이트 및 기술 개발 산업체의 관점에서 제시하시오.

05 국내외 국가 공공 기관에서 빅데이터 활용 사례를 나열하시오.

06 인간생활의 헬니스 관점에서 활용 사례들을 조사하시오.

07 빅데이터 기술이 과학적 발전에 어떠한 영향을 미쳤는지 설명하시오.

08 앞으로의 빅데이터가 삶의 질을 높이려면 어떤 방향으로 나아가야 하는지 다양한 관점에서 작성해 보시오.

09 현 시점에서 공공 · 정부 · 과학 분야 내의 다양한 응용 분야 중 빅데이터를 접목시켰을 때 높은 경제적 파급 효과가 나타날 분야를 선정하고, 그 이유를 설명하시오.

10 자신이 생각하는 빅데이터의 전망을 시대적 현황과 관련하여 작성해 보시오.

참고문헌

[01] 한국정보화진흥원 빅데이터 국가전략 포럼, http://www.bigdataforum.or.kr

[02] 한국정보화진흥원 빅데이터 분석활용센터, http://www.kbig.kr

[03] 인터넷 & 시큐리티 이슈, 미국_정부의_빅데이터_R&D_전략, 『한국인터넷진흥원(KISA)』, 2012년 8월.

[04] 미국국립심장폐혈액연구소(NHLBI) CVRG, http://www.cvrgrid.org

[05] 미국국립보건원 산하 종합의학연구소(NIGMS), http://www.wwpdb.org

[06] EMC, http://korea.emc.com/index.htm?fromGlobalSiteSelect

[07] Oracle, http://www.oracle.com/index.html

[08] IBM, http://www.ibm.com/kr/ko

[09] SAP, http://www.sap.com/korea/index.epx

[10] Teradata, http://www.teradata.kr/company/company_1_pop_8.html

[11] Microsoft HDInsight, http://www.windowsazure.com/ko-kr/services/hdinsight

[12] 코난테크놀로지, http://www.konantech.co.kr

[13] 솔트룩스, http://www.saltlux.com

[14] 소셜 메트릭스, http://insight.some.co.kr

[15] 그루터 씨날, http://www.seenal.com

[16] http://www.fbi.gov/stats-services/publications/serial-murder/Serial2.jpg/view

[17] http://www.crimelab.arkansas.gov/sectionInfo/Pages/codis.aspx

[18] http://www.jpl.nasa.gov/spaceimages/details.php?id=PIA14786

[19] http://www.theguardian.com/news/datablog/2010/nov/19/government-spending-information-beautiful

[20] http://www.theguardian.com/news/datablog/2012/dec/04/government-spending-department-2011-12

[21] http://app.rahs.gov.sg/public/www/content.aspx?sid=2955

[22] http://jetlib.com/news/2010/10/14/o2-taps-placecast-for-location-based-sms-marketing-campaigns

[23] https://www.shopkick.com/img/gallery/full/offer-overlay_low.png

[24] http://www.sas.com/offices/asiapacific/korea/software/index.html

[25] http://insight.some.co.kr/searchKeywordMap.html?keyword=서울시장 보궐선거

[26] http://linkeddata.org

[27] http://pillbox.nlm.nih.gov/bin-release/PillBox.php#

[28] http://gigaom.com/2011/06/22/big-data-analysis-can-thwart-combat-threats

[29] http://app.rahs.gov.sg/public/www/home.aspx

[30] http://www.data.gov.au

9장

하둡을 이용한 추천 시스템의 구현

1 개요

빅데이터를 활용하는 가장 대표적인 예는 개인화 상품 추천 시스템이다. 상품 추천 시스템은 고객에게 추천할 상품 목록을 미리 만들고, 어떤 고객이 특정 상품을 선택했을 때 구매 가능성이 높은 다른 상품을 쉽게 찾도록 도와주는 기술이다. 상품 추천 시스템을 운영하는 대표적인 인터넷 업체로는 아마존Amazon, 이베이eBay, 넷플릭스Netflix 등이 있다. 이 외에도 많은 인터넷 업체가 사용자의 구매 이력을 바탕으로 고객에게 개인 취향에 맞는 상품을 추천하는 서비스를 제공하고 있다.

추천 시스템은 다양한 방법으로 구현할 수 있는데, 이 중 협업 필터링과 연관 규칙이 가장 많이 활용된다. 이 장에서는 머하웃을 이용해 협업 필터링 기법의 추천 시스템을 구현하고, 피그, 하이브, 샤크 등의 하둡 에코시스템과 웹 프로그래밍 기술을 이용해 연관 규칙을 계산하고, 웹 서비스로 구현하는 방법을 설명한다. 본격적인 구현에 앞서 이 시스템이 어떤 기능을 지원하고 이 기능을 구현하기 위해 어떤 기술을 사용하는지를 살펴보자. 추천 시스템의 구현은 하둡을 기반으로 하므로 하둡 기술에 대한 전반적인 이해가 필요하다.

빅데이터 기술의 핵심인 하둡은 크게 하둡 분산 파일 시스템과 맵리듀스로 구분된다. 대용량 데이터를 저장하고 분석하는 기술인 하둡은 다수의 머신을 네트워크로 연결한 분산 클러스터에서 작동한다. 하둡에서는 데이터를 파일 단위로 저장하기 때문에 체계적인 관리가 어렵다. 그래서 기존 데이터베이스에 익숙한 사용자는 데이터를 테이블 형태로 저장하여 관리하고 분석하기를 원한다. 이러한 요구를 반영하여 페이스북은 Hive하이브를 개발하여 오픈 소스로 공개했다. 하이브는 데이터를 테이블 단위로 저장 및 관리하는 기능을 지원하고, 분석을 위해 HiveQL이라는 SQL 쿼리를 지원한다. 또한 맵리듀스로 프로그램을 개발하기 매우 어려운 점을 보완하기 위해 야후는 피그Pig를 개발하여 오픈 소스로 공개했다. 피그는 맵리듀스 프로그래밍을 위한 개발 환경으로, 분석을 위해서 피그라틴이라는 스크립트 언어를 지원한다.

이렇듯 하둡을 기반으로 한 다양한 오픈 소스 프로젝트가 등장했는데 이를 통칭하여 하둡 에코시스템이라고 한다. 이 장에서 구현할 추천 시스템은 협업 필터링과 연관 규칙 기법을 적용하고 이를 위해 머하웃, 피그, 하이브, 샤크, 스쿱이라는 하둡 에코시스템을 활용한다. 그러므로 먼저 2~3절에서는 추천 시스템의 이론이 되는 협업 필터링 및 연관 규칙의 원리와 이를 하둡 에코시스템을 이용해 구현하는 방법을 학습한다. 그리고 4절에서는 데이터부터 시작해 추천 시스템의 웹 서비스에 이르는 전 과정을 하둡 에코시스템과 전통적인 웹 서비스 기술을 모두 이용해 직접 구현해 볼 것이다.

1.1 협업 필터링과 연관 규칙을 이용한 추천 시스템과 하둡 에코시스템

이 장에서는 협업 필터링 기법을 위해 머하웃을, 연관 규칙 기법을 위해 피그, 하이브, 샤크를, 그리고 웹 서비스를 위해 스쿱이라는 하둡 에코시스템을 활용한다.

1.1.1 협업 필터링과 머하웃

협업 필터링은 추천 시스템 중 가장 인기가 많은 기법으로, 크게 사용자 기반과 아이템 기반으로 구분된다. 이 기법은 특정 사용자와 유사한 취향이나 아이템을 가진 사용자를 다수의 그룹으로 묶은 후 같은 그룹의 사람들이 선호하는 상품을 추천하는 방법이다.

협업 필터링에서 협업은 일부 사용자가 아닌 많은 사용자의 경험을 최대한 활용한다는 의미이다. 추천 시스템을 구축할 때 사용자의 구매 정보만으로 충분하다고 생각하고, 입력 데이터로 구매 정보의 사용자 아이디, 상품 아이디만 선택하는 것은 좋은 방법이 아니다. 데이터가 좋을수록 그 결과도 좋다. 협업 필터링의 기본 입력 데이터 항목에는 평가 점수가 있다. 대부분의 인터넷 쇼핑몰은 특정 상품을 구매한 사용자에게 1개에서 5개까지의 별 중에서 하나를 선택하고 상품평을 입력하는 기능을 제공하는데, 이 별의 개수가 바로 평가 점수이다. 다음으로 필터링은 인터넷 정보 홍수에 대한 해결책을 의미한다. 가장 많이 구매한 상품순으로 추천 목록을 만들고 순위대로 추천하는 방법은 매우 단순하면서도 효과가 크다. 예를 들어, 영화에서는 현재까지 관람한 관객 수를 기준으로 상위 1등부터 5등까지의 영화를 추천 목록에 배치할 수 있다. 하지만 SF 영화만 보는 고객에게는 전체 순위를 기준으로 영화를 추천하는 것은 도움이 되지 않는다. 이럴 때 SF 영화만 묶어서 추천 목록을 만드는 것이 협업 필터링 기법의 핵심이다.

협업 필터링 기법을 적용한 가장 유명한 기술이 바로 머하웃이다. 머하웃은 자바 프로그래밍 언어로 구현된 추천 시스템 라이브러리이기 때문에 이를 이용해 개발하려면 자바 프로그래밍 언어와 클래스의 사용법 정도는 알고 있어야 한다.

1.1.2 연관 규칙과 피그, 하이브, 샤크

연관 규칙은 구매 이력을 토대로 상품간의 관계를 알아내 추천하는 것으로, 한 장바구니에 담긴 상품 조합의 전체 빈도수를 기준으로 계산하기 때문에 장바구니 분석 기법이라고도 한다. 예를 들어, 장바구니에 우유, 콜라, 커피가 있으면 (우유, 콜라), (우유, 커피), (콜라, 커피)의 상품 조합을 찾을 수 있고, 전체 장바구니의 상품 조합 빈도수를 구하는 것은 어렵지 않다. 만약 우유와 콜라를 함께 구매한 고객이 253명이고, 우유와 커피를 함께 구매한 고객이 102명이라면 우유를 구매한 고객이 커피보다 콜라를 구매할 확률이 더 높다고 예상할 수 있다. 연관 규칙은 동시에 구매한 상품 조합의 빈도수를 계산하는 것을 시작으로 지지도, 신뢰도, 향상도를 계산해야 하므로 이에 대한 계산식과 알고리즘에 대한 이해가 있어야 한다. 3절에서 다양한 하둡 에코시스템으로 연관 규칙을 계산할 때 그 원리도 함께 다룰 것이다.

그런데 연관 규칙은 알고리즘이 매우 단순하고 반복 구문만 실행하면 되므로 오랫동안 큰 인기를 얻고 있지만, 상품 간의 빈도수 계산을 위해 메모리가 상당히 많이 필요하고 실행 시간도 길어 상품 수가 적은 경우에만 적용이 가능했다. 하지만 하둡 기반의 분산 병렬 처리 시스템을 이용하면 연관 규칙을 이용해 대용량 데이터를 쉽고 빠르게 처리할 수 있다. 하둡 에코시스템을 이용하면 복잡한 계산을 스크립트나 SQL과 같은 쉬운 언어로 빠르게 처리할 수 있어 간편하다. 이 중 피그라틴은 데이터의 흐름을 단계별로 정확하게 파악할 수 있는 장점이 있다. 3절에서는 피그라틴으로 연관 규칙을 계산하는 방법을 배울 것이다.

그리고 여기서는 특별히 SQL 쿼리로 연관 규칙을 계산하는 방법도 함께 다루는데 동일한 기능을 두 개의 언어로 구현하는 이유가 궁금할 것이다. 사실 실무에서는 대부분 SQL 쿼리를 사용한다. 그럼에도 피그라틴으로 구현하는 방법부터 배우는 것은 좀 더 간편한 피그라틴을 이용해 맵리듀스의 구현 원리를 먼저 이해한 후 SQL 쿼리로 구현하는 방법을 익히는 것이 더 효과적이기 때문이다. 연관 규칙 계산을 SQL 쿼리로만 배우면 맵리듀스의 내부 구현 원리를 정확히 이해하지 못하고 일단 SQL 쿼리부터 입력하는 나쁜 습관이 생길 수 있다.

SQL 쿼리를 지원하는 하둡 에코시스템의 대표적인 기술로는 하이브가 있다. 3절에서는 하이브로 먼저 데이터 저장소를 구축하고 SQL 쿼리로 연관 규칙을 계산하는 방법을 배울 것이다.

2013년 말에 하둡 2.0 정식 버전이 나온 후 타조, 임팔라, 프레스토, 샤크 등 SQL On Hadoop으로 불리는 오픈 소스 프로젝트들이 우후죽순 나타났다. 이 기술들은 하이브의 데이터 저장소를 기반으로, SQL 쿼리 엔진만 자체적으로 구현했다. 하이브보다 좋은 점은 실행 속도가 매우 빠르고 다양한 웹 인터페이스를 지원한다는 점이다. 4절에서 추천 시스템을 구현하는 전 과정을 다룰 때, 앞에서 배운 하이브가 아닌 샤크를 이용한다.

1.1.3 웹 서비스와 스쿱

웹 서비스를 위해서는 웹 서버, 웹 프로그래밍 언어, 관계형 데이터베이스가 필요하며, 하둡에 저장된 데이터를 관계형 데이터베이스로 전송하는 기능도 필요하다. 이러한 기능을 지원하는 하둡 에코시스템이 바로 스쿱이다. 스쿱은 관계형 데이터베이스의 데이터를 하둡 분산 파일 시스템으로 가져오는 기능도 지원한다. 4절에서는 하둡에 저장된 결과 데이터를 관계형 데이터베이스인 MySQL로 전송하고, PHP와 같은 쉬운 웹 프로그래밍 언어로 연관 상품을 고객에게 추천하는 방법을 다룰 것이다.

1.2 실습 환경 구축

본격적인 설명에 앞서 먼저 이 장의 예제를 실행하기 위한 실습 환경을 구축해보자. 4절에서 최종적으로 구현하는 추천 시스템은 [그림 9-2]와 같이 크게 데이터 준비, 전처리, 분석, 데이터 내보내기, 웹 서비스 순으로 진행된다. 그러다 보니 다양한 하둡 에코시스템과 많은 프로그래밍 언어가 사용되며 설치할 프로그램도 많다. 또한 2~3절의 원리를 구현하는 데도 필요한 환경이므로 여기서는 이 장 전체를 학습하기 위한 실습 환경을 먼저 구축해보자.

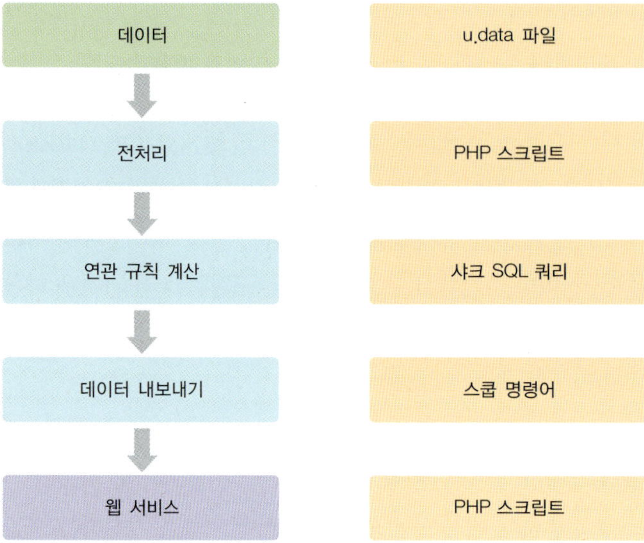

그림 9-1 실습 과정과 데이터 및 프로그래밍 언어

하둡 에코시스템을 설치하는 것은 어렵다고 알려져 있고, 이런 준비 과정이 복잡하게 느껴질 수 있지만 단계별로 하나씩 설명하므로 어렵지 않게 따라 할 수 있을 것이다. 특히 하둡은 여러 대의 머신에 하둡을 분산 모드로 실행하는 것이 더 실무에 가깝지만 실습에서는 머신 한 대만으로 충분하다. 그리고 하둡과 하둡 에코시스템의 설정 파일을 일일이 수정하는 어려움을 줄이고자 이를 미리 설정해 둔 파일도 함께 제공한다. 이 책의 예제 소스를 다운받아 압축을 푼 후 버전 관리를 위한 심볼릭 링크만 설정하면 된다. 단, 리눅스와 JDK 및 웹 서비스 관련 소프트웨어의 설치는 참고할 웹 문서가 많으므로 제외한다.

실습 환경은 [그림 9-2]와 같은 과정으로 구축할 것이다.

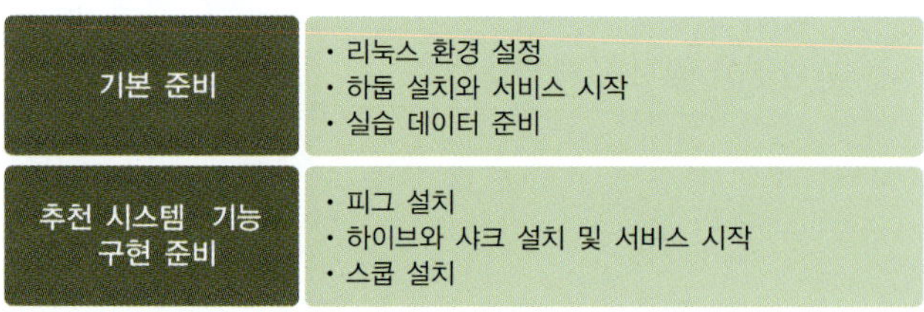

그림 9-2 실습 환경 구축 과정

1.2.1 리눅스 환경 설정

하둡과 하둡 에코시스템이 제대로 동작하도록 리눅스의 환경 설정 파일인 /etc/profile에 다음과 같이 설정을 정확히 입력한다. 특히 여기서는 하둡 계정을 cm20으로 선택한다. 하둡 계정을 변경하고 싶으면 이 설정 파일에서 $BASEHOME의 디렉토리 위치만 변경하면 된다.

```
# 리눅스 환경 설정 파일인 /etc/profile에 하둡 관련 설정을 추가한다.
# 주의 : /etc/profile은 수퍼유저인 root 계정으로 작업해야 한다.
[root@cm1001 ~]$ vi /etc/profile
...
# 기본 디렉토리 설정
# 예) 사용자 계정이 cm20일 경우
export BASEHOME=/home/cm20

# 하둡과 하둡 에코시스템의 설치 및 설정 디렉토리
export HADOOP_PREFIX=$BASEHOME/hadoop
export HADOOP_HOME=$BASEHOME/hadoop
export PIG_HOME=$BASEHOME/pig
export PIG_CLASSPATH=$BASEHOME/hadoop/conf
export HIVE_HOME=$BASEHOME/hive
export HIVE_CONF_DIR=$BASEHOME/hive/conf

# 하둡과 하둡 에코시스템의 실행 경로 설정
pathmunge $BASEHOME/hadoop/bin
pathmunge $BASEHOME/pig/bin
pathmunge $BASEHOME/hive/bin
pathmunge $BASEHOME/sqoop/bin
pathmunge $BASEHOME/shark/bin
...
```

1.2.2 하둡 설치와 서비스 시작

하둡은 매우 간단히 설치할 수 있으며, 설치 후에는 하둡 서비스를 시작하여 데몬이 제대로 실행되는지 확인하면 된다. 이를 위해 jps 명령어를 실행하여 jps를 제외한 총 5개의 데몬을 확인했다.

```
# 주의 : 이제부터 cm20 계정으로 작업해야 한다.
# 하둡 압축 파일을 다운받는다. 버전은 1.0.3이다.
[cm20@cm1001 ~]$ wget  www.db21.co.kr/bigdata/hadoop.tgz
...
# 압축을 푼다.
[cm20@cm1001 ~]$ tar  xvzf  hadoop.tgz
...
# 하둡의 버전 관리를 위해 심볼릭 링크를 설정한다.
[cm20@cm1001 ~]$ ln -s  hadoop-1.0.3  hadoop

# 하둡 서비스를 시작한다.
[cm20@cm1001 ~]$ hadoop/bin/start-all.sh
...

# 하둡 데몬이 제대로 실행되는지 확인하기 위해 jps 명령어를 입력한다.
[cm20@cm1001 ~]$ jps
23091 JobTracker              // 맵리듀스 : 잡트래커
23240 TaskTracker             // 맵리듀스 : 태스크트래커
22667 NameNode                // HDFS : 네임노드
22966 SecondaryNameNode       // HDFS : 보조네임노드
22811 DataNode                // HDFS : 데이터노드
23321 jps
```

1.2.3 실습 데이터 준비

실습을 위해서는 입력 데이터로 활용할 데이터셋이 필요하다. 여기서는 무비렌스(http://movielens.org)에서 제공하는 영화 추천 시스템을 위한 공개 데이터를 활용한다. 무비렌스 사이트에서 직접 다운받을 수도 있지만 이 책의 예제 소스에는 이 데이터가 이미 포함되어 있으므로 여기서는 이를 다운받아 사용한다. 실습 데이터를 다운받기 위해 wget 명령어를 실행했고, tar 명령어로 압축을 풀었다. 데이터 파일과 형식에 대한 자세한 내용은 각 절에서 다룬다.

```
# 실습 데이터와 예제 소스를 모아 놓은 압축 파일을 다운받는다.
[cm20@cm1001 ~]$ wget  www.db21.co.kr/bigdata/source.tgz
...
# 압축을 푼다.
[cm20@cm1001 ~]$ tar  xvzf  source.tgz
...
```

1.2.4 피그 설치

피그는 하둡의 네임노드나 잡트래커와 같은 데몬이 아닌 단순한 클라이언트 프로그램이므로 프로그램을 다운받아 압축만 풀면 된다. 피그 셸의 실행 방법은 3절에서 다룬다.

```
# 피그 압축 파일을 다운받는다. 버전은 0.10.0이다.
[cm20@cm1001 ~]$ wget  www.db21.co.kr/bigdata/pig.tgz
...
# 압축을 푼다.
[cm20@cm1001 ~]$ tar  xvzf  pig.tgz
...
# 피그의 버전 관리를 위해 심볼릭 링크를 설정한다.
[cm20@cm1001 ~]$ ln -s  pig-0.10.0  pig
```

1.2.5 하이브와 샤크 설치 및 서비스 시작

샤크는 특이하게도 다양한 하둡 에코시스템을 포함하고 있다. 샤크를 설치하면 하이브, 스칼라, 스팍이 동시에 설치된다.

```
# 샤크 압축 파일을 다운받는다.
[cm20@cm1001 ~]$ wget  www.db21.co.kr/bigdata/shark.tgz
...
# 압축을 푼다.
[cm20@cm1001 ~]$ tar  xvzf  shark.tgz
...
# 샤크와 내장된 다른 하둡 에코시스템의 버전 관리를 위해 심볼릭 링크를 설정한다.
# 각 에코시스템의 버전은 샤크는 0.8.0, 하이브는 0.9.0, 스칼라는 2.9.3, 스팍은 0.8.0이다.
[cm20@cm1001 ~]$ ln -s shark-0.8.0 shark
[cm20@cm1001 ~]$ ln -s hive-0.9.0 hive
[cm20@cm1001 ~]$ ln -s scala-2.9.3 scala
[cm20@cm1001 ~]$ ln -s spark-0.8.0 spark
```

하이브와 스칼라는 피그와 같은 클라이언트 프로그램이므로 서비스를 시작하지 않아도 된다. 스팍과 샤크의 서비스를 시작할 때 주의할 점은 스팍 서비스를 먼저 시작하고 샤크 서비스를 시작해야 된다는 것이다.

```
# 스팍 서비스를 먼저 시작한다.
[cm20@cm1001 ~]$ spark/bin/start-all.sh
...

# 샤크 서비스를 시작한다.
[cm20@cm1001 ~]$ shark/bin/shark --service sharkserver 8083 &
...

# 스팍과 샤크 데몬들이 제대로 실행되는지 확인하기 위해 jps 명령어를 입력한다.
# 하둡 데몬과 jps는 제외했다.
[cm20@cm1001 ~]$ jps
...
29628 SharkServer        // 샤크 서버
28864 Master             // 스팍 마스터
28992 Worker             // 스팍 워커
```

1.2.6 스쿱 설치

스쿱은 피그와 같은 단순한 클라이언트 프로그램이므로 프로그램을 다운받아 압축만 풀면 된다. 스쿱 명령어의 실행 방법은 4절에서 다룬다.

```
# 스쿱 압축 파일을 다운받는다. 버전은 1.4.2이다.
[cm20@cm1001 ~]$ wget  www.db21.co.kr/bigdata/sqoop.tgz
...
# 압축을 푼다.
[cm20@cm1001 ~]$ tar  xvzf  sqoop.tgz
...
# 스쿱의 버전 관리를 위해 심볼릭 링크를 설정한다.
[cm20@cm1001 ~]$ ln -s sqoop-1.4.2.bin__hadoop-1.0.0 sqoop
```

2 협업 필터링 기법과 머하웃을 이용한 구현

2.1 협업 필터링 기법의 원리

협업 필터링 기법은 사용자 기반, 아이템 기반, 콘텐츠 기반 등으로 구현할 수 있는데 이 중 가장 기본은 사용자 기반이다. 사용자 기반으로 구현할 경우의 추천 원리는 다음과 같다.

- 특정 사용자와 취향이 비슷한 사람들이
- 좋아할 만한
- 아이템 중에서
- 특정 사용자가 구매하지 않은 아이템

협업 필터링 기법에서는 사용자에게 상품을 추천하기 위해 사용자의 구매 정보, 특정 상품의 평가 점수, 클릭 로그 등을 사용한다. 따라서 협업 필터링의 입력 데이터는 사용자, 아이템, 선호도로 구성된다. 이 중 선호도는 인터넷 쇼핑몰에서 자주 접하는 사용자의 상품 평가 점수인 별점으로 1부터 5까지의 정수이며, 값이 높을수록 상품에 대한 평가가 좋음을 의미한다. 하지만 상품을 구매한 사용자가 평가를 하지 않은 경우에는 1부터 5까지의 정수 중 어떤 값을 기본으로 선택할지 고민이 될 것이다. 프로그래머는 일반적으로 1을 선택하는데, 이럴 경우 상품에 대한 평이 나쁘다는 의미가 되어 원하는 것과 정반대의 추천 시스템을 구현하게 된다. 따라서 선호도 값이 없을 때는 기본 값으로 3을 선택해야 좋은 결과를 얻을 수 있다.

이 장에서 협업 필터링을 구현하기 위해 사용할 입력 데이터인 무비렌스 데이터셋의 중요 파일은 [표 9-1]과 같고 각 파일의 항목은 탭으로 구분되어 있다.

표 9-1 무비렌스 데이터셋의 중요 파일

파일명	내용	
u.data	설명	레코드는 100,000개, 사용자는 943명, 아이템은 1,682개이다. 사용자당 영화를 최소 20개 추천하며, 데이터는 정렬되어 있지 않다.
	스키마	| user id | item id | rating | timestamp |
u.item	설명	아이템 정보를 담고 있다.
	스키마	| movie id | movie title | release date | video release date | IMDb URL | unknown | Action | Adventure | Animation | Children's | Comedy | Crime | Documentary | Drama | Fantasy | Film-Noir | Horror | Musical | Mystery | Romance | Sci-Fi | Thriller | War | Western |
u.user	설명	사용자 정보를 담고 있다.
	스키마	| user id | age | gender | occupation | zip code |

무비렌스 데이터셋 파일 중 입력 데이터로 사용할 파일은 u.data이며, 데이터 형식과 값은 [표 9-2]와 같다.

표 9-2 무비렌스 데이터셋 : u.data

사용자(user_id)	아이템(item_id)	점수(rating)	시간(timestamp)
196	242	3	881250949
186	302	3	891717742
22	377	1	878887116
244	51	2	880606923
⋮			
13	225	2	882399156
12	203	3	879959583

2.2 사용자 기반 추천 엔진의 구현

사용자 기반 추천 엔진은 [그림 9-3]과 같이 추천기Recommender, 사용자 유사도User Similarity, 이웃User Neighborhood, 데이터 모델Data Model 컴포넌트로 구성된다.

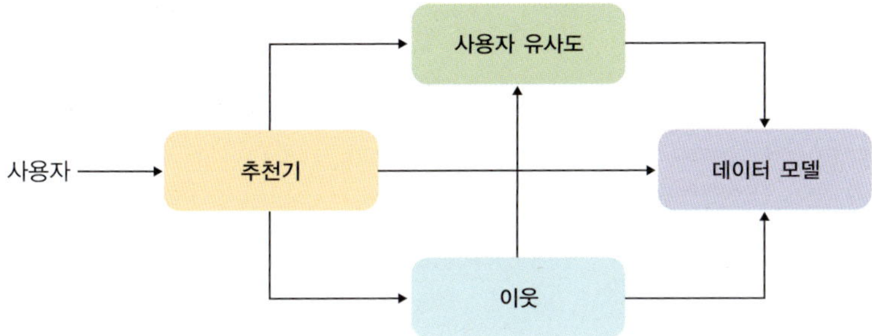

그림 9-3 사용자 기반 추천 엔진 구성도

데이터 모델 컴포넌트는 입력 데이터와 이웃 정보 등을 관리한다. 사용자 유사도 컴포넌트는 유사도를 계산하며 피어슨 상관 등 다양한 알고리즘을 선택할 수 있다. 이웃 컴포넌트는 데이터 모델과 유사도의 계산을 통해 이웃을 지정된 개수의 그룹으로 분리하고 관리한다. 마지막으로 추천기 컴포넌트는 먼저 데이터 모델, 사용자 유사도, 이웃 컴포넌트로 추천 엔진을 실행하고, 요청이 있으면 특정 사용자에게 아이템을 추천한다.

아이템 기반 협력 필터링 구현하기 위해서 추천 엔진을 머하웃으로 구현한 전체 코드는 다음과 같다. 입력 데이터로 u.data 파일을 읽어 데이터 모델을 구축하고, 피어슨 상관 알고리즘을 적용해 사용자 유사도를 계산하며, 사용자 이웃의 그룹 수를 7로 정의한다. 추천 엔진을 실행한 후 사용자 196에게 추천할 아이템 3개를 반환한다. 코드는 제대로 기능을 하는지 의문이 들 정도로 단순하다.

```
class RecommenderIntro {
  public static void main( String[ ] args ) throws Exception {
❶ { DataModel model =
      new FileDataModel ( new File("u.data") );
❷ { UserSimilarity similarity =
      new PearsonCorrelationSimilarity ( model );
❸ { UserNeighborhood neighborhood =
      new NearestNUserNeighborhood ( 7, similarity, model );
❹ { Recommender recommender =
      new GenericUserBasedRecommender ( model, neighborhood, similarity );
❺ { List<RecommendedItem> recommendations =
      recommender.recommend( 196, 3 );
❻ { for( RecommendedItem recommendation : recommendations ) {
      System.out.println( recommendation );
    }
  }
}
```

❶ 데이터 모델

파일을 읽어 데이터 모델을 구축하는 기본 객체로 FileDataModel 클래스를 사용한다. 입력 데이터 파일은 u.data이다.

❷ 사용자 유사도

유사도를 계산하는 기본 객체로 피어슨 상관 알고리즘을 적용한 PearsonCorrelation Similarity 클래스를 사용한다. 앞에서 선언한 데이터 모델 객체를 매개변수로 입력한다.

❸ 이웃

사용자를 다수의 이웃 그룹으로 구분하기 위해 NearestNUserNeighborhood 클래스를 사용한다. 첫 번째 매개변수는 정수로, 이웃 수를 의미한다. 두 번째와 세 번째 매개변수에는 앞에서 선언한 유사도와 데이터 모델 객체를 각각 입력한다.

❹ 추천기

모든 준비가 완료되었으므로 추천기를 만든다. 매개변수로는 앞에서 선언한 데이터 모델, 이웃, 유사도를 순서대로 입력한다.

❺ 특정 사용자를 위한 아이템 추천

추천기의 추천 기능인 recommend() 함수를 실행한다. 첫 번째 매개변수는 사용자 아이디, 두 번째 매개변수는 추천 목록의 수이다. 예제는 사용자 196에게 아이템을 3개 추천하고, 그 결과를 recommendations 객체에 저장한다.

❻ 결과 출력

앞에서 추천 함수를 호출하여 사용자 196에게 추천할 아이템 3개를 recommendations에 반환했다. 그 결과를 저장한 객체에서 아이템과 평균 선호도를 하나씩 출력한다.

이렇게 추천 엔진을 만든 후 가장 먼저 할 일은 바로 이를 평가하는 것이다. 평가를 위해서는 먼저 데이터셋을 학습 데이터와 평가 데이터로 구분하고 평가기를 실행해야 한다. 머하웃은 평가기로 RecommenderEvaluator 클래스를 제공한다. 평가기를 구현한 전체 코드는 다음과 같다.

```
// u.data 파일을 읽어 데이터 모델을 구축한다.
DataModel model =
  new FileDataModel ( new File("u.data" ) );

// 평가기를 만든다.
RecommenderEvaluator evaluator =
  new AverageAbsoluteDifferenceRecommenderEvaluator ( );
RecommenderBuilder builder = new RecommenderBuilder( ) {
  @Override
  public Recommender buildRecommender( DataModel model )
    throws TasteException {

      // 앞에서 배운 사용자 기반 추천기를 만든다.
      // 이웃 수를 7로 정의한다.
      UserSimilarity similarity =
        new PearsonCorrelationSimilarity ( model );
      UserNeighborhood neighborhood =
        new NearestNUserNeighborhood ( 7, similarity, model );
      return
        new GenericUserBasedRecommender ( model, neighborhood, similarity );
    }
};

// 평가를 위해 학습 데이터는 70%, 평가 데이터는 30%로 정의한다.
double score =
```

```
    evaluator.evaluate( builder, null, model, 0.7, 1.0 );

  // 평가 점수를 출력한다.
  System.out.println( score );
```

이제 평가기가 준비되었다. 평가 점수의 값은 0.0에서 1.0까지의 실수이며 1.0에 가까울수록 좋은 추천 엔진임을 의미한다. 평가 점수와 관련된 요소는 매우 많은데, 먼저 평가기 자체와 관련된 고려 사항을 알아보자. 일반적으로 학습 데이터의 비율이 높으면 평가 점수도 높다. 그러므로 객관적인 평가를 위해서는 학습 데이터와 평가 데이터의 비율을 계속 변경하면서 여러 번 평가하는 것이 바람직하다. 이때 평가 데이터가 상당히 크면 평가기의 실행 시간이 매우 길어진다는 점을 고려해야 한다.

다음은 추천기에서 고려할 사항이다. 추천기의 성능은 네 컴포넌트의 클래스와 매개변수에 따라 달라진다. 앞의 추천 엔진과 평가기의 소스 코드에서 사용자가 직접 입력하는 매개변수와 관련된 고려 사항만 살펴보겠다. 물론 유사도 계산 알고리즘과 같은 요소도 매우 중요하지만 이 책의 범위를 벗어나므로 이 항목만 다룬다.

먼저 학습 데이터는 전체 데이터의 95%, 평가 데이터는 5%로 적용하고 이웃 수를 10, 100, 500으로 변경하면서 평가기를 실행한다. 그 결과는 [표 9-3]과 같다.

표 9-3 이웃 수에 따른 평가 점수표

이웃 수	10	100	500
평가 점수	0.98	0.89	0.75

평가 점수표와 같이 이웃 수가 적을수록 평가 점수가 높게 나타난다. 하지만 이웃 수를 1로 하면 어떤 알고리즘을 구현하든 평가 점수가 1.0 만점에 가깝게 나올 것이다. 또한 협업 필터링 기법을 도입한 의미도 없어진다. 결론적으로 말하면 이웃 수는 적당히 커야 한다. 앞에서 SF 영화를 좋아하는 사용자에게는 취향이 비슷한 사용자가 좋아하는 영화를 추천하는 것이 좋다고 했다. 따라서 영화 추천 엔진을 구현한다면 영화의 카테고리 수와 추천기의 이웃 수가 비슷할수록 좋은 결과를 얻을 것이다. 평가 점수가 무조건 높다고 좋은 추천 엔진은 아니다. 데이터셋의 크기와 성격에 따라 적당한 값을 선택하고 어느 정도 만족하는 수준에서 평가 점수를 받아들여야 한다.

2.3 아이템 기반 추천 엔진의 구현

아이템 기반 추천 엔진은 [그림 9-4]와 같이 추천기Recommender, 아이템 유사도ItemSimilarity, 데이터 모델DataModel 컴포넌트로 구성된다.

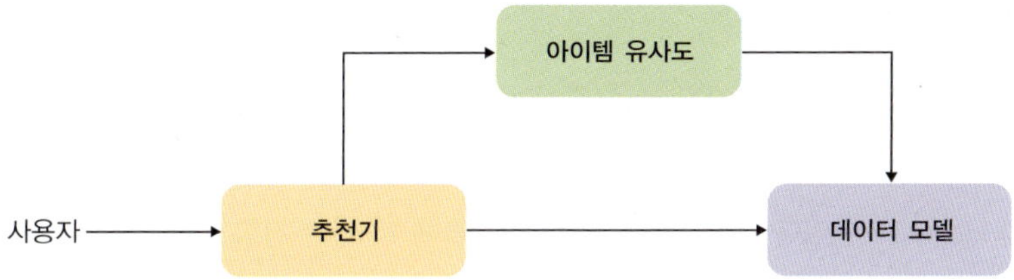

그림 9-4 아이템 기반 추천 엔진 구성도

아이템 기반 추천 엔진은 사용자 기반과 크게 다르지 않다. 어떻게 보면 더 단순하다. 아이템 기반 추천 엔진의 알고리즘을 의사코드로 표현하면 다음과 같다.

```
For (특정 사용자가 아직 구매하지 않은 모든 아이템 i)
      For (특정 사용자가 구매한 모든 아이템 j)
               s = 아이템 i와 아이템 j의 유사도
               아이템 j의 선호도 + s의 평균
아이템 i별로 순위를 매겨서 상위 아이템을 반환
```

사용자 기반 추천 엔진은 사용자 수가 늘어나면 실행 시간이 증가하고 아이템 기반 추천 엔진은 아이템 수가 늘어나면 실행 시간이 증가한다. 따라서 아이템 수가 사용자 수보다 적을 경우에는 아이템 기반이 유리하다. 또한 사용자 기반은 사용자가 추가될 때마다 데이터 모델을 갱신해야 하지만 아이템 기반은 아이템 유사도를 미리 계산하여 저장한 후 사용자의 추천 요청이 있을 때 바로 답변을 줄 수 있다. 사용자 기반 추천 엔진은 사용자의 취향이 바뀌면 정확도가 떨어지는 단점이 있다. 예를 들어, HOT를 좋아하던 팬들이 지금도 강타를 좋아할 수는 있지만, 문희준은 싫어할 수도 있다.

협업 필터링 기법 중 사용자 기반과 아이템 기반을 구분하기는 쉽지 않다. 가장 큰 차이는 유사도 기준으로, 사용자 기반은 취향이 비슷한 사용자들을 이웃으로 묶는 방법이며, 아이템 기반은 특정 상품과 연관성이 높은 아이템들을 이웃으로 묶는 방법이다. 하지만 두 기법 모두 아이템에 대한 선호도를 기준으로 유사도를 계산한다. 결론적으로, 사용자 유사도와 아이템 유사도에 적용되는 유사도 계산 알고리즘은 동일하다. 하지만 일부 유사도 계산 알고리즘은 아이템 유사도 적용에 문제가 있으므로 사용하면 안 된다.

2.4 협업 필터링 기법에서 추가로 고려할 사항

앞에서 머하웃의 협업 필터링 라이브러리를 활용해 추천 엔진을 구현하는 방법을 배웠다. 하지만 실제 추천 엔진을 인터넷 쇼핑몰에 적용하려면 다양한 현실적인 문제에 직면하게 된다. 먼저 선호도 값이 없으면 어떻게 해야 할까? 또한 인터넷 쇼핑몰은 성별에 따라 추천할 상품이 크게 구분되는데 이를 적용하려면 어떻게 해야 할까?

이런 문제를 동시에 해결하는 방법이 있다. 선호도 값을 회원의 성별 정보와 조인하여 남자는 1, 여자는 5로 선택하는 것이다. 이 방법은 성별에 따라 선호도 값이 달라져 사용자 기반 추천 엔진을 적용할 것으로 보통 예상한다. 하지만 엄밀히 구분하면 성별 선호도 방식은 아이템의 속성을 반영하므로 사용자 기반도, 아이템 기반도 아닌 콘텐츠 기반으로 불린다.

두 번째 문제는 로그인하지 않은 익명 사용자에게 추천하는 방법을 찾는 것이다. 익명 사용자에게 임의의 아이디를 부여하고 인터넷 브라우저 및 웹 서버에서 지원하는 쿠키나 세션으로 사용자 행동을 모니터링하고 데이터 모델에 추가하여 계산하는 방법을 활용할 수 있다. 머하웃은 PlusAnonymousUserDataMode라는 임시 사용자 데이터 모델을 지원한다. 임시 사용자 데이터 모델을 사용할 때 주의할 점은 시간이 지나면 데이터를 삭제해야 한다는 것이다. 익명 사용자를 위한 다른 대안은 모든 익명 사용자를 동일한 사용자로 간주하는 것이다.

마지막으로 아이템 기반 추천 엔진에 가장 많이 사용되는 슬로프-원 추천기를 설명하겠다. 일단 전제 조건을 한 번 보자.

❶ 송강호를 좋아하는 사람이 있다.

❷ 영화 '설국열차'를 좋아하는 사람은 평균 선호도는 4.0이고, '관상'을 좋아하는 사람의 평균 선호도는 4.5이다.

여러분은 다음과 같은 질문을 할 수 있을 것이다. 송강호를 좋아하는 특정 사용자의 '설국열차' 선호도가 3.0이면 '관상'의 선호도 예상 값은 얼마인가? 답은 3.5인데, 그 이유는 '설국열차'와 '관상'

의 선호도 평균 차이가 +0.5이기 때문이다.

슬로프-원 추천기의 선호도 계산 기준은 선호도의 절댓값이 아닌 이와 같은 선호도 값의 차이이다. 이 추천기가 인기가 높은 이유는 사용자에 따라 점수를 주는 기준이 다르기 때문이다. 어떤 사용자는 보통인 영화에는 2점이나 3점을 주고 매우 만족하는 영화에만 4점을 주지만, 보통인 영화에 4점을 주고 만족하는 영화에 5점을 주는 사용자도 있다.

슬로프-원 추천기의 추천 알고리즘을 의사코드로 표현하면 다음과 같다. 앞에 나온 아이템 기반 추천기의 알고리즘과 비교하면 그 차이를 알 수 있다.

```
For (특정 사용자가 아직 구매하지 않은 모든 아이템 i)
       For (특정 사용자가 구매한 모든 아이템 j)
                Value = 아이템 i와 아이템 j의 평균 선호도 차이
                아이템 j의 선호도 + Value의 평균
아이템 i별로 순위를 매겨서 상위 아이템을 반환
```

개방형 협업은 '인터넷을 이용해 외부에 있는 다수의 자원을 활용하는 방식으로, 개방과 참여를 특징으로 한다. 머하웃은 추천 엔진을 구현하려는 많은 인터넷 쇼핑몰 회사를 위해 개발된 오픈 소스 라이브러리이다. 많은 오픈 소스 커미터들이 머하웃 라이브러리 개발에 동참하고 있으며, 추천 엔진에 실제 적용한 사례도 계속 늘고 있다. 머하웃을 선택하여 추천 엔진을 구축하는 것은 시간도 적게 걸리고 매우 쉬운 방법이다. 그러나 고객의 요구에 대응하고 더 큰 이익을 얻기 위해서는 지속적으로 추천 엔진의 성능을 개선해야 한다. 보통은 내부에서 문제를 해결하려 하지만 개방형 협업을 이용해 외부의 도움을 받아 큰 성공을 거둔 사례가 있어 이를 소개하고자 한다.

온라인 영화 DVD 대여 업체인 넷플릭스는 영화 추천 엔진을 보완하기 위해 대회를 열고 정확도를 가장 먼저 10% 개선하는 팀에게 100만 달러의 상금을 주겠다고 약속했다. 정확도를 10% 개선하는 것은 거의 불가능해 보였지만 3년 후에 정확도를 10.06% 개선시킨 팀이 나타나 상금을 탔다. 넥플릭스의 CEO인 리드 헤이스팅스는 포춘지가 선정한 2010년 올해의 기업인 1위에 선정됐다. 그는 과감한 자기 혁신을 통해 스트리밍 서비스와 같은 새로운 시장을 개척했고, 고객들의 마음을 움직이기 위한 많은 노력을 했다. 하지만 넷플릭스가 유명하게 된 것은 앞에서 언급한 대회 때문이었다. 이 대회는 상금의 규모도 컸지만, 전 세계 분석가들의 주목을 받으며 엄청난 기업 홍보 효과를 얻었고 지금도 빅데이터 성공 사례로 많이 언급되고 있다.

3 연관 규칙 기법과 피그, 하이브를 이용한 구현

3.1 연관 규칙 기법의 원리

연관 규칙은 구매 이력을 토대로 상품간의 관계를 알아내 추천하는 기법이다. 이 규칙을 계산하는 식은 다음과 같다.

- 아이템 = A, B
- 트랜잭션 = 장바구니 = T
- 트랜잭션 수 = N(T)
- 상품 A 빈도수 = N(A)
- 상품 B 빈도수 = N(B)
- (A∩B)의 지지도Support = P(A∩B) = N(A∩B) / N(T)
- (A∩B)의 신뢰도Confidence = P(B|A) = P(A∩B) / P(A)
- (A∩B)의 향상도Lift = P(B|A) / P(B) = P(A∩B) / P(A)P(B)

위의 계산식에 나오는 용어와 지지도, 신뢰도, 향상도의 의미에 대해 간단히 설명하겠다.

- **아이템**

  아이템 A는 사용자가 구매하거나 선택한 아이템이고, 아이템 B는 아이템 A를 선택한 사용자에게 추천할 아이템 목록으로 동일한 아이템은 제외된다. 커피를 구매한 사용자에게 다시 커피를 추천할 수는 없기 때문이다. 아이템 A를 선행, 아이템 B를 후행이라는 용어로 부르기도 한다. 앞의 개요에서 장바구니에 우유, 콜라, 커피가 있으면 (우유, 콜라), (우유, 커피), (콜라, 커피)의 상품 조합을 찾아야 한다고 연관 규칙의 기본 원리를 간단히 설명했지만, 실제 연관 규칙의 계산에서는 순서도 중요하므로 (우유, 콜라), (우유, 커피), (콜라, 커피) (콜라, 우유), (커피, 우유), (커피, 콜라)의 순열을 찾아야 한다.

- **트랜잭션**

  트랜잭션을 쉽게 설명할 수 있는 용어로 바꾸면 바로 장바구니이다. 각 장바구니에 담긴 상품 조합(순열)을 찾고, 전체 장바구니의 상품 조합에 대한 빈도수를 계산하는 것이 연관 규칙의 핵심이다. 트랜잭션을 익숙한 용어로 바꾸면 바로 장바구니이다. 각 장바구니에 담긴 상품 조합을 찾고, 전체 장바구니의 상품 조합에 대한 빈도수를 계산하는 것이 연관 규칙의 핵심이다. N(T) 기호로 표시하는 트랜잭션 수는 전체 장바구니 수라고 부를 수 있다. 4절에서 무비렌스 데이터셋을 이용해 연관 규칙을 계산하는 방법을 배우는데, 데이터셋의 항목을 보면 장바구니가 없다. 이 데이터셋에서 트랜잭션 항목은 바로 사용자이며, 트랜잭션 수를 다른 말로 하면 사용자 수(943명)이다.

- 지지도

앞에서 연관 규칙의 계산은 한 장바구니에서 (커피, 우유), (커피, 콜라) 등의 아이템 조합을 찾고 전체 장바구니에서 아이템 조합의 빈도수를 구하는 것으로 시작한다고 했다. 개념을 설명하기 전에 일단 장바구니 수는 1,000이고, 커피, 우유, 콜라의 빈도수는 각각 500, 300, 100이며, 두 아이템의 조합인 (커피, 우유), (커피, 콜라), (콜라, 커피)의 빈도수는 각각 150, 50, 20이라고 가정하자. 지지도의 계산은 매우 단순한데 단일 아이템이나 아이템 조합의 빈도수를 장바구니 수로 단순히 나누어 주면 된다. 커피와 우유의 지지도는 각각 0.5(50%), 0.3(30%)이고 (커피, 우유)의 지지도는 0.15(15%)이다.

- 신뢰도

다음은 신뢰도를 구해야 한다. 신뢰도를 간단히 설명하면 커피를 구매한 사용자들 중에서 우유도 구매한 사용자들의 비율이다. 커피의 빈도수는 500이고 (커피, 우유)의 빈도수가 150이면 신뢰도는 150/500 즉 0.3(30%)이다. 아이템의 순서를 반대로 하여 우유를 구매한 사용자들 중 커피를 구매한 사용자들의 비율을 계산해보면 150/300, 즉 0.5(50%)이다. 커피를 구매한 사용자들이 우유를 구매할 확률보다 우유를 구매한 사용자들이 커피를 구매할 확률이 높다는 의미이다.

- 향상도

두 아이템 조합의 신뢰도를 아이템 B의 지지도로 나눈 값이 바로 향상도이다. 단순히 계산식만 보면 분모의 값, 즉 단일 아이템의 지지도가 증가하면 향상도의 값은 감소하는 것처럼 보인다. 향상도의 의미를 다음과 같이 생각할 수 있다.

❶ 새로운 상품이 나와서 처음 팔리면 빈도수는 1이고 향상도는 높게 나타난다.

❷ 구매자가 점차 늘면 빈도수는 증가하고 향상도는 그에 비례하여 떨어진다.

❸ 그러면 쇼핑몰에서 연관 규칙의 계산 결과를 이용할 때 향상도 값이 높은 것을 신상품 목록으로 보여준다.

❹ 향상도의 의미를 앞으로 더 많이 팔릴 상품으로 여긴다.

필자가 처음 연관 규칙의 계산식을 공부할 때 신뢰도는 의존도로, 향상도는 앞으로 더 많이 팔릴 상품으로 개념을 정의했다. 그런데 그 값을 실제로 구해보니 향상도의 의미는 처음 생각한 그 개념이 아니었다. 향상도의 개념을 설명하기 위해 시나리오를 다음과 같이 작성했다. 먼저 매일 방문하는 고객은 1,000명이고, 커피를 구매하는 고객은 500명이라고 가정한다. 둘째 날 프림이 새로 출시되었고 한 명의 고객이 커피와 프림을 같이 구매했다. 커피와 프림의 지지도는 각각 50%, 0.05%이고, (커피, 프림)의 지지도는 0.05%, 향상도는 200%이다. 그 다음 날 고객들은 프림을 구매하지 않았고 향상도도 변화가 없었다. 하루가 지나서 고객들은 신상품인 프림이 너무 궁금했고 9명의 고객이 프림을 구매했다. 프림의 지지도는 0.03%에서 0.25%로 증가하고 (커피, 프림)의 향상도는 20%로 감소했다(분모가 1에서 10으로 증가했으므로 향상도는 200%에서 20%로 감소). 며칠 사이 프림을 처음 구매한 고객이 (커피, 프림)의 환상적인 조합에 대해 주변 사람들에게 소문을 냈고 그 다음 날 매장은 사람들로 들끓었다. 매장을 방문한 고객이 2,000명으로 늘었고, 커피를 구매한 1,500명의 고객 중 1,000명이 프림을 구매했다. 커피와 프림의 지지도는 각각 58%, 16.83%로 증가했고, (커피, 프림) 조합의 지지도도 16.68%로 증가했다. 그런데 향상도의 값을 계산해보니 예상과 달리 20%에서 170%로 증가한 것이 아닌가? [표 9-4]는 지금까지의 시나리오 및 지지도와 향상도의 계산 결과를 보여준다.

표 9-4 지지도와 향상도의 계산

	1일	2일	3일	4일	5일
전체 장바구니 수	1,000	2,000	3,000	4,000	6,000
(커피) 빈도수	500	1,000	1,500	2,000	3,500
(프림) 빈도수	–	1	1	10	1,010
(커피, 프림) 빈도수	–	1	1	1	1,001
(커피) 지지도	50%	50%	50%	50%	58%
(프림) 지지도	–	0.05%	0.03%	0.25%	16.83%
(커피, 프림) 지지도	–	0.05%	0.03%	0.03%	16.68%
(커피, 프림) 향상도	–	200%	200%	20%	170%

향상도의 개념을 명확히 설명하기는 매우 어렵지만 보통 향상도가 100%보다 크면 두 상품 간의 연관성이 높고 매출에도 기여하는 바가 크다고 생각하면 된다. 특히 새로운 상품이 추가되면 향

상도의 변화가 심하기 때문에 상품의 등록 일자, 빈도수 등을 고려해 추천 시스템을 구현해야 한다. 이제부터 다양한 하둡 에코시스템을 이용하여 연관 규칙을 계산한다.

3.2 피그를 이용한 연관 규칙 구현

하둡 에코시스템 중 피그라틴 스크립트로 연관 규칙 기법을 구현하는 방법을 먼저 소개한다.

피그라틴이라는 스크립트 언어로 프로그램을 작성하면 자바 언어로 된 맵리듀스 코드로 변환되어 하둡에서 실행된다. 피그는 기본 개발 환경으로 GRUNT라는 피그 셸을 지원한다. 앞에서 피그를 설치하고 환경 설정을 했으므로 pig 명령어만 입력하면 된다.

```
# 피그 셸을 실행한다.
[cm20@localhost source]$ pig
INFO  org.apache.pig.backend.hadoop.executionengine.HExecutionEngine - Connecting to
hadoop file system at: hdfs://localhost:8101
INFO  org.apache.pig.backend.hadoop.executionengine.HExecutionEngine - Connecting to
map-reduce job tracker at: localhost:8102
grunt>
```

피그 셸을 실행하면 HDFS의 네임노드와 맵리듀스의 잡트래커에 접속한 것을 바로 확인할 수 있다. 피그 셸은 하둡 환경과 피그라틴의 개발 환경을 동시에 제공한다.

필자가 처음 피그로 개발할 때 파일 명령어를 알지 못했다. 그래서 입력 파일의 이름과 위치를 모를 때마다 피그 셸을 빠져 나갔다가 다시 들어오는 일을 반복했다. 피그 셸은 일반적으로 리눅스에서 사용하는 ls, cat, tail 등의 명령어를 그대로 사용할 수 있도록 설계되었다. 또한 로컬 파일 시스템과 HDFS와의 파일의 이동이 가능하도록 copyFromLocal, copyToLocal 명령어도 지원한다. 피그 셸의 파일 명령어는 [표 9-5]와 같다.

표 9-5 피그 셸 파일 명령어

명령어	설명
cat	파일 내용을 출력한다.
cd	현재 디렉토리 경로를 변경한다.

표 9-5 피그 셸 파일 명령어(계속)

명령어	설명
copyFromLocal	로컬 파일(디렉토리)을 HDFS로 복사한다.
copyToLocal	HDFS 파일(디렉토리)을 로컬 파일 시스템으로 복사한다.
cp	파일(디렉토리)을 다른 경로로 복사한다.
fs	HDFS의 셸 명령어를 실행한다.
ls	파일 목록을 출력한다.
mkdir	새로운 디렉토리를 생성한다.
mv	파일(디렉토리)을 다른 경로로 이동시킨다.
pwd	현재 작업 디렉토리를 출력한다.
rm	파일(디렉토리)을 삭제한다.
rmf	파일(디렉토리)을 강제로 삭제한다 (파일이 없어도 오류를 출력하지 않는다).

피그가 설치된 디렉토리에는 개발자를 위한 데이터셋이 몇 개 있다. 이 중 피그 튜토리얼에서 자주 언급되는 파일 하나를 HDFS에 저장한 후 파일 시스템 명령어를 사용하는 방법을 살펴보자.

```
# 로컬 파일 시스템의 exite-small.log를 HDFS에 저장한다.
grunt> copyFromLocal /home/cm20/pig/tutorial/data/excite-small.log .
# new.log로 복사한다.
grunt> cp excite-small.log new.log
# 디렉토리 목록을 조회한다.
grunt> ls
hdfs://localhost:8101/user/cm20/excite-small.log<r 1>    208348
hdfs://localhost:8101/user/cm20/new.log<r 1>     208348
# HDFS의 파일 시스템 명령어로 new.log의 뒷부분의 내용을 확인한다.
grunt> fs -tail new.log
...
C5D01E05FF9CA265        970916155706    mary lou allgood
C5D01E05FF9CA265        970916155729    mary lou allgood
DB38E7AF26F3AD9A        970916114356    microsoft excel
grunt>
```

피그 셸은 대부분의 HDFS 파일 명령어를 지원하나 tail 명령어는 아직 지원하지 않는다. 데이터가 많을 경우 cat 명령어로 내용을 보면 안 되고 fs –tail [파일명] 형식으로 실행해야 된다. tail 명령어처럼 피그에서 지원하지 않는 HDFS 명령어는 fs –[명령어] [매개변수] 형식으로 실행하면 된다.

피그 셸은 개발자를 위한 편리한 실행 방식을 제공한다. 하둡이 설치되지 않은 머신에서도 피그 라틴 스크립트로 맵리듀스 프로그래밍을 할 수 있다. 피그의 실행 방식은 크게 로컬 모드와 하둡 모드로 나눌 수 있다. 로컬 모드를 다른 말로 하면 바로 개발용 모드이다. HDFS 대신 로컬 파일 시스템에 저장된 파일을 이용하고, 맵리듀스를 하둡 환경 대신 자체 피그 셸에서 실행한다. 데이터가 적거나 빠른 결과를 얻고 싶을 때는 로컬 모드를 사용하면 편리하다. [표 9-6]은 두 모드로 피그 셸에 들어가는 방법이다.

표 9-6 피그 셸에 들어가는 두 가지 방법

로컬 모드	하둡 모드
$ pig –x local	$ pig
grunt〉	grunt〉

이제부터는 로컬 모드를 주로 사용할 것이다. 그리고 이 책에서는 피그 문법을 자세히 다루지 않지만, 예제만 충실히 따라하면 피그라틴을 쉽게 이해하여 다양한 빅데이터 분석에도 활용할 수 있도록 했다.

연관 규칙을 구현하려면 좋은 데이터셋이 필요하다. 앞에서 받은 데이터 중 hadoop.txt 파일을 이용할 것이다. hadoop.txt는 하둡 에코시스템의 상관 관계를 정리한 데이터로, 데이터 형식과 값은 [표 9-7]과 같다.

표 9-7 하둡 에코시스템 상관 관계 데이터셋 : hadoop.txt

장바구니(no)	아이템(echosystem)
1	hadoop
1	hdfs
2	hadoop
2	hdfs
2	mapreduce
	⋮

장바구니(no)	아이템(echosystem)
	⋮
7	hbase
7	zk
8	hive
8	hbase
8	zk

피그라틴 스크립트를 작성하기 전에 연관 규칙 계산에 필요한 상수를 찾아야 한다. 지지도, 신뢰도, 향상도 모두 트랜잭션 수가 필요하다. 그런데 데이터의 장바구니 번호가 1부터 8까지 있으므로 트랜잭션 수가 8임을 쉽게 알 수 있다.

3.2.1 연관 규칙의 설계

여기서는 가장 기본적인 아이템 연관 규칙을 적용한다. 특정 아이템 A를 선택한 고객에게 추천할 아이템 B 목록에서 우선순위를 구하기 위해 지지도, 신뢰도, 향상도를 계산할 것이다. 기본 연관 규칙을 조금 더 확장하면 아이템 A와 B를 동시에 구매한 고객에게 단일 아이템 C를 추천할 수 있다. 아이템 수를 늘려서 추천 시스템을 구현하는 것은 컴퓨터 자원의 한계 때문에 어렵지만 핵심은 간단하다. 고객이 선택한 N개의 아이템 조합과 추천할 아이템의 순열 조합의 빈도수만 구하면 된다.

좋은 프로그램을 구현하려면 설계가 좋아야 한다. 그리고 좋은 설계를 하려면 먼저 데이터를 확인하고 데이터의 흐름을 파악해야 한다. 데이터는 이미 확인했으므로 다이어그램을 통해 데이터의 흐름을 파악해보자. 다이어그램을 그릴 때는 의사코드로 흐름을 작성한 후 사용할 프로그램의 표현법으로 변환하면 된다. 여기서는 의사코드로 작성한 후 피그 언어를 사용해 다이어그램을 완성할 것이다.

연관 규칙의 계산은 크게 세 단계로 구분된다. 첫 번째는 아이템 A의 빈도수 계산, 두 번째는 아이템 A와 아이템 B의 조합에 대한 빈도수 계산, 마지막은 두 아이템 (A∩B)의 지지도, 신뢰도, 향상도를 계산하는 것이다. [그림 9-5]~[그림 9-7]은 각 단계의 다이어그램으로, 왼쪽은 일반 언어로 작성한 의사코드이고 오른쪽은 피그라틴 문법과 유사한 의사코드이다. 뒤에 나오는 피그라틴 스크립트 소스를 보면 1대 1로 대응하는 것을 확인할 수 있을 것이다.

[그림 9-5]와 같이 첫 번째 다이어그램은 쉽게 그릴 수 있지만 두 번째 다이어그램은 쉽지 않다. 두 아이템의 순열 조합을 표현한 후 빈도수를 계산하기 때문이다.

[그림 9-5]와 [그림 9-6]의 두 단계를 통해 단일 아이템과 두 아이템 조합의 빈도수를 얻을 수 있다. 이제는 아이템 (A∩B)의 지지도, 신뢰도, 향상도를 계산해야 된다. 그 전에 두 결과 파일의 형식을 다음과 같이 정의한다.

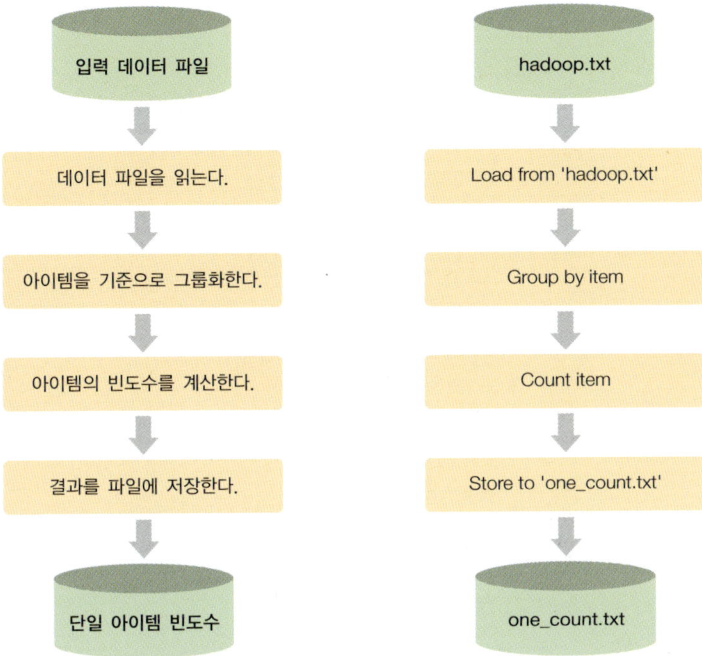

그림 9-5 첫 번째 다이어그램 : 단일 아이템의 빈도수 계산

- 단일 아이템 빈도수 파일의 파일명과 항목

```
one_count.txt : ¦ item ¦ counts_1 ¦
```

- 두 아이템 조합의 빈도수 파일의 파일명과 항목

```
two_count.txt : ¦ item_a ¦ item_a ¦ counts_2 ¦
```

그런 다음 위 파일 형식을 기반으로 아이템 (A∩B)의 지지도, 신뢰도, 향상도를 구하는 계산식을 정리하면 다음과 같다.

- S(AB) = 아이템 (A∩B)의 지지도 = two_count.txt[counts_2] / 트랜잭션 수(8)
- S(A), S(B) = 단일 아이템의 지지도 = one_count.txt[counts_1] / 트랜잭션 수(8)
- 신뢰도(C) = S(AB) / S(A)
- 향상도(L) = S(AB) / S(A)S(B)

그림 9-6 두 번째 다이어그램 : 아이템 (A∩B) 조합의 빈도수 계산

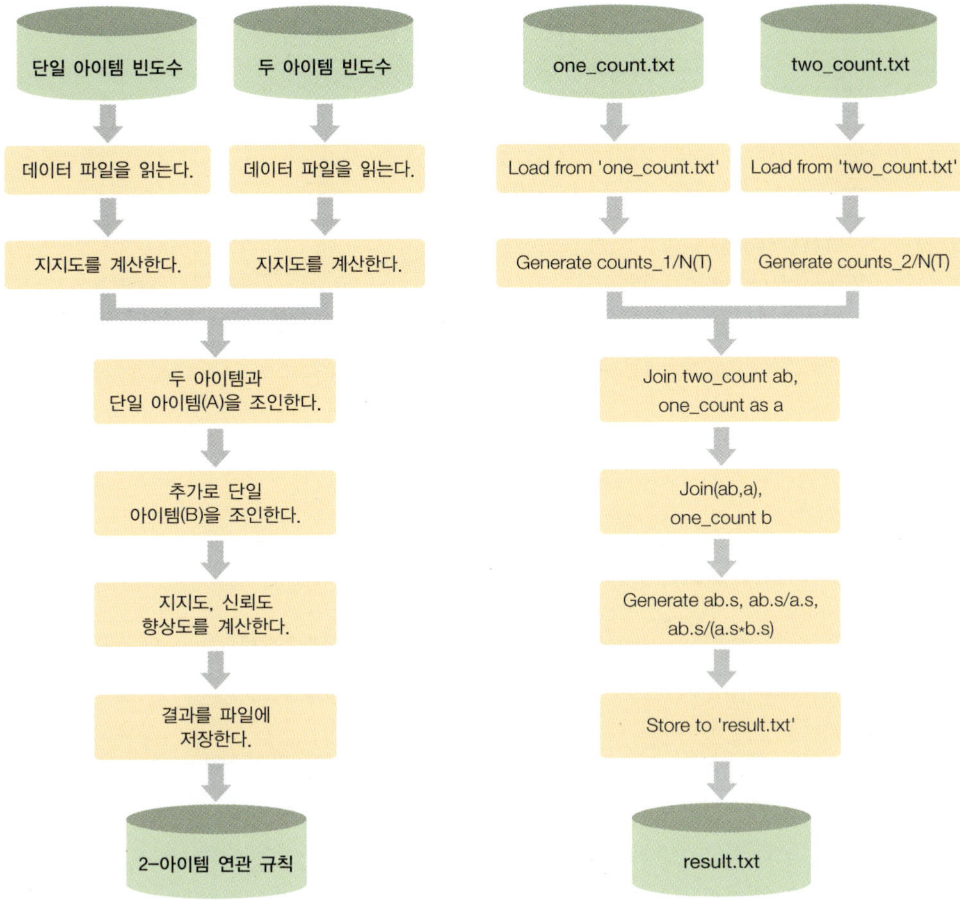

그림 9-7 세 번째 다이어그램 : 지지도, 신뢰도, 향상도 계산

이제 필요한 계산식도 알았고 다이어그램도 깔끔하게 완성되었으므로 본격적으로 피그라틴 스크립트를 실행해보자.

3.2.2 피그라틴을 이용한 연관 규칙의 구현

이제부터 설계대로 피그라틴 스크립트를 작성하고, 단계별로 하나씩 실행해보자. 스크립트 파일의 이름은 각각 step1.pig, step2.pig, step3.pig이다.

첫 번째 단계 : step1.pig

```
-- step1.pig : 첫 번째 스크립트
hadoop = LOAD 'hadoop.txt'
         USING PigStorage(',')
         AS( no, echosystem );
groups = GROUP hadoop BY echosystem;
counts = FOREACH groups
         GENERATE group AS item,
                  COUNT(hadoop) AS counts;
STORE counts INTO 'one_count';
```

작성한 코드를 로컬 모드에서 실행하고 그 결과를 보겠다.

```
# step1.pig 스크립트를 로컬 모드로 실행한다.
[cm20@localhost source]$ pig -x local step1.pig
...
HadoopVersion   PigVersion      UserId  StartedAt           FinishedAt          Features
1.0.3   0.10.0  cm20    2014-05-16 15:53:53     2014-05-16 15:54:04     GROUP_BY
Success!
Input(s):
Successfully read records from: "file:///home/cm20/local/pig-0.10.0/bin/hadoop.txt"
Output(s):
Successfully stored records in: file:///home/cm20/local/pig-0.10.0/bin/one_count
Job DAG:
job_local_0001

# 출력 결과 파일을 확인한다.
[cm20@localhost source]$ cat one_count
cat: one_count: 디렉토리입니다.
[cm20@localhost source]$ ls one_count/
_temporary  part-r-00000
[cm20@localhost source]$ cat one_count/part-r-00000
zk          3
pig         3
hdfs        4
hive        4
hbase       3
hadoop      6
mapreduce   3
```

스크립트가 제대로 실행되는 것을 확인할 수 있다. 그런데 결과 파일이 조금 이상하다. Store 구문에 정의한 이름의 파일이 생성되지 않고 디렉토리를 먼저 만들고 그 아래에 part-r-00000이라는 파일로 결과가 저장된다. 맵리듀스로 프로그래밍을 해 본 개발자들은 익숙하겠지만 처음 접하면 고개를 갸우뚱할 것이다. 맵리듀스는 맵과 리듀스의 두 단계로 크게 구분되고 리듀스가 한 개 이상일 수 있기 때문에 특정 디렉토리에 part-r-00000, part-r-00001, … 식으로 리듀스 번호에 따라 여러 파일로 결과 데이터를 저장한다. 다음 단계의 작업을 쉽게 하기 위해 one_count/part-r-00000 파일을 one_count.txt로 복사한다.

```
[cm20@localhost source]$ cp one_count/part-r-00000 one_count.txt
```

두 번째 단계 : step2.pig

일단 두 번째 스크립트를 보자.

```
-- step2.pig : 두 번째 스크립트
hadoop = LOAD 'hadoop.txt'
         USING PigStorage(',')
         AS( no, echosystem );
groups = GROUP hadoop BY no;
itemAB = FOREACH groups
         GENERATE group,
                  hadoop.echosystem AS a,
                  hadoop.echosystem AS b;
tempAB = FOREACH itemAB
         GENERATE FLATTEN(a) AS a,
         FLATTEN(b) AS b;
combineAB = FILTER tempAB BY a != b;
groupAB = GROUP combineAB BY *;
countAB = FOREACH groupAB
          GENERATE FLATTEN(group) AS (A,B),
                   COUNT(combineAB) AS counts;

STORE countAB INTO 'two_count';
```

사실, 앞에 나온 피그라틴 스크립트는 너무 어려워 책을 덮고 잠자리에 들 수도 있다. 전체 스크립트의 실행은 천천히 하고 일단 피그 셸에 접속하여 다음과 같이 스크립트를 한 줄씩 실행해보자. 쉽게 설명하기 위해 grunt〉 사이에 번호를 추가했다.

```
[cm20@localhost source]$ pig -x local
grunt:1> hadoop = LOAD 'hadoop.txt'
         USING PigStorage(',')
         AS( no, echosystem );
grunt:2> groups = GROUP hadoop BY no;
grunt:3> itemAB = FOREACH groups
         GENERATE group,
                  hadoop.echosystem AS a,
                  hadoop.echosystem AS b;
grunt:4> describe groups;
groups: { group: bytearray, hadoop: {( no: bytearray, echosystem: bytearray )}}
grunt:5> describe itemAB;
itemAB: { group: bytearray, a: {( echosystem: bytearray )}, b: {( echosystem: bytearray )}}
```

4행과 5행에 describe 명령어가 나온다. 그 결과를 보면 groups와 itemAB 두 객체의 데이터 스키마를 보여준다. 이와 같이 피그에서는 describe, dump와 같이 데이터의 스키마와 값을 보여주는 명령어를 지원하는데 이를 테스트 및 진단 명령어라고 한다.

표 9-8 테스트 및 디버깅을 위한 진단 명령어

명령어	기능
describe	객체의 스키마를 보여준다.
dump	객체의 값을 보여준다.
illustrate	해당 객체와 연계된 모든 객체의 스키마와 값을 순서대로 보여준다.
explain	해당 문장의 실행 계획을 보여준다.

이어서 dump와 illustrate 명령어도 실행해보자.

```
grunt:6> dump itemAB;
… 맵리듀스가 실행됩니다. …
(1, {(hdfs),(hadoop)},                      {(hdfs),(hadoop)})
(2, {(hadoop),(hdfs),(mapreduce)},          {(hadoop),(hdfs),(mapreduce)})
(3, {(hdfs),(hadoop),(mapreduce),(pig)},    {(hdfs),(hadoop),(mapreduce),(pig)})
(4, {(hadoop),(hdfs),(mapreduce),(hive)},   {(hadoop),(hdfs),(mapreduce),(hive)})
(5, {(hadoop),(pig),(hive)},                {(hadoop),(pig),(hive)})
(6, {(hadoop),(pig),(hive),(hbase),(zk)},   {(hadoop),(pig),(hive),(hbase),(zk)})
(7, {(hbase),(zk)},                         {(hbase),(zk)})
(8, {(hive),(hbase),(zk)},                  {(hive),(hbase),(zk)})
```

실제 5행까지는 스크립트가 실행되지 않았다. 피그는 맵리듀스를 실행하는 대신 문법만 확인한다. 피그 셸은 앞에서 본 store와 같은 실행 명령어를 만났을 때 맵리듀스를 실행하고 그 결과를 보여준다. dump 명령어를 입력하면 맵리듀스가 실행되고 매개변수로 지정한 객체의 데이터 전체를 보여준다. 이와 같은 기능을 피그가 지원하기 때문에 개발자는 디버깅을 쉽게 할 수 있다. 하지만 dump 명령어는 단점이 하나 있다. 수백만 개의 레코드가 있는 객체에 dump 명령어를 사용하면 결과를 모두 출력할 때까지 몇 시간을 기다려야 할지 모른다. 따라서 대용량의 데이터를 실제 다루기 전, 테스트 단계에서는 limit 명령어를 사용해 일부 데이터만 다루는 습관을 가질 필요가 있다.

```
grunt:7> illustrate itemAB;
-------------------------------------------------------------
| hadoop     | no:bytearray    | echosystem:bytearray      |
-------------------------------------------------------------
|            | 7               | hbase                     |
|            | 7               | zk                        |
-------------------------------------------------------------
---------------------------------------------------------------------------------
|groups|group:bytearray|hadoop:bag{:tuple(no:bytearray,echosystem:bytearray)}|
---------------------------------------------------------------------------------
|      | 7             | {(7, hbase), (7, zk)}                               |
---------------------------------------------------------------------------------
---------------------------------------------------------------------------------
|itemAB| group |a:bag{:tuple(echosystem)}  | b:bag{:tuple(echosystem)}        |
---------------------------------------------------------------------------------
|      | 7     | {(hbase), (zk)}            | {(hbase), (zk)}                  |
---------------------------------------------------------------------------------
```

이번에는 illustrate 명령어를 실행했다. illustrate 명령어는 앞의 describe와 dump 명령어를 합쳐 놓은 것이다. 게다가 지정한 객체와 관련된 상위의 모든 객체 정보를 보여준다. 이러한 명령어를 지원하는 것이 피그의 큰 장점이다. 개발자는 스크립트를 작성하는 중간에 이러한 명령어를 실행하여 중간 결과를 바로 확인할 수 있다. dump의 실행 시간과 illustrate의 실행시간을 비교해보면 후자가 상당히 빠르다는 것을 알 수 있다. 하지만 illustrate 명령어는 샘플링 기법을 사용하므로 전체 데이터를 보여주지도 않고 그 결과도 정확하지 않다는 점을 주의해야 한다.

이제는 순열(조합)을 구할 시간이다. 일단 다음 코드를 실행하고 그 결과를 보자.

```
grunt:8> tempAB = FOREACH itemAB
         GENERATE FLATTEN(a) AS a,
                  FLATTEN(b) AS b;
grunt:9> combineAB = FILTER tempAB BY a != b;
grunt:10> dump tempAB
...
(hive,hive)
(hive,hbase)
(hive,zk)
(hbase,hive)
(hbase,hbase)
(hbase,zk)
(zk,hive)
(zk,hbase)
(zk,zk)
```

실제 많은 데이터가 출력되지만 여기서는 마지막 9개의 레코드만 표시했다. itemAB 객체의 마지막 레코드를 아래에 다시 표시했다. 그리고 8행을 보면 GENERATE 연산자 뒤에 "FLATTEN(a) AS a, FLATTEN(b) AS b"가 있는데 데이터가 어떻게 변경되어 조합을 구했는지 자세히 알아보자.

```
(8, {(hive),(hbase),(zk)},                {(hive),(hbase),(zk)})
```

FLATTEN은 그 이름과 반대로 데이터를 세로로 세우는 기능을 하는 함수이다. FLATTEN(a)는 한 레코드의 배열 요소인 {(hive),(hbase),(zk)}를 3개의 레코드로 변환한다. 그런데 FLATTEN() 함수가 연속으로 나타났다. 결과를 보고 유추할 수 있겠지만 N개 레코드와 M개 레코드가 ,로 분리되어 있으면 N*M개의 조합을 생성한다. [표 9-9]를 보면 데이터와 동작 원리를 알 수 있다.

표 9-9 FLATTEN 함수와 데이터 흐름

(a) FLATTEN 함수

a	FLATTEN(a) AS a	.B	FLATTEN(b) AS b
{(hive),(hbase),(zk)}	(hive) (hbase) (zk)	{(hive),(hbase),(zk)}	(hive) (hbase) (zk)

(b) 콤마로 분리된 두 개의 FLATTEN 함수

FLATTEN(a) AS a	FLATTEN(b) AS b	FLATTEN(a) AS a, FLATTEN(b) AS b
(hive) (hbase) (zk)	(hive) (hbase) (zk)	(hive,hive) (hive,hbase) (hive,zk) (hbase,hive) (hbase,hbase) (hbase,zk) (zk,hive) (zk,hbase) (zk,zk)

조합을 구하기 위해 가장 어려운 코드를 실행했다. 순열의 레코드 수는 한 장바구니의 아이템 수가 N일 때 N!, 조합은 N!/2이다. 아이템 수가 3이고 두 상품에 대한 순열(조합)만 구하면 되므로 경우의 수는 3*(3−1), 즉 6이다. 다음과 같이 DUMP 명령어를 통해 combineAB의 데이터를 확인할 수 있다. tempAB 데이터를 보면 아이템 A와 아이템 B가 동일한 레코드가 있는데 이를 FILTER 함수로 처리했다.

```
grunt:10> dump combineAB
...
(hive,hbase)
(hive,zk)
(hbase,hive)
(hbase,zk)
(zk,hive)
(zk,hbase)
```

이제 아이템 (A∩B) 조합의 빈도수를 구하고 그 결과를 저장하는 일만 남았다.

```
grunt:11> groupAB = GROUP combineAB BY *;
grunt:12> countAB = FOREACH groupAB
          GENERATE FLATTEN(group) AS (A,B),
                   COUNT(combineAB) AS counts;
grunt:13> STORE countAB INTO 'two_count';

... 맵리듀스가 실행됩니다. ...

HadoopVersion PigVersion UserId  StartedAt        FinishedAt       Features
1.0.3          0.10.0     cm20  16:25:11         16:25:33         GROUP_BY,FILTER
Success!
Job Stats (time in seconds):
JobId    Alias    Feature Outputs
job_local_0001   combineAB,groups,hadoop,itemAB,tempAB    GROUP_BY
job_local_0002   countAB,groupAB GROUP_BY,COMBINER      file: two_count,
Input(s):
Successfully read records from: "file:///home/cm20/local/pig-0.10.0/bin/hadoop.txt"
Output(s):
Successfully stored records in: "file:///home/cm20/local/pig-0.10.0/bin/two_count"
Job DAG:
job_local_0001   ->       job_local_0002,
job_local_0002
```

앞에서, 우리는 첫 번째 단계의 결과 파일의 내용을 확인하기 위해 디렉토리 목록을 조회하고 파일을 직접 확인해보았다. 또한 리듀스가 2개 이상 실행되면 모든 파일을 하나씩 열어보아야 한다. 피그는 이러한 점을 잘 알고 있어 CAT 명령어 다음에 파일이 아닌 디렉토리를 입력하면 알아서 그 아래 있는 모든 파일의 내용을 보여주는 기능을 제공한다.

```
grunt:14> cat two_count;
...
hadoop  mapreduce       3
mapreduce       pig     1
mapreduce       hdfs    3
mapreduce       hive    1
mapreduce       hadoop  3
```

마지막 단계 : step3.pig

이제 마지막 단계만 남았다. 코드를 쉽게 이해하고 다음 장의 작업을 위해 one_count와 two_count 디렉토리에 있는 part-r-00000 파일을 one_count.txt와 two_count.txt 파일로 저장했다(two_count.txt 파일은 앞의 예제를 참고해서 직접 실행하면 된다). 일단 세 번째 스크립트를 한 번 살펴보자.

```
-- step3.pig : 세 번째 스크립트
one = LOAD 'one_count.txt'
         USING PigStorage()
           AS( item, counts_1:int );
two = LOAD 'two_count.txt'
         USING PigStorage()
           AS( item_a, item_b, counts_2:int );
-- 앞부분은 두 파일을 읽어서 one, two 객체에 저장

-- 뒷부분은 연관 규칙 계산을 위해 two, one(A), one(B) 세 객체를 조인
join1 = JOIN two BY item_a, one BY item;
join2 = JOIN join1 BY item_b, one BY item;

------------------------------------------------------------------------------------
-- join2의 데이터 형식은 다음과 같다.
-- | $0:아이템A | $1:아이템B | $2:빈도(A,B) |
--                    $3:아이템A | $4:빈도(A) | $5:아이템B | $6:빈도(B) |
-- 필요한 상수는 N(T)이고 그 값은 8이다.
------------------------------------------------------------------------------------

-- 지지도, 신뢰도, 향상도 계산하기
result = FOREACH join2
         GENERATE $0      AS item_A,
                  $1      AS item_B,
                  $2      AS N_AB,
                  $4      AS N_A,
```

```
                    $6           AS N_B,
                    $2/8.0       AS S_AB,
                    $4/8.0       AS S_A,
                    $6/8.0       AS S_B,
                    ($2/8.0)/($4/8.0)  AS C,
                    ($2/8.0)/(($4/8.0)*($6/8.0))  AS L;

STORE result INTO 'result';
```

마지막 계산 부분에서 $0부터 $6까지의 특수기호가 눈에 띌 것이다. 객체 join2의 스키마가 중첩 형식으로 되어 있으므로 컬럼명을 정확히 적는 것이 쉽지 않다. 객체 join2의 컬럼을 순서대로 $0부터 $6으로 표시했다.

피그 셸을 벗어나지 않고도 스크립트 전체를 실행할 수 있는 방법이 있다. 다음과 같이 피그 셸에서 RUN 명령어를 파일명과 함께 사용하면 된다.

```
grunt:14> run step3.pig
… 맵리듀스가 실행됩니다. …
Success!
…
grunt:15> cat result
…
hbase    hadoop    1 3 6  0.125   0.375   0.75    0.333   0.444
hive     mapreduce 1 4 3  0.125   0.5     0.375   0.25    0.666
hdfs     mapreduce 3 4 3  0.375   0.5     0.375   0.75    2.0
hadoop   mapreduce 3 6 3  0.375   0.75    0.375   0.5     1.333
pig      mapreduce 1 3 3  0.125   0.375   0.375   0.333   0.888
```

지금까지 피그라틴 스크립트로 연관 규칙 기법을 활용한 프로그램을 개발했다. 피그로 얻은 결과는 다음에 나오는 실습에서 다시 활용된다.

피그는 어려운 맵리듀스 프로그램을 쉽고 간결하게 도와주는 하둡 에코시스템 중 하나다. 피그라틴 스크립트를 작성하면 피그 셸과 같은 컴파일러이자 실행 환경이 이를 맵리듀스 코드로 변환하여 하둡 클러스터에서 대신 실행해준다. 맵과 리듀스 각 단계의 데이터 흐름을 잘 알지 못하는 개발자라도 피그라틴 스크립트의 문법과 데이터의 스키마와 값을 보는 방법, 즉 데이터 흐름을 알게 되면 맵리듀스 코드를 작성한 것과 같은 결과를 볼 것이다. 이 절에서는 예제를 통해서 데이터와 흐름에 대해 배웠고 피그라틴 스크립트의 일부 문법도 볼 수 있었다.

NOTE_ 분석가용 웹 인터페이스

하둡의 실행 환경은 리눅스 서버에 접속하여 셸을 실행하고 분석가가 직접 코드를 입력하는 방식이 대부분이다. 클라우데라가 만든 오픈 소스 웹 인터페이스인 휴HUE는 하둡의 모든 에코시스템을 웹 기반으로 분석할 수 있는 기능을 제공한다. 최근에는 분석가들이 좀 더 편리하게 분석할 수 있도록 다양한 웹 인터페이스를 제공하는 프로젝트가 점점 늘어나고 있다.

크롬과 같은 웹 브라우저에서 피그라틴 스크립트 언어를 실행하는 웹 인터페이스로는 필자가 개발한 플라잉 피그와 립스틱이 있다. 앞서 사례로 언급한 넷플릭스는 피그라틴 스크립트의 실행 결과와 다이어그램을 자동으로 그려주는 립스틱을 오픈 소스로 공개했다.

[그림 9-8]은 플라잉 피그의 웹 인터페이스 화면이다. 여기서 피그라틴 스크립트를 실행한 후 중간에 있는 [Lipstick] 링크를 클릭하면 립스틱 웹 인터페이스 창이 열린다. [그림 9-9]는 연관 규칙의 두 번째 스크립트 코드를 실행한 화면으로, 맵리듀스 잡이 2단계로 실행되었음을 확인할 수 있다.

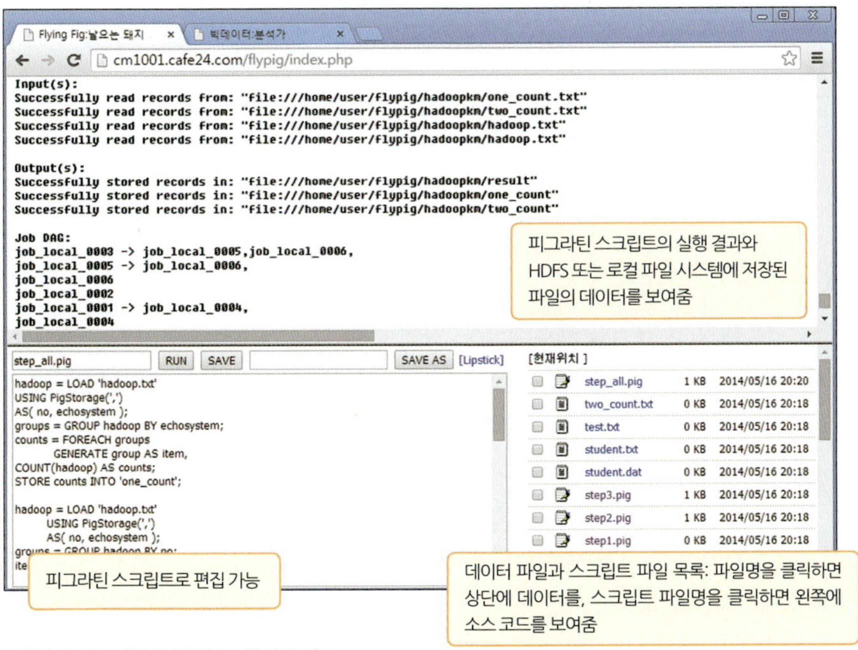

그림 9-8 피그 웹 인터페이스 : 플라잉 피그

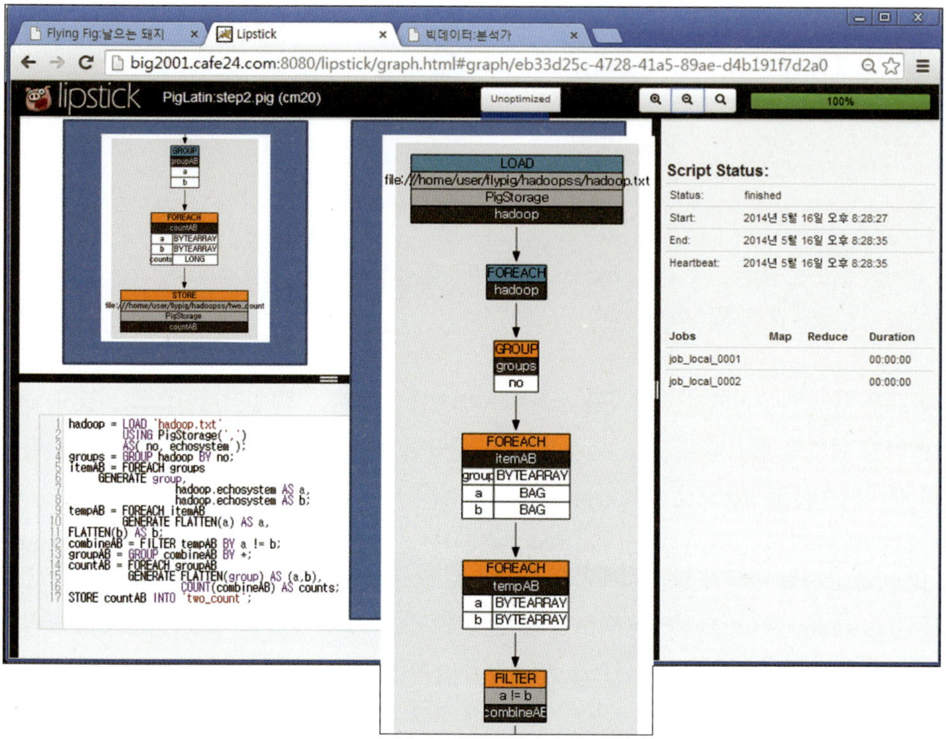

그림 9-9 피그 웹 인터페이스 : 립스틱

> **NOTE_** # 데이터 플로우 그림이 너무 작아 조금 편집을 했다. 립스틱은 확대 축소 기능을 제공한다.

3.3 하이브를 이용한 연관 규칙 구현

이번에는 하이브를 이용해 연관 규칙을 계산해보자. 앞에서 피그로 구현한 연관 규칙 계산 프로그램의 결과 중 첫 번째와 두 번째 단계를 실행하여 얻은 데이터를 하둡 기반의 데이터 저장소인 하이브에 로딩한 후 사용자의 요구 사항을 반영한 추천 시스템의 데이터 모델을 만들고 연관 규칙을 계산할 것이다.

먼저 피그라틴 스크립트와 하이브 SQL의 차이점을 살펴보자. 피그와 하이브는 언어도 다르지만, 하둡 기반 분석 환경에서의 역할도 다르다. 피그는 맵리듀스로 할 수 있는 대부분의 기능을 구현할 수 있고, 원시 데이터의 전처리나 배치 분석에 적합하다. 하이브는 대부분의 개발자들에게 익숙한 SQL을 지원하지만 정형 데이터만 처리할 수 있는 한계가 있다.

사실 피그와 하이브 중 하나만 선택해도 되며, DW나 BI분야는 하이브로도 충분할 것이다. 어렵지만 맵리듀스의 구현 원리와 데이터의 흐름을 쉽게 이해할 수 있는 피그를 위해 SQL로 작성된 쿼리를 피그라틴 스트립트로 변환한 내용은 [표 9-10]과 같다.

표 9-10 하이브 SQL을 피그라틴 스크립트로 변환

하이브 SQL	피그라틴 스크립트
...FROM MyTable...	A = LOAD 'MyTable' USING PigStorage('') AS(col1:int, col2:int, col3:int);
SELECT col1 +col2, col3 ...	B = FOREACH A GENERATE col1 + col2, col3;
...WHERE col2 > 2	C = FILTER B BY col2 > 2;
SELECT col1, col2, sum(col3) FROM X GROUP BY col1, col2	D = GROUP A BY (col1, col2) E = FOREACH D GENERATE FLATTEN(group), SUM(A.col3);
...HAVING sum(col3) > 5	F = FILTER E BY $2 > 5;
...ORDER BY col1	G = ORDER F BY $0;
SELECT DISTINCT col1 FROM X	I = FOREACH A GENERATE col1; J = DISTINCT I;

SELECT col1,
count(DISTINCT col2)
FROM X GROUP BY col1
	K = GROUP A BY col1;
	L = FOREACH K {
	M = DISTINCT A.col2;
	GENERATE FLATTEN(group), count(M);
	}

SELECT A.col1, B.col3
FROM A JOIN B
USING (col1)
	# 첫 번째 방법
	N = JOIN A BY col1 INNER, B BY col1 INNER;
	O = FOREACH N GENERATE A.col1, B.col3;
	# 두 번째 방법
	N = COGROUP A BY col1 INNER, B BY col1 INNER;
	O = FOREACH N GENERATE flatten(A), latten(B);
	P = FOREACH O GENERATE A.col1, B.col3;

3.3.1 하이브의 데이터 저장소

하이브는 피그와 같이 SQL 쿼리를 실행할 수 있는 셸을 지원한다. 단순히 리눅스 셸에서 hive 명령어를 입력하면 된다.

```
# 하이브 셸을 실행한다.
[cm20@localhost source]$ hive
...
hive>
```

앞에서 단일 아이템의 빈도수(one_count.txt)와 두 아이템 조합의 빈도수(two_count.txt)를 계산했고 파일로 저장했다. 이제부터 테이블을 만들고 데이터를 로딩하는 방법을 설명한다.

```
hive> CREATE TABLE one_count
(
  item STRING,
  counts INT
)
ROW FORMAT DELIMITED FIELDS TERMINATED BY '\t';
[OK]

hive> CREATE TABLE two_count
(
item_a STRING,
item_b STRING,
  counts INT
)
ROW FORMAT DELIMITED FIELDS TERMINATED BY '\t';
[OK]
```

두 테이블은 만든 후 SHOW TABLES 명령어를 실행하여 테이블 목록을 확인했다. 하이브의 SQL 구문은 MySQL과 거의 유사하며, 관계형 데이터베이스에서 SQL 쿼리를 사용해보았으면 쉽게 따라할 수 있을 것이다.

```
hive> SHOW TABLES;
hive
one_count
two_count
[OK]
```

이제 데이터를 로드하고 제대로 저장되었는지 확인해보자.

```
hive> LOAD DATA LOCAL INPATH 'one_count.txt'
                  INTO TABLE one_count;
hive> LOAD DATA LOCAL INPATH 'two_count.txt'
                  INTO TABLE two_count;

hive> SELECT * FROM two_count ORDER BY counts DESC LIMIT 5;
hdfs    hadoop  4
hadoop  hdfs    4
pig     hadoop  3
zk      hbase   3
hdfs    mapreduce  3
[OK]
```

3.3.2 하이브로 연관 규칙 구현하기

앞에서 피그라틴 스크립트로 지지도, 신뢰도, 향상도를 계산했다. 피그의 결과 데이터는 세 개인데 하이브 데이터 저장소에 두 개만 넣은 이유가 궁금할 것이다. 눈치 빠른 독자는 어려운 피그라틴 스크립트로 분석하는 것보다 SQL 쿼리가 더 쉽기 때문이라고 짐작했을 것이다. 정답이다! 필요할 때마다 셸에서 SQL 쿼리를 입력하고 그 결과를 보는 것이 훨씬 편하고, 사용자의 요구 사항도 쉽게 반영할 수 있다. 일단 사용자 요구 사항을 정의하고 하이브 SQL로 분석해보자.

- **첫 번째 요구 사항** : 고객들은 피그를 별로 좋아하지 않는다. 아이템 목록에서 뺐으면 좋겠다.
- **두 번째 요구 사항** : 추천 시스템에서 추천할 아이템은 지지도, 신뢰도, 향상도가 높은 것이다. 두 아이템 빈도수 정보에서 빈도수가 1인 것은 뺐으면 좋겠다.

이러한 요구 사항은 좀 불편하게 여겨질지도 모르지만, 연관 규칙 기법을 활용한 추천 시스템 구축의 핵심이다. 요구 사항을 반영한 SQL 쿼리로 연관 규칙을 다시 계산해보자. 먼저 계산 결과를 저장할 테이블을 생성한다.

```
hive> CREATE TABLE result
(
  item_a        STRING,
  item_b        STRING,
  n_ab          BIGINT,
  n_a           BIGINT,
  n_b           BIGINT,
  s_ab          DOUBLE,
  s_a           DOUBLE,
  s_b           DOUBLE,
  confid        DOUBLE,
  lift          DOUBLE
)
ROW FORMAT DELIMITED FIELDS TERMINATED BY '\t';
[OK]
```

다음 SQL 쿼리를 실행하면 연관 규칙을 계산하고 그 결과를 테이블 result에 저장한다. 하이브는 한번에 두 테이블의 조인만을 지원하므로 SELECT 구문안에 SELECT 구문을 넣는 서브쿼리 방식을 사용하면 세 테이블을 동시에 조인할 수 있다.

```
hive> INSERT OVERWRITE TABLE result
SELECT t.item_a           AS item_a,
       t.item_b           AS item_b,
       SUM(t.n_ab)        AS n_ab,
       SUM(t.n_a )        AS n_a,
       SUM(b.counts)      AS n_b,
       SUM(t.s_ab)        AS s_ab,
       SUM(t.s_a )        AS s_a,
       SUM(b.counts/8.0) AS s_b,
       SUM(t.c    )       AS confid,
       SUM(t.s_ab /(t.s_a*(b.counts/8.0)))  AS lift

FROM (
   SELECT two.item_a          AS item_a,
          two.item_b          AS item_b,
          SUM(two.counts)     AS n_ab,
          SUM(a.counts)       AS n_a,
          SUM(two.counts/8.0) AS s_ab,
          SUM(a.counts/8.0)   AS s_a,
          SUM((two.counts/8.0)/(a.counts/8.0)) AS c
  FROM two_count two
  JOIN (SELECT * FROM one_count where item!='pig') a
       ON two.item_a=a.item
  WHERE  two.counts > 1
  GROUP BY two.item_a, two.item_b
) t
JOIN (SELECT * FROM one_count where item!='pig') b
     ON t.item_b=b.item
GROUP BY t.item_a, t.item_b;
…..
[OK]
```

지금까지 하이브에서 지원하는 SQL 쿼리로 연관 규칙을 계산했다. 피그와 하이브의 큰 차이점은 그 언어에도 있지만 하이브는 데이터 저장소를 지원하고 테이블 단위로 데이터를 관리할 수 있다는 점이다. 다음 절에서는 다양한 하둡 에코시스템과 전통적인 기술을 모두 활용해 웹 서비스로 추천 시스템을 구현하는 방법을 설명하겠다.

4 추천 시스템의 구현

이 절에서는 지금까지 배운 하둡 에코시스템의 분석 기술을 종합적으로 활용하여 데이터, 전처리, 저장, 분석, 서비스까지의 전체 분석 과정을 실습한다.

4.1 데이터 준비하기 : u.data

앞에서 협업 필터링을 구현하기 위해 사용한 무비렌스의 u.data를 입력 데이터로 다시 활용한다. 파일의 항목은 4개이며 탭으로 구분되어 있다. 연관 규칙은 트랜잭션과 아이템 항목만 필요한데, 이 파일에서 트랜잭션 항목은 바로 사용자 아이디이다. 연관 규칙에 필요한 상수인 트랜잭션 수는 데이터셋의 사용자 수이다. 이 파일의 전체 레코드 수는 100,000이며 943명의 사용자가 1,682개의 영화에 대해 선호도를 부여한 데이터셋이다.

국내에서 가장 많이 활용되는 웹 서비스의 웹 서버는 아파치, 데이터베이스는 MySQL, 웹 프로그래밍 언어는 PHP이다. 하둡은 리눅스 운영체제 기반이므로 LAMP, 즉 Linux, Apache, MySQL, PHP의 조합이 가장 이상적이다. 그리고 국내에서는 LAMP를 지원하는 웹 호스팅 서비스를 쉽게 접할 수 있고, 동일한 머신에서 분석과 웹 서비스가 동시에 가능하므로 LAMP 환경을 기반으로 추천 시스템을 구현하는 방법을 소개하겠다.

4.2 전처리하기 : PHP

사실 필자는 무비렌스의 데이터셋 중 가장 레코드 수가 많은 무비렌스 10M(천만 개) 데이터셋으로 실습을 준비하다가 다시 100K 데이터셋으로 돌아갔다. 그 이유는 시간이 너무 오래 걸리고 이 데이터셋 파일을 처리하려면 이 책의 범위를 넘는 수준의 파싱 기술이 필요하기 때문이다. 그러므로 일단 100K 데이터셋으로 책의 예제를 따라한 후 1M, 10M로 추천 서비스를 직접 구현해 보기 바란다.

100K 데이터 셋은 파일의 크기가 빅데이터라고 하기에는 너무 적어 원본 파일을 그대로 사용해도 되지만 레코드 수가 매우 많은 경우에는 파일 크기를 조금이라도 줄여야 한다. 입력 데이터 파일은 총 4개의 항목으로 구성되지만 연관 규칙에는 앞의 두 항목만 필요하다. 데이터 전처리를 위한 언어로는 파이썬이 가장 인기가 높지만, 여기서는 웹 서비스를 위해 설치한 PHP 언어로 그 기능을 구현한다. 다음은 PHP 스크립트를 리눅스 셸에서 실행하는 방법이다.

```
[cm20@localhost source]$ cat step1_convert_csv.php
<?
$fp_in = fopen( "u.data", "r" );
$fp_out = fopen( "movies.csv", "w+" );

while( $str = fgets( $fp_in, 1024 ) ) {
  $str_array = split( "\t", $str );
  $outs = $str_array[0]."\t".$str_array[1]."\n";
  fputs( $fp_out, $outs );
};

fclose( $fp_in );
fclose( $fp_out );
?>
[cm20@localhost source]$ php step1_convert_csv.php
[cm20@localhost source]$ tail movies.csv
880     476
716     204
276     1090
13      225
12      203
```

u.data 파일을 읽어 movies.csv 파일로 저장했다. 이제 로컬 파일 시스템에 있는 movies.csv 파일을 HDFS로 업로드하자. 여기서 주의할 점은 movies.csv 뒤에 점(.)이 있다는 것이다.

```
[cm20@localhost source]$ hadoop fs -put movies.csv .
```

4.3 단일 아이템 빈도수 구하기 : 샤크

이 절에서는 하이브 SQL 대신 샤크 SQL을 이용할 것이다. 샤크는 하이브 데이터 저장소에 저장된 데이터를 분석하는 SQL 쿼리 엔진이다. 샤크 셸을 실행하는 방법은 하이브와는 조금 다르다. 하이브는 클라이언트 프로그램이므로 서비스가 없지만 샤크는 서비스를 반드시 시작해야 하고 서비스 포트를 명시해야 클라이언트 셸을 실행할 수 있다. 앞에서 샤크 서버를 시작할 때 지정한 포트는 8083이다. 다음과 같이 샤크 셸을 실행하면 샤크 서버에 접속해서 사용자가 SQL 쿼리를 작성하고 실행할 수 있다.

```
# 샤크 셸을 실행한다.
[cm20@localhost source]$ shark -h localhost -p 8083
...
[localhost:8083] shark>
```

먼저 앞에서 처리한 movies.csv 파일의 데이터를 movies 테이블로 로드해야 한다. 다음은 movies라는 테이블을 만들고 HDFS에 저장된 movies.csv 파일을 테이블에 로드하는 방법을 보여준다.

```
[localhost:8083] shark> CREATE TABLE movies
(
  user STRING,
  item STRING
)
ROW FORMAT DELIMITED FIELDS TERMINATED BY '\t';
[OK]

[localhost:8083] shark> LOAD DATA INPATH 'movies.csv'
INTO TABLE movies;
[OK]
```

앞의 예제와 다른 점은 구문의 형식이 'LOAD DATA LOCAL INPATH'가 아닌 'LOAD DATA INPATH'라는 점이다. 그런데 HDFS에 저장되어 있던 movies.csv 파일이 갑자기 사라져 버렸다. 로컬 파일 시스템의 파일을 로드하면 원본은 그대로 두고 HDFS에 파일을 올리지만, HDFS에 있는 파일을 로드하면 파일의 위치를 /user/hive/warehouse/[테이블명]/으로 변경한다. 필드 분리자를 실수로 잘못 지정하여 DROP TABLE [테이블명] 구문을 실행하면 데이터도 삭제되므로 로컬 파일 시스템의 원본 파일을 잘 보관해야 한다. 뒤에서 피그라틴 스크립트로 동일한 기능을 수행하므로 처음 저장된 디렉토리로 파일을 다시 복사해야 한다.

```
[cm20@localhost source]$ hadoop fs -lsr /user
drwxr-xr-x   - cm20        0  /user/cm20
drwxr-xr-x   - cm20        0  /user/cm20/movies_one_count
-rw-r--r--   1 cm20        0  /user/cm20/movies_one_count/_SUCCESS
-rw-r--r--   1 cm20     6069  /user/cm20/movies_one_count/part-r-00000
-rw-r--r--   1 cm20     6088  /user/cm20/movies_one_count/part-r-00001
drwxr-xr-x   - cm20        0  /user/hive
drwxr-xr-x   - cm20        0  /user/hive/warehouse
drwxr-xr-x   - cm20        0  /user/hive/warehouse/movies
-rw-r--r--   1 cm20   779173  /user/hive/warehouse/movies/movies.csv

[cm20@localhost source]$ hadoop fs -cp /user/hive/warehouse/movies/movies.csv .
```

이제 단일 아이템의 빈도수를 저장할 테이블을 만들고 SQL 쿼리를 실행해보자.

```
[localhost:8083] shark> CREATE TABLE movies_one_count
(
  item STRING,
  counts INT
)
ROW FORMAT DELIMITED FIELDS TERMINATED BY '\t';
[OK]

[localhost:8083] shark> INSERT OVERWRITE TABLE movies_one_count
SELECT item, count(*)
FROM movies
GROUP BY item;
[OK]
```

샤크 SQL 쿼리의 총 실행시간은 11.987초로, 뒤에 나오는 피그라틴 스크립트보다 더 빠르다. 샤크에서 간단한 쿼리를 실행하여 그 결과를 확인하고 총 레코드 수를 확인했다.

```
[localhost:8083] shark> SELECT * FROM movies_one_count LIMIT 5;
1228    48
98      390
273     223
102     54
608     30
Time taken (including network latency): 1.909 seconds
[localhost:8083] shark> SELECT count(*) FROM movies_one_count;
1,682
Time taken (including network latency): 2.577 seconds
```

NOTE_ 피그라틴으로 단일 아이템 빈도수 구하기

SQL 쿼리를 피그라틴 스크립트로도 구현해보았다. 일단 하둡 모드로 실행해보자. 결과는 HDFS의 movies_one_count 디렉토리에 저장된다.

```
[cm20@localhost source]$ cat step2_movies_one_count.pig
-- 리듀스의 수를 2로 변경한다.
SET default_parallel 2
-- 아이템의 빈도수를 계산한다.
movies = LOAD 'movies.csv'
              USING PigStorage('\t')
              AS( user, item );
groups = GROUP movies BY item;
counts = FOREACH groups
              GENERATE group AS item,
COUNT(movies) AS counts;
STORE counts INTO 'movies_one_count';

[cm20@localhost source]$ pig step2_movies_one_count.pig
```

동일한 피그라틴 스크립트를 로컬 모드로 실행해보았다.

```
[cm20@localhost source]$ pig -x local step2_movies_one_count_local.pig
```

피그 환경에서 하둡 모드와 로컬 모드의 실행시간을 비교해보면 재미있는 결과를 얻을 수 있다. 하둡 모드의 실행 시간은 1분 9초였고, 로컬 모드는 12초였는데, 데이터가 적을 경우 로컬 모드가 더 빠르다.

4.4 아이템 (A∩B) 조합의 빈도수 계산하기 : 샤크

이번에는 데이터도 준비되었고 앞에서 연관 규칙을 계산하는 쿼리도 경험했으므로 아이템 조합의 빈도수를 계산하는 SQL 쿼리를 바로 실행할 것으로 예상할 것이다. 하지만 실제로 연관 규칙을 적용하는 것은 쉽지 않다. 먼저 데이터의 특성을 파악한 후 필요한 메모리나 CPU 등 컴퓨팅 자원을 고려해야 한다.

아이템 (A∩B) 조합의 빈도수를 계산할 때는 중간 단계에서 레코드 수가 급격히 증가한다. 예를 들어, 장바구니 하나의 아이템 수가 10,000개이면 10,000*10,000, 즉 100,000,000개의 레코드가 만들어지고 맵리듀스의 특성상 1억 개의 레코드를 메모리에 저장할 수 없으면 오류를 발생시키고 잡을 중단한다. 맵리듀스는 데이터를 잘게 쪼개고 다수의 머신에서 분산 병렬 처리되므로 대용량 데이터를 처리할 수 있는 장점이 있지만, 최소 단위의 태스크 작업은 절대 한 머신의 컴퓨팅 자원 한도를 초과할 수 없다. 이제부터 100K 데이터셋의 빈도수를 계산하기 전에 중간 단계의 레코드 수를 확인해보자. 먼저 장바구니(사용자)별 아이템 수를 계산하기 위해 임시 테이블을 생성했고, 조합 레코드 수를 확인하는 쿼리를 실행한다.

```
[localhost:8083] shark> CREATE TABLE movies_user_items
(
  user STRING,
  item_counts INT
)
ROW FORMAT DELIMITED FIELDS TERMINATED BY '\t';
[OK]

[localhost:8083] shark> INSERT OVERWRITE TABLE movies_user_items
SELECT user, count(*)
FROM movies
GROUP BY user;
[OK]

[localhost:8083] shark> SELECT sum(t.cnts)
FROM (
  SELECT item_counts*item_counts AS cnts
  FROM movies_user_items
) t;

20,200,812
Time taken (including network latency): 3.687 seconds
```

아이템 조합의 빈도수를 구하는 중간 과정에 약 2천만 개의 레코드가 생성됨을 확인할 수 있다. 다음 과제는 헤비 유저를 찾는 것이다.

```
[localhost:8083] shark> SELECT item_counts, count(*) AS user_counts
FROM movies_user_items
GROUP BY item_counts
ORDER BY item_counts DESC
LIMIT 5;

737     1
685     1
636     1
540     1
518     1
Time taken (including network latency): 2.327 seconds
```

상위 5명의 헤비 유저를 찾아보니 1등은 무려 737개의 아이템을 가지고 있다. 전체 아이템이 1,683개인 것을 생각해보면 이러한 헤비 유저는 추천 시스템 구현에 도움이 되지 않음을 쉽게 예상할 수 있다. 정렬 순서를 변경하여 쿼리를 실행하면 20개의 아이템을 가진 32명의 사용자가 있다는 정보도 얻을 수 있다.

NOTE_ 사실 헤비 유저란 표현을 쓰는 것은 적절치 않다. SF 영화를 너무 좋아해서 모든 SF 영화를 다 보는 사용자를 헤비 유저라 부르지, 모든 장르의 영화를 다 보는 사람을 헤비 유저라 부르지는 않기 때문이다. 필자는 영화를 본 횟수가 많다는 의미에서 헤비 유저라는 용어를 선택했다. 또한 헤비 유저가 아닌 사용자들을 저장할 테이블 명을 고민할 때 light_user라는 단어가 떠올랐다.

계산 중에 임시로 생성되는 레코드 수를 확인하기 위해 최대 아이템 수가 250 이하인 사용자를 대상으로 다음 쿼리를 실행하여 그 결과를 확인했다.

```
[localhost:8083] shark> SELECT sum(t.cnts),count(*)
FROM (
  SELECT item_counts*item_counts AS cnts
  FROM   movies_user_items
  WHERE  item_counts < 250
) t;
8,731,467 852
Time taken (including network latency): 2.557 seconds
```

250개 이하의 영화 선호도를 표시한 고객은 852명이며 아이템 (A∩B) 조합의 빈도수 레코드는 8,731,467개이다. 숫자를 300으로 변경하여 실행한 결과는 각각 889명과 11,524,803개이다. 전체 사용자 수는 943명이므로 아이템 수를 300 미만으로 제한할 경우 제외되는 사용자는 54명으로 전체의 5% 정도이다. 원본 데이터에서 헤비 유저를 제외하기 위해 새로운 사용자 테이블 light_user를 만들고, 두 테이블을 조인하여 새로운 데이터셋을 생성했다.

```
--DROP TABLE light_user;
[localhost:8083] shark> CREATE TABLE light_user AS
SELECT user
FROM   movies_user_items
WHERE  item_counts < 300;
[OK]

--DROP TABLE movies_new;
[localhost:8083] shark> CREATE TABLE movies_new AS
SELECT t.*
FROM   movies t
JOIN   light_user a
  ON   t.user = a.user;
[OK]

[localhost:8083] shark> SELECT count(*) FROM movies_new;
78,951
Time taken (including network latency): 3.321 seconds
```

이제 아이템 (A∩B) 조합의 빈도수를 SQL 쿼리로 구현해보자.

```
[localhost:8083] shark> CREATE TABLE movies_two_count
(
  item_ab STRING,
  counts INT
)
ROW FORMAT DELIMITED FIELDS TERMINATED BY '\t';
[OK]

[localhost:8083] shark> INSERT OVERWRITE TABLE movies_two_count
SELECT t.ab AS item_ab, count(*) AS counts
FROM (
  SELECT a.user AS user, concat(a.item, ',', b.item) AS ab
  FROM   movies_new a
  JOIN   movies_new b
    ON   a.user=b.user
) t
GROUP BY t.ab;
[OK]

[localhost:8083] shark> SELECT count(*),sum(counts) FROM movies_two_count;
1,318,669 11,524,803
```

헤비 유저를 제외하는 방법이 어떤 도움이 되는지 보여주기 위해 필자는 최대 아이템 수를 150개, 200개, 250개, 300개, 전체로 변경하면서 SQL 쿼리를 실행했고 그 결과는 [표 9-11]과 같다.

표 9-11 사용자별 최대 아이템 수와 실행 결과

최대 아이템 수	사용자 수	조합 레코드 수	빈도 레코드 수	시간(초)
150 미만	713명	3,424,939	715,995	32.664
200 미만	794명	5,844,240	933,303	70.647
250 미만	852명	8,731,467	1,177,045	84.829
300 미만	889명	11,524,803	1,318,669	182.296
전체	943명	20,200,812	–	–

최대 아이템 수 250 미만까지는 결과가 빠르게 나왔지만 300 미만부터는 급격히 느려지는 것을 확인할 수 있다. 전체를 대상으로 1시간 정도 실행하다가 중단하여 실제 실행 시간은 측정할 수 없었다. 샤크는 메모리가 충분할 때 매우 빠른 결과를 보여주는 특징이 있다.

무비렌스 데이터셋의 아이템은 1,682개였다. 아이템이 얼마나 줄어들었는지 확인하기 위해 SQL 쿼리를 다음과 같이 실행했다.

```
[localhost:8083] shark> INSERT OVERWRITE TABLE movies_one_count
SELECT item, count(*)
FROM movies_new
GROUP BY item;
[OK]
[localhost:8083] shark> SELECT count(*) FROM movies_one_count;
1,571
```

앞에서 헤비 유저를 제외하기 위해 최대 아이템 수를 계속 변경하였기 때문에 조금 혼란스러울 것이다. 연관 규칙을 계산할 때 필요한 상수는 트랜잭션 수 즉 사용자 수로 그 값은 889이다. 이 값은 뒤에 나오는 계산식에서 사용할 것이기 때문에 잘 기억해두어야 한다.

NOTE_ 샤크 웹 인터페이스

앞에서 피그를 위한 웹 인터페이스로 플라잉 피그와 립스틱을 소개했다. 샤크를 위해 개발된 웹 인터페이스로는 범고래 Killer Whale와 샤크에 내장된 기본 웹 인터페이스가 있다. 범고래 인터페이스는 플라잉 피그와 거의 유사하며 아래쪽 중간에 하이브 테이블 목록이 추가로 있다. 테이블명을 클릭하면 데이터를 볼 수 있다.

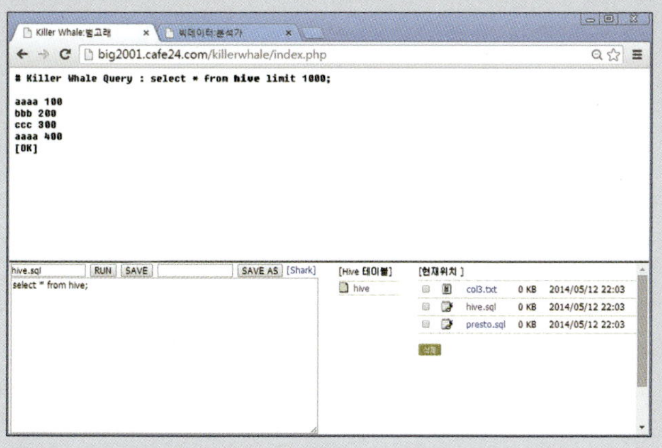

그림 9-10 샤크 웹 인터페이스 : 범고래

샤크의 기본 웹 인터페이스는 조금 특이하다. 샤크는 맵리듀스 대신 스파크이라는 분산 병렬 처리 프레임워크와 통합되어 있으며, 샤크의 웹 인터페이스 로고는 샤크가 아닌 스파크으로 표시된다. 샤크의 웹 인터페이스 화면으로 이동하면, 현재 실행되고 있는 쿼리와 완료된 쿼리 목록을 보여준다. 자세한 실행 결과를 알고 싶으면 특정 쿼리의 링크를 클릭하면 된다.

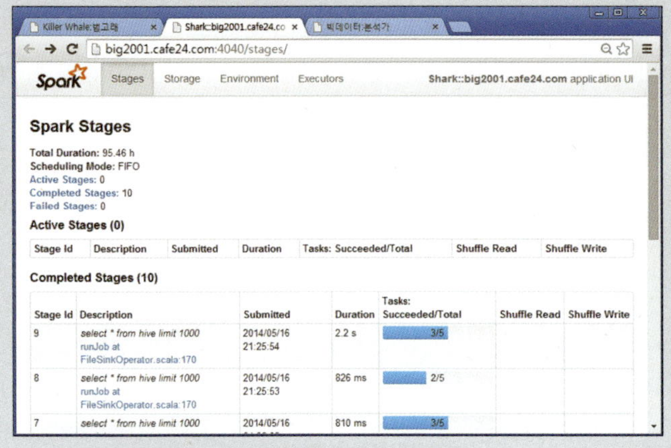

그림 9-11 샤크 웹 인터페이스 : 스파크

4.5 연관 규칙 계산하기 : PHP와 샤크

이제 연관 규칙 기법을 적용할 차례이다. 앞에서 SQL 쿼리로 아이템 (A∩B) 조합의 빈도수를 구했는데, 아이템 A와 동일한 아이템 B를 제거하고, 빈도수가 너무 적은 레코드도 추천 시스템에 도움이 되지 않으므로 이를 삭제하는 기능을 함께 구현해야 한다. 그리고 이 기능 외에도 추가 요청이 있을 수 있으므로 SQL 쿼리로 그 기능을 구현하는 것보다는 쉽게 변경할 수 있는 PHP 스크립트를 사용했다. 일단 데이터를 확인하고 사용자의 요구 사항을 반영한 PHP 스크립트를 작성해보자.

```
[localhost:8083] shark> SELECT counts, count(*) FROM movies_two_count
GROUP BY counts
ORDER BY counts DESC;
..
10      24904
9       29612
8       34680
7       41316
6       50573
5       64370
4       84545
3       119211
2       192061
1       393357

[cm20@localhost source]$ hadoop fs -getmerge /user/hive/warehouse/movies_two_count [줄바꿈]
  ./movies_two_count.dat
```

SQL 쿼리의 실행 결과를 보면 두 조합의 빈도수가 1인 레코드가 무려 39만여 개에 이른다. 분산 데이터베이스에 저장된 데이터를 로컬 파일 시스템에 파일로 저장하고, 빈도수가 1인 레코드를 삭제하는 PHP 스크립트를 작성했다. 동시에 movies_two_count의 첫 번째 컬럼이 "A,B"로 되어 있으므로 이를 분리하는 작업도 수행했다. 다음은 리눅스 셸에서 PHP 스크립트 코드를 실행하고 원본과 결과 파일의 레코드 수를 비교하기 위해 wc 명령어를 실행한 결과이다.

```
[cm20@localhost source]$ cat step4_movies_two_count.php
<?
$fp_in = fopen( "movies_two_count.dat", "r" );
$fp_out = fopen( "movies_two_count.csv", "w+" );

while( $str = fgets( $fp_in, 1024 ) ) {
  $str_array = split( "\t", $str );
  if( trim($str_array[1])=="1" ) continue;

  $str = str_replace(",","\t",$str);
  $str_array = split( "\t", $str );
  if( $str_array[0]==$str_array[1] ) continue;

  fputs( $fp_out, $str );
};
```

```
fclose( $fp_in );
fclose( $fp_out );
?>

## PHP 스크립트를 실행한다.
[cm20@localhost source]$ php step4_movies_two_count.php

## wc 명령어를 실행한다.
[cm20@localhost source]$ wc movies_two_count.*
  923872  2771616  9629366 movies_two_count.csv
 1318669  2637338 13836037 movies_two_count.dat
```

movies_two_count 테이블의 스키마와 데이터가 변경되었으므로 새로 테이블을 생성하고 로컬 파일 시스템에 저장된 movies_two_count.csv 파일을 새 테이블로 로드했다.

```
[localhost:8083] shark> DROP TABLE movies_two_count;
[OK]
[localhost:8083] shark> CREATE TABLE movies_two_count
(
  item_a STRING,
  item_b STRING,
  counts INT
)
ROW FORMAT DELIMITED FIELDS TERMINATED BY '\t';
[OK]
[localhost:8083] shark> LOAD DATA LOCAL INPATH 'movies_two_count.csv'
INTO TABLE movies_two_count;
```

연관 규칙 계산의 결과를 저장할 테이블 movies_association을 만들었다.

```
[localhost:8083] shark> CREATE TABLE movies_association
(
   item_a       int
  ,item_b       int
  ,n_ab         bigint
  ,n_a          bigint
  ,n_b          bigint
  ,s_ab         double
  ,s_a          double
  ,s_b          double
  ,confidence   double
  ,lift         double
)
ROW FORMAT DELIMITED FIELDS TERMINATED BY ',';
[OK]
```

이제 모든 준비가 다 완료되었으므로 연관 규칙을 계산하는 SQL 쿼리를 실행하고 결과 레코드 수를 확인해보자.

```
[localhost:8083] shark> INSERT OVERWRITE TABLE movies_association
SELECT t.item_a                                               AS item_a,
       t.item_b                                               AS item_b,
       SUM(t.n_ab)                                            AS n_ab,
       SUM(t.n_a )                                            AS n_a,
       SUM(b.counts)                                          AS n_b,
       SUM(t.n_ab/889.0)                                      AS s_ab,
       SUM(t.n_a/889.0)                                       AS s_a,
       SUM(b.counts/889.0)                                    AS s_b,
       SUM((t.n_ab/889.0)/( t.n_a/889.0))                     AS confidence,
       SUM((t.n_ab/889.0)/((t.n_a/889.0)*(b.counts/889.0)))  AS lift
FROM (
   SELECT two.item_a AS item_a,
          two.item_b AS item_b,
          SUM(two.counts) AS n_ab,
          SUM(one.counts) AS n_a
   FROM movies_two_count two
   JOIN movies_one_count one
       ON two.item_a = one.item
   GROUP BY two.item_a, two.item_b
) t
JOIN movies_one_count b
```

```
      ON t.item_b=b.item
GROUP BY t.item_a, t.item_b;
...
Time taken (including network latency): 75.798 seconds

[localhost:8083] shark> SELECT count(*) FROM movies_association;
923,872
Time taken (including network latency): 14.377 seconds
```

앞 절의 SQL 구문과 조금 다른 점은 내부의 SELECT 문에서 반환되는 항목의 수가 줄었다는 것이다. 방금 실행한 쿼리의 실행시간은 76초 정도인데, 앞 절의 쿼리로 실행하면 10초 정도 시간이 더 걸리는 것을 확인할 수 있다.

4.6 데이터 내보내기 : 스쿱

지금까지 연관 규칙 기법을 적용하기 위해 다양한 하둡 에코시스템을 활용해 지지도, 신뢰도, 향상도 값을 구했다. 웹 서비스로 추천 시스템을 구현하는 단계로 넘어가기 전에 하둡에 저장된 결과 데이터를 MySQL로 내보내는 작업을 해야 한다. 앞에서 하둡 에코시스템 중 스쿱이 관계형 데이터베이스에서 데이터를 가져오거나 내보내는 기능을 수행한다고 소개했다. 스쿱의 명령어와 옵션은 매우 많지만 이 장에서는 기본적인 명령어만 알면 충분하다.

먼저 스쿱으로 하이브 테이블의 데이터를 MySQL로 내보내기 전에 MySQL에 결과 데이터를 저장할 테이블을 미리 생성해야 한다.

```
-- MySQL 셸에서 실행하세요.
CREATE TABLE movies_association
(
   item_a       int
  ,item_b       int
  ,n_ab         bigint(20)
  ,n_a          bigint(20)
  ,n_b          bigint(20)
  ,s_ab         double
  ,s_a          double
  ,s_b          double
```

```
    ,confidence   double
    ,lift         double
);
```

이제 스쿱으로 movies_association 테이블의 데이터를 MySQL 데이터베이스로 내보내겠다. 다음과 같이 리눅스 셸에서 실행하면 된다.

```
[cm20@big2001 ~]$ sqoop export --connect jdbc:mysql://localhost/hive [줄바꿈]
  --table movies_association --username hive -P                     [줄바꿈]
  --export-dir /user/hive/warehouse/movies_association  -m 1
...
14/05/18 16:51:40 INFO mapred.JobClient: Running job: job_201405172328_0004
14/05/18 16:51:41 INFO mapred.JobClient: map 0% reduce 0%
14/05/18 16:52:15 INFO mapred.JobClient: map 5% reduce 0%
...
14/05/18 16:52:58 INFO mapred.JobClient: map 93% reduce 0%
14/05/18 16:53:01 INFO mapred.JobClient: map 100% reduce 0%
14/05/18 16:53:09 INFO mapred.JobClient: Job complete: job_201405172328_0004
...
14/05/18 16:53:09 INFO mapred.JobClient:     Map input records=923872
...
14/05/18 16:53:09 INFO mapred.JobClient:     Map output records=923872

14/05/18 16:53:09 INFO mapreduce.ExportJobBase: Transferred 103.07 MB in 96.5204
seconds (1.0679 MB/sec)
14/05/18 16:53:09 INFO mapreduce.ExportJobBase: Exported 923872 records.
```

스쿱으로 데이터를 쉽게 전송할 수 있는데, 이때 주의할 점은 입력 레코드 수와 출력 레코드 수를 반드시 확인해야 한다는 것이다. 그리고 MySQL 테이블의 아이템 A 컬럼에 인덱스를 생성하면 쿼리 실행 속도가 빨라지는데, 스쿱을 실행하여 데이터를 받은 후 인덱스를 생성하는 것이 좋다.

4.7 웹 서비스로 추천 기능 구현하기 : PHP

이제 마지막 단계로 웹 서비스로 사용자에게 좋은 상품을 추천하는 과정만 남았다. PHP 스크립트로 작성된 다음 코드는 고객이 특정 상품을 선택했을 때 그 상품과 가장 연관성이 높은 5개의 상품 목록을 보여준다. 우선순위의 기준은 빈도수, 신뢰도, 향상도이며, 고객이 직접 선택하도록 했다.

```
<?
echo("
<html>
  <head>
        <meta http-equiv='content-Type' content='text/html; charset=euc-kr'>
        <title>ITEM RECOMMENDER</title>
  </head>
");
$conn = mysql_connect( "localhost","hive","***비밀번호***" );
        mysql_select_db( "hive" );

$item_a = $_GET["item"];
$orders = $_GET["orders"];
if( $item_a ) {
        $query  = "SELECT * FROM movies_association ";
        $query .= "WHERE  item_a=$item_a ";
        $query .= "ORDER BY $orders DESC ";
        $query .= "LIMIT 5 ";
        // echo "<br>$query<br><br>";
        echo(" INPUT ITEM : [$item_a]<br>");
        echo("<table width=600>
              <tr><td>Recommeded Item's</td>
                  <td>Counts</td><td>Confidence</td><td>Lift</td>
              </tr>");

        $res = mysql_query( $query );
        while( $row = mysql_fetch_array( $res ) ) {
          echo("<tr><td>$row[item_b]</td>
                   <td>$row[n_ab]</td>
                   <td>".number_format($row[confidence],3)."</td>
                   <td>".number_format($row[lift],3)."</td>
                </tr>");
        };
        echo("</table>");
};
mysql_close( $conn );

echo("
  <body>
  <br><br><br>
  <form method='GET'>
        ORDER BY :
        <input type=radio name='orders' value='n_ab' checked>Counts
        <input type=radio name='orders' value='confidence'>Confidence
```

```
        <input type=radio name='orders' value='lift'>Lift
        <br>
        ITEM CODE :
        <input type='text' name='item' value='$item_a' size=30>
        <br>
        <input type='submit' value='Find'>
    </form>
    <br><br><br>
    </body>
</html>
");
?>
```

웹 서버에 PHP 스크립트를 올린 후 웹 브라우저에서 실행해보자. 레코드 백만 개 정도는 실행 결과를 0.1초 이내에 보여줄 것이다.

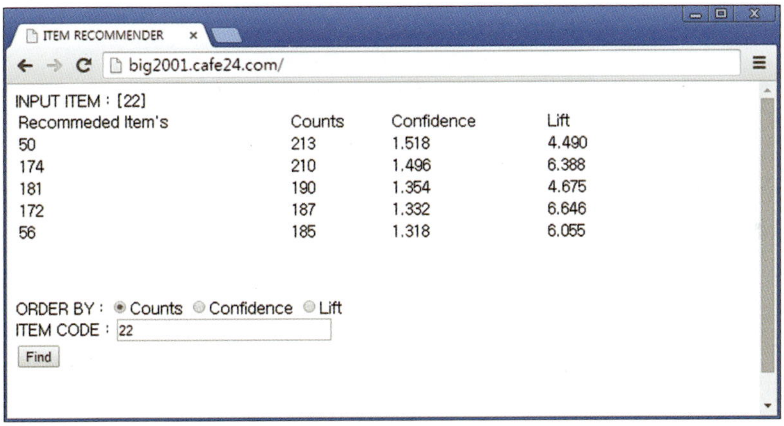

그림 9-12 웹 서비스로 구현한 추천 엔진

지금까지 좋은 데이터셋을 찾고 다양한 하둡 에코시스템을 활용해 연관 규칙을 계산한 후 웹 서비스로 추천 엔진을 구현하는 전체 과정을 배웠다. 무비렌스 데이터셋에는 실습에 사용된 100K 외에도 1M, 10M 데이터가 있다. 배운 내용을 바탕으로 1M, 10M 데이터를 직접 분석해 보고, 사용자와 아이템 외에 추가로 평가 점수 항목 등을 반영하여 더 좋은 추천 엔진을 만들어보자. 이 장은 연습문제는 여러분이 직접 더 좋은 추천 엔진을 만드는 것으로 대신하겠다.

참고문헌

[01]『하둡 완벽 가이드 개정3판』, 한빛미디어, 2013년.

[02]『머하웃 완벽 가이드』, 한빛미디어, 2012년.

[04] 하둡 공식 사이트, http://hadoop.apache.org

[05] 피그 공식 사이트, http://pig.apache.org

[06] 하이브 공식 사이트, http://hive.apache.org

[07] 스팍 공식 사이트, http://spark.apache.org

[08] 샤크 공식 사이트, http://shark.cs.berkeley.edu

Index

Index

S Z

Index

Index

자 차

Index